全国教育科学规划国家一般项目
"当前我国高校学生创业失败的原因、效应与改进对策研究"
(编号:BIA170218)

超越与成长
——大学生创业失败研究

张兄武 徐银香·著

南京大学出版社

图书在版编目(CIP)数据

超越与成长：大学生创业失败研究 / 张兄武，徐银香著. — 南京：南京大学出版社，2023.4
ISBN 978-7-305-26884-7

Ⅰ.①超… Ⅱ.①张… ②徐… Ⅲ.①大学生－创业－研究 Ⅳ.①G647.38

中国国家版本馆 CIP 数据核字(2023)第 071045 号

出版发行	南京大学出版社		
社　　址	南京市汉口路 22 号	邮　编	210093
出 版 人	金鑫荣		

书　　名 超越与成长——大学生创业失败研究
著　　者 张兄武　徐银香
责任编辑 荣卫红　　　　　　编辑热线　025-83685720

照　　排　南京开卷文化传媒有限公司
印　　刷　徐州绪权印刷有限公司
开　　本　787 mm×1000 mm　1/16　印张 19.25　字数 325 千
版　　次　2023 年 4 月第 1 版　2023 年 4 月第 1 次印刷
ISBN 978-7-305-26884-7
定　　价　78.00 元

网　　址：http://www.njupco.com
官方微博：http://weibo.com/njupco
官方微信号：njupress
销售咨询热线：(025)83594756

* 版权所有，侵权必究
* 凡购买南大版图书，如有印装质量问题，请与所购
　图书销售部门联系调换

前　言

　　高质量、活跃的创业活动是各国经济增长的动力源泉,在促进科技创新、新技术转化为生产力方面的作用日益显著。党的十八大以来,党和国家提出实施"创新驱动发展"和"以创新引领创业,以创业带动就业"的发展战略。2014年9月夏季达沃斯论坛上,李克强总理提出"要在960万平方公里土地上掀起一个'大众创业''草根创业'的新浪潮;形成'万众创新''人人创新'的新态势",揭开了我国大力推进大众创业、万众创新的序幕。大学生有着较为丰富的专业知识储备和较强的创新创业精神,是最具创新、创业潜力的群体之一,是推进我国创新创业事业的生力军,创业已成为大学生高质量就业和职业发展的重要选择。

　　近年来,国家、高校和社会各界都热切关注大学生创业,国务院出台了一系列大学生创业相关的政策文件,各地方政府也相继出台了相应的政策和措施,高校深入推进创新创业教育,大学校园掀起了创业大赛、创业培训的热潮。但是,大学生因自身创业能力不强,缺乏社会实践经验、创业资金以及人脉资源,接受社会外部支持不足,容易在创业过程中遭遇挫折甚至面临失败。多项调查研究结果显示,当前,我国高校大学生创业存在创业率低、创业成功率低和失败后再次创业率低的"三低"问题,已引起社会广泛关注。

　　早期研究对创业失败持消极态度,因为创业失败对个人、组织甚至社会产生了一些负面影响,如给创业者造成经济损失以及带来心理和生理上的伤害等。但随着研究的深入,学者们对创业失败的态度也从消极转为积极,开始关注创业失败的积极影响,认为创业失败比成功更有信息价值。近年来,关于大学生创业方面的研究非常多,但受传统文化和"成功偏见"等因素的影响,从创业失败角度研究大学生创业问题还不足,例如:关于大学生创业失败概念内涵等相关理论研究还很缺乏,基于问卷调查等实证研究方法系统研究大学生创业失败问题的研究偏少,关于大学生创业失败效应的研究尚未引起重视,从创业过程的动态发展视角研究大学生创业问题的也比较缺乏。

本研究遵循定性研究与定量研究相结合且以定量研究为主的原则,按照从认识大学生创业与大学生创业失败、揭示大学生创业失败原因、分析大学生创业失败影响到改进大学生创业失败的分析路径开展课题研究。首先,基于系统理论探索构建大学生创业模型,分析大学生创业活动的要素及其相互关系,研究确立不同创业阶段的目标任务、要素需求和风险特征;其次,在对大学生创业失败的概念内涵和判断标准进行深入研究的基础上,通过大量的调查研究,分析大学生创业失败的原因和大学生创业失败的效应;最后,在对大学生创业失败学习进行深入分析的基础上,探索提出提高大学生创业率、创业成功率的对策建议。

根据上述研究思路和研究内容,全书由绪论、主体九章和结语等十一个部分构成。第一章是绪论,主要介绍了课题研究背景、研究价值,国内外文献综述,研究思路、研究方法与技术路线,研究对象与内容框架;第二章是基本概念与理论基础,对大学生创业等概念内涵进行了界定,对经典创业模型、创业失败学习理论和社会支持理论等主要理论进行了回顾、分析;第三章是大学生创业模型的构建,在借鉴国内外经典创业模型相关研究成果的基础上,探索构建了3层次14要素大学生创业模型;第四章是大学生创业要素的分析,对大学生创业活动14个要素的概念内涵、主要特点和功能作用等方面的内容分别进行深入的分析;第五章是大学生创业过程的分析,讨论了大学生创业过程的概念内涵阶段划分,分析了不同创业阶段的目标任务、要素需求和风险特征;第六章是大学生创业失败的概念内涵与判断标准,借鉴扎根理论,界定了大学生创业失败的概念内涵,探索提出了体现大学生创业特点的创业失败判断标准;第七章揭示了大学生创业失败的主要原因,并对不同创业阶段和不同创业类型大学生创业失败原因进行了比较分析;第八章是大学生创业失败的效应,在科学界定大学生创业失败效应的概念内涵的基础上,系统分析了大学生创业失败对不同社会主体产生的效应;第九章是大学生创业失败的学习,分层面界定了大学生创业失败学习的基本内涵,分析了大学生创业失败学习的主要特点,探索构建了大学生创业失败协同学习机制;第十章是大学生创业社会支持体系的构建,探索提出"内合外联"式大学生创业社会支持体系以及大学生创业社会支持体系的保障机制;第十一章是结语,对本研究的基本结论进行了梳理,对研究的创新点和不足之处进行了总结,并对未来的研究方向进行了展望。

前　言

　　本研究从创业失败和创业过程的"双重"视角系统研究大学生创业问题,主要理论价值是:第一,拓展了高等教育学学科的研究对象。本研究专门探讨大学生创业失败现象,通过文献研究、调查研究、比较研究、案例研究和综合分析,拓展了高等教育研究对象,促进了本研究领域的深化。第二,丰富了高等教育学学科的信息。创业教育是高等教育学和相关学科关注的研究内容,并且形成了丰富的研究成果,而创业失败现象受到的关注并不多。本研究系统地梳理了相关文献,运用多种研究方法开展了相对系统的研究,呈现了相关研究成果,丰富了高等教育学学科的信息。第三,丰富了高等教育学的研究视角。本研究涉及多个学科,吸收了管理学、经济学、社会学的知识和概念,运用多学科理论深入探讨高校毕业生创业失败现象,事实上丰富了高等教育学的研究视角。

　　此外,本研究在具体的研究成果方面也形成了一定的理论新意:一是本研究基于系统理论探索构建了大学生创业模型,分析了大学生创业活动的要素及其相互关系,分析了大学生创业不同阶段的目标任务、要素需求以及风险特征,弥补了现有大学生创业过程研究的不足,丰富了大学生创业理论相关研究成果。二是通过对大学生创业失败的概念内涵、判断标准以及失败原因和失败效应等方面内容的深入研究,拓展了创业失败理论的研究对象,对创业失败研究的相关结论进行一定程度的实证检验。三是通过对大学生创业失败学习概念、学习过程、学习机制等方面内容的研究,拓展了创业失败学习理论的研究对象,丰富了创业失败学习的理论信息。四是通过对大学生社会支持体系概念内涵、要素构成以及体系构建的研究,拓展了社会支持理论的研究对象,丰富了社会支持理论研究信息。

　　从微观个体看,大学生创业是一个非常复杂的具体过程,但从宏观上看,大学生创业又是一个系统工程,创业政策、创业教育、创业服务、经济环境、社会文化、家庭背景等因素对大学生创业都会产生重要影响。客观地说,当前我国大学生创业环境仍然亟待改善,尤其是在针对大学生创业的政策扶持、教育培训、资金保障、风险防范、文化营造等支持服务方面都还存在诸多问题和不足。本研究回应理论指导实践的需求,通过对大学生创业失败效应的广泛调查和理论分析,有助于大学生、大学生家长、高校教师等社会主体理性认识大学生创业失败,正确面对大学生创业失败;通过对大学生创业模型、创业过程、失败原因以及大学生创业社会支持体系构建的研究,为改进大学生创业失败提供了现实基础和理论依据。

  本书借鉴、吸收了国内外诸多文献资料,在对相关理论观点进行阐述时,都尽可能准确地标注相关文献来源,但难免会有遗漏,在此表示万分感谢和深深的歉意。非常感谢接受访谈、咨询和问卷调查的各位专家、大学生和其他社会人士,非常感谢协作问卷调查、数据处理的课题组老师和研究生们,由于篇幅所限,不能将名字一一列出,在此也深表谢意和歉意!最后,感谢苏州科技大学领导和同事的鼓励帮助,也要感谢南京大学出版社的大力支持!

  由于作者学识水平有限,加之时间仓促,书中肯定存在不少疏漏和谬误,不当之处,敬请专家、同行和读者们予以批评指正!

目　　录

第一章　绪　　论 ……………………………………………………… 001
　　一、研究背景 ……………………………………………………… 001
　　二、研究价值 ……………………………………………………… 006
　　三、国内外文献综述 ……………………………………………… 008
　　四、研究思路、研究方法与技术路线 …………………………… 021
　　五、研究对象与内容框架 ………………………………………… 026

第二章　基本概念与理论基础 ………………………………………… 028
　　一、基本概念 ……………………………………………………… 028
　　二、主要理论基础 ………………………………………………… 037

第三章　大学生创业模型的构建 ……………………………………… 051
　　一、几种代表性创业模型简介与比较分析 ……………………… 051
　　二、大学生创业模型构建的必要性 ……………………………… 058
　　三、大学生创业模型构建的主要原则 …………………………… 060
　　四、基于系统理论的大学生创业模型的构建 …………………… 061
　　五、3层次14要素大学生创业模型的主要特点 ………………… 068

第四章　大学生创业要素的分析 ……………………………………… 071
　　一、大学生创业的核心要素 ……………………………………… 071
　　二、大学生创业的中介要素 ……………………………………… 076
　　三、大学生创业的支持要素 ……………………………………… 081

第五章 大学生创业过程的分析 089
一、大学生创业过程的概念内涵 089
二、大学生创业过程的阶段划分 091
三、不同创业阶段的目标任务 092
四、不同创业阶段的要素需求 094
五、不同创业阶段的风险特征 102

第六章 大学生创业失败的概念内涵与判断标准 106
一、相关研究述评 106
二、调查研究设计 110
三、大学生创业失败的概念界定 112
四、大学生创业失败的判断标准 117
五、不同创业阶段的大学生创业失败判断标准 122

第七章 大学生创业失败的主要原因 130
一、大学生创业失败原因的分析框架 130
二、调查研究设计 131
三、大学生创业失败原因的调查结果与分析 132
四、不同创业阶段大学生创业失败原因的调查结果与分析 143
五、不同创业类型大学生创业失败原因的调查结果与分析 152
六、研究结论 164

第八章 大学生创业失败的效应 171
一、概念内涵、主要分类与研究述评 171
二、调查研究设计 174
三、大学生创业失败对不同影响对象产生效应的调查结果与分析 175
四、大学生创业失败对不同影响对象产生的积极效应与消极效应调查结果 186
五、研究结论 195

第九章 大学生创业失败的学习 … 198
- 一、大学生创业失败的潜在价值 … 198
- 二、大学生创业失败学习的重要意义 … 200
- 三、大学生创业失败学习的概念内涵 … 202
- 四、个体层面和社会层面的大学生创业失败学习 … 204
- 五、大学生创业失败学习的机制构建 … 207

第十章 大学生创业社会支持体系的构建 … 213
- 一、外部支持对大学生创业结果的影响 … 213
- 二、大学生创业社会支持体系的概念内涵与构成要素 … 220
- 三、大学生创业社会支持存在的问题及其原因 … 225
- 四、"内合外联"式大学生创业社会支持体系的构建 … 229
- 五、"内合外联"式大学生创业社会支持体系的保障机制 … 238

第十一章 结 语 … 242
- 一、研究结论 … 242
- 二、对策建议 … 249
- 三、创新之处 … 251
- 四、研究的局限与展望 … 255

附录一 访谈提纲 … 257

附录二 关于大学生创业的调查问卷 … 265

附录三 关于大学生创业失败影响的调查问卷 … 278

参考文献 … 284

第一章 绪 论

一、研究背景

创业是推动经济增长的关键力量,在促进科技创新、新技术转化为生产力方面的作用日益显著。在全球性资源短缺的经济形势下,创业成为一个国家保持经济活力和实现区域可持续发展的重要推动因素之一[1]。伴随社会经济结构转型以及新技术快速发展,创业经济增长的贡献更加凸显,创业活动因而受到各国政府的广泛关注。客观上,当今世界已进入一个崭新的创业竞争时代,国与国之间的竞争聚焦在创业与创新水平上。党的十八大以来,党和国家提出实施"创新驱动发展"和"以创新引领创业,以创业带动就业"的发展战略。2014年9月夏季达沃斯论坛上,李克强总理提出"要在960万平方公里土地上掀起一个'大众创业''草根创业'的新浪潮;形成'万众创新''人人创新'的新态势"[2],揭开了我国大力推进大众创业、万众创新的序幕。"大众创业、万众创新"是经济发展新常态时期的重要动力,是党和国家实施"创新驱动发展"的重要战略部署。全面实施创新驱动发展战略,大力推进"大众创业、万众创新",已经成为中国经济实现动力转换、方式转变、增速换挡、结构转型的迫切要求。

大学生作为最具活力和创造力的群体,具有较高的文化素质和技能水平,蕴含着巨大的创新创业潜力,是推进我国创新创业事业的生力军。在我国,大学生创业的历史可以追溯到改革开放初期。较大的大学生创业热潮则开始于1998年清华大学举办的首届大学生创业设计大赛之后。随着"大众创业、万众创新"双创战略的提出,国家在大学生创业方面陆续颁布了诸多鼓励性政策和措施。

---

[1] 田永坡、王鹤昕:《国外大学生创业状况及影响因素分析》,《经济学动态》2011年第9期。
[2] 李克强:《在第八届夏季达沃斯论坛上的致辞》,2014-09-11,http://www.gov.cn/guowuyuan/2014-09/11/content_2748703.htm。

2015年,国务院印发《国务院关于进一步做好新形势下就业创业工作的意见》(国发〔2015〕23号),强调要深入实施大学生创业引领计划,通过整合发展高校毕业生就业创业基金、完善管理体制和市场化运行机制等举措,为高校毕业生就业创业提供支持①。2017年,国务院印发《国务院关于做好当前和今后一段时期就业创业工作的意见》(国发〔2017〕28号),指出要优化创业环境,深化商事制度改革,进一步减少审批事项;鼓励地方对高校毕业生开展一次性创业补贴试点;设立高校毕业生就业创业基金,为高校毕业生创业提供股权投资、融资担保等服务②。2018年,国务院印发《国务院关于推动创新创业高质量发展打造"双创"升级版的意见》(国发〔2018〕32号),该文件致力于推动"创新创业"向更高水平发展,为大学生创业工作的有效开展创造良好的社会环境③。2021年,国务院办公厅专门出台《国务院办公厅关于进一步支持大学生创新创业的指导意见》(国办发〔2021〕35号),指出要通过提升大学生创新创业能力、优化大学生创新创业环境、加强大学生创新创业服务平台建设、推动落实大学生创新创业财税扶持政策、加强对大学生创新创业的金融政策支持、促进大学生创新创业成果转化、办好中国国际"互联网+"大学生创新创业大赛、加强大学生创新创业信息服务等途径支持鼓励大学生创业④。

除了国家层面政策的出台,各地政府也相继出台了相应的政策和措施,推进大学生创业,政策内容涉及教育政策、融资政策、商务政策、法律政策等方面。诸如:江苏省人民政府办公厅在2014年印发《省政府办公厅关于转发省人力资源社会保障厅等部门江苏省大学生创业引领计划的通知》(苏政办发〔2014〕71号),提出要更加完善支持大学生创业的政策制度和服务体系,加快构建创业教育、创业培训、创业政策、创业孵化、创业服务五位一体的工作格局⑤;2017年,江

---

① 《国务院关于进一步做好新形势下就业创业工作的意见》,2015-05-01,http://www.gov.cn/zhengce/content/2015-05/01/content_9688.htm。
② 《国务院关于做好当前和今后一段时期就业创业工作的意见》,2017-04-19,http://www.gov.cn/zhengce/content/2017-04/19/content_5187179.htm。
③ 《国务院关于推动创新创业高质量发展打造"双创"升级版的意见》,2018-09-26,http://www.gov.cn/zhengce/content/2018-09/26/content_5325472.htm。
④ 《国务院办公厅关于进一步支持大学生创新创业的指导意见》,2021-10-12,http://www.gov.cn/zhengce/content/2021-10/12/content_5642037.htm。
⑤ 《省政府办公厅关于转发省人力资源社会保障厅等部门江苏省大学生创业引领计划的通知》,2014-09-16,http://www.jiangsu.gov.cn/art/2014/9/16/art_46144_2545276.html。

苏省人民政府印发《省政府关于做好当前和今后一段时期就业创业工作的实施意见》(苏政发〔2017〕131号),进一步强调优化创业环境,推动创业载体建设,加大政策支持力度以及拓宽投资融资渠道[①];2020年,江苏省政府办公厅又印发《省政府办公厅印发关于促进2020年高校毕业生就业创业若干措施的通知》(苏政办发〔2020〕44号),提出落实税费减免、富民创业担保贷款、财政补贴等支持高校毕业生就业创业11条政策措施[②]。

上海作为全国经济最为活跃地区,也出台了诸多关于大学生创业的政策和措施。诸如:2015年,上海市人民政府出台《上海市人民政府关于进一步做好新形势下本市就业创业工作的意见》(沪府发〔2015〕36号),指出要营造宽松便捷的准入环境、培育创业创新公共平台、拓宽创业投融资渠道、加大创业贷款担保支持力度、加大减税降费力度、加大对初创期创业政策支持力度等[③];2017年,上海市教育委员会、上海市人力资源和社会保障局颁布《关于做好2017年上海高校毕业生就业创业工作的通知》(沪教委学〔2017〕4号),提出要完善创新创业教育课程体系,建立健全教育指导、培训实践、资助服务的链条式就业创业服务平台,进一步完善创新创业扶持措施,落实工商登记、税费减免、创业贷款、房租补贴、创业培训见习补贴、初创期创业社会保险补贴等优惠政策,为大学生创业开辟"绿色通道"[④];2018年,上海市人民政府办公厅发布《上海市人民政府办公厅关于印发〈上海市鼓励创业带动就业专项行动计划(2018—2022年)〉的通知》(沪府办发〔2018〕24号),强调要创新创业教育改革、提升创业培训见习质量、提升创办企业的便利化程度、推进精准高效的创业服务等[⑤]。

自国家2014年提出"大众创业、万众创新"以来,国家、高校和社会各界都热切关注大学生创业,大学校园掀起了创业大赛、创业培训的热潮,大学生群体对

---

① 《省政府关于做好当前和今后一段时期就业创业工作的实施意见》,2017-10-10,http://www.jiangsu.gov.cn/art/2017/10/10/art_46143_6092147.html。
② 《省政府办公厅印发关于促进2020年高校毕业生就业创业若干措施的通知》,2020-06-29,http://www.jiangsu.gov.cn/art/2020/6/29/art_46144_9268532.html。
③ 《上海市人民政府关于进一步做好新形势下本市就业创业工作的意见》,2015-08-14,https://www.shanghai.gov.cn/nw32868/20200821/0001-32868_44587.html。
④ 《上海市教育委员会、上海市人力资源和社会保障局关于做好2017年上海高校毕业生就业创业工作的通知》,2017-03-10,https://www.shanghai.gov.cn/nw12344/20200814/0001-12344_51542.html。
⑤ 《上海市人民政府办公厅关于印发〈上海市鼓励创业带动就业专项行动计划(2018—2022年)〉的通知》,2018-06-26,https://www.shanghai.gov.cn/nw12344/20200813/0001-12344_56502.html。

创业表现出了一定兴趣。全球化智库(CCG)发布《2017中国高校学生创新创业调查报告》,指出对创新创业有兴趣的学生超过60%[①]。麦可思研究院联合中国社科院日前发布的《2017年中国大学生就业报告》数据显示,大学生毕业即创业连续从2011届的1.6%上升到2017届的3.0%,接近翻了一番[②]。国家统计局的数据表明,2018年有820万高校毕业生,其中约有47.8万人选择自主创业,同比增长了11.9万人,比例是5.8%,比2017年(3.0%)高出2.8个百分点[③]。2022年,由中国传媒大学联合500 Global共同编制的《2021中国大学生创业报告》正式发布,此次报告数据显示,96.1%的受访大学生都曾有过创业的想法和意愿,14%的受访大学生已经创业或正在准备创业[④]。

从上述数据我们可以发现,目前我国大学生创业热情高涨,参与人数在逐渐递增,但是我国大学生创业成功率不高。当前我国大学生创业的成功率仅为2%—3%,即便在创业环境较好的浙江省,大学生创业成功率也只有5%左右[⑤]。另外,《2019年中国大学生就业报告》显示,2015届毕业即自主创业的大学毕业生中,三年后仍坚持自主创业的人约占44.8%,甚至比上一年还略有下降。可见,大学生的创业企业三年存活率较低,即使在经济发展较好的地区,其创业成功率也不高,很多创业大学生的自主创业之路都以失败告终。

从上述数据看出,一方面,当前大学生创业热情不断高涨,大学生创业人数总体趋势是增加的;另一方面,大学生创业成功率却偏低,与欧美约为20%的大学生创业成功率相比仍然存在较大差距[⑥]。大学生创业失败率偏高问题已引起全社会的广泛关注,也有学者提出在如此高的创业风险下,一味地鼓励大学生创

[①] 全球化智库(CCG):《2017中国高校学生创新创业调查报告》,2017-09-26,http://www.sohu.com/a/194771971_800517。
[②] 李小彤:《〈2017年中国大学生就业报告〉出炉》,2017-06-23,http://www.chinajob.gov.cn/EmploymentServices/content/2017-06/23/content_1332824.htm。
[③] 朱浩、汪学云:《基于协同创新的大学生创业生态系统构建研究》,《齐齐哈尔大学学报(哲学社会科学版)》2019年第5期。
[④] 李会平:《2021中国大学生创业报告》,2022-03-22,https://baike.baidu.com/item/2021%E4%B8%AD%E5%9B%BD%E5%A4%A7%E5%AD%A6%E7%94%9F%E5%88%9B%E4%B8%9A%E6%8A%A5%E5%91%8A/60335057?fr=aladdin。
[⑤] 翟博文、陈辉林:《基于文献大数据分析的国内大学生创业失败研究现状与趋势》,《特区经济》2017年第6期。
[⑥] 魏日:《大学生创业失败的分析与反思》,《产业与科技论坛》2018年第7期。

业是否可能存在负面影响①。与一般社会人士创业失败不同,大学生创业失败不仅对创业失败大学生个人产生影响,对家庭、社会、国家也会带来一定影响。其中,大学生创业失败对创业失败大学生个人的影响是最直接也是最深刻的,对创业失败大学生家庭也会带来一定的直接负面影响;大学生创业失败对社会的影响是潜在的间接的,但从长远影响看大学生创业失败影响到国家创新驱动战略的实施成效②。如今大学生创业的关键问题不只在于如何鼓励大学生创业,更重要的是如何提高大学生创业成功率,以及如何让他们认识、面对创业失败。因此,如何科学认识大学生创业失败,揭示大学生创业失败的主要原因,以及如何提高大学生创业率和创业成功率,就成为"大众创业、万众创新"时代背景下迫切需要解决的重要问题。

通过回顾创业领域的相关研究发现,早期研究对创业失败持消极态度,因为创业失败对个人、组织甚至社会产生一些负面影响,如给创业者造成一定经济损失以及带来心理伤害等。但随着研究的深入,学者们对创业失败的态度也从消极转为积极,开始关注创业失败的积极影响,认为创业失败也是有价值的③。近年来,国内学术界对大学生创业失败的研究逐步升温,论文的数量和质量同步上升,但也存在一些不足之处:关于大学生创业失败概念内涵等相关理论研究还很缺乏,基于问卷调查等实证研究方法系统研究大学生创业失败问题的研究偏少,关于大学生创业失败效应的研究尚未引起重视,从创业过程的动态发展视角研究大学生创业问题的也比较缺乏。

为解决上述研究不足,本课题拟通过理论研究和实证研究,构建大学生创业模型,科学界定大学生创业失败概念内涵,研究提出大学生创业失败的评判标准;科学分析大学生创业失败原因和大学生创业失败效应;分析大学生创业失败学习机制,借鉴社会支持理论,并结合我国国情,系统提出改进大学生创业率低和成功率低"两低"问题的对策建议。

---

① 贾天明、雷良海:《构建创业失败补偿机制的探讨——以上海市大学生创业现状为例》,《上海经济研究》2016年第2期。
② 朱伟峰、杜刚:《大学生创业失败与政府托底服务研究》,《合作经济与科技》2020年第5期。
③ Shane S. "Organizational incentives and organizational mortality", *Organization Science*, 2001(2).

二、研究价值

（一）理论价值

近年来,关于大学生创业方面的研究非常多,但受传统文化和"成功偏见"等因素的影响,从创业失败角度研究大学生创业问题相对缺乏,如大学生创业失败的概念内涵、判断标准、失败效应和失败学习等问题,而且现有的一些研究也较多基于经验总结;同时,随着大学生创业过程的展开,他们会经历不同的阶段,而每个阶段所发生的事件和结果都要受到内外部不同因素的影响,而现有研究对不同创业阶段的目标任务、要素需求、风险特征、失败原因以及改进措施等还缺乏深入研究。

本研究从创业失败和创业过程的"双重"视角系统研究大学生创业问题,主要理论价值是:第一,拓展了高等教育学学科的对象。本研究专门探讨大学生创业失败现象,通过文献研究、调查研究、比较研究、案例研究和综合分析,拓展了高等教育研究对象,促进了本研究领域的深化。第二,丰富了高等教育学学科的信息。创业教育是高等教育学和相关学科关注的研究内容,并且形成了丰富的研究成果,而创业失败现象受到的关注并不多。本研究系统地梳理了相关文献,运用多种研究方法开展了相对系统的研究,呈现了相关研究成果,丰富了高等教育学学科的信息。第三,丰富了高等教育学的研究视角。本研究涉及多个学科,吸收了管理学、经济学、社会学的知识和概念,运用多学科理论深入探讨高校毕业生创业失败现象,事实上丰富了高等教育学的研究视角。

此外,本研究在具体的研究成果方面也形成了一定的理论新意:一是本研究基于系统理论探索构建了大学生创业模型,分析了大学生创业活动的要素及其相互关系,分析了大学生创业不同阶段的目标任务、要素需求以及风险特征,弥补了对现有大学生创业过程研究的不足,丰富了大学生创业理论相关研究成果。二是通过对大学生创业失败的概念内涵、判断标准以及失败原因和失败效应等方面内容的深入研究,拓展了创业失败理论的研究对象,对创业失败研究的相关结论进行一定程度的实证检验。三是通过对大学生创业失败学习的概念、过程和机制等方面内容的研究,拓展了创业失败学习理论的研究对象,丰富了创业失败学习的理论信息。四是通过对大学生社会支持体系的概念内涵、要素构成以及体系构建的研究,拓展了社会支持理论的研究对象,丰富了社会支持理论研究信息。

(二) 实践意义

从微观个体看,大学生创业是一个非常复杂的具体过程,但从宏观上看,大学生创业又是一个系统工程,创业政策、创业教育、创业服务、经济环境、社会文化、家庭背景等因素对大学生创业都会产生重要影响。调查研究发现,当前我国大学生创业外部社会支持仍然亟待改善,尤其是在针对大学生创业的政策扶持、教育培训、资金保障、风险防范、文化营造等支持服务方面还存在诸多问题和不足。本研究回应理论指导实践的需求,通过研究成果指导大学生理性选择创业、正确面对创业失败,强化创业教育的重要作用,以及为创业政策制定、创业资源支持、创业服务完善、创业文化营造等提供现实基础和理论依据。

课题立足于现实的问题并指向问题的解决,具有很强的现实意义,主要体现在以下方面:一是有助于大学生主动参与创业教育和创业实践训练,不断提高创业能力;理性选择创业,减少跟风创业、草率创业导致创业失败的发生;正确认识创业失败,消除对创业失败的恐惧心理,从容应对创业失败。二是有助于高校系统构建包括创业失败教育在内的创业教育体系,提高大学生创业教育的有效性;完善高校内部大学生创业支持服务体系,并积极开展政产学研合作拓展外部社会资源。三是有助于政府相关主管部门进一步完善大学生创业政策,加强资金投入、服务保障和舆论导向,充分发挥引导、扶持、协调、保障作用。四是有助于以大学生创业中介服务机构、银行等金融机构为主体的大学生创业服务机构充分发挥有针对性的专业性服务作用。五是有助于企业支持甚至参与高校大学生创业教育,并为创业大学生提供创业资源和咨询指导。六是有助于大学生家庭等社会主体正确认识大学生创业,积极看待大学生创业失败,形成鼓励大学生创业、包容大学生创业失败的社会文化氛围。

三、国内外文献综述

(一)关于大学生创业失败内涵的研究

创业失败的研究起源于20世纪90年代,关于创业失败的概念界定,学者们由于研究角度不同,尚未达成一致观点,关于大学生创业失败内涵的研究相对缺乏。

国外学者关于创业失败的概念界定主要有以下三种观点:

一是结果观。结果观强调对创业结果的考量,以企业最终的形态作为判断标准,也就是企业关闭。如Zacharakis等(1999)认为公司歇业即为创业失败,最终的结果为公司破产、倒闭或者清算[1]。McGrath(1999)将创业失败定义为企业破产与倒闭[2]。但这种观点也饱受争议,学者们认为创业者若因为自身原因,如退休或选择就业从而自发关闭企业,就不能被称为创业失败。Headd(2003)认为应区分失败与关闭,指出企业关闭可能是自愿关闭[3]。Liao等(2008)针对初次创业活动,认为创业失败是指初次创业者暂停其创业行为[4]。

二是原因观。原因观强调企业因为各种原因而关闭。如Bruno等(1992)提到企业可能因为合法性问题、合伙人意见分歧、业务利益转移等各种原因而中断业务[5]。Shepherd(2003)也持这一观点,认为企业因收益降低或开支过大而不能再运营或者管理下去就是创业失败[6]。Shepherd等(2009)在之后的研究中再次提出,创业失败是指企业收入无法满足经营成本需要且不能得到足够的资产

---

[1] Zacharakis, A. L., Meyer, G. D., DeCastro, J. "Differing perceptions of new venture failure: A matched exploratory study of venture capitalists and entrepreneurs", *Journal of Small Business Management*, 1999(3).

[2] McGrath, R. G. "Falling forward: Real options reasoning and entrepreneurial failure", *Academy of Management Review*, 1999(1).

[3] Headd, B. "Redefining business success: Distinguish between closure and failure", *Small Business Economics*, 2003(1).

[4] Liao, J. J., Welsch H., Moutray, C. "Start-up resources and entrepreneurial discontinuance: The case of nascent entrepreneurs", *Journal of Small Business Strategy*, 2008(2).

[5] Bruno, A. V., Mcquarrie, E. F., Torgrimson, C. G. "The evolution of new technology ventures over 20 years: Patterns of failure, merger, and survival", *Journal of Business Venturing*, 1992(4).

[6] Shepherd, D. A. "Learning from business failure: Propositions of grief recovery for the self-employed", *Academy of Management Review*, 2003(2).

融资,导致公司难以继续经营的状态[1]。

三是期望观。期望观主要指企业的发展没有达到创业者的期望或规划的蓝图。如 Gimeno 等(1997)认为创业者做"继续或停止"企业的决定要依据其所能承受的最低阈值,即创业者需要评估企业是否达到自己的预期[2]。Cannon 等(2001)认为只要企业的经营偏离了原来的预期或是没有达到预期的结果即视为创业失败[3]。Politis 等(2009)将创业失败视为创业者没有取得预期结果的情形或事实[4]。Ucbasaran 等(2013)认为创业失败意味着创业者目标感受挫,创业绩效持续走低[5]。

国内学者则从创业结果、失败原因、创业期望、创业过程等不同角度对创业失败概念内涵进行了界定。

从创业活动结果的角度,付朝渊(2014)将创业失败定义为大学生创业者停止创业活动,认为在经营过程中发生所有权转移或企业破产等都属于创业失败[6]。陈科和张军(2016)将创业失败界定为因未能实现创业目标或期望而终止创业过程的行为[7]。刘凤等(2018)将创业失败定义为创业未达到预期目标,创业绩效持续下降,创业项目难以盈利,甚至业务终止,最终导致团队解散[8]。胡婉琳和王晓媛(2019)把企业无法运营就视为创业失败,它包含业务停止[9]。

从创业失败原因的角度,赵文红等(2014)将创业失败定义为因创业机会、创业资源、创业团队等出现一定问题,企业无法运营最终导致企业关闭的情形[10]。

---

[1] Shepherd, D. A., Wiklund, J., Haynie, J. M. "Moving forward: Balancing the financial and emotional costs of business failure", *Journal of Business Venturing*, 2009(2).
[2] Gimeno, J., Folta, T. B., Cooper, A. C., et al. "Survival of the fittest? Entrepreneurial human capital and the persistence of underperforming firms", *Administrative Science Quarterly*, 1997(4).
[3] Cannon, M. D., Edmondson, A. C. "Confronting failure: Antecedents and consequences of shared beliefs about failure in organizational work groups", *Journal of Organizational Behavior*, 2001(2).
[4] Politis, D., Gabrielsson, J. "Entrepreneurs' attitudes towards failure: An experiential learning approach", *International Journal of Entrepreneurial Behaviour & Research*, 2009(4).
[5] Ucbasaran, D., Shepherd, D. A., Lockett, A., et al. "Life after business failure: The process and consequences of business failure for entrepreneurs", *Journal of Management*, 2013(1).
[6] 付朝渊:《大学生创业失败学习动力因素分析》,《现代企业教育》2014 年第 16 期。
[7] 陈科、张军:《创业失败青年再创业意向影响因素分析》,《青年研究》2016 年第 5 期。
[8] 刘凤、吴仵、唐静:《差异性与动态性并存:大学生创业失败学习内容多案例研究》,《科技进步与对策》2018 年第 9 期。
[9] 胡婉琳、王晓媛:《基于资源基础理论的大学生创业失败原因分析》,《中国中小企业》2019 年第 7 期。
[10] 赵文红、孙万清、王文琼等:《创业失败学习研究综述》,《研究与发展管理》2014 年第 5 期。

徐永波(2016)认为创业失败是指由于市场机会、创业资源、创业团队等方面出现问题,创业项目经营困难而暂停或停止的情境[①]。王飞绒等(2018)将创业失败定义为企业因某些客观原因无法继续生产经营下去而关闭、破产或者被出售[②]。

从创业期望实现的角度,谢雅萍等(2017)认为创业失败是在创建或管理企业过程中,创业企业未达成期望目标的阶段性情景或事实[③]。李慧(2020)则将创业失败定义为大学生创业者在将创业想法付诸行动的过程中,由于外部条件无法支撑或者自身能力难以充分发挥,未能达到创业预期目标,从而感到明显受挫的情形[④]。

从创业活动过程的角度,倪宁等(2009)将创业失败定义为发生在任何创业阶段中的创业活动中止现象[⑤]。宋双双等(2018)认为创业失败是指由于客观因素或主观因素创业活动在某个阶段终止的现象[⑥]。

(二) 关于大学生创业失败原因的研究

创业失败的发生一般是多种因素共同作用导致的结果,根据国外学者对创业失败原因的研究,并参考其他学者的分类[⑦],国外学者将创业失败原因主要分为以下三类。

一是机会相关的原因。Clute 和 Garman(1980)认为宏观经济因素没有提供相应的条件和融资方面的竞争不足,以及新生企业的可追溯记录比较少是导致企业遭受失败的主要原因[⑧]。Zacharakis 等(1999)发现风险投资者把创业失败归咎于市场竞争太激烈、资金不足等外部机会条件相关因素[⑨]。Franco 和

[①] 徐永波:《基于创业失败学习视角的大学生创业教育新模式研究》,《兰州教育学院学报》2016年第3期。
[②] 王飞绒、徐永萍、李正卫:《创业失败学习有助于提升连续创业意向吗?——基于认知视角的框架研究》,《技术经济》2018年第8期。
[③] 谢雅萍、梁素蓉、陈睿君:《失败学习、创业行动学习与创业能力———悲痛恢复取向的调节作用》,《管理评论》2017年第4期。
[④] 李慧:《新创企业失败归因、失败学习与大学生创业能力关系研究》,江苏大学硕士学位论文,2020年。
[⑤] 倪宁、杨玉红、蒋勤峰:《创业失败学习研究的若干基本问题》,《现代管理科学》2009年第5期。
[⑥] 宋双双、吴小倩、向雪宇:《大学生创业高失败率的原因分析》,《现代商贸工业》2018年第10期。
[⑦] 赵文红、孙万清、王文琼等:《创业失败学习研究综述》,《研究与发展管理》2014年第5期。
[⑧] Clute, R. C. ,Garman, G. B. "The effect of U.S economic policies on the rate of business failure", *American Journal of Small Business*, 1980(1).
[⑨] Zacharakis, A. L. ,Meyer, G. D. ,DeCastro, J. "Differing perceptions of new venture failure: A matched exploratory study of venture capitalists and entrepreneurs", *Journal of Small Business Management*, 1999(3).

Haase(2010)研究发现创业者多将创业失败归因于外因,特别是机会相关原因,如融资困难、市场状况不佳、劳动力市场疲软以及支持机构支撑制度缺乏等,其中难以融资是最为关键的原因[1]。

二是资源相关的原因。Hall(1992)指出不成熟企业的失败更多是由于资源有限[2]。Richardson 等(1994)指出企业无法继续从客户和其他重要资源供应商那里吸引足够的资金与资源是失败的主要原因[3]。Shepherd 等(2000)指出企业遭受失败和困境主要源于资源的获取与市场竞争方面的严重不足[4]。Hayward 等(2006)也提到,创业资源筹措渠道不畅及制度缺位是创业失败的原因[5]。

三是创业团队相关的原因。Lane 和 Schary(1991)提出在创业发展的中后期,有效的团队管理发挥着重要作用,90%的受访者认为企业中后期最多的失败原因是管理团队的无效[6]。Bruno 等(1992)通过对硅谷 250 家科技企业的员工及创业者进行访问发现,大多数受访者认为无效的团队管理和低效的团队合作是创业失败的重要原因[7]。Thornhill 和 Amit(2003)通过对 339 家加拿大破产企业进行研究发现,新创企业失败的主要原因是创业团队管理知识和财务管理能力的不足[8]。Rotefoss 和 Kolvereid(2005)则认为创业者的个人因素——创业经验的缺乏是创业失败的主要原因[9]。Artinger 和 Powell(2016)认为创业者的

---

[1] Franco,M.,Haase,H."Failure factors in small and medium-sized enterprises:Qualitative study from an attributional perspective",*International Entrepreneurship & Management Journal*,2010(4).

[2] Hall,G."Reasons for insolvency amongst small firms—A review and fresh evidence",*Small Business Economics*,1992(3).

[3] Richardson,B.,Nwankwo,S.,Richardson,S."Understanding the causes of business failure crises:Generic failure types:Boiled frogs,drowned frogs,bullfrogs and tadpoles",*Management Decision*,1994(4).

[4] Shepherd,D. A.,Douglas,E. J.,Shanley,M."New venture survival:Ignorance,external shocks,and risk reduction strategies",*Journal of Business Venturing*,2000(5-6).

[5] Hayward,M. L. A.,Shepherd,D. A.,Griffin,D."A hubris theory of entrepreneurship",*Management Science*,2006(2).

[6] Lane,S. J.,Schary,M."Understanding the business failure rate",*Contemporary Policy Issues*,1991(4).

[7] Bruno,A. V.,Mcquarrie,E. F.,Torgrimson,C. G."The evolution of new technology ventures over 20 years:Patterns of failure,merger,and survival",*Journal of Business Venturing*,1992(4).

[8] Thornhill,S.,Amit,R."Learning about failure:Bankruptcy,firm age,and the resource-based view",*Organization Science*,2003(5).

[9] Rotefoss,B.,Kolvereid,L."Aspiring,nascent and fledgling entrepreneurs:An investigation of the business start-up process",*Entrepreneurship & Regional Development*,2005(2).

过分自信可能会使其低估风险市场的商机,从而导致创业失败[1]。

国内学者从内外部原因、主客观原因等不同角度对大学生创业失败的原因进行了分析研究。

一是内部原因和外部原因。内外部原因角度是研究者分析大学生创业失败原因的重要维度。如侯海霞(2013)从外部和内部两方面分析了大学生创业失败的原因,认为外界环境因素主要是国家政策落实不到位,高校缺乏系统的创业教育,造成大学生创业技能缺失,家庭和社会的不理解和压力;自身因素主要是规划不完善、创业能力准备不足,社会阅历少,缺乏创业资源,经验不丰富,缺乏创业精神和经营管理能力,对市场不敏感、无市场营销意识[2]。谢清(2017)认为内部原因主要是创业项目选择不科学,创业者自身创业能力不够高,对创业认识过于理想化,对创业的艰巨性和开拓性认知不足,过于急功近利,急于求成;创业环境方面的外部影响主要是缺少正确的创业引导和创业所需资源不够全面[3]。李红梅(2017)认为大学生创业失败的外在因素为政府扶持力度不够、政策监督落实不到位,学校创新创业教育结构不健全,社会整体对大学生创业期望度高、宽容度低;内部原因包括创业规划不完善,创业者不具备创业素质,风险规避能力弱,交际面窄,对各种信息的把握能力差[4]。平燕(2018)认为外部原因主要是政策扶持力度有待深入,高校相关课程定位模糊,创业孵化基地"虚拟化";内部原因主要包括自我认知不清,盲目跟风,缺乏创新,缺乏基本的综合素质和能力,团队意识淡薄[5]。吴宇驹等(2019)根据调查结果,发现内在因素主要是社会经验和市场经验不足、对外沟通能力不足、技术障碍和创业意志不坚定等;外在因素主要是创业初期资金不足、国家政策变动、学业和创业时间协调问题和学校支持力度小等[6]。综上所述,研究者在分析大学生创业失败的外部原因时主要从政府、学校、家庭和社会层面入手,政府方面主要涉及政策的制定与执行情况;学校

---

[1] Artinger, S., Powell, T. C. "Entrepreneurial failure: Statistical and psychological explanations", *Strategic Management Journal*, 2016(6).
[2] 侯海霞:《大学生创业失败的原因分析及对策研究》,《科技创业月刊》2013 年第 9 期。
[3] 谢清:《高等职业技术院校大学生创业失败的归因分析》,《青少年研究与实践》2017 年第 3 期。
[4] 李红梅:《大学生创业失败的原因与对策分析》,《教育观察(上半月)》2017 年第 6 期。
[5] 平燕:《大学生创业失败原因分析与对策研究》,《滁州职业技术学院学报》2018 年第 4 期。
[6] 吴宇驹、刘丽群、罗达等:《创业失败:大学生"双创"热背后的冷思考——基于创业行为问卷调查数据的分析》,《教育现代化》2019 年第 46 期。

方面主要是创业课程设置和对学生创业实践的支持;家庭和社会方面主要是情感态度的支持;内部原因主要体现在创业者自身能力素质、创业项目选择、社会实践经验和创业资源等方面。

二是主观原因和客观原因。主客观原因角度是研究者分析大学生创业失败原因的另一重要维度。如刘波(2016)从主客观角度分析了大学生创业失败的原因,认为主观因素主要是项目选择不当,缺乏创业经验,心智不够成熟,急于求成,抗压能力差,不能善始善终;客观因素主要是资金短缺,高校对创业教育不够重视,政府政策宣传不够、执行力不足[①]。宋双双等(2018)认为导致创业失败的三大客观风险分别是缺少资金、缺乏企业管理经验、市场推广困难,其中"缺少资金"稳居三大风险中的第一位;主观原因主要包括创业准备不充分,创业者社会经验不足,社会资源缺乏,缺乏危机处理和管理能力等[②]。王勇(2018)提出大学生创业失败的客观原因有文化因素,政策信息获取渠道有限,缺少社会资源,创业教育重理论轻实践;主观原因则是不具备创业能力与素质,创业项目选择不当,经验不足,对市场把握不准[③]。综上所述,大学生创业失败的客观原因主要体现为创业资金、创业政策落实和创业教育质量方面;主观原因主要在于创业者自身的能力与素质、创业项目选择、实践经验与社会资源等方面。

三是主要原因和次要原因。也有部分研究者从主要原因和次要原因维度分析大学生创业失败原因。钱国庆(2012)认为大学生创业失败的主要原因是对创业政策的了解不够,利用政策扶持的力度不够;对创业的规划欠缺,创业的指向不明确;对创业项目缺乏仔细调研,项目选择不能结合专业优势;创业实践训练不足,不能有效规避风险[④]。何应林和陈丹(2013)基于对24个大学生创业失败案例分析发现,大学生创业失败的主要原因是创业大学生努力程度不够和高校创业教育工作质量不高,次要原因是社会对高校创业教育支持不够和部分创业大学生不适合创业[⑤]。陆成林等(2013)对京津冀地区有创业经历的大学生进行问卷调查发现,在导致创业失败的主要因素中,排在第一位的是创业项目选择偏

---

① 刘波:《基于案例分析大学生创业失败的原因》,《高教学刊》2016年第15期。
② 宋双双、吴小倩、向雪等:《大学生创业高失败率的原因分析》,《现代商贸工业》2018年第10期。
③ 王勇:《大学生创业失败原因分析及对策》,《科技创业月刊》2018年第4期。
④ 钱国庆:《大学生创业失败及对策研究》,《产业与科技论坛》2012年第20期。
⑤ 何应林、陈丹:《大学生创业失败的类型与原因——基于创业失败案例的分析》,《当代教育科学》2013年第5期。

差,后面依次是融资难造成的困境、经营管理能力不足和市场竞争力低①。吴宇驹等(2019)认为大学生创业失败的最主要原因是没有足够的社会经验和市场经验,然后是对外沟通和谈判能力不足、创业意志不坚定、项目核心技术和专业知识不足②。学者们从主要原因和次要原因的方面探讨大学生创业失败的原因时,一般认为主要原因源于创业者自身,如创业能力不强、对创业的政策环境不了解、项目选择不够准确、对创业本身意志力不坚定等;外部原因是次要原因,主要是创业资金、政府政策、学校帮助等。

四是从其他角度进行原因分析。也有个别学者从其他角度分析了大学生创业失败的原因。如翟庆华和叶明海(2014)通过调查发现,大学生创业成功率低的原因在于对自身的能力、掌握的资源、将要进行的创业活动等认识不足,同时缺少与之相匹配的商业模式③。刘李(2017)依照Timmons创业模型,结合大学生创业失败案例,从团队、资源和商机三个角度剖析了大学生创业失败的原因④。胡婉琳和王晓媛(2019)运用资源基础理论,分别从组织资源、物质资源、财务资源三个方面探析大学生创业失败的原因,研究发现组织资源不足、物质资源匮乏、财务资源稀缺为大学生创业失败的主要原因⑤。赵颖异和石乘齐(2019)根据期刊文献,提炼出大学生创业失败原因的4个高频因素:大学生自身因素,如个人能力与意识不足、缺乏防骗等社会经验、社会人际关系处理能力不足、个人品质与身体素质差等;团队因素,如创业团队不成熟、团队管理能力不足;项目与资金因素,如创业资本不充足、项目评估不充分、设备与场地不足、缺乏时间保障、项目策划准备不充分以及产品不符合市场需要等;其他因素,如高校的创业教育因素和政府创业扶持政策因素⑥。

---

① 陆成林、殷永桥、段淑娟:《大学生创业失败主要因素调查研究》,《河北工程技术高等专科学校学报》2013年第1期。
② 吴宇驹、刘丽群、罗达等:《创业失败:大学生"双创"热背后的冷思考——基于创业行为问卷调查数据的分析》,《教育现代化》2019年第46期。
③ 翟庆华、叶明海:《大学生创业者自我效能、资源、机会与商业模式的匹配关系研究》,中国经济出版社,2014年,第1页。
④ 刘李:《基于案例分析大学生创业失败原因和成本结构》,《人才资源开发》2017年第22期。
⑤ 胡婉琳、王晓媛:《基于资源基础理论的大学生创业失败原因分析》,《中国中小企业》2019年第7期。
⑥ 赵颖异、石乘齐:《大学生创业失败因素分析》,《教育教学论坛》2019年第27期。

（三）关于大学生创业失败效应的研究

国外学者对创业失败效应的研究相对较早，早期研究对创业失败持消极态度，但随着研究的深入，学者们对创业失败的态度也从消极转为积极，开始关注创业失败的积极影响。学者们关于创业失败效应主要观点有以下三类：

一是创业失败的消极影响。如 Singh 等（2007）认为创业失败对创业者本身产生经济方面、心理方面、身体方面以及社会关系等四个方面的影响[1]。Weisenfeld 等（2008）提出创业失败会使创业者承受流言和贬值[2]。Ucbasaran 等（2013）提出创业失败产生的财务成本、心理成本和社会成本会影响创业者的日常生活[3]。Boso 等（2019）认为创业失败会给创业者带来心理、身体上的伤害[4]。

二是创业失败的积极影响。如 McGrath（1999）认为创业失败可能激起创业者的逆反心理，付出更多的努力来克服困难，同时拓宽了创业者的创业眼界[5]。Rotefoss 和 Kolvereid（2005）指出创业失败可能会使创业者的认知更为准确，激起创业激情[6]。Rerup（2005）认为创业失败提升了创业者的能力，使创业者善于从失败中进行反思，进一步提升自我管理能力与抗压能力[7]。Politis 和 Gabrielsson（2009）指出创业失败使得创业者随后对企业加强管理，激发学习行为产生[8]。Danneels 和 Vestal（2018）指出创业失败可以使创业者积累经验，更好地走向成功[9]。

---

[1] Singh, S., Corner, P., Pavlovich, K. "Coping with entrepreneurial failure", *Journal of Management & Organization*, 2007(4).

[2] Wiesenfeld, B. M., Wurthmann, K. A., Hambrick, D. C. "The stigmatization and devaluation of elites associated with corporate failures: A process model", *The Academy of Management Review*, 2008(1).

[3] Ucbasaran, D., Shepherd, D. A., Lockett, A., et al. "Life after business failure: The process and consequences of business failure for entrepreneurs", *Journal of Management*, 2013(1).

[4] Boso, N., Adeleye, I., Donbesuur, F., Gyensare, M. "Do entrepreneurs always benefit from business failure experience?", *Journal of Business Research*, 2019(3).

[5] McGrath, R. G. "Falling forward: Real options reasoning and entrepreneurial failure", *Academy of Management Review*, 1999(1).

[6] Rotefoss, B., Kolvereid, L. "Aspiring, nascent and fledgling entrepreneurs: An investigation of the business start-up process", *Entrepreneurship & Regional Development*, 2005(2).

[7] Rerup, C. "Learning from past experience: Footnotes on mindfulness and habitual entrepreneurship", *Scandinavian Journal of Management*, 2005(4).

[8] Politis, D., Gabrielsson, J. "Entrepreneurs' attitudes towards failure", *Social Science Electronic Publishing*, 2009(4).

[9] Danneels, E., Vestal, A. "Normalizing vs. analyzing: Drawing the lessons from failure to enhance firm innovativeness", *Journal of Business Venturing*, 2018(5).

三是创业失败既有积极效应,也有消极效应。如 Shepherd(2003)提到若创业者能从失败中学习,那么这将会有利于创业者能力的提升和知识的获取,有利于后续创业,但是程度越严重的失败经历可能并不会带来更多的学习,因为这对于创业者来说是一种名誉损失,进而造成重大打击[①]。Singh 等(2007)提到创业失败会给创业者带来负面的情绪反应以及消极的生理症状,但创业者也可以将创业失败当作一种资源,从中学习知识和技能[②]。Cardon 等(2011)指出创业失败既影响企业融资,也给创业者带来污名和财政问题,但经历过失败的人再次创业时可能会更具有激情,有更大的决心[③]。Simmons 等(2014)提出创业失败给创业者不仅带来了负面影响,也有正面激励作用[④]。

国内学者对于创业失败效应的理解与国外学者一样,也主要有三类。一是创业失败的消极影响。如于晓宇等(2012)从对创业失败者心理影响的角度认为创业失败会造成高校学生创业者心理扭曲甚至放弃生命等问题[⑤]。于晓宇等(2013)研究认为,创业失败使创业者更加现实地面对未来,可能会降低随后创业意向[⑥]。孙珂(2015)通过调查研究发现,大学生对于创业失败具有显著的内隐污名效应,即大学生在内隐层面上对于创业失败者存在显著的负面认知,伴有明显的消极情感体验,并表现出显著的歧视行为倾向[⑦]。蒋才良(2016)认为创业失败对创业大学生产生包括财务损失、心理损失、生理损失等多重影响[⑧]。二是创业失败的积极影响。如叶丹容和谢雅萍(2016)从对大学生创业能力影响的角度分析了大学生创业失败的效应,认为对大学生进行失败教育有助于大学生创

---

① Shepherd, D. A. "Learning from business failure: Propositions of grief recovery for the self-employed", *Academy of Management Review*, 2003(2).
② Singh, S., Corner, P., Pavlovich, K. "Coping with entrepreneurial failure", *Journal of Management and Organization*, 2007(4).
③ Cardon, M. S., Stevens, C. E., Potter, D. R. "Misfortunes or mistakes?: Cultural sensemaking of entrepreneurial failure", *Journal of Business Venturing*, 2011(1).
④ Simmons, S. A., Wiklund, J., Levie, J. "Stigma and business failure: Implications for entrepreneurs' career choices", *Small Business Economics*, 2014(3).
⑤ 于晓宇、桑大伟、韩雨卿:《基于创业失败学习视角的创业课程设计》,《复旦教育论坛》2012年第5期。
⑥ 于晓宇、李厚锐、杨隽萍:《创业失败归因、创业失败学习与随后创业意向》,《管理学报》2013年第8期。
⑦ 孙珂:《大学生创业失败内隐污名对其创业意向的影响——自尊的调节作用》,河南大学硕士学位论文,2015年。
⑧ 蒋才良:《基于创业失败视角的逆商教育课程体系设计——以义乌工商学院为例》,《高教学刊》2016年第10期。

业知识、创业意识、关键技能的形成和发展[1]。王华锋等(2017)认为适度的失败是既有利于创业失败学习,也有利于创业者[2]。三是创业失败既有积极效应,也有消极效应。如徐永波(2016)认为创业失败对创业者既有丧失自信、陷入经济困境、背负心理阴影,乃至一蹶不振甚至放弃生命的负面效应,也具有提高大学生管理创业失败、调整负面情绪的能力,形成接受、包容和面对创业失败的文化氛围的积极效应[3]。

(四) 大学生创业社会支持体系的研究

1. 大学生创业社会支持体系的概念内涵

关于大学生创业社会支持体系的概念界定,目前学界还没有统一的定义。周楠(2015)认为大学生创业支持体系是指社会为大学生创业提供的各种支持和要素的有机整体,这些要素包含创业资金、创业政策、创业知识以及情感和心理等方面[4]。王亚娟(2017)结合复杂系统理论和创业过程理论以及大学生创业特征,认为大学生创业支持体系是一个带有各种反馈回路、动态的、开放的、相互依赖和支持的复杂系统[5]。蒋珞晨和万明国(2019)认为大学生创业社会支持体系是指创业大学生获取创业资源的各种有效渠道及其整体运行,是创业者获得有效资源支持的实现程度[6]。朱丽(2019)认为大学创业社会支持体系是由政府、高校、企业和社会等要素组成的复杂系统,是为大学生创业者提供政策支持、智力支持、实践支持和服务支持的各要素的有机统一体[7]。通过梳理学者们对于大学生创业社会支持体系的定义发现,部分学者从大学生创业社会支持主体角度界定大学生创业支持体系,部分学者从大学生创业社会支持内容角度界定大学生创业支持体系,也有学者从系统论角度界定大学生创业支持体系。

---

[1] 叶丹容、谢雅萍:《失败教育对大学生创业能力的影响》,《江苏科技信息》2016年第16期。
[2] 王华锋、高静、王晓婷:《创业者的失败经历、失败反应与失败学习——基于浙、鄂两省的实证研究》,《管理评论》2017年第6期。
[3] 徐永波:《基于创业失败学习视角的大学生创业教育新模式研究》,《兰州教育学院学报》2016年第3期。
[4] 周楠:《大学生创业支持体系研究——基于社会排斥理论视角》,《长春理工大学学报(社会科学版)》2015年第8期。
[5] 王亚娟:《大学生创业生态系统概念模型研究》,《中国成人教育》2017年第2期。
[6] 蒋珞晨、万明国:《大学生创业的社会支持网络功能实现研究》,《科技管理研究》2019年第7期。
[7] 朱丽:《"双创"背景下大学生创业支持体系构建研究》,《吉林工程技术师范学院学报》2019年第1期。

2. 大学生创业社会支持体系的要素构成

从社会层面看,大学生创业活动是一项复杂的系统工程,涉及参与主体众多、需求资源广泛,关于大学生创业社会支持体系的要素构成,学者们从支持主体和支持内容等研究视角提出各自的观点。

从社会支持主体角度,如王静(2011)认为大学生创业社会支持体系需要政府、社会、高校以及创业者本人相互协作,共同发力[1]。钟云华等(2016)认为大学生创业社会支持体系大体可以区分为正式社会支持与非正式社会支持两种,正式社会支持体系是指政府、高校以及其他社会组织的支持;非正式社会支持体系主要是指家庭、朋友、同事、老师等社会关系网的支持[2]。曲小远(2016)认为创业社会支持体系包括正式的社会支持网络和非正式的社会支持网络,支持主体包括政府、学校、企业、媒体以及家庭等[3]。朱丽(2019)认为大学创业社会支持体系是由政府、高校、企业和社会等社会支持主体组成的复杂系统[4]。刘蕾等(2020)从创业者网络关系的维度,认为大学生创业社会支持主体包括家庭、学校、政府和社会[5]。刘泽昊(2020)认为大学生创业支持需要社会、高校、企业等多方共同协作来促进大学生创业活动的成功开展[6]。从社会支持主体角度,学者们基本认同大学生创业需要政府、高校、企业、家庭等其他社会主体的支持。

从社会支持内容角度,如谢钢和周陪袁(2009)认为大学生创业社会支持体系应包含教育支持、政策支持、资金支持和服务支持等四个方面内容[7]。姜鹏飞和许美琳(2012)认为大学生创业社会支持体系主要包括政策支持、教育支持、舆论支持和服务支持等四个方面内容[8]。于跃进和刘亚平(2013)认为大学生创业社会支持既包括物质化或可以数量化的客观支持,也包括创业大学生体验到的生理、心理与情感方面的主观支持[9]。胡程(2015)认为大学生创业社会支持体

---

[1] 王静:《大学生创业支持体系的构建——基于对大学生创业意识培养的调查》,《人口与经济》2011年第1期。
[2] 钟云华、吴立保、夏姣:《大学生创业意愿的影响因素及其激发对策分析》,《高教探索》2016年第2期。
[3] 曲小远:《大学村官创业的社会支持体系研究——以温州地区为例》,温州大学硕士学位论文,2016年。
[4] 朱丽:《"双创"背景下大学生创业支持体系构建研究》,《吉林工程技术师范学院学报》2019年第1期。
[5] 刘蕾、李静、陈绅:《社会支持体系对大学生公益创业意愿的影响研究——基于创业者网络关系的视角》,《江苏高教》2020年第9期。
[6] 刘泽昊:《大学生就业创业社会支持体系构建探讨》,《农家参谋》2020年第5期。
[7] 谢钢、周陪袁:《浅谈构建大学生创业支持体系》,《商场现代化》2009年第6期。
[8] 姜鹏飞、许美琳:《大学生创业支持体系构建研究》,《当代教育科学》2012年第17期。
[9] 于跃进、刘亚平:《浅析大学生创业社会支持系统的构建》,《职业时空》2013年第11期。

系的构成因素主要由政策支持、资金支持、创业教育与培训支持和孵化支持等四个部分组成[1]。王爱文(2017)认为大学生创业支持体系由政策法规、融资平台、资源支持、评价体系、人文环境等五个方面构成[2]。温雷雷(2021)认为大学生创业社会支持体系应包括教育支持、政策支持、资金支持、孵化支持等几大要素[3]。从社会支持内容角度,学者们基本认同大学生创业需要创业政策、创业教育、创业服务、创业资源以及创业文化等方面的支持。

3. 大学生创业社会支持体系的构建

关于大学生创业社会支持体系的构建,通过文献梳理发现,目前国内学者主要有三个研究视角:一是从社会支持主体角度讨论大学生创业社会支持体系的构建,二是从大学生创业社会支持内容角度讨论大学生创业社会支持体系的构建,三是从复杂系统的角度讨论大学生创业社会支持体系的构建。

从社会支持主体角度,陆地(2010)提出,大学生创业支持体系需要从政府改善大学生创业政策、高校优化大学生创业教育、企业提供多方位的资金和实践支持以及社会营造大学生创业文化氛围等四个方面进行构建[4]。崔晓莉和李明明(2015)认为政府要进一步加大对大学生创业的扶持力度,社会要营造鼓励大学生创业的文化氛围,高校要构建系统化的创新创业教育体系,创业者自身要提升创新创业能力[5]。杜飞(2016)认为政府应完善管理组织、搭建信息平台并完善扶持的政策,高校应加强创业教育、重视培养大学生综合素质,社会要营造积极的创业氛围并建立完善服务体系[6]。朱丽(2019)认为大学生创业支持体系的构建需要政府完善创业扶持政策、高校完善创业教育系统、企业充分发挥引领示范作用、社会建立完整的服务支持体系[7]。黄亚俊和陈甜静(2020)认为大学生创业社会支持体系构建应发挥政府支持力度、加强高校素质教育功能、加强社会支撑与引领以及重视家庭教育[8]。

---

[1] 胡程:《山东省大学生创业教育社会支持体系的实证研究》,济南大学硕士学位论文,2015年。
[2] 王爱文:《基于企业创业过程视角的大学生创业支持体系构建》,《商场现代化》2017年第1期。
[3] 温雷雷:《"双创"背景下大学生公益创业社会支持体系研究》,《教育与职业》2021年第8期。
[4] 陆地:《构建"五位一体"的大学生创业支持体系》,《商品与质量:理论研究》2010年第1期。
[5] 崔晓莉、李明明:《海南高校大学生创业支持体系的构建》,《开封教育学院学报》2015年第11期。
[6] 杜飞:《"四维一体"构建大学生创业支持体系》,《安徽工业大学学报(社会科学版)》2016年第6期。
[7] 朱丽:《"双创"背景下大学生创业支持体系构建研究》,《吉林工程技术师范学院学报》2019年第1期。
[8] 黄亚俊、陈甜静:《大学生就业创业社会支持体系构建初探》,《大众标准化》2020年第15期。

从社会支持内容角度，卓高生和曾纪瑞(2013)认为应该从创业氛围、创业环境以及创业物质支持三个方面入手寻求大学生创业社会支持体系构建的合理途径[1]。管巍(2013)认为大学生创业社会支持体系应该从创业教育培训、创业政策扶持、创业融资以及大学生创业基地建设等四个方面进行构建[2]。黄兆信等(2014)提出应从资金支持、政策支持、创业教育支持、创业平台支持、创业指导支持等途径构建创业支持体系[3]。孙大雁(2017)认为需要从强化创业教育、建设创业孵化器、构建投融资体系等方面优化大学生自主创业支持体系[4]。宋挺(2019)认为在当前"大众创业、万众创新"背景下，需要从完善地方创业配套政策、加强创业型师资队伍创新、开展辅助性创业教育实践活动以及不断拓展创业社会支持网络等多个方面构建大学生创业社会支持体系[5]。

从复杂系统的角度，如陈微微(2010)认为大学生创业社会支持体系主要由创业政策环境体系、创业投资与融资体系、创业教育与培训体系、创业组织与信息体系等四个方面组成，并通过这四个方面来合理构建[6]。姜鹏飞和许美琳(2012)认为大学生创业支持体系应包含政策支持子系统、教育支持子系统、舆论支持子系统和服务支持子系统等四个子系统，并通过这四个子系统来合理构建[7]。林业铖(2019)认为大学生创业不仅需要创业者自己努力，还需要政策、资金、资源以及环境支持，需要构建政府主导的政策支持体系、高校主导的教育培训体系、企业主导的资源支持体系[8]。毋靖雨(2019)通过问卷调查和访谈发现当前大学生返乡创业意愿高，但支持力度不够支持，结合现状提出要构建心理支持、制度支持、经济支持和教育支持四大体系[9]。庄美金(2019)在分析当前大学

---

[1] 卓高生、曾纪瑞：《创业大学生社会融合现状及社会支持体系的构建》，《广州大学学报(社会科学版)》2013年第2期。

[2] 管巍：《大学生创业支持体系构建的探索——以秦皇岛市为例》，《中国成人教育》2013年第11期。

[3] 黄兆信、赵国靖、曾纪瑞：《创业大学生社会支持体系构建研究——以温州高校为例》，《高等工程教育研究》2014年第4期。

[4] 孙大雁：《大学生自主创业支持体系的构建与优化——以浙江大学为例》，《青少年研究与实践》2017年第1期。

[5] 宋挺：《基于双创背景构建大学生创业支持体系》，《科技资讯》2019年第5期。

[6] 陈微微：《大学生自主创业支持与服务体系的理论思考》，《浙江工业大学学报(社会科学版)》2010年第4期。

[7] 姜鹏飞、许美琳：《大学生创业支持体系构建研究》，《当代教育科学》2012年第17期。

[8] 林业铖：《"双创"背景下大学生创业社会支持系统的构建》，《盐城师范学院学报(人文社会科学版)》2019年第4期。

[9] 毋靖雨：《乡村振兴战略背景下大学生返乡创业的社会支持体系构建》，《教育与职业》2019年第15期。

生创业社会支持体系中存在的问题后,提出应从政策服务支持体系、创业教育支持体系、社会服务支持体系、创业关怀支持体系以及创业朋辈支持体系五个方面构建大学生创业社会支持体系[①]。

四、研究思路、研究方法与技术路线

(一) 研究思路

本课题遵循定性研究与定量研究相结合且以定量研究为主的原则,按照从认识大学生创业与大学生创业失败、揭示大学生创业失败原因、分析大学生创业失败效应到改进大学生创业失败的分析路径开展课题研究。

首先,基于系统理论探索构建大学生创业模型,分析大学生创业活动的主要要素及其相互关系,研究确立不同创业阶段的目标任务、要素需求和风险特征。

其次,在对大学生创业失败概念内涵和判断标准进行深入研究的基础上,通过大量的调查研究,分析大学生创业失败原因和大学生创业失败效应。

最后,在对大学生创业失败学习进行深入分析的基础上,结合外部支持对大学生创业结果影响的实证研究,探索提出构建大学生创业社会支持体系的对策建议。

(二) 研究方法

根据课题研究需要,本课题主要运用文献研究、调查研究、案例研究、比较研究和综合分析等研究方法。

1. 文献研究

文献研究是本研究的重要研究方法,本研究梳理和分析了大量关于创业模型、创业失败、创业失败学习、社会支持体系等相关文献资料,包括期刊文献、学术专著、硕博士学位论文以及国家相关政策文献等,为相关研究提供理论借鉴。

2. 调查研究

调查研究是本研究的另一重要研究方法,本研究通过深度访谈、问卷调查、

---

① 庄美金:《双创背景下大学生创新创业社会支持体系的建构》,《成都师范学院学报》2019 年第 4 期。

专家征询等具体方法有针对性地对相关问题进行了调查研究,以期获得相关认识、观点。

深度访谈:在文献研究基础上,对大学生创业失败概念内涵、判断标准,大学生创业失败原因、失败效应,以及如何对大学生创业提供帮扶等有关研究内容,开展了深度访谈。本研究采用半结构式访谈来收集访谈信息,访谈前设计了访谈提纲(见附录一),不同访谈对象的问题设计有一定差异。根据课题研究需要,访谈对象分为两类:一类是大学生创业者包括具有创业失败经历者,以及在校高年级大学生;另一类是高校创业教育教师、创业教育管理人员,政府相关部门管理人员,创业中介服务机构有关人员,社会创业成功人士,以及大学生家长。

问卷调查:本研究根据研究需要,分别对在读和毕业5年内的大学生以及社会人士进行了问卷调查。正式调查前,对两份问卷分别进行了预调查和信度、效度分析。

问卷调查一:在读和毕业5年内的大学生。本研究编制了《关于大学生创业的调查问卷》(见附录二),问卷问题包括基本信息、大学生创业活动的要素、大学生创业失败的主要原因和大学生创业失败的影响等方面内容;利用网络平台对20余所高校(包括本科院校和高职院校)大学生发放《关于大学生创业的调查问卷》,调查结束后回收问卷6 015份,6 015位大学生主要来自江苏、上海、浙江、安徽、江西等省、自治区、直辖市,其中5 403位没有创业经历,612位具有1次及以上创业经历(包含313位具有1次及以上创业失败经历大学生)。在创业大学生、有创业失败经历大学生和潜在创业大学生分别根据问题填答对象选择填答,相关问卷问题进行了跳转设计。

问卷调查二:社会人士。本研究编制了《关于大学生创业失败影响的调查问卷》(见附录三),问卷问题分不同的影响对象分别进行了设计。利用网络平台对社会人士发放《关于大学生创业失败影响的调查问卷》,调查结束后回收问卷1 128份,1 128位社会人士也主要来自江苏、上海、浙江、安徽、江西等省、自治区、直辖市。调查对象根据问题填答对象选择填答,相关问卷问题进行了跳转设计。

专家征询:在研究过程中,对大学生创业模型构建、大学生创业阶段划分、大学生创业失败学习等有关研究内容,征询了两类专家:一类是高校从事创业研究的专家和大学生创业指导教师,另一类是企业及创业服务机构的大学生创业导师。

数据处理:调查结束后,根据研究内容需要,利用SPSS软件的卡方拟合优度检验、χ^2 检验、相关分析、方差分析和二元 Logistic 模型等数据处理方法对数据进行了分析处理。

3. 案例研究

大学生创业尤其是创业失败是个非常复杂的现象和过程,需要通过案例研究来弥补文献研究、问卷调查等研究方法不能获得的相关研究信息。课题组通过大学生创业企业实地考察、大学生案例分析文献以及网络信息等多种途径收集、分析了近百个大学生创业案例,重点分析了大学生创业的主要特点、大学生创业活动的影响要素、大学生创业的主要过程,以及大学生创业失败的主要原因和失败效应。

4. 比较研究

为探索不同创业阶段失败判断标准是否有差异,不同创业阶段、不同创业类型的失败原因是否不同;大学生创业失败对创业失败大学生、其他在创业大学生和潜在创业大学生,以及对创业失败大学生家庭、高校、政府、创业服务机构和社会产生的影响,在影响程度和影响性质等方面是否存在差异,本研究在问卷调查的基础上借助 SPSS 等软件进行了比较分析。

5. 综合分析

大学生创业活动受诸多内外部因素的影响,大学生创业失败也是由多方面原因造成的,因此,无论是正确认识大学生创业失败概念、分析大学生创业失败原因,还是提出改进大学生创业失败对策建议,都需要在文献研究、调查研究等研究基础上通过综合分析才能得出科学的观点和对策建议。本研究在文献研究、调查研究和案例研究等研究基础上,通过综合分析探索构建了 3 层次 14 要素大学生创业模型,科学界定了大学生创业失败概念,提出了大学生创业失败判断标准,探索构建了大学生创业失败协同学习机制,以及提出了"内合外联"式大学生创业社会支持体系的构建建议。

(三) 技术路线

本研究从认识大学生创业与大学生创业失败、揭示大学生创业失败原因、分析大学生创业失败效应到提出改进大学生创业失败对策建议分析路径,从七个方面开展课题研究。

研究一,基本概念界定与理论基础分析:本研究通过文献研究和深度访谈,对大学生创业概念进行了界定,对大学生创业特点和类型进行了分析归纳;梳理了经典创业模型、创业失败学习、社会支持理论等主要理论基础。

研究二,大学生创业模型构建、创业要素与创业过程的研究:本研究基于系统理论,通过文献研究、案例研究、多方征询、问卷调查和综合分析,构建了3层次14要素大学生创业模型;通过文献研究、深度访谈分析了大学生创业各要素及其相互关系,研究确立了不同创业阶段的目标任务、要素需求和风险特征。

研究三,大学生创业失败的概念内涵与判断标准的研究:本研究借鉴扎根理论,在文献研究基础上,通过深度访谈和综合分析,科学界定了大学生创业失败概念内涵;在此基础上,探索提出了体现大学生创业特点的创业失败判断标准,通过问卷调查对大学生创业失败判断标准进行了验证,并对不同创业阶段失败判断标准进行了比较分析。

研究四,大学生创业失败原因的研究:本研究在文献研究基础上,从大学生创业要素的角度构建了大学生创业失败原因框架;通过深度访谈、问卷调查和描述性统计分析、多重响应分析、卡方拟合度检验等研究方法和数据处理方法,揭示大学生创业失败的主要原因,并对不同创业阶段、不同创业类型大学生创业失败原因进行了比较分析。

研究五,大学生创业失败效应的研究:本研究在文献研究基础上,通过深度访谈、问卷调查和描述性分析、方差分析、卡方检验等研究方法和数据处理方法,分析了大学生创业失败对不同类型大学生,以及对大学生家庭、高校、政府、创业服务机构等不同社会主体产生的效应。

研究六,大学生创业失败学习的研究:本研究在对大学生创业失败价值和大学生创业失败学习意义进行文献研究的基础上,通过综合分析分层面界定了大学生创业失败学习的基本内涵,对不同层面大学生创业失败学习主要特点进行了比较分析,并探索构建了大学生创业失败协同学习机制。

研究七,大学生创业社会支持体系构建的研究:本研究借鉴社会支持理论,综合文献研究、深度访谈、问卷调查、综合分析等研究方法和χ^2检验、相关分析、方差分析、二元Logistic回归和线性回归等数据处理方法,在实证分析外部支持对大学生创业结果的影响研究的基础上,探索构建了"内合外联"式大学生创业社会支持体系。

本研究的技术路线见图1-1。

第一章 绪 论

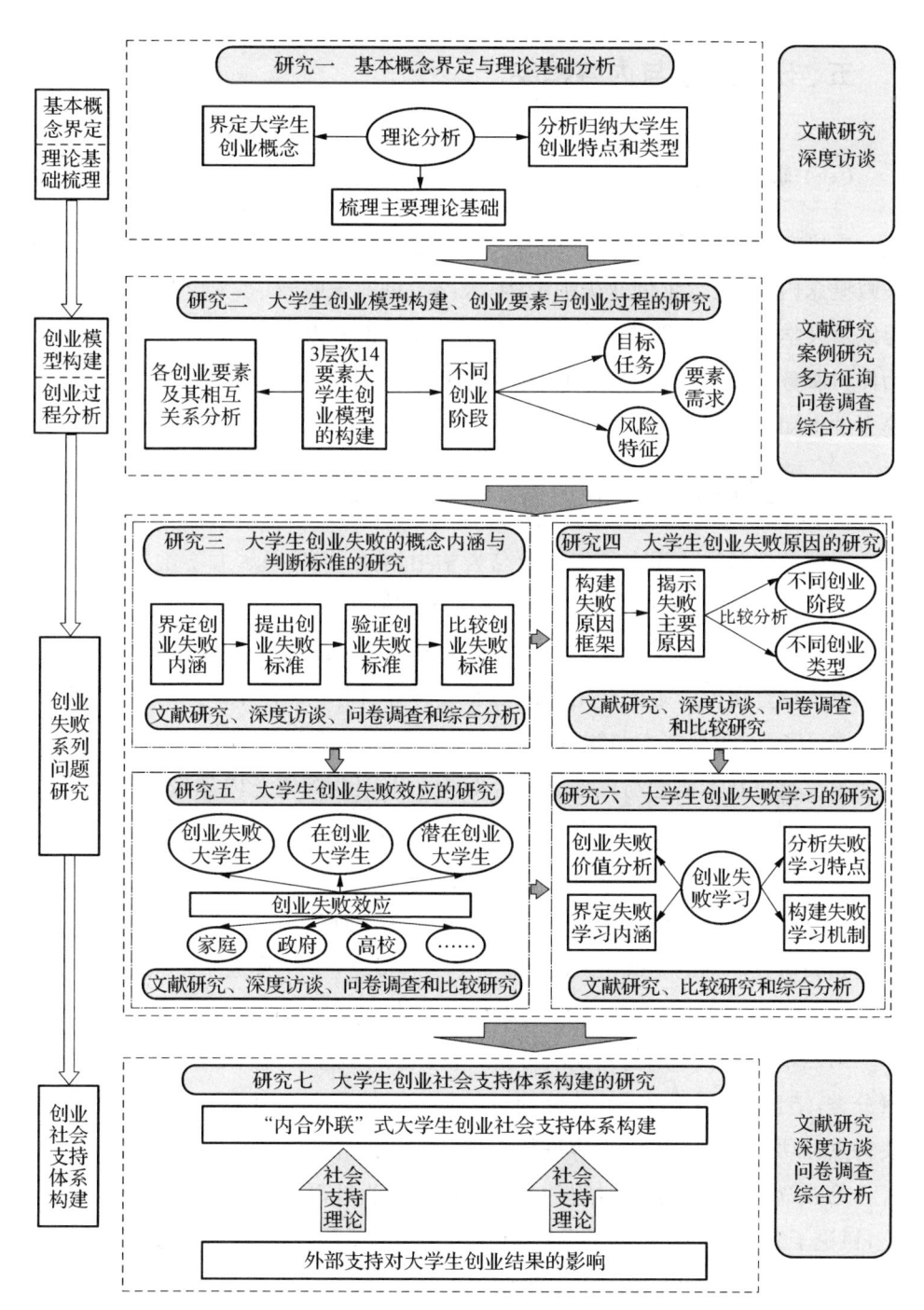

图 1-1 技术线路图

研究一 基本概念界定与理论基础分析
- 界定大学生创业概念
- 理论分析
- 分析归纳大学生创业特点和类型
- 梳理主要理论基础

（基本概念界定理论基础梳理 / 文献研究、深度访谈）

研究二 大学生创业模型构建、创业要素与创业过程的研究
- 各创业要素及其相互关系分析
- 3层次14要素大学生创业模型的构建
- 不同创业阶段
- 目标任务
- 要素需求
- 风险特征

（创业模型构建、创业过程分析 / 文献研究、案例研究、多方征询、问卷调查、综合分析）

研究三 大学生创业失败的概念内涵与判断标准的研究
- 界定创业失败内涵 → 提出创业失败标准 → 验证创业失败标准 → 比较创业失败标准

（文献研究、深度访谈、问卷调查和综合分析）

研究四 大学生创业失败原因的研究
- 构建失败原因框架 → 揭示失败主要原因 → 比较分析 → 不同创业阶段 / 不同创业类型

（文献研究、深度访谈、问卷调查和比较研究）

研究五 大学生创业失败效应的研究
- 创业失败大学生、在创业大学生、潜在创业大学生
- 创业失败效应
- 家庭、政府、高校、……

（文献研究、深度访谈、问卷调查和比较研究）

研究六 大学生创业失败学习的研究
- 创业失败价值分析
- 界定失败学习内涵
- 创业失败学习
- 分析失败学习特点
- 构建失败学习机制

（文献研究、比较研究和综合分析）

（创业失败系列问题研究）

研究七 大学生创业社会支持体系构建的研究
- "内合外联"式大学生创业社会支持体系构建
- 社会支持理论
- 社会支持理论
- 外部支持对大学生创业结果的影响

（创业社会支持体系构建 / 文献研究、深度访谈、问卷调查、综合分析）

图 1-1 技术线路图

五、研究对象与内容框架

（一）研究对象

本研究的研究对象是当前我国大学生创业失败问题，具体包括大学生创业失败概念内涵、大学生创业失败原因、大学生创业失败效应、大学生创业失败学习以及大学生创业失败改进等方面内容。按照创业内容，一般将大学生创业分为体力服务型、传统技能型、知识服务型和科技创新型创业四类，本研究主要讨论大学生知识服务型和科技创新型创业两种类型。

（二）内容框架

本课题按照从认识大学生创业与大学生创业失败、揭示大学生创业失败原因、分析大学生创业失败影响到通过大学生创业失败学习以改进大学生创业失败的分析路径构建研究的总体框架。具体内容如下：

第一章是绪论。主要介绍了课题研究背景、研究价值，国内外文献综述，研究思路、研究方法与技术路线，研究内容以及研究的创新与不足。

第二章是基本概念与理论基础。对大学生创业等概念内涵进行了界定，并对大学生创业特点和类型划分进行了分析；对经典创业模型、创业失败学习理论和社会支持理论等主要理论进行了回顾、分析。

第三章是大学生创业模型的构建。基于系统理论，在借鉴国内外经典创业模型相关研究成果的基础上，结合大学生创业特点，通过现场考察、案例分析，多方征询和问卷调查，探索构建了 3 层次 14 要素大学生创业模型。

第四章是大学生创业要素的分析。按照核心要素、中介要素、支持要素的要素分类，结合大学生创业特点，分别对大学生创业活动 14 个要素的概念内涵、主要特点和功能作用等方面内容进行系统、深入的分析。

第五章是大学生创业过程的分析。在对创业过程概念内涵科学界定的基础上，讨论了大学生创业过程的阶段划分，分析了不同创业阶段的目标任务和要素需求情况，探讨了不同创业阶段的风险特征。

第六章是大学生创业失败的概念内涵与判断标准。借鉴扎根理论，在对创业失败概念内涵与判断标准进行文献述评的基础上,通过深度访谈,界定了大学生创业失败的概念内涵;探索提出了体现大学生创业特点的创业失败判断标准,并通过问卷调查对大学生创业失败判断标准进行了验证。

第七章是大学生创业失败的主要原因。从大学生创业要素的角度构建了大学生创业失败原因框架;通过问卷调查和数据分析,揭示了大学生创业失败的主要原因,并对不同创业阶段和不同创业类型大学生创业失败原因进行了比较分析。

第八章是大学生创业失败的效应。在科学界定大学生创业失败效应的概念内涵的基础上,通过问卷调查和数据分析,掌握了大学生创业失败对不同社会主体产生的效应,并从积极效应和消极效应角度具体分析了大学生创业失败对不同主体产生的积极影响与消极影响。

第九章是大学生创业失败的学习。在对大学生创业失败的潜在价值和创业失败学习重要意义分析的基础上,分层面界定了大学生创业失败学习的基本内涵,分析了大学生创业失败学习的主要特点,并探索构建了大学生创业失败协同学习机制。

第十章是大学生创业社会支持体系的构建。在实证分析外部支持对大学生创业结果的影响研究的基础上,科学界定大学生创业社会体系概念内涵和构成要素,分析了大学生创业社会支持存在的问题及其原因,探索提出"内合外联"式大学生创业社会支持体系以及大学生创业社会支持体系的保障机制。

第十一章是结语部分。对本研究的基本结论进行了梳理,对研究的创新点和不足之处进行了总结,并对未来的研究方向进行了展望。

第二章　基本概念与理论基础

科学界定大学生创业的概念内涵是本研究的逻辑起点,本研究在梳理分析"大学生"和"创业"两个基础概念内涵的基础上界定了大学生创业的概念内涵,并分析了大学生创业的主要特点和类型划分。研究大学生创业失败与改进问题,需要多种理论的支持,根据课题研究需要,本研究选取经典创业模型、创业失败学习理论和社会支持理论作为课题研究的主要理论基础。

一、基本概念

(一) 大学生创业

大学生创业,顾名思义是指大学生这一特殊群体的创业行为。大学生创业是由"大学生"和"创业"两个概念构成,准确界定大学生创业的概念内涵,需要先分别明确"大学生"和"创业"的概念内涵。

1. 创业

创业不仅仅是个人行为,即个体创建新企业的行为,以公司作为主体的创业活动也层出不穷,即公司创业,指的是已经成立的大公司通过各种途径进行战略更新、新事业开发等形式的创业活动。此外,创业概念的内涵不仅出现在营利组织,发展到现在也可扩充到非营利组织,即社会创业[①]。总的来说,创业分为狭义和广义两种,本研究主要研究狭义的创业,即个体创建新企业的行为。关于狭义层面的创业,学者们由于个人经历、学术背景不同,对创业有不同的见解,具体如下:

[①] 王玉杰:《论创业的内涵、价值及实施途径的研究》,《中国集体经济》2011年第16期。

国外学者对创业的概念界定。如 Howard(1990)认为,创业是创业者或者创业团队追踪和捕捉创业机会的过程,可以从以下来解释,包括发现机会、战略导向、把握机会、资源配置过程、资源控制、管理和回报政策等六个企业经营活动[1]。Robert 等(2004)则指出创业是一种创造新事物的活动,即创业者通过创造出有价值的东西而最终获得经济报酬和人生价值的过程[2]。哈佛商学院认为,创业是创业者不受制于当前资源条件,通过对所掌握的资源进行整合,更好地利用和开发机会并创造价值的过程[3]。

国内学者对创业的概念界定。通过梳理相关文献发现,国内学者对创业的概念界定大致可以分为以下几类:

通过三要素来定义:一类是围绕机会、产品(或服务)和价值三要素来定义,如郁义鸿和李志能(2000)认为,创业是创业者通过识别和捕捉机会,创造新产品或服务,从而实现其潜在价值的过程[4];吴伟伟和严宁宁(2016)也认为,创业是创业者追寻和捕捉机会并由此创造新产品或服务以及实现其潜在价值的复杂过程[5]。另一类是围绕机会、资源和价值三要素来定义,如胡婉琳和王晓媛(2019)认为,创业是创业者在发现机会、整合当前资源条件的基础上实现潜在价值的过程[6];梅强(2012)认为创业是创业者积极主动整合资源,充分利用机会,进而实现价值创造的过程[7]。第三类是围绕资源、产品(或服务)和价值三要素来定义,如雷霖、江永亨(2001)指出,创业是创业者整合包括资本和人力在内的各种资源进行价值创造,通过向消费者输送产品或服务以获取利润和发展的过程[8]。

通过四要素来定义:围绕机会、资源、产品(或服务)和价值四要素来定义,如宋克勤(2002)提出,创业是一个识别和利用商业机会,统筹各方面资源,提供产品或服务,进而创造商业价值的过程[9];顾桥(2003)认为,创业是创业者在识别

---

[1] 严建雯:《大学生创业心理研究》,人民出版社,2012 年,第 10 页。
[2] [美]罗伯特·赫里斯迈、[美]迈克尔·彼得斯:《创业学》,王玉、王蔷等译,清华大学出版社,2004 年,第 3 页。
[3] 宋德安:《集群的发展阶段、网络关系与其创业关系的研究》,北京工业大学硕士学位论文,2007 年。
[4] 郁义鸿、李志能:《创业学》,复旦大学出版社,2000 年,第 9 页。
[5] 吴伟伟、严宁宁:《大学生创新创业教育》,经济科学出版社,2016 年,第 5 页。
[6] 胡婉琳、王晓媛:《基于资源基础理论的大学生创业失败原因分析》,《中国中小企业》2019 年第 7 期。
[7] 梅强:《创业基础》,清华大学出版社,2012 年,第 2 页。
[8] 雷霖、江永亨:《大学生创业指南》,中南大学出版社,2001 年,第 6 页。
[9] 宋克勤:《创业成功学》,经济管理出版社,2002 年,第 2—10 页。

创业机会和组织各种创业资源的基础上,通过提供新颖产品或服务,最终实现潜在商业价值的过程①。

通过五要素来定义:一类是围绕机会、资源、产品(或服务)、价值、企业五要素来定义,如李时椿和刘冠(2007)认为,创业是创业者识别机会,通过创建新企业或更新企业组织结构,统筹和整合所有资源,努力将企业产品和服务推向消费者,最终实现潜在价值的过程②。另一类是围绕创业主体、机会、资源、价值、企业五要素来定义,如浦瑛瑛(2008)将创业定义为某一个人或一个团队,不拘泥于目前资源条件,通过个人或团队成员的努力发现和捕捉商业机会,创建新企业并促进其健康发展的过程③。

通过六要素来定义:一类是围绕创业主体、资本、环境、机会、风险、企业六要素来定义,如刘军(2015)认为,创业是创业者以自身人力资本优势为基础,利用社会环境中的有利条件,去发现、开发市场机会,承担相应风险,建立新企业的过程④。另一类是围绕创业主体、资源、环境、机会、商业模式、事业六要素来定义,如翟庆华和叶明海(2014)认为,创业是一项复杂的活动,是在一定的外部环境和产业特性条件下,将创业者自我效能、创业资源和创业机会,通过商业模式进行有效的组织,开创新事业的行为⑤。

通过七要素来定义:学者们围绕创业主体、机会、风险、资源、产品(或服务)、价值、企业七要素来定义,如王天力和周立华(2013)认为,创业是创业者发现和捕捉商业机会,通过组织各种资源,运用个人和团队成员中已有的技能知识,提供创新性的产品或服务,最终创造价值和财富的创立企业的过程⑥。

综合上述各种观点发现,虽然国内外学者对"创业"概念的表述有所不同,但是对创业本质的理解还是有一致的看法,即大部分研究者以过程的观点描述创业的内涵,认为创业的本质是一个价值创造过程。当然,由于不同学者的

---

① 顾桥:《中小企业创业资源的理论研究》,武汉理工大学博士学位论文,2003年。
② 李时椿、刘冠:《关于创业与创新的内涵、比较与集成融合研究》,《经济管理》2007年第16期。
③ 浦瑛瑛:《大学生创业的内涵特征及创业教育推进策略》,《杭州科技》2008年第5期。
④ 刘军:《我国大学生创业政策体系研究:基于公共政策的视角》,山东大学出版社,2015年,第24页。
⑤ 翟庆华、叶明海:《大学生创业者自我效能、资源、机会与商业模式的匹配关系研究》,中国经济出版社,2014年,第1页。
⑥ 王天力、周立华:《创业学》,清华大学出版社,2013年,第8页。

学术背景和经历不同,对创业这一过程具体的阐释也有不同的理解[1],但识别机会、整合资源、提供产品(或服务)和创造价值是学者们概念内涵中的几个共同要素。

2. 大学生

大学生创业概念中的"大学生"一词具有双重含义,它既是创业的限定语,又是创业活动的主体。然而,对于大学生创业中"大学生"的界定,至今尚未有定论。姜红仁(2014)认为大学生创业中的"大学生"不能局限于在校有学籍状态的在读大学生,也应该包括毕业2年内从事创业活动的大学生[2]。翟庆华和叶明海(2014)将大学生创业中的大学生界定为在读高校学生(包括大学本科生、硕士研究生、博士研究生和回国留学生)和毕业2年内的毕业生[3]。刘军(2015)认为大学生创业中的大学生包括在校大学生、毕业5年内的大专及以上学历人员[4]。陶莉(2016)认为大学生创业中的大学生是指目前正在高校就读或是毕业5年内从事创业活动的大学生[5]。张蕾(2018)指出大学生创业者中的"大学生"应当包含在高校就读的学生和毕业5年内的毕业生这两类[6]。杭州市颁布的《杭向未来·大学生创业创新三年行动计划(2020—2022年)实施细则》,将资助的大学生界定为在杭普通高等学校在校大学生和毕业5年内从事创业的全日制普通高等学校毕业生[7]。中国"互联网+"大学生创新创业大赛,对于参赛选手的要求是全日制在校生(可为本科生、研究生)或毕业5年以内的大学毕业生(可为本科生、研究生)。

从学者们的观点和相关政策文件规定发现,对"大学生"的定义,分歧主要表现在两个方面:一是大学生创业概念中的"大学生",有的不包含专科学生,如中

---

[1] 霍亚楼:《创业过程的研究模式及框架重构》,《企业经济》2009年第10期。
[2] 姜红仁:《我国大学生创业支持政策研究》,武汉大学博士学位论文,2014年。
[3] 翟庆华、叶明海:《大学生创业者自我效能、资源、机会与商业模式的匹配关系研究》,中国经济出版社,2014年,第18页。
[4] 刘军:《我国大学生创业政策体系研究:基于公共政策的视角》,山东大学出版社,2015年,第24页。
[5] 陶莉:《高职大学生动态创业生态系统模型构建研究》,《兰州教育学院学报》2016年第9期。
[6] 张蕾:《大学生不同创业阶段资源需求及创业政策匹配度研究——以杭州为例》,浙江大学硕士学位论文,2018年。
[7] 杭州市人力资源和社会保障局:《关于印发〈杭向未来·大学生创业创新三年行动计划(2020—2022年)实施细则〉的通知》,2021-12-28,http://www.hangzhou.gov.cn/art/2021/12/28/art_1229063415_3992104.html。

国"互联网+"大学生创新创业大赛参赛选手不包括专科学生；二是毕业年限，关于毕业年限主要有两个时间节点，一个时间节点是毕业5年以内，另一个时间节点是毕业2年以内。综合学者们的观点和相关政策文件规定，根据课题研究需要，本研究中的创业大学生是指在读或毕业5年以内的毕业生，包括专科、本科、研究生。

3. 大学生创业

关于大学生创业概念内涵，学者们从不同角度进行了界定。如：

浦瑛瑛(2008)认为大学生创业即大学生利用自身所学的专业知识和拥有的知识产权，自谋职业，努力将创造的产品或服务推向消费者，创建企业并促进企业发展的活动[①]。严建雯(2012)将大学生创业定义为：在校大学生以及尚未就业的大学生通过学习获得创业所应具备的知识、经验和技能，依据自身的经验，识别和利用商业机会并创造新颖产品或提供服务，最终实现个人和社会价值的过程[②]。翟庆华和叶明海(2014)将大学生创业界定为：高校学生(包括大学本科生、硕士研究生、博士研究生和回国留学生)在就读期间或毕业2年内从事自主(或作为核心团队成员参与)创办、经营企业或以自我雇佣方式进行就业的行为[③]。刘军(2015)认为大学生创业是指在校大学生、毕业5年内的大专及以上学历人员，通过识别和利用商业机会建立新企业，创造新的产品和服务，最终实现其经济与社会价值的过程[④]。陈忠卫(2016)认为大学生创业是指大学生在某个恰当的时候，凭借自己独特的创意和所拥有的各种资源，组建团队，利用商业手段，在遵守国家法律法规条件下，向市场推送自己的产品或服务，并最终创造经济和社会价值的过程[⑤]。张莹(2017)认为大学生创业是指大学生这一特殊的创业群体，通过自身的努力识别机会、组织各种资源、提供产品或服务，最终实现创业目标的一系列创业活动[⑥]。

一般提到的大学生创业指的是狭义创业。相对于广义创业来说，狭义创业

[①] 浦瑛瑛：《大学生创业的内涵特征及创业教育推进策略》，《杭州科技》2008年第5期。
[②] 严建雯：《大学生创业心理研究》，人民出版社，2012年，第11页。
[③] 翟庆华、叶明海：《大学生创业者自我效能、资源、机会与商业模式的匹配关系研究》，中国经济出版社，2014年，第18页。
[④] 刘军：《我国大学生创业政策体系研究：基于公共政策的视角》，山东大学出版社，2015年，第24页。
[⑤] 陈忠卫：《知行统一路：大学生创业案例与创新创业教育研究》，经济管理出版社，2016年，第142页。
[⑥] 张莹：《服务型政府理念下的大学生创业生态系统构建》，长春工业大学硕士学位论文，2017年。

认为创业本质上是一个过程。创业既是一个识别机会、利用机会创造出产品或服务,进而实现价值的过程;也是创业者或创业团队在资源条件欠缺的情况下发现和捕捉机会,统筹资源条件实现创业目的的过程[1]。综合上述学者的主要观点,本研究从创业过程视角将大学生创业定义为:高校在读大学生和毕业5年内的大学毕业生(包括专科、本科和研究生),通过发现和捕捉创业机会、筹集和整合创业资源、组建创业团队建立新企业,创造出新颖产品或服务,进而实现其自身价值、经济价值和社会价值的过程。

(二) 大学生创业的主要特点

大学生是创业群体中的一类特殊群体,大学生创业既具有一般创业的共性特征,也具有其独特的鲜明特点。

张帆(2012)认为大学生创业具有思想活跃、理论扎实但缺乏实践、初始资金匮乏、关系网络资源较弱、有政府政策支持等特点[2]。李楠(2015)认为大学生创业特点较为鲜明、知识体系较为完善、学习能力较强、创业动机丰富多样、创业形式多样,但缺乏职业经验和创业经历,社会关系网络相对薄弱、资金匮乏、对政府和社会的扶持较为依赖,以及对创业的艰难性认识不足[3]。郭庆龙(2015)通过问卷调查发现,大学生创业具有科技含量不高、心理承受力不足、创业能力较弱以及成功率较低等特点[4]。王亚娟(2017)认为大学生创业具有以下特点:以母校为基础的网络是其获得创业资源的重要基础、拥有较高的专业知识水平、创新能力较强、思维活跃、享受政策倾斜和教育支持、缺乏创业资金以及创业时缺乏理性[5]。邱建博(2019)认为大学生创业特点较为鲜明,如创业类型多为机会型创业、理论知识丰富,但实践经验缺乏、关系网络单一、缺乏资金、有国家政策的支持等[6]。林其换(2019)认为大学生创业具有思想意识超前、实践经验不足、具

---

[1] 郭必裕:《大学生创业的初始资源与机会型创业的选择》,《现代教育科学》2011年第9期。
[2] 张帆:《大学生创业资源获取影响因素研究》,吉林大学硕士学位论文,2012年。
[3] 李楠:《大学生创业学习与创业机会识别关系研究》,云南大学硕士学位论文,2015年。
[4] 郭庆龙:《天津市政府促进大学生创业问题研究》,天津师范大学硕士学位论文,2015年。
[5] 王亚娟:《创业网络对大学生创业能力的影响研究——创业学习的中介作用》,吉林大学硕士学位论文,2017年。
[6] 邱建博:《大学生创业学习对创业绩效的影响机制研究——基于合法性的中介作用》,南京审计大学硕士学位论文,2019年。

有较高技术优势、创业项目相对集中、创业门槛比较低等特点[1]。

本研究认为,大学生创业与其他社会人士创业,本质上是一样的,具有一般创业的基本特征,但大学生又属于创业群体中较为特殊的一类群体,其创业又具有鲜明的特点:

(1) 创业动机丰富多样。大学生创业与其他社会人士创业相比,创业动机更具有多元化和动态性的显著特征[2]。源于对某一事物或行业的兴趣、在社会上生存立足的需要、实现就业的需要以及自我实现的需要等都是大学生创业动机;此外,大学生创业动机也随着时间的推移出现变动,如开始更多是生存的需要,后来逐渐转变为自我实现的需要等。

(2) 心理素质较为独特。大学生创业者大多处于 20—30 岁这一年龄段,他们思想新锐、敢想敢做,有较强的创新精神和批判意识,敢于冒险尝试新鲜事物,对创业通常充满好奇;心理承受能力相对较差,风险承担能力相对较弱,缺乏毅力和恒心,在创业过程中遇到困难容易放弃;创业缺乏理性,较容易受到外界环境的影响。

(3) 具有良好的知识技能。与其他创业者相比,大学生创业者具有较高的文化水平,具备较为扎实的理论基础和良好的专业知识,具有一定的创业知识;具备较为娴熟的专业技能,具有较高水平的技术技能优势。

(4) 具有良好的思维方式。大学生创业者思维敏捷,经过了严格的学术训练,掌握了分析问题、研究问题的科学方法,养成了科学的思考方式和习惯。

(5) 缺乏社会实践经验。大学生创业者对社会的认知相对不足,对企业所处行业产业缺乏直观的把控;缺乏成熟的市场运行观念,对创业困难准备不足;职场经验和管理经验较为欠缺,人际交往能力较弱。

(6) 关系网络资源较弱。大学生创业者除亲属、老师和同学之外,很少与外界其他人员交流,关系网相对比较简单,资源网络形式非常单一,这就导致其缺乏一定的社会资本,使其在资金等创业资源获取、关系网构建等方面存在诸多困难。

(7) 创业资金准备不足。资源对于任何一个创业者来说都是一个需要直面的困难,对于大学生创业者来说也是一样,大学生创业者大多没有经济来源,没有储备足够的自由资金,同时也没有足够的人脉资源,无法和其他创业者一样通

---

[1] 林其换:《海南民办高校大学生创业能力分析及其提升研究》,湖北工业大学硕士学位论文,2019 年。
[2] 李楠:《大学生创业学习与创业机会识别关系研究》,云南大学硕士学位论文,2015 年。

过朋友、银行贷款、金融机构融资等方式获取足够资金支持。

(8) 存在着较强依赖性。大学生创业对外部制度、政策及环境存在着较强的依赖性[1],创业教育、外部支持对大学生创业意愿和结果的影响较大。与其他社会人士创业相比,大学生创业者享受更多创业教育培训、创业政策和创业资源等方面的倾斜支持。

(三) 大学生创业的类型划分

按照不同的分类标准,创业可以分为不同的创业类型:

按照创业动机分类。依据创业者的创业动机,梅强(2012)、曲殿彬(2011)、李炳安(2012)等将创业类型划分成生存型和机会型创业两类[2][3][4]。吴伟伟和严宁宁(2016)将创业类型划分成生存型、机会型、生存与机会型创业三类[5];王海军等(2017)则将创业类型划分为生存型、机会型和混合型三类[6]。依据上述学者的主要观点,本研究将大学生创业分为生存型、机会型、生存与机会型创业三类。生存型创业的主要目的在于生存,创业者出于谋生需要而自觉或者被迫进行创业活动,主要是在现有的市场寻找创业的机会。机会型创业的目的主要是创业者通过发现和捕捉商业机会,整合资源,创建企业,进而创造新产品或服务,最终实现个人和社会价值。生存与机会型创业又称复合型创业类型,是将生存和机会两者结合起来的一种创业类型,它是以生存为目的,以机会求发展。根据课题研究需要,本研究主要讨论机会型创业。

按照创业内容分类。按照创业项目,王天力和周立华(2013)、吴伟伟和严宁宁(2016)将创业类型分为传统技能型、高新技术型和知识服务型创业三类[7][8]。曲殿彬(2011)将创业类型分为体力服务型、传统技能型、知识型、科技型创业四

---

[1] 李炳安:《大学生创业促进制度》,中国社会科学出版社,2012年,第3页。
[2] 梅强:《创业基础》,清华大学出版社,2012年,第4页。
[3] 曲殿彬:《论创业的内涵、特性、类型及价值》,《白城师范学院学报》2011年第5期。
[4] 李炳安:《大学生创业促进制度》,中国社会科学出版社,2012年,第5页。
[5] 吴伟伟、严宁宁:《大学生创新创业教育》,经济科学出版社,2016年,第7页。
[6] 王海军、叶仁荪、王建琼:《基于文献述评的大学生创业路径概念模型研究》,《教育学术月刊》2017年第2期。
[7] 王天力、周立华:《创业学》,清华大学出版社,2013年,第13页。
[8] 吴伟伟、严宁宁:《大学生创新创业教育》,经济科学出版社,2016年,第9页。

类①。根据课题研究的需要,本研究按照创业内容将大学生创业分为体力服务型、传统技能型、知识服务型、科技创新型创业四类。科技创新型创业是指采用知识经济、高科技、知识密集型的产业项目进行创业;知识服务型创业是指通过提供各类知识咨询服务的方式进行创业,如律师事务所、会计师事务所、管理咨询公司等都是典型的知识服务型创业;传统技能型创业是指以传统技术、技能、工艺等作为技术支撑进行的创业,如食品加工、工艺美术品、修理等;体力服务型创业是以体力服务方式为主要手段的创业,如运输、家政、快递等。

按照创业范围分类。从创业范围,周志成(2017)把创业类型划分为独立型和内创型两类②。按照新企业创建的渠道,王天力和周立华(2013)、梅强(2012)将创业类型分成个体创业和公司创业两类③④;吴伟伟和严宁宁(2016)将创业类型划分为自主型创业与企业内创业两类⑤。综上所述,按照创业范围,本研究将大学生创业类型分为自主型创业和企业内创业两类。自主型创业主要指不依托于某一特定组织而开展的创业活动,一般都是白手起家进行创业;企业内创业主要指依托于某一特定组织而开展的创业活动,一般都是组织内创业或二次创业。根据课题研究需要,本研究主要讨论其中的大学生自主型创业。

按照创业形式分类。依据创业形式,胡曼(2020)将创业类型分为复制型、模仿型和创新型创业三类⑥;周志成(2017)将创业类型划分为复制型、模仿型、演进型和创新型创业四类⑦;吴伟伟和严宁宁(2016)将创业类型划分为依附型、尾随型、独特型和对抗型创业四类⑧。按照创业形式,本研究将大学生创业类型分为从属型创业、模仿型创业和创新型创业三类。一般来说,从属型创业是通过加盟连锁、特许经营等形式创办企业;模仿型创业是指创业者在分析其他创业成功案例后,模仿他人创建企业;创新型创业是指创业者通过一系列的创新活动,创造出新颖产品或服务,创办新企业,实现价值创造。

---

① 曲殿彬:《论创业的内涵、特性、类型及价值》,《白城师范学院学报》2011年第5期。
② 周志成:《略论大学生创业类型》,《北京教育(高教)》2017年第1期。
③ 王天力、周立华:《创业学》,清华大学出版社,2013年,第11页。
④ 梅强:《创业基础》,清华大学出版社,2012年,第5页。
⑤ 吴伟伟、严宁宁:《大学生创新创业教育》,经济科学出版社,2016年,第7—8页。
⑥ 胡曼:《大学生性格特征与创业类型关系探究》,《戏剧之家》2020年第22期。
⑦ 周志成:《略论大学生创业类型》,《北京教育(高教)》2017年第1期。
⑧ 吴伟伟、严宁宁:《大学生创新创业教育》,经济科学出版社,2016年,第9页。

二、主要理论基础

从社会层面看,大学生创业是一个系统和复杂的过程,造成大学生创业率低和创业成功率低的原因是多方面的,提高大学生创业率和创业成功率需要大学生和社会的共同努力。因此,研究大学生创业失败与改进问题,需要多种理论的支持。根据课题研究需要,本研究选取经典创业模型、创业失败学习理论和社会支持理论作为主要理论基础。创业模型是研究创业过程的重要方法,经典创业模型可以为大学生创业过程研究提供理论参考;创业失败学习理论为如何正确认识大学生创业失败和开展大学生创业失败学习提供了理论基础;社会支持理论为构建有效的大学生创业社会支持体系以提高大学生创业率和创业成功率提供了理论依据。

(一)经典创业模型

创业模型的构建是进行创业研究的重要方法,它能帮助研究者深入认识和全面把握创业要素间的关系以及整个创业过程的推进机制[1]。随着创业研究的深入和拓展,学者们提出了一些具有广泛影响的创业模型,这些创业模型在丰富创业学学术研究以及指导创业活动上发挥着非常重要的作用,推动着创业活动不断向前发展。从创业模型构建的理论视角上,可以区分为宏观视角和微观视角两种类型[2],全球创业观察(Global Entrepreneurship Monitor,GEM)模型、Wennekers 等(1999)提出的模型、Martin 等(2010)提出的模型都是从宏观视角切入的,本研究主要讨论微观视角的创业模型。根据现有研究来看,微观视角的创业模型主要分为侧重复杂性的理论模型、注重动态性的理论模型、强调动态性与复杂性融合的理论模型三类[3]。

---

[1] 张秀娥、张坤、毛刚:《基于信息生态学的创业模型构建研究》,《企业经济》2019 年第 3 期。
[2] 翟庆华、叶明海:《大学生创业者自我效能、资源、机会与商业模式的匹配关系研究》,中国经济出版社,2014 年,第 71 页。
[3] 杨俊:《创业过程研究及其发展动态》,《外国经济与管理》2004 年第 9 期。

1. 三类代表性创业模型介绍

(1) 侧重复杂性的创业理论模型

回顾创业模型构建研究的历程发现，早期研究侧重于从创业要素的复杂性角度解释整个创业过程，着重分析创业构成要素及其相互之间关系。最具代表性的是Gartner于1985年在他的论文《描述新企业创立现象的理论框架》("A conceptual framework for describing the phenomenon of new venture creation")中所构建的理论模型。

Gartner模型主要由创业者、环境、组织和创立过程等4个要素构成，4个因素相互影响，构成了网状结构[1]。Gartner强调要想清晰且生动地呈现企业创建的全面性和复杂性，需要深入研究创业者、环境、组织和创立过程这4个要素，并且需要研究不同要素之间是如何进行相互联系和相互作用的。Gartner提出的创业模型对于深入认识创业具有重要的意义，它突破了尝试识别创业者特殊人格特质研究的局限，首创性地从创业过程复杂性这一视角来阐释创业过程[2]。但该模型也存在一定的问题：由于4个要素下面的变量总数超过50个，整个模型非常复杂，各要素之间的关系很难得到清晰阐释；另外，该模型忽视了创业过程的动态性[3]。

William(1997)在Gartner模型的基础上，从新企业成败影响因素的视角提出了略有不同的创业模型，该模型包括人、机会、环境、风险与报酬等要素。William对于创业过程中人这一要素的定义要比Gartner模型广，他认为人这一要素不仅仅特指创业者本人，还包括给予创业者重要帮助的人员；另外，William特别重视创业机会，他认为机会对于创业起着非常重要的作用，提出创业过程的关键点和核心就是识别机会、评估机会和把握机会。然而，William模型和Gartner模型存在着同样的问题，即没有认识到创业过程的动态性，没有认识到动态性是创业过程的另一个显著特征[4]。

(2) 注重动态性的创业理论模型

20世纪90年代前期，随着创业活动的发展，创业实践对创业理论的需求越

---

[1] 霍亚楼：《创业过程的研究模式及框架重构》，《企业经济》2009年第10期。
[2] 霍亚楼：《创业过程的研究模式及框架重构》，《企业经济》2009年第10期。
[3] 杨俊：《创业过程研究及其发展动态》，《外国经济与管理》2004年第9期。
[4] 杨俊：《创业过程研究及其发展动态》，《外国经济与管理》2004年第9期。

来越多,学术界为了给予创业实践更多的理论支持,构建了大量侧重动态性的创业模型。这些动态性理论模型突破了复杂性理论模型的局限,以创业活动时间为主线,结合企业生命周期理论来研究创业活动的逻辑顺序,目的在于为创业实践提供理论指导,其中具有代表性的是 Holt(1992)的理论模型[1]。

Holt(1992)依据企业生命周期理论,将创业过程划分为创业前阶段、创业阶段、早期成长阶段及晚期成长阶段,并指出各阶段不同的活动内容与重点[2]。但该模型过于注重创业过程的逻辑顺序,忽视了创业的不确定性,也没有考虑到创业活动的不确定性对创业过程的影响。

Bhave(2006)基于案例研究,提出新企业创建过程模型,并着重强调每一阶段的核心要素。Bhave(2006)将创业过程分为机会阶段、技术确立和组织创建阶段、交换阶段等三个阶段,其中机会识别是第一阶段的关键要素,生产技术是第二阶段的关键要素,产品是第三阶段的关键要素。Bhave 模型从微观上描述创业过程,将创业过程视为一个闭环系统,创业过程中的每一阶段都受到顾客反馈、战略反馈和运作反馈的影响,该模型有意识地考虑微观环境对创业过程的影响作用,具有部分系统性的特征。但 Bhave 模型也有一定的局限性,它只考虑到创建企业的微观系统,却忽略了宏观大环境对创业过程的影响;同时,未能呈现出不同关键活动间的动态关系[3]。

(3) 动态性与复杂性相融合的创业理论模型

到 20 世纪末,随着创业理论模型研究的不断深入,学者们逐渐意识到动态性和复杂性是创业过程的两个显著特征,于是开始研究并提出兼具两者特征的创业过程理论模型。其中,Timmons 模型与 Christian 模型是这些理论模型中最具代表性的[4]。

Timmons 于 1999 年在其著作《新企业创立:21 世纪的创业学》(*New Venture Creation:Entrepreneurship for the 21st Century*)中提出了一个具有广泛影响力的创业模型。Timmons 从新企业得以成功创建的内驱力视角构建了创业模型,

---

[1] 杨俊:《创业过程研究及其发展动态》,《外国经济与管理》2004 年第 9 期。
[2] 杨俊:《创业过程研究及其发展动态》,《外国经济与管理》2004 年第 9 期。
[3] 叶明海、王吟吟、张玉臣:《基于系统理论的创业过程模型》,《科研管理》2011 年第 11 期。
[4] 杨俊:《创业过程研究及其发展动态》,《外国经济与管理》2004 年第 9 期。

该模型将商机、资源、团队要素看作推动创业过程的最重要因素[1]。创业过程是商机、资源、团队相互匹配和平衡的结果,其中商机是新企业创建的起点,资源是新创企业成功的必要保证,团队是新创建企业的核心组织要素。Timmons模型高度体现了创业过程的复杂性和动态性特征,其中复杂性体现在其创业模型使用商机、资源和团队来概括创业过程的复杂性,动态性体现在商机、资源和团队的动态平衡过程[2]。Timmons认为,创业过程不是静止不变的,相反,它是时刻充满变化的,创业者要想获得创业成功必须学会对商机、资源和团队三要素进行最优搭配,并且能随着创业过程的推进及时做出改变,以求得更好发展[3]。

借鉴Timmons创业模型的逻辑思路,Christian从创业者与新事业之间的互动关系视角出发,提出了Christian创业模型[4]。Christian创业模型包括个人——创业者、新事业、流程、时间和外部环境等5个要素,其中创业者与新事业是其中2个核心要素。Christian创业模型强调创业者与新事业的互动关系;同时,该模型认为企业创建、创业流程管理以及同外部社会网络间协调与平衡等是创业者在创业过程中的主要活动内容[5]。

2. 三类创业理论模型的述评

基于对创业过程动态性与复杂性特征的不同侧重点,创业理论模型研究大致遵循了由侧重复杂性的理论模型到注重动态性的理论模型,最后到强调动态性与复杂性融合的理论模型的内在逻辑[6]。早期的创业过程研究如Gartner(1985)、William(1997)等,强调从复杂性出发解释创业过程,忽视了创业过程的动态性特征。Holt(1992)与Bhave(2006)的动态性理论模型在某种意义上解决了Gartner(1985)、William(1997)的复杂性模型简单罗列组成要素的问题,呈现了创业过程的动态性特征,但其也存在一定局限性,该模型未能反映创业活动的

---

[1] [美]杰弗里·蒂蒙斯、[美]小斯蒂芬·斯皮内利:《创业学》,周伟民、吕长春译,人民邮电出版社,2005年,第31页。
[2] 姚梅芳:《基于经典创业模型的生存型创业理论研究》,吉林大学博士学位论文,2007年。
[3] 葛宝山、王立志、姚梅芳等:《经典创业模型比较研究》,《管理现代化》2008年第1期。
[4] 姚梅芳:《基于经典创业模型的生存型创业理论研究》,吉林大学博士学位论文,2007年。
[5] 杨俊:《创业过程研究及其发展动态》,《外国经济与管理》2004年第9期。
[6] 杨俊:《创业过程研究及其发展动态》,《外国经济与管理》2004年第9期。

组成要素,也未能解释创业活动的深层次机理与规律[1]。随着上述两类创业理论模型缺陷的逐渐显现,学者们努力寻求一种可以解决上述两类模型存在问题的新的模型,Timmons 模型与 Christian 模型就是其中的典型代表,Timmons 模型与 Christian 模型充分考虑和体现了创业过程的复杂性、动态性,但该模型存在一定的问题:要素之间的关系过于简单化,忽视了创业过程本身具有的系统性[2];另外,对于不同元素间如何进行配对以及如何应对内外部环境带来的不确定性等问题未能给以清晰的、明确的和系统的论述。

创业活动一般规律的难以识别性和具体创业活动的巨大差异性,决定了创业过程研究必须超越动态性与复杂性特征,追求创业过程研究的系统性。创业过程系统性的欠缺致使现有的创业过程模型难以如实反映真实场景中的创业实践活动,无法清晰明确地阐释创业过程中的关键活动,以及这些活动与宏观和微观环境之间的动态关系。大学生创业活动是由不同创业要素通过相互作用形成的一个有机整体,要揭示大学生创业成功和失败的主导因素,就需要全面地认识和思考大学生创业活动中构成要素、要素间关系以及它们的组合如何影响创业过程。虽然现有的一般性创业模型由于自身局限性、国别创业环境、适用对象差异等原因,不能很好地反映大学生创业的过程,有必要建立符合中国国情的反映大学生创业特点的创业模型,但这些创业过程模型对于我们构建大学生创业模型具有很大的借鉴意义。本研究在借鉴上述理论模型合理成分的基础上,拟基于系统理论构建符合中国国情、反映大学生创业特点的大学生创业模型。

(二) 创业失败学习理论

1976 年,Fredland 和 Morris 在其行为学习研究中提出"失败学习"概念,并认为失败经验是组织学习的特殊内容[3]。失败学习的概念起源于经验学习理论,创业失败学习,即从创业失败中学习,可以视为失败学习研究在创业学习研究领域的拓展。从本质上来说,创业失败学习是一种与创业失败有关的社会心

---

[1] 杨俊:《创业过程研究及其发展动态》,《外国经济与管理》2004 年第 9 期。
[2] 叶明海、王吟吟、张玉臣:《基于系统理论的创业过程模型》,《科研管理》2011 年第 11 期。
[3] Fredland, E. J., Morris, C. E. "A cross section analysis of small business failure", *American Journal of Small Business*, 1976(1).

理过程,是失败学习研究领域的延续。

1. 创业失败学习的相关研究

自20世纪末以来,国内外已有不少创业研究者从失败学习的概念、学习过程、影响因素与学习结果等方面对创业失败学习问题开展了研究,取得了丰富的研究成果。

关于创业失败学习的发生。创业失败学习是创业者对创业过程中出现的问题进行的一种反思性学习[1],创业者为了更好分析创业失败原因,进而提高再创业成功率,需要对自己的创业过程进行反思,而这种反思就推动了创业失败学习的发生。Shepherd(2003)认为当创业者意识到自己企业失败原因时,创业者也就明白该如何调整创业进程和管理企业[2]。Cope(2005)认为创业失败学习最重要的是要从失败中汲取教训和经验,创业失败学习的质量取决于创业失败经历情况,Cope非常重视创业失败学习过程中的失败经验和自主反思[3]。

关于创业失败学习的过程。创业失败学习是一个认识、反思、联系和应用的动态过程[4]。关于创业失败学习过程,目前主要有三种观点[5]:一是二阶段失败学习过程,如Tucker等(2003)提出的双环学习模型,即先从创业失败中获得知识和信息,再将获得的知识和信息应用到创业实践中去修正创业行为。二是三阶段失败学习过程,如张玉利等(2015)认为失败学习是一个涵盖失败发生、失败分析和失败修正的过程[6]。三是四阶段失败学习过程,Cusin(2012)从行为主义角度提出四阶段失败学习模型,即定义失败、解释和分析失败、储存获得的知识以及运用从失败中获取的知识[7]。关于创业失败学习过程究竟该分为几个阶段,每个阶段学习内容和学习模式是什么,学者们仍未达成共识,但在失败学习

---

[1] 孙瑾:《创业失败对创业失败学习的影响——内疚的中介作用》,河南大学硕士学位论文,2016年。

[2] Shepherd, D. A. "Learning from business failure: Propositions of grief recovery for the self-employed", *Academy of Management Review*, 2003(28).

[3] Cope, J. "Toward a dynamic learning perspective of entrepreneurship", *Entrepreneurship Theory & Practice*, 2005(4).

[4] Cope, J. "Toward a dynamic learning perspective of entrepreneurship", *Entrepreneurship Theory & Practice*, 2005(4).

[5] 谢雅萍、梁素蓉:《失败学习研究回顾与未来展望》,《外国经济与管理》2016年第1期。

[6] 张玉利、郝喜玲、杨俊等:《创业过程中高成本事件失败学习的内在机制研究》,《管理学报》2015年第7期。

[7] Cusin, J. "Disillusionment from failure as a source of successful learning", *Canadian Journal of Administrative Sciences*, 2012(2).

的起点上基本达成一致共识,即认为识别失败是失败学习的起点[①]。

关于创业失败学习的结果。创业失败的影响可能是正向的,也可能是负向的,这取决于当事人如何看待和面对失败;创业失败学习也一样,既可能带来积极影响,也可能带来消极影响。从创业失败学习主体角度,失败学习结果可以从组织、团队和个人等三个层面来进行分析[②]。积极影响:组织层面主要集中在改进绩效和推动创新,提高适应能力和问题处理效率,以及避免类似失败再次发生等方面;团队层面主要侧重于提升团队成员未来绩效战略决策质量;个体层面表现为通过获得有关知识和信息,提升后续创业意愿、完善创业准备和改进创业行为。消极影响:研究发现消极影响主要体现在个体和组织层面,团队层面消极影响不显著,其中,个体层面主要表现为通过失败学习可能降低个体的自我效能感,组织层面主要表现为通过创业失败学习可能出现悲伤情绪等影响组织发展。

关于创业失败学习的影响因素。创业失败学习行为的产生并不是自动、自发的,而是受到一定因素的影响。王华锋等(2017)经过研究发现失败归因、失败次数、失败程度等因素在一定程度上影响着创业失败学习[③]。王飞绒等(2018)通过梳理国内外文献发现,失败程度、悲痛恢复取向、认知风格等因素影响创业失败学习[④]。毛月和叶映华(2019)通过梳理近二十年国外创业失败学习研究文献发现,外部环境、失败成本、归因类型和情绪态度是影响创业失败学习的4个主要因素[⑤]。关于如何影响,学者们也开展了相关研究,如彭学兵等(2019)通过研究发现,创业者将失败归因为内部原因时倾向于进行利用式学习模式,将失败归因为外部原因时更倾向于进行探索式学习模式;[⑥]于晓宇等(2013)通过研究发现,内部归因有利于提高双环学习的概率,外部归因可能提高单环学习的概率,抑或是对其无显著影响[⑦]。

[①] 赵文红、孙万清、王文琼等:《创业失败学习研究综述》,《研究与发展管理》2014年第5期。
[②] 谢雅萍、梁素蓉:《失败学习研究回顾与未来展望》,《外国经济与管理》2016年第1期。
[③] 王华锋、高静、王晓婷:《创业者的失败经历、失败反应与失败学习——基于浙、鄂两省的实证研究》,《管理评论》2017年第6期。
[④] 王飞绒、徐永萍、李正卫:《创业失败学习有助于提升连续创业意向吗?——基于认知视角的框架研究》,《技术经济》2018第8期。
[⑤] 毛月、叶映华:《近二十年国外创业失败学习研究综述》,《职业教育(下旬刊)》2019年第6期。
[⑥] 彭学兵、徐锡勉、刘玥伶:《创业失败归因与失败学习的关系研究》,《特区经济》2019年第1期。
[⑦] 于晓宇、李厚锐、杨隽萍:《创业失败归因、创业失败学习与随后创业意向》,《管理学报》2013年第8期。

2. 大学生创业失败学习的必要性

初创企业的失败率高是非常普遍的现象,大学生初创企业失败率会更高。相对于一些发达国家,当前,我国高校大学生的创业率、创业成功率和失败后再次创业率更低。当前,大学生创业失败已经成为大学生、大学生家庭、高校、政府乃至全社会共同关心的现实问题。正如任何事物都有两面性,大学生创业失败也一样:一方面,创业失败会因失败成本而对大学生创业者产生负面影响;另一方面,失败的创业尝试也能为创业大学生提供学习、锻炼的机会,也能为潜在的创业大学生、大学生创业的教育者、研究者和管理者提供珍贵的学习机会[1]。深入揭示大学生创业失败原因并探索如何提高大学生创业成功的改进措施,迫切需要开展大学生创业失败学习。

(三) 社会支持理论

1. 社会支持的概念内涵与构成要素

(1) 社会支持的概念内涵

社会支持的相关研究起始于20世纪60年代,但直到70年代才被作为一个专业概念提出。之后,精神病学、社会学、心理学、教育学等领域的研究者分别从各自的理论视角对社会支持进行了广泛深入的探讨和研究[2]。目前,学界关于社会支持的概念内涵尚未达成统一的认识。

国外学者对于社会支持的界定。从社会行为性质来定义,如 Cobb 等(2001)认为社会支持是指个体所处的社会关系网中的成员之间相互关心、交流,提供帮助性行为或是支持性信息[3]。这种观点把焦点集中于提供支持这一实际行为上,认为社会支持是一种外在可感的帮助性行为,是提供扶持的整体支持系统。从社会互动关系来定义,如 Uehara(1990)认为社会支持是一种互动性行为,它不仅仅指支持者为被支持者提供帮助,更多情况下是支持与被支持

---

[1] 王华锋、高静、王晓婷:《创业者的失败经历、失败反应与失败学习——基于浙、鄂两省的实证研究》,《管理评论》2017 年第 6 期。
[2] 周林刚、冯建华:《社会支持理论——一个文献的回顾》,《广西师范学院学报(哲学社会科学版)》2005 年第 3 期。
[3] Cobb, R. J., Davila, J., Bradbury, T. N. "Attachment security and marital satisfaction: The role of positive perceptions and social support", *Personality and Social Psychology Bulletin*, 2001(9).

双方的社会交换[①]。支持该观点的学者认为社会支持是客观动态的社会关系，着重强调社会支持系统中人与人、人与团体间的双向互动。从社会资源角度来定义，如 Kim 等（2008）指出社会支持是人们应对压力事件的最有效手段之一，将社会支持定义为来自他人爱、关心、尊重和重视的信息，是交流和相互责任网络的一部分[②]。支持这一观点的学者认为社会支持本质上是一种社会资源，是个体遭遇工作和生活中的危机时从他人那里获得的潜在性的资源支持，是个体与他人、个体与环境的一种资源互换。

国内学者也提出了相应的见解。从社会行为的性质来定义，如施建锋和马剑虹（2003）认为社会支持来自他人的同情，是给有需要的个体以资源上的帮助，满足其需要，缓解其紧张或压力处境[③]；高园（2013）认为社会支持是一种选择性社会行为，旨在一定的社会网络环境下无偿为弱者提供物质及精神帮助[④]。从社会互动关系来定义，如刘萍等（2009）认为社会支持就是个人与外界的联系，它反映了人与人、人与社会联系的密切程度，具体来讲，这种联系包括亲人、朋友等给个体带来的各种帮助和鼓励[⑤]；程虹娟等（2004）认为社会支持并不是个体单向的行为结果，相反是一种资源的互换，是个体在社会网络中形成的互动关系[⑥]。从社会资源角度来定义，沈鸿银和许明（2010）指出社会支持是指获取创业帮助和支持的可能性，包括政府政策和规程、资金和非资金支持、社会舆论、创业指导、创业技能培训等[⑦]；陈国法和朱伟（2013）提到社会支持通常是指来自包括政府、社会团体、父母、亲戚、朋友等各方面给予个体在精神或物质上的帮助[⑧]。

[①] Uehara, E. "Dual exchange theory, social networks, and informal social support", *American Journal of Sociology*, 1990(3).
[②] Kim, H. S., Sherman, D. K., Taylor, S. E. "Culture and social support", *American Psychologist*, 2008(1).
[③] 施建锋、马剑虹：《社会支持研究有关问题探讨》，《人类工效学》2003 年第 1 期。
[④] 高园：《大学生创业教育社会支持网络与保障体系的构建》，《科协论坛（下半月）》2013 年第 11 期。
[⑤] 刘萍、席淑华、马静：《我国老年人社会支持现状》，《解放军护理杂志》2009 年第 4 期。
[⑥] 程虹娟、张春和、龚永辉：《大学生社会支持的研究综述》，《成都理工大学学报（社会科学版）》2004 年第 1 期。
[⑦] 沈鸿银、许明：《社会支持与大学生创业心理关系初探》，《人民论坛（中旬刊）》2010 年第 29 期。
[⑧] 陈国法、朱伟：《高职院校学生创业与社会支持的关系研究》，《河南工业大学学报（社会科学版）》2013 年第 3 期。

(2) 社会支持的构成要素

关于社会支持构成要素,在早期的研究中,学者们大多从整体层面来研究社会支持,将社会支持简单地划分为工具性支持和情感性支持两大类。随着研究的深入,学者们逐渐注意到社会支持系统内部存在着复杂的联系,随之便出现了更为详细的分类方法。

国外学者关于社会支持构成要素的划分。从社会资源作用角度,Cohen 和 Wills(1985)将社会支持分成尊重的支持、信息支持、理解和应对支持以及工具性支持 4 类[①];Brough 和 Pears(2004)将社会支持分为实际支持(建议、资源或专业知识)、情感支持(倾听、表示关心或考虑)进行评估研究[②]。从社会支持形式角度,学者们一般将社会支持分为正式支持和非正式支持两类,如 Fong 等(2020)提出可将社会支持分为正式和非正式的支持,正式的支持来源是指在官僚结构和机构下运作的服务;而非正式的支持来源是指家人、朋友等来自个人的社会网络中的支持[③]。从社会支持的性质界定,学者们一般将社会支持分为主观支持和客观支持两类,如 McNally 和 Newman(1999)指出社会支持分为主观支持和客观支持,但主观支持和客观支持的侧重点不同[④]。

国内学者关于社会支持构成要素的划分。从社会资源作用角度,赖晓桦(2012)指出社会支持主要包括物质支持、精神支持、信息支持和工具支持等四个方面的内容[⑤];熊智伟和黄声兰(2018)将社会支持分为社会情感支持、社会服务支持、社会经济支持[⑥]。从社会支持形式角度,国内学者一般也将社会支持分为正式支持和非正式支持两类,如李霖茜(2017)认为正式的社会支持是政府和准政府组织提供的社会支持,而非正式的社会支持指的是人际关系圈和非政府组

[①] Cohen, S., Wills, T. A. "Stress, social support, and the buffering hypothesis", *Psychological Bulletin*, 1985(2).

[②] Brough, P., Pears, J. "Evaluating the influence of the type of social support on job satisfaction and work related psychological well-being", *International Journal of Organisational Behaviour*, 2004(2).

[③] Fong, E., Yeoh, B. S. A., Baig, R. B., et al. "Formal and informal social support systems for migrant domestic workers", *American Behavioral Scientist*, 2020(6).

[④] McNally, S. T., Newman, S. "Objective and subjective conceptualizations of social support", *Journal of Psychosomatic Research*, 1999(4).

[⑤] 赖晓桦:《大学生创业教育社会支持体系研究》,《当代教育科学》2012 年第 9 期。

[⑥] 熊智伟、黄声兰:《社会支持视角下返乡农民工创业失败修复研究——基于中部五省 401 份微观数据》,《农林经济管理学报》2018 年第 6 期。

织所提供的社会支持[1]。从社会支持性质角度,陈国法和朱伟(2013)将社会支持划分为客观社会支持和主观社会支持两类[2];而李丹(2021)将社会支持分为客观社会支持和领悟社会支持,前者指外界实际提供的客观的社会支持,后者指个体自身主观感受到的社会支持[3]。另有学者从社会支持来源角度,如孙时进等(2009)将社会支持分为伴随性社会支持和主动性社会支持[4];万星辰(2016)根据社会支持来源的不同主体将社会支持划分为家庭支持、朋友支持和其他支持三个维度[5]。

2. 社会支持理论的主要观点

社会支持理论是以互动关系、社会环境以及社会环境对社会成员心理成长与社会适应能力的影响为研究对象的一种理论。该理论认为,每一个个体的发展与成长,不仅会受到个体内在因素的影响,还会受到个体外在环境以及个体与环境间的互动等相关因素的影响[6]。其主要观点如下:

社会支持理论关注人的社会适应性问题。社会支持理论强调个体在社会生活中的主观感受,重视个体对外部环境中的资源利用问题[7],既强调外部环境的支持作用,也注重个体的主观体验以及对外部环境的理解与利用[8]。该理论认为个体是否能够顺利发展与个体是否能够很好地适应周围环境有很大关系,社会环境中的各子系统、各类资源是相互作用的,个体只有适应周围环境才能实现个人发展[9]。

社会支持理论重视人对社会资源的利用。由于人与社会系统的各个部分是相互作用的,所以社会支持理论尤为重视人对社会资源的利用程度。该理论认

---

[1] 李霖茜:《沿海地区女性创业的社会支持研究——以深圳特区为例》,云南师范大学硕士学位论文,2017年。
[2] 陈国法、朱伟:《高职院校学生创业与社会支持的关系研究》,《河南工业大学学报(社会科学版)》2013年第3期。
[3] 李丹:《社会支持对高职大学生创业意向的影响研究——基于重庆市1310个高职大学生样本的实证分析》,《创新与创业教育》2021年第3期。
[4] 孙时进、刘小雪、陈姗姗:《大学生应激与社会支持来源的相关研究》,《心理科学》2009年第3期。
[5] 万星辰:《大学生人格特质、社会支持与创业机会识别的关系研究》,扬州大学硕士学位论文,2016年。
[6] 陈继东:《社会支持理论研究述评》,《大观周刊》2012年第38期。
[7] 赵茜:《从社会支持理论视角看留守女童的生存困境——以江西某山村留守女童为例》,首都经济贸易大学硕士学位论文,2016年。
[8] 张娜:《流动儿童学校适应问题研究——基于社会支持理论视角》,南京大学硕士学位论文,2019年。
[9] 郑运爽:《农村老年人的社会支持研究——以河北省唐山市A乡镇为例》,华中农业大学硕士学位论文,2012年。

为,在个体的发展和适应性过程中,个人因素和环境因素是密不可分的,个体与周围环境系统是密切联系的,个体想要改善当前的生活状态就需要充分利用周围的社会资源。通过制定一系列精准的行为模式,实施与之对应的干预计划,能够缓解一定的个体适应问题,激发个体的成长潜力,也能够为个体完善目前的生活状态提供丰富的资源支持[1]。

社会支持理论关注人际关系的网络构建。个体必须与支持者建立一定的联系才能够获得相应的社会支持。该理论强调个体的目前生活质量与社会支持的强度是密切相关的,个体拥有越广泛的社会支持网络,相对来说就越容易获得更多的社会支持,也就拥有更多的资源更好地应对社会环境中的种种挑战,反之不然[2]。社会支持理论认为社会联结的中断会导致一系列个体问题和社会问题[3]。

社会支持理论注重为弱势群体提供救助。当前,学界大多认为社会支持理论的假设基础是弱势群体的需要,即在对弱势群体有科学的认知和界定的基础上,判断提供什么样的资源才能够使弱势群体摆脱当下的困难处境。社会中现存的弱势群体是社会支持的受益者,虽然导致弱势的原因各不相同,如有的是生理原因造成的,有的是自然原因造成的,有的是社会原因造成的,等等,但这些群体都是社会支持的重要对象。

3. 社会支持理论在大学生创业研究中的应用

相对于一般社会人士的创业,大学生创业者是典型的弱势群体,大学生是否创业、创业能否成功,一定程度上同大学生创业社会支持体系的构建与健全密切相关。通过文献梳理发现,社会支持对提高大学生创业意愿、激发创业行为、提高创业成功率起着重要作用。

从创业意愿视角看,社会支持能够激发大学生的创业意愿,推动大学生创业。田晓红和张钰(2016)运用社会支持和创业意向成熟量表,通过问卷调查发现社会支持与创业意向存在显著的正相关关系[4]。蒋珞晨和万明国(2019)整理

---

[1] 赵茜:《从社会支持理论视角看留守女童的生存困境——以江西某山村留守女童为例》,首都经济贸易大学硕士学位论文,2016年。
[2] 李宁:《社会支持理论视角下精神障碍患者照顾者帮扶的个案探索》,郑州大学硕士学位论文,2019年。
[3] 陈继东:《社会支持理论研究述评》,《大观周刊》2012年第38期。
[4] 田晓红、张钰:《大学生创业意向及与社会支持的关系研究》,《教育研究与实验》2016年第2期。

文献发现,大学生自身因素、家庭支持力度、高校创业教育、政府创业激励政策都影响着大学生创业意愿,都能够推动大众创业[1]。国外学者 Sahban 等(2016)通过问卷调查发现,社会支持系统能正向预测大学生的创业倾向[2];Neneh(2020)也通过问卷调查发现,社会支持显著地正向影响大学生的创业意愿[3]。

从创业行为视角看,社会支持可以帮助大学生把创业意愿转化为创业行为。Klyver 在积极心理学背景下,通过问卷调查探讨了创业动机对积极创业情绪和创业行为倾向的中介作用,以及社会支持对这两个变量的调节作用,发现社会支持调节了创业动机的中介作用[4]。张帆(2018)通过实证研究发现,大学生的社会支持与其创业准备行为存在显著正相关关系,通过进一步回归分析得出,大学生的社会支持能显著地正向预测创业准备行为[5]。

从创业过程视角看,社会支持可以减少大学生创业风险,提高创业成功率。张秀娥和李梦莹(2019)通过问卷调查发现,社会支持显著地正向影响着创业坚持,有助于坚持创业过程[6]。杨跶文(2020)通过个案研究法,深度分析大学生在创业过程中得到社会支持情况,发现社会支持能够在一定程度上缓解创业过程中遭遇的难题[7]。

近年来,随着国家大学生创业政策的积极鼓励和高校创业教育的深入开展,大学生创业实践活动蓬勃发展,但目前我国大学生创业仍存在创业率低和创业成功率低的"两低"问题。相当一部分大学生有创业意愿但没有实际创业行为,或者有创业行为但难以成功创业,一个重要原因是缺乏足够的社会支持。大学生创业对社会资源的依赖性强,破解大学生创业率低和创业成功率低的"两低"问题迫切需要广泛的社会支持。

---

[1] 蒋珞晨、万明国:《大学生创业的社会支持网络功能实现研究》,《科技管理研究》2019 年第 7 期。
[2] Sahban, M. A., Ramalu, S. S., Syahputra, R. "The influence of social support on entrepreneurial inclination among business students in Indonesia", *Information Management and Business Review*, 2016(3).
[3] Neneh, B. N. "Entrepreneurial passion and entrepreneurial intention: The role of social support and entrepreneurial self-efficacy", *Studies in Higher Education*, 2020(1).
[4] 吕帅:《论积极创业情绪对大学生创业行为倾向的影响——基于创业动机中介作用和社会支持调节作用的分析》,《扬州大学学报(高教研究版)》2020 年第 2 期。
[5] 张帆:《创业恐惧、社会支持与大学生创业准备行为的关系研究》,广西大学硕士学位论文,2018 年。
[6] 张秀娥、李梦莹:《社会支持对创业坚持的影响研究》,《科学学研究》2019 年第 11 期。
[7] 杨跶文:《社会支持视角下大学生成功创业的个案研究——以宁夏 L 沙画公司为例》,中央民族大学硕士学位论文,2020 年。

于跃进和刘亚平(2013)认为大学生创业社会支持是指大学生在创业活动过程中获得来自社会、政府、学校、家庭、朋辈提供的物质和精神上的支持与帮助总和[①]。Sahban等(2014)认为社会支持是一个可能对创业导向和学生创业意向有调节作用的因素。社会支持被视为社会、心理和生物完整性的基础之一。这些社会支持作为正式和非正式的支持因素,被认为是个人社会资本的核心组成部分,有助于他们成为企业家的愿景[②]。

[①] 于跃进、刘亚平:《浅析大学生创业社会支持系统的构建》,《职业时空》2013年第11期。
[②] Sahban, M. A., Kumar, D., Ramalu, S. "Model confirmation through qualitative research: Social support system toward entrepreneurial desire", *Asian Social Science*, 2014(22).

第三章 大学生创业模型的构建

创业模型对创业研究和创业实践均具有指导意义。大学生创业过程研究致力于厘清大学生创业过程中的关键要素,剖析大学生创业成功的主导因素,分析大学生创业过程中创业者、创业资源和创业机会之间以及与外部环境之间的互动关系。现有创业模型对大学生创业的理论研究和实践指导有一定的指导意义,但由于国别创业环境、适用对象等差异,还不能很好地反映大学生创业的过程特点。本研究在借鉴国内外相关研究成果的基础上,结合大学生创业特点和创业现状,探索构建符合中国国情的体现大学生创业特点的创业模型。

一、几种代表性创业模型简介与比较分析

基于不同的研究目的,国内外许多学者构建了包括不同要素、具有不同作用机理的创业模型,以解释创业活动产生的过程、如何创业并获得成功等问题,这些创业模型已经成为创业研究的重要理论工具。从创业模型构建的理论视角,可以区分为宏观视角和微观视角两种类型,本研究主要讨论微观视角的创业模型。从微观视角提出的创业模型主要以单个的创业活动为研究对象,描述创业活动的要素和发展过程。国外经典的创业模型主要包括 Gartner 创业模型、Timmons 创业模型、Christian 创业模型、Wickham 创业模型、Sahlman 创业模型等。近年来,国内学者也开展了相关研究,构建了相应的创业模型。

(一) 代表性创业模型简介

Gartner 创业模型。 Gartner 于 1985 年从创业过程复杂性出发提出了新创企业的创业模型,其理论模型主要由个人、环境、组织和过程等 4 个关键要素构成,4 个要素又包含 50 个以上变量;4 个关键因素相互影响,构成了网状结构,如

图 3-1[①]。Gartner 首创性地从创业过程复杂性角度探索性地提出了创业的理论模型[②],着重识别创业过程的构成要素及其相互作用关系,忽视了创业过程的动态性。

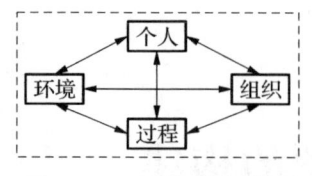

图 3-1 Gartner 创业模型

Timmons 创业模型。 Timmons 于 1999 年从新企业得以成功创建的内驱力角度构建了创业模型,商机、资源和团队是创业过程最重要的驱动因素,其中商机是核心要素,资源是必要支持,团队是关键组织要素,如图3-2[③]。Timmons 模型高度揭示了创业过程的动态性与复杂性特征,不仅强调了创业过程存在哪些关键要素,还指出了这些要素之间的均衡关系,商机、资源和团队 3 个驱动因素随环境变化而实现动态平衡是此模型的核心。

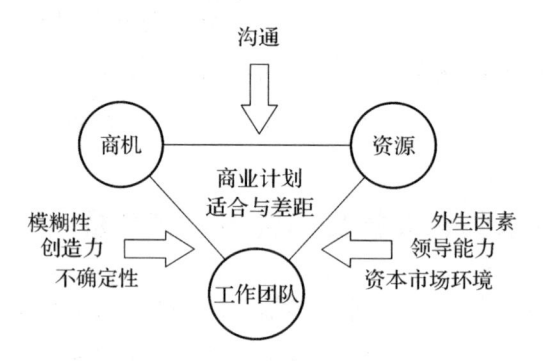

图 3-2 Timmons 创业模型

Christian 创业模型。 借鉴 Timmons 模型的思路,Christian 在 2000 年基于创业者与新事业之间的互动关系,提出了自己的创业模型,其创业模型包括个人即创业者、新事业、流程、时间和外部环境等 5 个要素,其中创业者与新事业是 2 个核心要素,如图 3-3。Christian 模型主要强调创业者与新事业的互动关系,与 Timmons 模型一样重视创业者的功能,并认为创业者的能力是可以通过创业教育和管理实践进行培养的[④]。

[①] 霍亚楼:《创业过程的研究模式及框架重构》,《企业经济》2009 年第 10 期。
[②] 霍亚楼:《创业过程的研究模式及框架重构》,《企业经济》2009 年第 10 期。
[③] [美]杰弗里·蒂蒙斯、[美]小斯蒂芬·斯皮内利:《创业学》(第 6 版),周伟民、吕长春译,人民邮电出版社,2005 年,第 31 页。
[④] 姚梅芳:《基于经典创业模型的生存型创业理论研究》,吉林大学博士学位论文,2007 年。

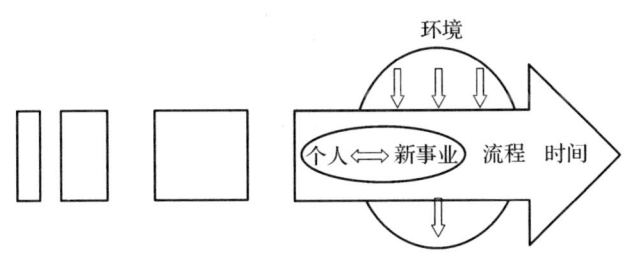

图 3 - 3　Christian 创业模型

Wickham 创业模型。Wickham 于 2006 年提出了基于学习过程的创业模型,其模型包括创业者、机会、组织和资源等 4 个要素,如图 3 - 4。Wickham 模型将创业者作为调节各个要素关系的重心,创业者通过带领团队识别出有价值的机会、有效利用所有的资源[1];同时,在这个过程中为适应外部环境而不断加强学习,动态学习过程成为能否创业成功的关键。

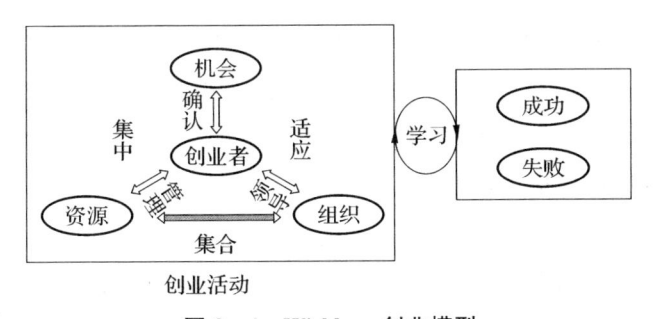

图 3 - 4　Wickham 创业模型

Sahlman 创业模型。Sahlman 于 1996 年从组织行为学的角度提出了其创业模型,其模型包括人和资源、机会、交易行为和环境等关键要素,如图 3 - 5。Sahlman 认为创业过程是上述要素相互作用的结果,该模型一方面突出了要素之间的适应性和匹配度;另一方面拓展了要素的外延,强调了创业环境和交易行为的重要性,交易行为因素是该模型的最大特点[2]。

---

[1] 赵婧:《基于蒂蒙斯创业模型分析女性创业者的创业特性》,《经营管理者》2018 年第 7 期。
[2] 葛宝山、王立志、姚梅芳等:《经典创业模型比较研究》,《管理现代化》2008 年第 1 期。

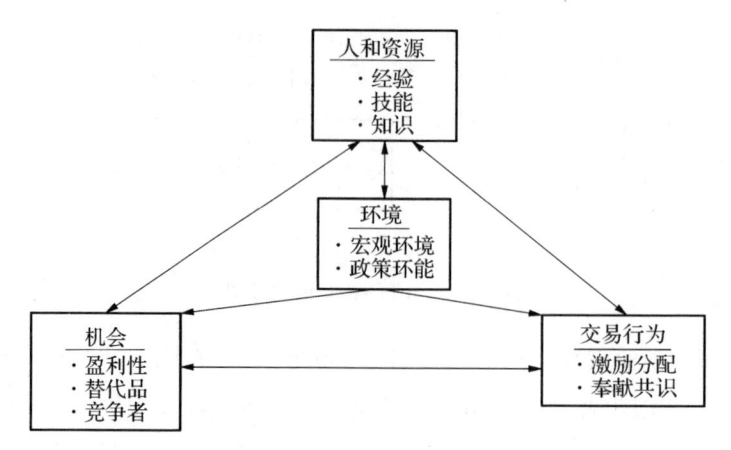

```
              人和资源
              ·经验
              ·技能
              ·知识

              环境
              ·宏观环境
              ·政策环能

   机会                        交易行为
   ·盈利性                     ·激励分配
   ·替代品                     ·奉献共识
   ·竞争者
```

图 3-5 Sahlman 创业模型

刘常勇创业模型。刘常勇于 2002 年提出一个较为详细的创业模型,模型分内外两层,内层又由上下两部分组成,由创业者、资源、团队、机会、商业模式、创业网络、创业执行力和创业环境等要素构成,如图 3-6。该模型认为创业者是创业活动启动的基础,创业机会、资源、商业模式和创业团队是创业活动的核心要素;创业网络贯穿创业的全过程,是连接创业环境与创业过程的主要桥梁,创业过程离不开创业环境的影响[①]。

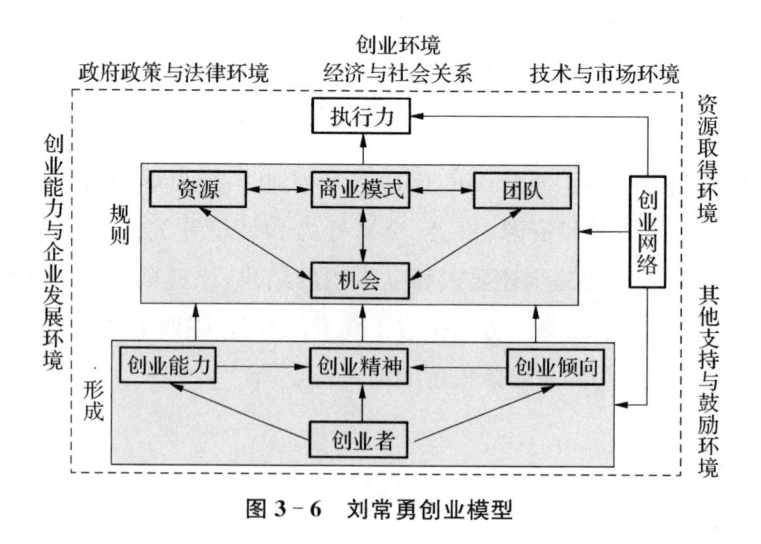

图 3-6 刘常勇创业模型

---

① 翟庆华、叶明海:《大学生创业者自我效能、资源、机会与商业模式的匹配关系研究》,中国经济出版社,2014 年,第 73 页。

叶明海等创业模型。叶明海等于 2011 年构建了基于系统理论的创业过程模型(ORSO),模型分为系统输入、系统处理、系统输出和系统反馈四个部分,每一部分由若干关键要素构成,如图 3-7。ORSO 模型描述了新创企业与外界环境的交互作用,将创业过程视为一个动态、开放的包括输入、处理、输出和反馈的循环闭环系统,该模型不仅揭示了创业过程内部各个关键要素之间的动态关系,而且揭示了这些关键要素与创业环境之间的交互作用[①]。

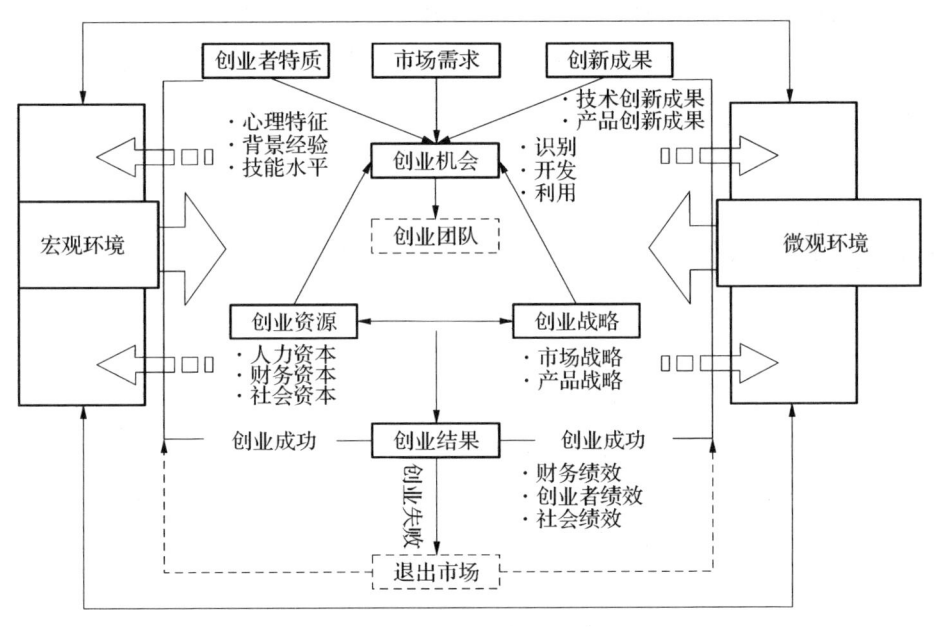

图 3-7 叶明海等创业模型

(二) 不同创业模型的比较分析

上述创业模型各自从不同角度对创业的要素和过程进行了阐释,它们既有共性的特点,也有对不同问题的特殊强调。

一是创业模型体现了创业过程的动态性特征。上述模型中,除 Gartner 模型外,均呈现出创业过程的动态性特点。Gartner 模型的 4 个构成要素相互影响构成网状结构,以组成合理的序列并产生理想的结果,更多体现了创业过程的复杂性,

---

① 叶明海、王吟吟、张玉臣:《基于系统理论的创业过程模型》,《科研管理》2011 年第 11 期。

忽视了创业过程的动态性特征[1]。Timmons模型认为创业过程是一个高度的动态过程,商机、资源和团队三个驱动因素要随外部环境变化不断持续调整,以实现创业过程的动态平衡[2]。Christian模型强调创业者对不断变化的创业流程进行管理,以及与外部环境网络的动态协调平衡[3]。Wickham模型反映出创业者根据创业机会变化,通过学习不断变换要素间的关系,以实现要素间的动态协调和匹配[4]。Sahlman模型认为创业过程是4个关键要素相互协调、相互促进的过程,内部要素与创业环境相互作用[5]。刘常勇认为创业网络贯穿创业的全过程,影响着创业的每一个阶段[6]。叶明海等认为创业过程是一个包括输入、处理、输出和反馈的循环闭环系统,该模型将创业过程视为一个动态、开放的系统[7]。

二是不同创业模型包含的创业要素差异性大。 Gartner模型主要由个人、环境、组织和创立过程等4个要素组成,4个要素又包含了50个以上变量[8]。Timmons模型由创业者、商机、资源和团队等要素构成,其中商机、资源和团队是创业过程最重要的驱动因素[9]。Christian模型包括个人、新事业、流程、时间和外部环境等要素,其中创业者与新事业是核心要素[10]。Wickham模型包括机会、组织、资源和创业者等要素[11]。Sahlman模型包括人和资源、机会、交易行为和环境等要素[12]。刘常勇模型由创业者、资源、团队、机会、商业模式、创业网络、创业执行力和创业环境等要素构成[13]。叶明海等ORSO模型由创业者特质、

---

[1] 霍亚楼:《创业过程的研究模式及框架重构》,《企业经济》2009年第10期。
[2] [美]杰弗里·蒂蒙斯、[美]小斯蒂芬·斯皮内利:《创业学》(第6版),周伟民、吕长春译,人民邮电出版社,2005年,第31页。
[3] 姚梅芳:《基于经典创业模型的生存型创业理论研究》,吉林大学博士学位论文,2007年。
[4] 赵婧:《基于蒂蒙斯创业模型分析女性创业者的创业特性》,《经营管理者》2018年第7期。
[5] 葛宝山、王立志、姚梅芳等:《经典创业模型比较研究》,《管理现代化》2008第1期。
[6] 翟庆华、叶明海:《大学生创业者自我效能、资源、机会与商业模式的匹配关系研究》,中国经济出版社,2014年,第73页。
[7] 叶明海、王吟吟、张玉臣:《基于系统理论的创业过程模型》,《科研管理》2011年第11期。
[8] 霍亚楼:《创业过程的研究模式及框架重构》,《企业经济》2009年第10期。
[9] [美]杰弗里·蒂蒙斯、[美]小斯蒂芬·斯皮内利:《创业学》(第6版),周伟民、吕长春译,人民邮电出版社,2005年,第31页。
[10] 姚梅芳:《基于经典创业模型的生存型创业理论研究》,吉林大学博士学位论文,2007年。
[11] 赵婧:《基于蒂蒙斯创业模型分析女性创业者的创业特性》,《经营管理者》2018年第7期。
[12] 葛宝山、王立志、姚梅芳等:《经典创业模型比较研究》,《管理现代化》2008第1期。
[13] 翟庆华、叶明海:《大学生创业者自我效能、资源、机会与商业模式的匹配关系研究》,中国经济出版社,2014年,第73页。

市场需求、创新成果、创业机会、创业资源、创业战略、创业结果等要素组成[①]。

三是不同创业模型强调的重点各不相同。 Gartner 模型认为任何新创企业的创立都是创业者、组织、环境和新企业创立过程这四要素相互作用的结果,更多强调了创业过程的复杂性[②]。Timmons 模型强调的是商机是创业过程的起点,创业过程是商机、资源、团队三个要素匹配和平衡的结果[③]。Christian 模型强调创业者与新事业的互动关系,认为创业管理的整个焦点应该放在创业者与新事业之间的互动[④]。Wickham 模型强调创业者的核心作用,动态学习过程成为创业能否成功的关键[⑤]。Sahlman 模型从组织行为学的角度研究创业活动,交易行为因素是该模型的最大特点,侧重于创业者与资源供应者之间的互动[⑥]。刘常勇强调创业者是创业活动启动的基础,突出了创业网络的中介桥梁作用[⑦]。叶明海等强调的是创业活动并不是一个简单的线性过程,而是与创业环境不断发生交互作用的动态循环系统[⑧]。

四是创业模型反映了外部环境对创业活动的影响。 Timmons 认为创业活动需要商机、资源和团队三个驱动因素随环境变化而实现动态平衡[⑨]。Christian 认为创业过程实质上是在外部环境作用下创业者与新企业的互动过程,创业者需要协调和平衡影响创业活动与外部环境的关系[⑩]。Wickham 认为创业者为适应外部环境,需要通过不断加强学习来对机会和挑战做出反应[⑪]。Sahlman 认为人和资源、机会和交易等创业因素来源于环境并反过来影响环境,并共同影响创业成功的程度[⑫]。刘常勇认为整个创业过程和创业行

[①] 叶明海、王吟吟、张玉臣:《基于系统理论的创业过程模型》,《科研管理》2011 年第 11 期。
[②] 霍亚楼:《创业过程的研究模式及框架重构》,《企业经济》2009 年第 10 期。
[③] [美]杰弗里·蒂蒙斯、[美]小斯蒂芬·斯皮内利:《创业学》(第 6 版),周伟民、吕长春译,人民邮电出版社,2005 年,第 31 页。
[④] 姚梅芳:《基于经典创业模型的生存型创业理论研究》,吉林大学博士学位论文,2007 年。
[⑤] 赵婧:《基于蒂蒙斯创业模型分析女性创业者的创业特性》,《经营管理者》2018 年第 7 期。
[⑥] 葛宝山、王立志、姚梅芳等:《经典创业模型比较研究》,《管理现代化》2008 年第 1 期。
[⑦] 翟庆华、叶明海:《大学生创业者自我效能、资源、机会与商业模式的匹配关系研究》,中国经济出版社,2014 年,第 73 页。
[⑧] 叶明海、王吟吟、张玉臣:《基于系统理论的创业过程模型》,《科研管理》2011 年第 11 期。
[⑨] [美]杰弗里·蒂蒙斯、[美]小斯蒂芬·斯皮内利:《创业学》(第 6 版),周伟民、吕长春译,人民邮电出版社,2005 年,第 31 页。
[⑩] 姚梅芳:《基于经典创业模型的生存型创业理论研究》,吉林大学博士学位论文,2007 年。
[⑪] 赵婧:《基于蒂蒙斯创业模型分析女性创业者的创业特性》,《经营管理者》2018 年第 7 期。
[⑫] 葛宝山、王立志、姚梅芳等:《经典创业模型比较研究》,《管理现代化》2008 年第 1 期。

为离不开环境的影响,创业网络是连接创业环境与创业过程的主要桥梁[1]。叶明海等的 ORSO 创业模型将创业过程视为一个动态、开放的系统,认为宏观环境与微观环境始终影响着创业过程,关键要素同宏观环境与微观环境之间发生交互作用[2]。

二、大学生创业模型构建的必要性

创业理论研究表明,创业过程研究的科学性和有效性,取决于创业过程模型构建的科学性和普适性。科学的创业模型能够清晰、生动地呈现出创业活动的发展过程[3],对创业研究和创业实践均具有指导意义。一方面,现有的一般性创业模型由于自身局限性、国别创业环境不同、适用对象差异等原因,还不能如实反映大学生创业的过程;另一方面,学者们关于大学生创业过程模型的针对性研究还不多,需要基于不同的视角研究构建大学生创业模型,以丰富大学生创业理论和指导大学生创业实践。因此,本研究认为有必要建立符合中国国情的反映大学生创业特点的创业模型。

(一)现有多数创业模型存在系统性欠缺问题

创业模型研究经历由侧重创业要素复杂性的理论模型,到注重创业过程动态性的理论模型,再到强调动态性与复杂性融合的理论模型的大致过程[4]。但现有的创业模型多存在着系统性欠缺的问题,具体体现在以下方面:一是创业模型要素不能简洁、全面反映创业活动的关键要素,存在要素过于复杂或过于简单两种倾向,如 Gartner 创业模型的 4 个要素下的变量总数有 50 个以上,使得模型要素关系十分复杂,而有些创业模型只有 3—4 个要素,要素之间的关系又过于简单化[5];二是多数创业模型受到线性创业过程思维的束缚,忽视了创业过程的不同阶段之间的非线性动态关系,也没有揭示关键活动与创业要素之间的内

---

[1] 翟庆华、叶明海:《大学生创业者自我效能、资源、机会与商业模式的匹配关系研究》,中国经济出版社,2014 年,第 73 页。
[2] 叶明海、王吟吟、张玉臣:《基于系统理论的创业过程模型》,《科研管理》2011 年第 11 期。
[3] 张秀娥、张坤、毛刚:《基于信息生态学的创业模型构建研究》,《企业经济》2019 年第 3 期。
[4] 杨俊:《创业过程研究及其发展动态》,《外国经济与管理》2004 年第 9 期。
[5] 霍亚楼:《创业过程的研究模式及框架重构》,《企业经济》2009 年第 10 期。

在机理;三是多数模型着力于描述微观具体的创业活动,忽略了宏观环境对创业过程的影响。系统性欠缺致使现有的创业模型难以如实反映创业实践活动,即不能既简洁又全面地反映创业要素,不能清晰解释关键活动与核心要素之间的内在机理,以及关键活动、核心要素与外部环境之间的动态关系。

(二) 一般创业模型指导大学生创业的局限性

大学生创业者是"大众创业、万众创新"的一类重要群体,但大学生创业率和创业成功率偏低,亟待改善。破解大学生创业率低、创业成功率低的"两低"问题,迫切需要通过大学生创业过程研究厘清大学生创业过程中的关键要素,分析不同要素之间互动关系,剖析大学生创业失败的主要原因。现有的创业模型多数都是基于一般创业企业而概括构建的创业模型,没有充分体现大学生创业的特点和实际需求。虽然大学生创业与一般社会人士的创业在本质和过程上有共同的地方,但大学生创业也因为大学生创业者和大学生创业企业自身的一些固有特点,与一般社会人士的创业不同。国外经典创业模型的开发很大程度上依赖于以发达国家,尤其是以美国为背景的案例,如 Timmons 创业模型的提出是以对美国创业现象的研究为基础的[1],同样,Gartner 的研究也是以美国的企业为研究对象提出的[2]。因国别及其环境的不同,这些模型对中国的创业实践尤其是大学生创业的应用还需要时间检验。国内学者构建的创业模型,一定程度上考虑了中国国情和创业环境,但没有考虑到大学生创业者的特点和大学生创业企业特殊性,难以有效地指导现实中的大学生创业活动。

(三) 关于大学生创业模型的针对性研究偏少

目前,从现有文献资料看,学者们关于大学生创业模型的针对性研究还不多。其中,程芳(2012)讨论了大学生创业与农村留守劳动力转移组合模型构建问题,但此模型没有系统反应大学生创业的要素构成,也没有体现创业过程[3]。倪坚和陆连国(2008)提出了"经心"大学生创业模型,并将"经心"创业模型表述

---

[1] [美]杰弗里·蒂蒙斯、[美]小斯蒂芬·斯皮内利:《创业学》(第6版),周伟民、吕长春译,人民邮电出版社,2005年,第31页。
[2] 霍亚楼:《创业过程的研究模式及框架重构》,《企业经济》2009年第10期。
[3] 程芳:《基于农村留守劳动力的大学生农村创业模型》,《现代教育管理》2012年第6期。

为:$Z=Fx+Fy$。其中,Z 为成功创业;Fx 是创业动力系统的内核,指创业者具有的创业心理特质;Fy 是创业动力系统的保障,指创业者开展创业活动必需的八大资源。"经心"创业模型通过创业心理特质和八大资源配置将创业活动模拟成一个动力运营系统,但该模型既没有反映创业过程的动态性特征,也没有反映不同要素之间的相互关系[1]。翟庆华和叶明海(2014)提出了包括创业者自我效能、创业资源、创业机会、商业模式、创业绩效、环境条件和产业特性等7个要素的大学生创业模型[2],该模型能够比较完整地描述一项创业活动,但不同要素之间的作用机制和体现大学生创业过程特点方面的分析还不够。

三、大学生创业模型构建的主要原则

大学生创业模型的构建,需要借鉴现有创业模型尤其是经典创业模型的合理成分,但又要基于中国国情、符合大学生创业特点。本研究在分析大学生创业过程系统性特征的基础上,分析提出大学生创业模型的构建原则。

(一)大学生创业过程的系统性特征

系统理论认为任何系统都是由若干相互联系的要素以一定结构形式联结构成的具有某种功能的有机整体。系统在本质上是一个动态过程,系统结构不过是动态过程的外部表现,系统结构中的非线性作用关系是系统存在的内在根据,构成系统全部特性的基础。创业是创业者在不确定条件下,通过与外部环境的互动,发现和识别创业机会,构建创业团队,整合创业资源,创建新企业组织提供新颖产品或服务,以实现价值创造的过程。创业过程的动态性与复杂性是创业过程研究的起点,但也正是这种动态性与复杂性特征导致不同个体创业活动的差异性,以及创业过程基本规律的难以识别性,创业过程研究必须运用系统理论来超越或侧重复杂性,或注重动态性,或强调动态性与复杂性融合的理论框架。创业过程包含一系列重要活动及隐含在这些活动背后的关键要素,这些活动和要素通过一定的逻辑顺序与平衡关系构成特定的结构,而这种特定的结构又不

---

[1] 倪坚、陆连国:《"经心"创业模型沙盘推演——指导大学生赢在创业》,《职业》2008年第7期。
[2] 翟庆华、叶明海:《大学生创业者自我效能、资源、机会与商业模式的匹配关系研究》,中国经济出版社,2014年,第73页。

完全是一种线性模式,并通过与外界环境的能量交换对创业者和社会产生效应。创业活动的特点决定了创业过程具有系统性特征,创业过程也是一个信息和资源输入、技术和资源转化、产品和服务输出以及分析与总结反馈的循环闭环过程,可以将创业过程视为一个系统。因此,可以采用系列理论和系统分析方法作为大学生创业模型构建的主要理论基础和研究工具[①]。

(二)大学生创业模型构建的主要原则

系统分析方法是系统理论的常用工具,而整体性、开放性、复杂性、动态性是系统的重要特征。因此,基于系统理论的大学生创业模型的构建,需要遵循整体性、开放性、复杂性和动态性原则。整体性原则主要体现为大学生创业模型要有很强的框架性,做到简洁、明了,构成要素既要系统完整但又不交叉重叠,关键是要能体现大学生创业特点。开放性原则主要体现为大学生创业模型要能反映大学生创业过程与外部环境之间的互动联系,但也要有合理的边界,这个边界要能反映大学生创业的实际需求。复杂性原则,一方面体现为大学生创业模型构成要素虽然要减少到最低限度,避免重复,但也不能以偏概全,要能全面反映大学生创业活动的主要构成要素;另一方面,厘清大学生创业过程中不同创业要素之间的互动关系,不能过于简化,避免用简单的线性模式反映创业的动态发展过程,要素之间的关系要能解释隐含在创业活动背后的相互作用机制。动态性原则要求创业模型要能反映大学生创业过程不同阶段创业活动的逻辑顺序,以及创业要素及其组合要能随创业活动发展变化进行动态调整。

四、基于系统理论的大学生创业模型的构建

本研究基于系统理论,通过现场考察、案例分析,多方征询和问卷调查验证,探索构建大学生创业模型。

(一)大学生创业模型的初步构建

在学习研究国内外有关创业模型研究成果的基础上,课题组先后到江苏、安

[①] 叶明海、王吟吟、张玉臣:《基于系统理论的创业过程模型》,《科研管理》2011年第11期。

徽、江西等地现场考察大学生创业企业,利用文献资料、网络信息等多种途径收集、分析近百个大学生创业案例,包括大学生创业失败案例;同时,通过对创业大学生、高校和创业服务机构的大学生创业导师的深度访谈,探索提出了3层次8要素大学生创业模型。

创业模型的主要构成要素:本模型包括创业者、创业团队、创业资源、创业机会、商业模式、创业学习、创业网络和创业环境等8个要素。

创业模型的层次结构关系:本模型由内中外3个层次组成。

模型的最内层,即核心层,是大学生创业活动开展的关键要素,主要包括创业者、创业机会、创业团队、创业资源等4个要素。借鉴Timmons创业模型等经典创业模型[①],本研究认为大学生创业活动开展的关键要素主要包括创业者、创业机会、创业团队、创业资源。在该模型中,大学生创业者是创业过程的主导者,创业机会是创业过程的核心要素,创业资源是新创企业成功的必要保证,创业团队是新创企业的组织要素。大学生创业过程是创业机会有效识别开发、创业资源高效获取配置与创业团队合理组建的有机统一过程,是在大学生创业者主导作用下,创业机会、创业资源与创业团队等要素匹配和平衡的结果。

模型的中间层,即中介层,主要包括商业模式、创业学习和创业网络等3个中介要素。商业模式、创业学习和创业网络是连接创业过程与创业环境的主要路径,在大学生创业模型核心层与环境层之间发挥桥梁纽带作用。商业模式是创业企业的价值转换工具,是对创业机会的开发与利用过程,商业模式反映了大学生创业过程与外部环境的互动联系,不仅存在着内部匹配,还存在着外部匹配,其中,内部匹配是指商业模式与企业内部关键活动及要素的匹配,外部匹配则是指商业模式与企业外部环境的匹配。创业学习,包括创业者的学习和创业团队的学习,贯穿创业的全过程,大学生创业的过程也是一个不断学习的过程。创业网络既是大学生创业者获取创业信息资源的重要渠道,也是新创企业识别、获取、整合和利用创业资源的重要手段[②],大学生创业者和创业团队需要通过创业网络将创业过程与外部发生联系。

---

① [美]杰弗里·蒂蒙斯、[美]小斯蒂芬·斯皮内利:《创业学》(第6版),周伟民、吕长春译,北京:人民邮电出版社,2005年,第31页。
② 项国鹏、宁鹏、罗兴武:《创业生态系统研究述评及动态模型构建》,《科学学与科学技术管理》2016年第2期。

模型的最外围,即环境层,主要由创业环境构成。与一般社会人士的创业一样,大学生创业过程和创业行为也离不开创业环境的影响。关于创业环境,学界大体上有三种观点[①]:一是"平台论",即把创业环境看成创业活动的平台;二是"因素论",即把创业环境理解为影响创业行为的各种因素的组合;三是"系统论",即把创业环境看作融入各种创业环境要素的一个复杂系统。根据研究需要,本研究借鉴"因素论"的观点,认为大学生创业环境是影响大学生创业行为的各种因素的组合,即为大学生创业者在进行创业活动和创业企业成长过程中必须面对和能够利用的各种因素,主要包括政府政策和法律环境、创业教育与培训环境、技术与市场环境、行业和产业环境、文化与社会环境等。

(二)大学生创业模型的专家征询与调查验证

1. 大学生创业模型的征询论证

为使构建的大学生创业模型更符合中国国情,更具有普适性和科学性,对大学生创业实践更具有指导价值,本研究就初步构建的模型先后分别访谈征询了三类人员:一类是5位从事创业研究的专家,一类是5位高校和创业服务机构的大学生创业导师,还有一类是10位大学生创业者;其中对个别访谈征询对象进行了多次探讨交流。对于创业模型的再分析论证,访谈征询意见是一种合适的研究方法,通过对不同对象的面对面访谈征询意见,能够进行深度交流探讨,可以获得其他方式难以得到的信息。三类征询对象对创业模型的三层次整体框架均认同,提出的修改建议如下:

第一类征询对象:关于创业要素,有1位专家建议将创业者与创业团队合并一个创业要素;有1位专家认为创业学习可以不作为一个独立要素;有1位专家建议在核心层增加创业绩效或创业成果要素,在环境层增加创业教育要素。关于要素之间的关系,专家们对不同层次尤其是核心层的不同要素之间的作用机制给出了修改建议,如创业机会与创业资源、创业团队与创业资源、创业团队与创业机会之间的互动关系;对创业学习在核心层和环境层之间的作用机制也提出了修改建议,如创业者和团队通过创业学习丰富创业知识和提升创业能力,进而在核心层和环境层构建起联系。

---

① 陈琪、金康伟:《创业环境问题研究述评》,《浙江师范大学学报(社会科学版)》2008年第5期。

第二类征询对象:关于创业要素,有3位大学生创业导师建议在模型的环境层增加创业教育、创业政策这两个要素,另外有大学生创业导师提到创业资金、创业文化对大学生是否选择创业和创业成败的影响较大,认为突出强调这些要素更能体现大学生创业的实际情况;关于要素之间的关系,对核心层与中介层、中介层与环境层的作用机制给了些建议,另外对中介层三要素之间的关系,尤其是对创业模式与创业网络之间的关系提出了修改建议,如有导师认为商业模式决定创业网络的构建,包括网络规模和网络类型。

第三类征询对象:关于创业要素,大学生创业者相对集中的意见是认为创业教育、创业政策、创业服务对大学生创业影响很大,创业资金不足是大学生创业失败或不敢创业的重要原因,建议在模型的环境层突出上述要素,以区别于一般创业环境的影响;关于要素之间的关系,不同征询对象也提出了自己的修改建议。

结合大学生创业的主要特点、存在的突出问题和大学生创业失败的重要原因以及相关文献中学者们的主要观点,课题组最后对三类征询对象提出的意见进行了综合分析与调整。

关于创业者与创业团队是否合并一个创业要素,考虑创业团队问题是大学生创业失败的重要原因之一,在著名的Timmons创业模型以及其他创业模型中创业团队也是独立的[1],因此,还是分为两个独立要素。

关于创业学习是否可以不作为一个独立要素问题,考虑到创业大学生多数没有创业经验,社会实践经验也非常缺乏,创业学习对大学生成功创业影响非常重要,因此还是将其作为一个独立要素。

关于核心层是否增加创业绩效或创业成果这个要素,考虑到创业过程的系统性和创业模型构建要素的完整性,并借鉴叶明海等ORSO创业模型[2],本研究吸收专家的建议,核心层增加创业结果这个构成要素,创业结果分为两个方面,即包括创业成功和创业失败。创业结果虽然是由核心层的其他关键要素、中介层的中介因素和环境层的支持要素共同作用的结果,但环境层的支持要素和中介层的中介因素最终还是通过核心层的其他关键要素发生作用,因此将创业结

---

[1] [美]杰弗里·蒂蒙斯、[美]小斯蒂芬·斯皮内利:《创业学》(第6版),周伟民、吕长春译,人民邮电出版社,2005年,第31页。
[2] 叶明海、王吟吟、张玉臣:《基于系统理论的创业过程模型》,《科研管理》2011年第11期。

果这个构成要素放到核心层。

关于在环境层是否增加大学生创业教育、大学生创业政策、大学生创业服务、大学生创业资金、大学生创业文化等5个要素,本研究采纳多数访谈对象的意见,因为相对于一般社会人士的创业,大学生创业者创业能力相对更弱、创业资源更为缺乏,无论是提高大学生创业率还是大学生创业成功率,大学生创业需要获得更多的社会支持,突出这5个要素更能体现大学生创业的特点。

关于创业要素之间包括不同层次之间和同一层次不同要素之间的互动关系和作用机制,本研究根据三类征询对象的意见和建议,对提出的修改意见在认真分析和再征询部分征询对象的基础上进行了修改调整。

2. 大学生创业模型的调查验证

为验证经现场考察、案例分析和多方征询的关于大学生创业活动要素的结果,本研究的《关于大学生创业的调查问卷》中设计了"大学生创业活动的要素"相关问题。本研究分析了612位创业大学生的问卷调查情况。调查问卷涉及"大学生创业活动要素"的3个问题均为多选题,3个问题分别是:1. 您认为大学生创业的核心要素是什么,有4个选择项(多选题);2. 您认为大学生创业的中介要素是什么,有3个选择项(多选题);3. 您认为大学生创业的支持要素是什么,有6个选择项(多选题)。在数据录入过程中采用二分法,1为选择该选项,2为不选择该选项,因此采用多重响应分析方法能更好地反映各个被调查对象对大学生创业活动中哪些是核心要素、哪些是中介要素、哪些是支持要素的观点。为了更好地分析核心要素、中介要素和支持要素3类要素中的各个具体要素是否与其他要素存在显著差异,本研究采用卡方拟合度检验进行了进一步验证。

选择大学生创业核心要素是创业者、创业机会、创业资源、创业团队的调查对象分别为454个、432个、467个、413个,占比分别为74.18%、70.59%、76.31%、67.48%,选择其他项的有19个,占比为3.1%。进一步进行卡方拟合优度检验发现创业者、创业机会、创业资源、创业团队这4个核心要素不存在显著性差异($X^2=3.871, df=3, p=0.276>0.05$)。对有创业失败经历的调查对象和没有创业失败经历的调查对象分别检验发现,创业者、创业机会、创业资源、创业团队这4个核心要素在两类被调查对象身上没有表现出差异(无创业失败经历调查对象：$X^2=2.415, df=3, p=0.491>0.05$；有创业失败经历调查对象：$X^2=1.581, df=3, p=0.662>0.05$)。调查发现，调查对象认同创业者、创业机会、创业资源、创业团队为大学生创业核心要素均超过50%，而且4个核心要素在两类被调查对象身上没有表现出显著性差异。

选择大学生创业中介要素是商业模式、创业学习和创业网络的调查对象分别为482个、440个、356个，占比分别为78.76%、71.9%、58.17%，选择其他项的有14个，占比为2.29%。进一步进行卡方拟合优度检验，发现创业网络与另外两个中介要素存在显著性差异($X^2=19.324, df=2, p=0.000<0.05$)。对有创业失败经历的调查对象和没有创业失败经历的调查对象分别检验发现，3个中介要素对有创业失败经历调查对象无显著性差异($X^2=5.752, df=2, p=0.056>0.05$)；对没有创业失败经历调查对象，创业网络与另外2个中介要素存在显著性差异($X^2=14.926, df=2, p=0.001<0.05$)。调查发现，调查对象认同商业模式、创业学习和创业网络为大学生创业中介要素均超过50%，但有创业失败经历调查对象认为3个中介要素无显著性差异，没有创业失败经历调查对象认为创业网络与另外2个中介要素存在显著性差异。

选择大学生创业支持要素是大学生创业教育的调查对象为396个，占比为64.71%；选择大学生创业政策的为450个，占比为73.53%；选择大学生创业服务的为386个，占比为63.07%；选择大学生创业资金的为454个，占比为74.18%；选择大学生创业文化的为312个，占比为50.98%；选择一般创业环境的为236个，占比为38.56%；选择其他项的为8个，占比为1.31%。进一步进行卡方拟合优度检验，发现一般创业环境与其他支持要素存在显著差异($X^2=95.816, df=5, p=0.004<0.05$)。对有创业失败经历的调查对象和没有创业失败经历的调查对象分别检验发现，两类调查对象均存在一般创业环境与其他支持要素存在显著差异(无创业失败经历调查对象：$X^2=39.616, df=5, p=0.000<0.05$；有创业失败经历调查对象：$X^2=58.361, df=5, p=0.000<0.05$)。调查发现，调查对象认同大学生创业教育、大学生创业政策、大学生创业服务、大学生创业资金和大学生创业文化为大学生创业支持要素的均超过50%，一般创业环境则不到40%；同时，两类调查对象均认为一般创业环境与其他支持要素存在显著差异。

(三) 3 层次 14 要素大学生创业模型框架

综合多方征询论证和问卷调查结果,调整后的大学生创业模型如图 3-8 所示。

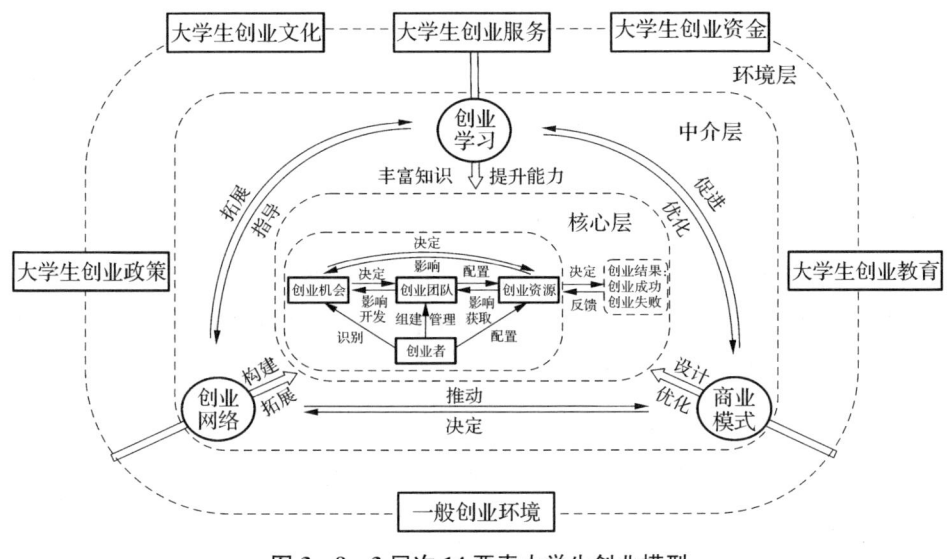

图 3-8　3 层次 14 要素大学生创业模型

1. 创业模型的主要构成要素

该模型包括创业者、创业团队、创业资源、创业机会、商业模式、创业学习、创业网络、创业教育、创业政策、创业服务、创业资金和创业文化等 12 个大学生创业活动的要素,以及创业结果和一般创业环境等 2 个相关要素。

2. 创业模型的层次结构关系

该模型分为核心层、中介层和环境层等内中外三个层次,其中核心层包括创业者、创业机会、创业资源、创业团队等 4 个大学生创业活动的核心要素,以及 1 个大学生创业结果要素;中介层包括商业模式、创业学习和创业网络等 3 个大学生创业活动的中介要素;环境层包括创业教育、创业政策、创业服务、创业资金和创业文化等 5 个大学生创业活动的支持要素,以及 1 个一般创业环境要素。核心层的大学生创业者和团队要素通过中介层的创业学习不断丰富创业知识、提高创业能力,以及通过构建拓展创业网络和设计优化商业模式,将核心层的创业要素与环境层的大学生创业教育、创业政策、创业服务、创业资金、创业文化等社会支持性要素进行有效的对接,并实现动态互动联系。一方面,创业结果受到其他核心要素、中介要素和支持要素共同作用;另一方面,创业结果又通过信息反馈影响其他核心要素、中介要素和支持要素的互动作用。

3. 创业模型同一层次要素间的互动联系

其中核心层:大学生创业者作为调节各个要素关系的重心,识别、开发创业机会,并依据创业机会的特征和要求,评估、获取、配置创业资源,组建、管理创业团队;创业机会决定创业资源需求与创业团队构成,创业资源、创业团队要与创业机会相适应;创业团队有利于创业机会的识别与开发,并根据开发创业机会需要获取、配置创业资源;创业资源影响创业团队成员的组建,尤其是创业团队成员的构成,也影响(制约或促进)创业机会的开发。中介层:创业者和创业团队通过创业学习丰富创业知识和提高创业能力,设计并不断优化商业模式,也能指导创业网络的构建;创业网络能拓展创业学习渠道和对象,有助于检验、推动商业模式的优化;商业模式动态优化促进创业学习和影响创业网络的构建。环境层:创业教育、创业政策、创业服务、创业资金、创业文化等社会支持要素共同影响大学生创业,要素之间的相互关系整体上看相对更为松散些,但也存在一定的相互作用关系,主要表现在创业政策、创业文化影响创业教育、创业服务、创业资金,创业政策与创业文化两者之间相互影响、相互促进。

五、3层次14要素大学生创业模型的主要特点

3层次14要素大学生创业模型将创业过程视为一个动态、开放的系统,不仅揭示了创业过程内部各个关键要素之间的动态关系,而且反映了这些关键要素同外部环境之间的交互作用,使模型更加贴近现实中的大学生创业活动。3层次14要素大学生创业模型具有很强的普适性,模型构建实现以下要求:一是简洁,创业模型的层次结构和要素间关系清晰,具有很强的框架性;二是全面,创业模型构成要素既要减少到最低限度,又要系统性地反映创业过程;三是特色,创业模型力争符合中国国情,体现大学生创业特点。

一是该模型体现了国内大学生创业的特点。当前,国内大学生创业,存在大

学生创业者创业能力较弱、创业资源缺乏、社会经验不足以及创业网络单一等问题;大学生是否选择创业和创业成败受到创业教育、创业政策、创业服务、创业资金以及家庭支持等文化氛围因素的影响较大。提高大学生创业率和成功率,需要通过创业教育提高大学生创业能力,通过有针对性的创业政策、创业服务、创业资金等社会支持解决大学生创业实际困难,以及通过营造良好环境鼓励大学生创业、包容大学生创业失败。环境层的大学生创业教育、创业政策、创业服务、创业资金、创业文化等 5 个社会支持要素全面、充分反映了当前国内大学生创业的实际情况,体现了国内大学生创业特点和实际需求。

二是该模型强调了大学生创业者的主导作用。大学生创业者是创业过程的主导者,也是创业风险的承担者,是创业活动的中心。创业者在创业活动中的核心作用体现在与其他要素的关系上,即对创业机会的理性分析和确认,对创业风险的正确认识和规避,对创业资源的有效利用和配制,对创业团队的合理组建和管理;同时,通过自己和带领团队设计商业模式、开展创业学习、拓展创业网络,一方面实现内部创业要素间的动态协调和匹配,另一方面加强与社会联系,取得合法性地位与丰富创业资源,使得创业活动能够顺利进行,创业企业有良好的发展。

三是该模型揭示了要素之间的相互关系。其一是创业模型的层次结构和作用机制清晰。模型的内层,即核心层,是创业活动开展的核心要素;模型的中间层,即中介层,起内外连接桥梁的中介作用;模型的最外围,即环境层,对大学生创业起支持和影响作用。核心层的创业核心要素通过中介层的创业中介要素与环境层的创业支持要素发生相互作用。其二是不同层次内部各要素之间互动关系和作用机制清晰。核心层的 4 个关键要素之间相互作用关系甚为密切,其中大学生创业者是调节各个要素关系的重心;中介层的 3 个中介要素之间有一定的互动关系,相对于核心层要素之间的关系要松散些;环境层的 5 个社会支持要素之间的关系,整体上看相对更为松散,但部分要素之间有一定的互动关系,如创业政策影响创业教育、创业服务、创业资金等。

四是该模型突出了创业学习、创业网络和商业模式的中介作用。创业学习、创业网络和商业模式是连接创业过程与外围创业环境的主要桥梁。创业过程是一个不断学习的过程,对于缺乏社会经验、创业能力不足的大学生创业者和创业团队,创业学习尤为重要,创业学习可以丰富创业知识和提高创业能力,动态学习过程成为影响创业能否成功的关键。创业学习既包括成功的创业学习,也包括失败的创业学习;可以是大学生创业者的内部学习,也包括对他人创业的学习。创业网络的构建调整贯穿创业的全过程,影响创业资源获取和利用,是大学生获得社会支持的主要渠道。商业模式是依据市场需求对创业者、创业机会、创业团队、创业资源等要素的有效组织,商业模式与创业者、创业机会、创业团队、创业资源以及外部环境之间存在匹配关系,并且这种匹配关系质量影响创业活动的最终产出。

五是该模型突出了社会支持对大学生创业的重要作用。大学生创业者作为一种特殊的创业群体具有先天创业能力较弱、社会经历缺乏和创业资源不足等劣势,社会支持对大学生创业具有十分重要的作用。如大学生创业能力较弱、社会经历缺乏,创业教育与培训支持就更为重要。创业教育既包括大学系统的创业教育,也包括社会机构的创业培训,不仅可以提高大学生创业者的自我效能,还能提高大学生的创业能力。因为具有劣势,大学生创业对外部制度、政策及资源等有着较强的依赖性,提供连续、系统、连贯的创业促进政策、制度的支持,优化创业服务、增加创业资金供给以及营造良好的创业环境,对促进大学生创业和提高大学生创业成功率具有非常重要的作用。

六是该模型具有动态性、开放性的重要特征。创业过程是一个高度的动态过程,该模型的动态性特征表现在两个方面:一是创业要素之间的互动联系,既包括不同层次创业要素之间的互动联系,也包括同一层次内部不同要素间的互动联系;二是创业要素组合随时空变化实现动态平衡,从表面上看,创业者、创业资源、创业机会等处于同一起止点上,但实质上,不同要素之间并非均衡和静止,不同创业阶段由于创业任务存在差异,各要素表现出的强弱也不同,不同创业要素组合随时空的变迁需要实现动态的平衡。同时,该模型也具有开放性特征,大学生创业过程是不断进行自我调整以适应外部环境的动态过程,创业大学生和创业团队通过创业学习,尤其是创业网络,与外部环境发生联系,在大学生创业过程中可以得到创业导师的教育指导以及学校、政府和创业服务机构等社会主体的创业支持。

第四章　大学生创业要素的分析

创业是一个复杂过程,涉及一系列活动及隐含在这些活动背后的各类要素。3层次14要素大学生创业模型包含核心层的4个核心要素和1个大学生创业结果要素,中间层的3个中介要素,还有环境层的5个支持要素和1个一般创业环境要素。本部分对除模型中大学生创业结果要素以外的大学生创业要素的内涵、特点、作用等有关内容进行分析。

一、大学生创业的核心要素

1. 大学生创业者

创业者是创业活动的主导者,是执行创业活动的主体。创业者作为创业活动的主导者推动着整个创业进程,在创业过程中起着关键性作用。创业者在创业过程中一方面需要识别和把握创业机会,开发和整合创业资源,发现和规避创业风险,组建创业团队;另一方面还要准确地选择适合自己企业的商业模式,构建企业组织,开拓产品市场,有效地协调和处理创业要素之间的关系。创业者是在不确定的环境下创办新企业,创业者的创业能力直接影响甚至决定创业成败。本研究中的大学生创业者即指通过识别创业机会、整合创业资源、组建管理团队建立新企业,创造出新颖产品或服务,从而实现其自身价值、经济价值、社会价值的在校大学生和毕业5年内的大学生。

与一般社会人士创业者比较,大学生创业者具有自身特殊性,其优势和劣势都很明显。具体来说,大学生创业者的优势:文化水平相对较高,自主学习能力强,具有一定的创新精神;思维比较活跃,接受新鲜事物能力强,对新事物领悟快;拥有良好的专业知识和扎实的专业技能;做事有激情,有很强的求知欲和创造力。大学生创业者的劣势：人际关系和商业网络资源欠缺,在资金、人脉、社会经验等方面显著处于弱势；心理承受能力差,在遇到困难和挫折时的抗挫能力弱；市场观念淡薄,多数创业想法和规划经不住市场考验；缺乏真正的社会经验和职场经历,企业经营管理能力较弱,抵御风险能力较弱；容易受外界环境影响,缺乏理性和良好的社会责任感[①]。

相关研究表明,大学生创业能力对大学生创业的成功率和创业总体水平起着重要的作用[②]。创业能力是有助于创业者获得创业成功的一系列知识、技能和态度的集合。创业能力不是一种单一能力,而是一个多维度的复合概念,不同学者有着不同理解。如木志荣(2008)通过问卷调查和访谈,发现机会能力、资源整合能力、市场洞察能力、营销能力和管理能力是当代大学生必须具备的创业能力[③]。吴伟伟和严宁宁(2016)认为,大学生创业能力主要包括战略能力、机会识别能力、关系能力、管理能力、学习能力,这些能力在大学生创业过程的各个阶段发挥着重要作用[④]。李德平(2017)认为,大学生创业能力包括机会识别能力、开拓创新能力、善于学习能力、组织管理能力[⑤]。大学生创业者作为一个特殊群体,与传统创业者的创业能力相比较,既有一定的共性,也存在其特殊性。通过整理相关文献和进行问卷调查,本研究认为大学生创业能力不仅包括市场机会能力、资源整合能力、企业运营能力,还包括专业能力、学习能力和创新能力等。机会能力、资源能力、运营能力是目前学术界普遍认为的创业者包括大学生创业者必须具有的创业能力；但对于大学生创业者,尤其是知识型、技术型大学生创业者,专业能力、学习能力和创新能力也很重要。

2. 创业机会

从创业机会视角看,创业过程是发现、识别和利用创业机会的过程。创业机会的识别和把握是一个企业创立的起点[⑥]。国外学者 Timmons(1999)认为,创

---

① 吴伟伟、严宁宁:《大学生创新创业教育》,经济科学出版社,2016年,第133—134页。
② 大学生创业研究课题组:《大学生创业能力研究报告》,《广东青年干部学院学报》2006年第1期。
③ 木志荣:《创业困境及胜任力研究——基于大学生创业群体的考察》,《厦门大学学报(哲学社会科学版)》2008年第1期。
④ 吴伟伟、严宁宁:《大学生创新创业教育》,经济科学出版社,2016年,第133—134页。
⑤ 李德平:《大学生创业基础教程》,高等教育出版社,2017年,第23—25页。
⑥ [美]杰弗里·蒂蒙斯、[美]小斯蒂芬·斯皮内利:《创业学》(第6版),周伟民、吕长春译,人民邮电出版社,2005年,第31—32页。

业机会能给消费对象带来更大的价值或创造出新价值,这种价值是市场上确实有需求的,而且创业者在开发机会、提供价值的过程中能够获利[1]。国内学者王伟毅和李乾文(2015)认为创业机会主要指不明确的市场需求,或者未被利用的资源或能力[2]。梅强(2012)认为创业机会是指一种有吸引力的商务活动空间,能帮助目标客户创造价值,在此过程中也能给创业者带来利益[3]。本研究认为创业机会是一种不明确的市场需求,创业者在开发产品、提供服务满足这种市场需求的过程中为目标客户创造价值,并给创业者带来利益。

创业机会是一种特殊的商业机会,换句话说,商业机会能否成为创业机会,关键是看商业机会是否适合创业者的创业。创业机会具有如下基本特征:一是可行性和营利性。创业机会首先要是可行的,这是创业启动的基础和前提,除此之外还需要同时具备营利性,两大特征不是"或"的关系,而是"且"的关系。二是客观性和偶然性。创业机会是客观的,存在于一定的市场环境之中;同时,创业机会不是时刻显现,而是具有偶然性,创业者需要根据市场规律进行寻找和预测[4]。三是时效性和不确定性。创业机会虽然是客观存在的,但这并不意味着它一直存在,很有可能随时消失;创业机会又具有不确定性,任何一位创业者都不敢保证有了创业机会一定会成功。四是均等性和差异性。创业机会对于所有创业者来说是均等的,然而由于创业者识别机会能力存在一定差异,最终呈现出创业机会利用率也不尽相同。

创业机会的识别对于创业活动来说是基础和前提条件。创业机会评估有两重标准:个体标准和社会标准。具体来说,个人标准是从个人层面出发,评估的标准是创业机会能否为创业者带来利益;社会标准即社会效用标准,就是创业机会能否为包括创业过程中的各个利益相关者在内的整个社会带来利益[5]。影响创业者创业机会识别的主要因素有四个。一是认知能力。创业者认知能力在识别创业机会中起着决定性作用,不同的创业者对于相同的创业机会有着完全不同的判断,因为创业机会识别本身就是一个创业者对于事物从认知到判别的过

---

[1] 夏清华、贾康田、冯颐:《创业机会如何影响企业绩效——基于商业模式创新和环境不确定性的中介与调节作用》,《学习与实践》2016年第11期。
[2] 王伟毅、李乾文:《创业视角下的商业模式研究》,《外国经济与管理》2005年第11期。
[3] 梅强:《创业基础》,清华大学出版社,2012年,第60页。
[4] 梅强:《创业基础》,清华大学出版社,2012年,第62页。
[5] 唐靖、姜彦福:《创业过程三阶段模型的探索性研究》,《经济师》2008年第6期。

程。二是先前知识基础。具备丰富经验的创业者拥有其他人所不具有的相关行业知识和信息,而这些知识和信息使创业者更警觉,能率先采取行动。三是社会关系网络。一般来说,创业者的社会关系网规模越大,创业者识别和利用创业机会的准确性也就越大,因为社会关系网可以为创业者带来一些常规市场上很少出现的隐形资源和信息。四是创业学习因素。除了先前积累的知识和经验,创业者在创业过程中的学习也有助于其捕捉和利用创业机会[1]。

3. 创业资源

创业资源是创业活动开展的必备要素和前提条件,创业过程也是资源开发和整合过程。国外学者 Barney(1991)指出人力资源、资金资源、技术资源和其他生产经营性资源是创业者在创业过程中所需要的创业资源[2]。胡文静(2011)通过分析国家中小企业的发展环境,认为创业资源应该包括人力资源、财务资源、技术资源、信息资源、社会资源和管理资源等六类资源,这些资源是一个集合,彼此之间相互联系和相互作用,共同促进新创企业的成长[3]。顾桥(2003)从创业资源的内容和作用维度,指出创业资源应涵盖六类资源:人力资源、财务资源、信息资源、管理资源、技术资源以及环境资源[4]。通过文献研究和问卷调查,本研究认为创业资源是支撑企业成立和成长的一切生产要素与支持条件,具体来说主要包括如下几类资源:政策资源、资金资源、人力资源、技术资源、信息资源、管理资源、关系资源以及其他物质资源。

上述资源从不同维度,又可划分为不同类型资源,如根据创业资源是否为创业者自有,创业资源可分为创业者自有资源和外部资源。相较于传统创业者,大学生创业者比较特殊,大学生创业者拥有自有资源较少,创业主要资源依靠外部资源。大学生创业者的外部资源主要来源于五个方面:一是家庭资源,家庭资源是大学生创业资源的重要来源,尤其是资金支持和社会关系。二是政府资源,当前我国政府提供的资源主要有创业政策、创业资金以及信息资源。三是高校资

---

[1] 李德平:《大学生创业基础教程》,高等教育出版社,2017年,第50—51页。
[2] 张蕾:《大学生不同创业阶段资源需求及创业政策匹配度研究——以杭州为例》,浙江大学硕士学位论文,2018年。
[3] 胡文静:《我国中小企业成长动态分析——基于创业资源获取与整合视角》,《现代商贸工业》2011年第7期。
[4] 顾桥:《中小企业创业资源的理论研究》,武汉理工大学博士学位论文,2003年。

源,高校是大学生创业资源的重要提供者,提供人力、信息、技术、资金和物质等多种资源。四是企业资源,企业提供的创业资源主要是技术资源、信息资源和物质资源。五是其他社会各界资源,除了上述四方来源外,大学生创业服务机构也是大学生创业资源的重要来源[1]。

创业者尤其是大学生创业者在创业初期所拥有的资源是有限的,这一问题也往往是阻碍大多数创业者的问题。一部分创业者认为,只有完全具备创业条件后才可以开始创业,否则时刻面临失败的风险,针对这一观点,国外学者Timmons持相反的观点,他认为这是一个不成熟的观点,是创业者对创业资源错误的理解,创业者一方面要积极地开发和创造创业资源,另一方面也要学会合理计划和使用创业资源[2]。创业本身是一个具有风险性的活动,不可能等待资源完全具备才开始创业,因为创业机会具有时效性,创业者应该在创业过程中合理规划和使用有限的资源,而且要不断开发创业资源[3]。创业本身也是对资源重新整合的过程,创业者需要通过对不同来源、不同类别的资源进行有效的整合和利用,才能使资源发挥最大效益,提升创业竞争力。

4. 创业团队

创业团队是创业企业的关键组织要素。创业团队有广义和狭义之分,本研究主要讨论狭义的创业团队。奚国泉(2013)认为创业团队是指有共同目标、愿共担风险和共享收益的一群经营新创企业的人[4]。李德平(2017)认为,创业团队是由有共同创业目标的创业者组建的正式或非正式的组织,其成员秉持同一创业理念,愿共担创业风险、共享创业效益[5]。吴伟伟和严宁宁(2016)认为创业团队是指两个或两个以上具有一定利益关系的,彼此相互沟通,相互鼓励,共同肩负新创企业发展,且处在企业高层位置的人组成的一个群体[6]。本研究的创业团队即指有共同目标、共享收益和共担风险的一群创办、经营新企业的人,团队成员秉持同一创业目标,愿共享创业效益、共担创业风险。

---

[1] 任泽中、左广良:《大学生创业资源协同模式研究》,《高校教育管理》2017年第2期。
[2] [美]杰弗里·蒂蒙斯、[美]小斯蒂芬·斯皮内利:《创业学》(第6版),周伟民、吕长春译,人民邮电出版社,2005年,第32—33页。
[3] 林嵩:《创业资源的获取与整合——创业过程的一个解读视角》,《经济问题探索》2007年第6期。
[4] 奚国泉:《创业基础》,清华大学出版社,2013年,第40页。
[5] 李德平:《大学生创业基础教程》,高等教育出版社,2017年,第75页。
[6] 吴伟伟、严宁宁:《大学生创新创业教育》,经济科学出版社,2016年,第54—55页。

创业团队是创业成功的关键因素之一,创业团队具有创业者个人自身所不具备的优势。具体来说,创业团队具有如下优势[①]:一是有利于创业资源的获取,从某种程度上来说,创业团队的形成也是创业资源获取的过程。一方面,创业团队中的成员一般都是带着自身所拥有的创业资源进入到团队中的;另一方面,创业团队成员也可以通过自身努力为企业开发和拓展创业资源。二是有利于创业能力的整合,创业团队中的成员各具优势,将这些优势整合起来有利于企业抵抗创业风险,降低企业创业失败的风险。三是有利于失败成本的分散,创业成功与失败并存,创业者组建团队有利于创业失败后的分散失败成本、降低失败损失。当然,创业团队如果构建不好,也会存在一些问题:如决策效率低,团队决策能提高科学性,但也容易造成意见不统一,决策过程时间长,错失良机;同时,由于缺乏相互信任、团队制度建设滞后等,团队成员之间也容易产生矛盾。

与一般创业团队相比,大学生创业团队优劣势很明显,这与其创业团队的主体构成有关。具体来说,大学生创业团队的优势:由于大学生创业团队的成员基本为大学生,相对于一般创业团队来说,他们文化水平较高,在知识、技术和能力等方面具有一定的优势;大学生创业团队主要是根据大学生自己的社会关系网络构建的,团队成员建队即认识,因此彼此间较为信任,较容易接受共同的意愿,从而增加了团队的凝聚力,减少了部分风险;同时,相对于社会创业人员,大学生正处在精力旺盛时期,思维敏捷和活跃,具有强烈的探索欲望和创新精神,这与创业活动所需的能力和素质相匹配。其劣势为:一是抗挫折能力弱。大学生创业者缺乏社会经验,往往对于困难准备不足,导致遇到问题和困难时常常会选择逃避,容易导致创业团队解散。二是容易产生矛盾。大学生创业者制度建设意识相对薄弱,团队成员在分工和利益分配等方面容易产生矛盾,使得创业团队不欢而散。

二、大学生创业的中介要素

1. 商业模式

何谓商业模式?目前学者们尚未形成共识。国外学者 Amit 和 Zott(2001)认为商业模式是识别和开发创业机会的价值创造机制、治理架构,商业模式形成

[①] 奚国泉:《创业基础》,清华大学出版社,2013年,第42—44页。

过程其实也是创业机会利用和开发的过程[1]。奚国泉将商业模式的内涵描述为:整合企业内外各种要素,形成企业高效运行且具有竞争力的运营系统,并通过为企业目标客户提供产品和服务,为企业创造利润而进行设计的一整套解决方案[2]。罗珉(2009)认为商业模式是一个组织在掌握企业内外部资源的情况下,整合组织各方利益主体来达到持续盈利的一种战略意图和可行的结构体系以及制度安排的集合[3]。本研究认为,商业模式是创业者为了追求创业价值最大化,通过积极整合企业内外部各类要素资源,形成高效和具有竞争力的运行系统,并通过为目标客户提供企业产品和服务,进而实现成功创业和达成持续赢利目标而进行的一种组织设计。

商业模式是一个企业创造价值的重要逻辑,构建一个适合的商业模式是一个企业创立和成长的重要保障。这不仅在于商业模式本身具有重要的商业价值,还在于它直接影响企业的创业过程[4]。在创业者开发和利用创业机会的过程中,商业模式可以给予创业者一定指导,帮助企业平衡创造价值和获取利益两者的关系。同时,商业模式作为创业机会开发机制,通过建立社会关系网络,获取外部资源和构建特有的资源组合形式,帮助创业者有效开发和利用商业机会,进而促进企业健康发展[5]。

商业模式作为创业者实现价值创造的一种组织设计,具有四个主要特征[6]:一是商业模式的核心内容和诉求是价值主张、价值创造、价值获取。价值主张体现的是企业在向客户提供企业产品和服务时所秉持的一种理念;价值创造体现的是企业如何采取一系列措施实现价值创造,并将这些价值提供给顾客;价值获取体现企业如何实现可持续收益。二是商业模式描述的是要素间组成的架构。商业模式包含企业内外部两类结构,这两类结构间相互联系和相互作用,共同促进商业模式的各种运动[7]。三是商业模式具有"系统性"和"动态性"特点。"系

---

[1] Amit, R., Zott, C. "Value creation in E-Business", *Strategic Management Journal*, 2001(6/7).
[2] 奚国泉:《创业基础》,清华大学出版社,2013年,第93页。
[3] 罗珉:《商业模式的理论框架述评》,《当代经济管理》2009年第11期。
[4] 梅强:《创业基础》,清华大学出版社,2012年,第96页。
[5] 郭海、沈睿:《如何将创业机会转化为企业绩效——商业模式创新的中介作用及市场环境的调节作用》,《经济理论与经济管理》2014年第3期。
[6] 魏江、刘洋、应瑛:《商业模式内涵与研究框架建构》,《科研管理》2012年第5期。
[7] 罗珉:《商业模式的理论框架述评》,《当代经济管理》2009年第11期。

统性"指的是商业模式是一个要素集合,它是由众多创业要素组成的系统,各组成要素之间相互联系、相互作用;"动态性"是指企业需要不断依据内外部环境及时更新商业模式构成要素间的关系,创新性地应对市场环境的变化。四是商业模式是创业机会与创业绩效的中介要素。商业模式是识别和开发创业机会的价值创造机制,创业机会转化为价值需要依靠相应的商业模式[1]。

2. 创业学习

由于大学生创业者在创业知识、创业经验和创业能力等方面先天性存在一定程度的缺口,加上创业本身具有的风险性、不确定性和变化性,大学生在创业的各个阶段都时刻面临困境。因此,为适应市场外部环境,大学生创业者和创业团队需要不断开展创业学习,以快速弥补"新进入者缺陷"。Deakins 和 Freel(1998)认为创业学习是创业者为了更好地服务创业活动,在创业过程中积极主动地学习与创业相关知识,并主动将新知识和以往知识进行同化和顺应的过程[2]。国内学者,刘人怀和王娅男(2017)认为创业学习不仅是一个不断获取新知识的过程,还是一个不断创造新知识的过程,创业者在创业过程中一边获取创业经验,一边不断反思和创造新的创业知识、经验,这是一个双向互动的过程,而不是单向的输入过程[3]。基于整合知识观,本研究认为大学生创业学习是指大学生创业者为了更好地服务创业活动,在创业过程中积极主动地学习有关创业知识和经验,并通过不断反思进而总结出新的创业知识,提高自身创业能力和素质的一个持续的过程。

依据不同的分类标准,创业学习可以划分为不同的类型。如 David(1997)从学习的本质维度,将创业学习分为三种类型即认知学习、经验学习和隐含学习,并指出这三类学习是相互补充的[4]。蔡莉等(2012)从获得创业经验途径出发,将创业学习分为认知学习、经验学习和实践学习三类[5]。张红和葛宝山

---

[1] 文亮、何继善:《创业资源、商业模式与创业绩效关系的实证研究》,《东南学术》2012 年第 5 期。

[2] Deakins, D., Freel, M. "Entrepreneurial learning and the growth process in SMEs", *The Learning Organization*, 1998(3).

[3] 刘人怀、王娅男:《创业拼凑、创业学习与新企业突破性创新的关系研究》,《科技管理研究》2017 年第 17 期。

[4] Holt, D. H. "A comparative study of values among Chinese and U. S. entrepreneurs: Pragmatic convergence between contrasting cultures", *Journal of Business Venturing*, 1997(6).

[5] 蔡莉、单标安、汤淑琴等:《创业学习研究回顾与整合框架构建》,《外国经济与管理》2012 年第 5 期。

(2016)从创业者在创业学习过程中与创业情景的主客关系出发,指出创业学习包括个体学习和行动学习,根据是否借助中介进行学习,个体学习又包含经验学习和模仿学习[1]。本研究在借鉴相关创业学习成果基础上,结合大学生创业学习实际,认为大学生创业学习应包含四类学习即经验学习、认知学习、实践学习和创业教育指导学习,其中创业教育指导学习是相对特殊但又特别重要的一类学习,具有很强的针对性。

认知学习、经验学习、实践学习和创业教育指导学习相互补充,共同促进大学生创业能力的提高。创业教育指导学习是依托高校师资力量,在大学生创业前和创业过程中由高校创业指导教师对大学生进行创业教育,是大学生获得创业相关知识和经验的一种学习方式[2]。认知学习,是基于间接经验的学习,不是直接面对实际经验的,有些学者也将认知学习称为观察学习或榜样学习。经验学习是一个同化和顺应的过程,创业者将先前学习和积累的知识在实践中不断地进行检验,创造性地将旧知识和经验转化为新的创业知识和经验[3]。实践学习是指创业者将已有的创业知识和经验积极主动地应用到创业实践中,并通过实践检验和发现新知识、新经验的过程,实践学习着重强调从实践中来,到实践中去[4]。对于大学生创业者来说,创业前的知识主要是来源于创业教育,而且通过这种学习方式获得的知识对于大学生未来的影响是深远的、持久的。经验学习和认知学习这两种典型的学习方式也是大学生创业者获得创业知识的主要途径,其中认知学习是性价比较高的一种学习方式,因时间和成本低,且短期可出学习效果,对大学生创业者来说非常重要[5]。另外,创业是一项风险性较高的活动,创业过程充满不确定性,创业者还需要在实践中不断更新自己的创业知识和创业经验,以应对新局面。

---

[1] 张红、葛宝山:《创业学习、机会识别与商业模式——基于珠海众能的纵向案例研究》,《科学学与科学技术管理》2016年第6期。
[2] 宋晓洪、丁莹莹:《社会网络、创业学习与创业能力关系的量表设计及检验》,《统计与决策》2017年第24期。
[3] Politis, D. "The process of entrepreneurial learning: A conceptual framework", *Entrepreneurship Theory and Practice*, 2005(4).
[4] 蔡莉、单标安、汤淑琴等:《创业学习研究回顾与整合框架构建》,《外国经济与管理》2012年第5期。
[5] 殷华方、潘镇、鲁明泓:《它山之石能否攻玉:其他企业经验对外资企业绩效的影响》,《管理世界》2011年第4期。

3. 创业网络

创业网络是创业者开展创业活动的必备要素,是创业者连接外部组织群体的重要渠道[1]。关于创业网络,学者们的认识各有不同,如 Bruyat 和 Julien(2001)认为创业网络是创业者在创业过程中所拥有的一种比较持久的、稳定的关系网,具体包括个体和组织两个层面[2]。温兴琦等(2020)认为,创业网络是指创业者在创业过程中与创业者或者是初创企业发生关联的主体所构成的网络,主要包括个体的关系网和组织的关系网[3]。本研究赞同刘晓敏(2016)关于大学生创业网络的内涵界定,即大学生创业网络是大学生创业者在创业过程中为了获取和利用创业资源而积极主动构建、开发的一种社会关系网[4]。

良好的创业网络在识别创业机会、获取创业资源、取得创业合法性、弥补"新进入者缺陷"等方面发挥着重要作用。创业网络的重要作用主要体现在四个方面:第一,创业网络本身具有资源属性,是创业者或创业企业拥有的重要战略资源。在中国,创业网络功能有其独特性,可以弥补企业创立和成长过程中"新进入者缺陷"导致的人力、物力、资金、技术等方面的不足。第二,创业网络是创业者或组织获取创业资源的重要途径。创业者通过网络嵌入能以较低的成本获取关键资源,尤其是难以通过正常市场渠道获取的一些稀缺性但对企业发展起着非常重要的资源。第三,创业网络能够促进成员之间信息和数据的共享。创业网络本质上就是一个渠道和平台,通过这个关系渠道,其成员之间可以自由地传播相关创业资源、知识、信息[5]。第四,情感支撑是创业网络作用的重要组成部分。创业活动充满不确定性和危险性,大学生创业者在创业过程中往往需要来自家人、朋友、其他人员的情感支持以帮助自己有更大的决心和勇气面对未知的挑战[6]。

---

[1] 林嵩:《创业生态系统:概念发展与运行机制》,《中央财经大学学报》2011年第4期。
[2] Bruyat, C., Julien, P. A. "Defining the field of research in entrepreneurship", *Journal of Business Venturing*, 2001(2).
[3] 温兴琦、焦丽、杨钦越:《创业网络规模与质量对创业资源获取的影响——基于创业阶段的分析》,《重庆工商大学学报(社会科学版)》2020年第2期。
[4] 刘晓敏:《大学生创业网络的影响因素探索性研究》,《广西社会科学》2016年第9期。
[5] 杨隽萍、唐鲁滨、于晓宇:《创业网络、创业学习与新创企业成长》,《管理评论》2013年第1期。
[6] 陈寒松、陈金香:《创业网络与新企业成长的关系研究——以动态能力为中介变量》,《经济与管理评论》2016年第2期。

与一般社会人士创业相比,大学生创业者初始资源有限,可获资源和自身能力也有限,主要依赖外部资源以满足其资源需求,创业网络就成为大学生创业者获取外部资源的重要渠道。创业网络对于新企业的成功创建和成长具有重要作用,创业者利用网络关系以低成本优势获取信息和资源,使得企业在市场中具有竞争力,但由于新生性劣势,大学生创业者获取外部资源的难度加大[1]。为克服资源和经验不足等"新进入者缺陷",大学生创业者需要从创业网络中汲取和整合各种创业资源[2]。当然,这里需要重点强调的是,大学生创业者在构建自己的创业网络时,切忌片面追求创业网络规模的扩张,而忽视创业网络结构的多样化,一定要构建恰当有效的创业网络,挖掘和利用两类网络中的创业资源。

三、大学生创业的支持要素

1. 创业教育

创业是一种知识与技能融合的社会实践活动,需要创业者具备扎实的理论知识、较强的创业能力以及良好的综合素质[3]。虽然创业者所应具备的某些特质受先天因素影响,如冒险精神和善于开创的个性等,但是这些特质仅仅占创业素质的一部分,而且创业者可以通过系统的创业教育和实践学习弥补这部分的欠缺。国外学者 Christian 和 Timmons 经过研究发现创业者在创业过程中与新事业互动的能力以及根据创业环境变化及时更新企业创业模式的能力都与先天因素存在很低的关联性[4]。这表明创业知识、创业能力以及大部分创业素质是可以通过创业教育提升的。

一般来说,创业教育有狭义和广义之分,狭义的创业教育是指系统地传授同创业相关的知识与技能[5],重点培养创业者开创新企业的相关能力;广义的创业

---

[1] 朱秀梅、李明芳:《创业网络特征对资源获取的动态影响——基于中国转型经济的证据》,《管理世界》2011年第6期。
[2] 彭学兵、王乐、刘玥伶等:《创业网络、效果推理型创业资源整合与新创企业绩效关系研究》,《科学学与科学技术管理》2017年第6期。
[3] 于跃进、刘亚平:《浅析大学生创业社会支持系统的构建》,《职业时空》2013年第11期。
[4] 葛宝山、王立志、姚梅芳等:《经典创业模型比较研究》,《管理现代化》2008年第1期。
[5] 方晓冬、翁丽霞:《创业教育学科建设:历史、进展与问题》,《江苏高教》2012年第2期。

教育不仅包含狭义创业教育,还强调培养创业者创业精神和创业素质,旨在培养具有探索精神和创新精神的人才。本研究中创业教育特指狭义层面的创业教育,是以丰富创业者创业知识、提高创业者创业技能和培育创业者创业精神为价值取向的教育。与其他类型的教育相比,创业教育有着自身的特点——创新性、实践性、社会性、时效性和商业性等,其中:创业的重要和本质属性特征,也是创业教育的核心所在;创业教育的突出特点之一就是实践性,实践教育对培养学生创业精神、创业技能具有重要的作用;创业教育与社会现实之间的关系非常密切,创业教育质量很大程度上取决于社会的发展和支持力度;创业教育具有鲜明的时效性,创业教育内容和方式等随着时间、地点、条件的不同而不同;创业教育的目标决定了创业教育具有浓厚的商业性特征,"创业"本身就蕴含着商业意味。

创业教育既包括高校开展的系统性的创业教育,也包括创业培训机构等社会组织开展的有针对性的创业培训。两者在目标、内容与方式上都有所不同,高校创业教育在系统性创业知识传授的基础上,重点培养大学生创业者的创业意识,提高大学生创业者的创业能力和综合素质;而创业培训机构侧重于创业技能的培训,并提供有针对性的创业实践指导。上述两种创业教育在目标、内容与方式上虽然有所不同,但各有特色,对提高大学生创业能力、推进大学生创业都具有重要作用。当前,高校系统性的创业教育要发挥培养大学生创业能力的主导作用,但创业培训机构的创业培训也必不可少,是完整创业教育体系的必要补充。

2. 创业政策

创业政策与创业活动之间具有密切的关系。相关研究表明,创业政策在激发大学生创业热情、创业意识、创业动力和创业机会等方面发挥着重要作用[1]。

Lundström 和 Stevenson(2001)系统地研究了创业政策,认为创业政策是直接影响一个国家或地区的创业活动水平的手段或策略[2]。刘军(2015)认为创业政策是政府部门运用政策工具来改善创业环境、增加创业机会、降低创业风险而

---

[1] 李良成、张芳艳:《创业政策对大学生创业动力的影响实证研究》,《技术经济与管理研究》2012 年第 12 期。

[2] Lundström, A., Stevenson, L. A. "Entrepreneurship policy for the future", *Swedish Foundation for Small Business Research*, 2001(1).

出台的指导性文件、政策和法律法规的总称[1]。本研究认为大学生创业政策是国家根据大学生创业的特点专门制定的旨在激发大学生创业热情、提高大学生创业意识、增加大学生创业机会、改善大学生创业环境、降低大学生创业风险的政策法规的集合。大学生创业政策是国家创业政策的重要组成部分,与一般创业政策无本质差别[2],区别在于大学生创业者作为一种相对独特的创业群体,创业政策在具体内容和措施上要体现这种特殊性。

关于大学生创业政策体系的内容,学者们的研究也比较多。如陈成文和孙淇庭(2009)认为大学生创业政策体系应涵盖创业教育培训、商务支持、创业资金以及创业文化等方面[3]。李良成和张芳艳(2012)认为创业政策应包括资金支持、创业教育、创业服务、配套措施与创业文化等5个方面[3]。江英和欧金梅(2018)基于M-O-S模型认为创业政策包括创业文化、创业教育、创业培训、商务环境、财税金融支持等5个方面[4]。关于大学生创业政策体系主要内容,梳理学者们的观点发现,虽有差异但主要观点基本相同,如创业政策包括资金、教育、服务、文化等方面内容。本研究认为,大学生创业政策应该包括创业教育培训、创业资金扶持、创业服务提供和创业文化营造等4方面内容。

大学生创业政策的内容及其相互关系。创业教育政策是保证大学生能接受高校系统性创业教育和大学生创业者获得社会机构创业技能培训而出台的政策支持,在创业政策体系处于基础性地位。创业资金政策是为解决大学生创业者在创业过程中遇到的各类资金问题而制定的针对性政策,旨在解决大学生创业资金不足、融资困难等问题,在创业政策体系中具有核心地位[5]。创业服务政策是为减少大学生在创业过程中的障碍和壁垒而制定的一系列相关政策,规避创业中遇到的障碍[2],在创业政策体系中起着助推作用。创业文化政策是为激发大学生创业热情和创业动力而制定的相关政策,目的是在全社会营造良好的大学生创业环境。

---

[1] 刘军:《我国大学生创业政策体系研究》,山东大学博士学位论文,2015年。
[2] 陈成文、孙淇庭:《大学生创业政策:评价与展望》,《高等教育研究》2009年第7期。
[3] 李良成、张芳艳:《创业政策对大学生创业动力的影响实证研究》,《技术经济与管理研究》2012年第12期。
[4] 江英、欧金梅:《基于M-O-S模型的大学生创业影响因素及大学生创业政策分析框架研究》,《江淮论坛》2018年第1期。
[5] 杨邦勇:《构建我国大学生创业政策支持系统的理论思考》,《福建工程学院学报》2010年第2期。

3. 创业资金

创业离不开资金,资金匮乏是大学生创业者面临的重要难题。大学生创业者的创业资金来源主要有两个方面:一方面是大学生创业者和创业团队成员自身拥有的少量创业资金,另一方面是来自外部社会的创业资金支持。相对于一般社会创业人士,大学生创业者和创业团队成员一般都是刚毕业进入社会,更多的还是在校大学生,基本上没有经济收入和资金积累。鉴于此,本研究主要讨论大学生创业资金的社会来源资金。

从大学生创业资金的类型看,大学生创业资金有创业资助、创业基金、创业借款、创业贷款、创业补贴、风险投资、政策优惠以及奖励资金等多种类型。创业资助是一种无须大学生偿还的资金支持方式,既包括创业者家庭和亲戚朋友的资助,也包括学校、社会等社会组织的资助;创业基金设立主体主要包括政府、学校、社会以及个人,符合基金设立条件的大学生可以直接获得创业资金;创业借款是大学生以免息或一定利息的形式获得创业资金的一种方式,比如大学生从亲朋好友处筹集资金;创业贷款是大学生向银行申请贷款获取创业资金的一种方式,一般在大学生提出申请后银行会对大学生进行审查,待认可担保后向大学生创业者发放贷款资金;风险投资是指对创建过程中的企业进行股权投资,同时为企业提供管理和经营服务,等企业发展成熟时通过转让股权让资本增值的一种投资方式[1];政策性创业补贴和政策性创业减免也是创业资金来源的必要补充,如各级创业培训补贴、行政性收费减免、各类税收减免优惠等,这种对创业成本的部分减免也是一种资金支持方式;大学生创业大赛等各种奖励性资金也是大学生创业资金来源的重要补充。

从大学生创业资金的类型看,大学生创业资金社会来源主体主要有五类:一是私人资金支持。家庭成员及亲朋好友的资金支持,一般有三种情况:一种是无偿资金资助支持,一种是免息或者偿付一定利息方式的借款,还有一种是股权式的投资。另外,民间个人借贷、寻找合伙人投资以及校友等社会或个人的资助,也是大学生创业资金私人资金的可能来源。二是政府资金支持。政府的资金支持是大学生创业资金的重要保障,包括各类创业基金、政策性资金减免如行政性收费减免、场地租赁和各类税收的减免优惠等,以及政府组织的各级各类大学生

---

[1] 李炳安:《大学生创业促进制度》,中国社会科学出版社,2012年,第259页。

创业竞赛奖励资金等。三是高校资金支持。高校的资金支持类型比较多,主要有高校设立的大学生创业基金、创业补贴和场地租赁、水电网络等费用减免等。四是机构融资支持。一般来讲,商业银行贷款是大学生创业资金融资一个比较好的选择,但是它们发放贷款时有严格的审批条件和审查程序,一般借贷金额也比较少;金融机构风险资本也是大学生创业资金的一个来源,包括风险投资公司、孵化机构融资等。五是其他资金来源。除以上资金来源外,大学生创业者还可以通过其他路径获得资金,如企业资金支持。

4. 创业服务

创业服务是大学生创业支持要素的重要组成部分,创业服务目的是减少大学生创业进入障碍和创业行政审批流程,提供大学生创业指导、创业咨询、创业孵化等支持和服务,为大学生营造一个良好的创业环境[①]。关于大学生创业服务的内容,范开菊(2012)认为大学生创业服务包括创业政策、创业教育、创业孵化、资本市场和创业信息网络平台建设等[②]。叶剑辉等(2010)认为大学生创业服务包括创业教育培训服务体系、创业项目风险投资服务体系、政策支持服务体系、创业基地服务体系以及综合性创业咨询平台服务体系[③]。孟铁林(2016)结合徐州市大学生创业服务实践经验提出大学生创业服务主要包括政策扶持、园区承载、金融支持、培训实训和管理服务等五大体系[④]。本研究的大学生创业服务内容主要包括行政审批、项目孵化、创业咨询、公共服务和社会保障等方面。

由于研究视角不同,学者们关于大学生创业社会服务主体的观点也各异。如李志刚等(2013)认为大学生创业服务体系是由政府、高校、企业和社会等四类主体组成[⑤]。徐平华(2017)认为大学生创业需要政府、高校、社会及家庭给予政

---

① 窦鹏鹏、孙继伟:《大学生创业服务体系的需求特征与完善建议——基于问卷调查的分析》,《科技创业月刊》2007年第5期。
② 范开菊:《我国大学生创业服务体系构建研究》,《河南科技学院学报(社会科学版)》2012年第8期。
③ 叶剑辉、王强、杨邦勇:《"一体三元五翼"的大学生创业服务体系模式构建》,《福建工程学院学报》2010年第2期。
④ 孟铁林:《搭建创业舞台 孵化青春梦想——徐州市大学生创业服务工作纪实》,《中国劳动》2016年第10期。
⑤ 李志刚、王海燕、郭丰恺:《大学生创业服务体系构建的影响因素与对策》,《成都理工大学学报(社会科学版)》2013年第5期。

策、教育和认可支持[①]。王良(2016)建议整合政府、企业、高校、学生力量形成"四位一体"的创业服务体系[②]。综上所述,我们可以发现政府和高校是大学生创业的社会服务主体,其他社会主体方面主要观点的差异在于社会与企业、家庭、社会机构的关系方面,如有学者将家庭从社会中单独列出作为一个独立的社会支持主体,有学者将企业从社会中单独列出作为一个独立的社会支持主体,有学者认为社会这个主体就包含了其他社会支持主体,也有学者认为企业及其他一些社会机构就代表了除政府和高校之外的社会支持主体。本研究结合学者们的观点、国外大学生创业社会支持的成功经验和中国大学生创业面临的实际问题,认为大学生创业社会支持主体应该包括政府、高校、创业服务机构、大学生家庭、企业、其他社会组织。

政府、高校、创业服务机构、大学生家庭、企业、其他社会组织的社会功能和资源优势不同,在大学生创业社会支持中的角色定位和作用发挥不同。需要说明的是,支持主体与支持内容不是简单的一对一对应关系,而是复杂的多维度交叉关系。同一支持内容,可由不同社会主体提供支持;同一支持主体,也可提供不同的支持内容。政府部门在行政审批、项目孵化、管理服务、社会保障等方面都起着重要作用,如通过建设大学生创业指导中心、信息化平台提供管理服务,以及提供相应的社会保障等方面的支持。高校在提供系统创业教育的基础上,主要提供创业实训、信息咨询、项目孵化和场地提供等方面的支持。中介服务机构根据不同类型分别为大学生创办企业提供办公场地、工商注册、财税、创业资金、市场开发、招商引资等方面的服务或提供创业培训、项目孵化等方面的服务。大学生家庭重在为大学生创业提供情感支持、资金支持和社会关系支持。其他社会组织可以为大学生提供创业实践、创业指导和创业咨询等服务支持。

5. 创业文化

创业文化是内生于市场经济的一种特殊文化[③]。本研究中的创业文化是作为一种社会支持要素影响大学生创业的特定社会文化形态。良好的创业文化对

[①] 徐平华:《四位一体大学生创业服务体系研究》,《湖北经济学院学报(人文社会科学版)》2017年第12期。
[②] 王良:《协同创新背景下高校大学生创业服务体系建设初探》,《创新科技》2016年第5期。
[③] 李良成、张芳艳:《创业政策对大学生创业动力的影响实证研究》,《技术经济与管理研究》2012年第12期。

大学生创业意识的形成、创业精神的培养、创业行为的产生起到重要的作用①。大学生创业文化与一般创业文化有相似之处,但大学生创业在社会中的特殊功能和特殊地位,决定了大学生创业文化有其特殊的内涵。因此,本研究认为大学生创业文化是特指一种围绕大学生创业构建形成的,旨在激发大学生创业热情、提高大学生创业意识、增强大学生创业动力、支持大学生创业行为和包容大学生创业失败的,关于大学生创业的思想意识、价值观念、基本态度等社会意识的总和。

大学生创业文化作为社会创业文化的一部分,除了拥有一般意义上的创业文化的内涵以外,更注重激发大学生创业热情、增强大学生创业动力,更注重支持大学生创业活动、包容大学生创业失败。大学生创业文化作为创业文化的重要组成部分,既有一般创业文化所具有的特点,又具有自身独特的特点②。具体来说,大学生创业文化的特征主要包括以下几方面:一是大学生创业文化影响对象是大学生,尤其是创业大学生;二是大学生创业文化受社会多种文化的影响,尤其是大学文化、家庭文化的影响;三是大学生创业文化构建目的和意义在于营造良好的创业氛围,鼓励支持大学生创业,同时,又包容大学生创业失败。

良好的大学生创业文化环境是大学生积极开展创业活动的重要驱动力,对大学生创业意识和创业行为都具有重要的影响。具体表现为:一是创业文化具有目标导向作用。良好的创业文化能够形成支持大学生创业的环境氛围,对大学生创业认同度高,尤其是对创业失败包容性强的大学生创业文化,能够促进大学生培养创业兴趣,并敢于进行创业实践③。二是创业文化具有资源整合功能。大学生创业文化是经过多方博弈形成的一种价值、规范和结构,为大学生创业提供了竞争秩序,更有利于创业资源的获取①。三是创业文化具有精神激励作用。良好的创业文化能激发创业者的创业热情和意识,有利于大学生创业者培养良好的个性心理品质。这里需要着重强调的是大学生创业文化虽然是创业文化的一部分,但是大学生创业文化有自身的独特性,大学生创业文化的构建需要考虑

---

① 苏益南:《大学生创业环境的结构维度、问题分析及对策研究》,《徐州师范大学学报(哲学社会科学版)》2009年第6期。
② 邵世志、程哲:《大学生创业文化的建构与思考》,《当代青年研究》2011年第6期。
③ 陈源波:《大学生创业文化建设路径创新研究》,《无锡职业技术学院学报》2017年第4期。

对象的特点,同时满足这一群体创业相应的需求[①]。

6. 一般创业环境要素

创业环境是一个外延很大的抽象概念,其外延包括一切影响创办新企业的政治、经济、社会因素。创业环境因素中,除上述对大学生创业有着重要影响,已成为大学生创业的重要组成部分的创业教育、创业政策、创业服务、创业资金与创业文化等5个支持性因素外,诸如政治、经济、法律、产业、市场、科技、自然等一般性创业环境因素对大学生创业也会产生影响,但与其对社会人士创业的影响相比没有明显差异性,因此,本部分内容不展开分析。

[①] 林刚、张正彦:《论校园文化视阈下大学生创业文化环境及其优化路径》,《教育探索》2012年第2期。

第五章 大学生创业过程的分析

创业是一个动态、复杂和不间断的持续发展过程,不同创业阶段的关键活动不同,相关资源的嵌入也有差异。创业的过程性研究致力于厘清创业过程中的具体的各种要素,剖析影响创业的主要因素。尽管创业过程不能截然分开,但是将其划分为若干个联系紧密的阶段,有助于从动态性的角度剖析大学生创业成功或者失败的主要原因,分析各个创业要素与创业成功的相关性,有助于政府、高校和社会提供有效的创业支持,提升大学生创业成功率。

一、大学生创业过程的概念内涵

创业是一个持续性行为,研究者们提出了创业过程理论,该理论认为创业并非一个独立的事件,而是一个持续的过程[1]。Baron(2002)提出,将创业看成随时间开展并经历若干不同阶段的过程是有用且合适的[2]。基于该理论,国内外众多学者根据不同研究视角,提出了更多关于创业过程的定义,学者们的研究将创业过程大致分为广义和狭义两类。广义的创业过程一般包含企业的创立、成长和发展等各个阶段,而狭义的创业过程仅指新企业的创建过程。根据研究需要,本研究中所指的创业过程是狭义上的创业过程。创业过程一直是学者们重点研究的方向,国内外学者尝试从不同理论角度来界定创业过程,形成了丰富的研究成果,但学者们对创业过程概念的界定并未统一。

Gartner(1985)从个人维度、环境维度和组织维度,提出创业过程包括机会

---

[1] 许艳丽、王岚:《众创时代女大学生创业困局探析——基于创业过程理论的视角》,《高教探索》2018年第2期。
[2] Baron, R. A."OB and entrepreneurship: The reciprocal benefits of closer conceptual links", *Research in Organizational Behavior*, 2002(24).

识别、信息搜索、组织创建和市场营销等活动,这些环节循序渐进,缺一不可[①]。Bygrave 和 Hofer(1991)从机会观的角度,认为创业过程是机会识别和组织创建相互关联、相互作用的一系列职能、活动和行为[②]。Aldrich 和 Martinez(2001)从创业资源角度认为创业过程是创业者利用自身具备的创业相关知识和创业资源,创建新组织的过程[③]。上述研究者主要从静态方面描述创业过程,但是有一部分研究者认为创业过程是一个动态的、不断调整的过程。如 Larson 和 Starr(1993)以网络嵌入视角为切入点,认为创业过程是一个动态发展的过程,创业者需要根据不同阶段不断变化的创业环境改变选择与决策,对创业过程中的关系重新进行搜索、扫描和选择,这样才能有效地利用现有关系网络创造出新的网络资源[④];Timmons 创业模型同样认为创业过程是动态发展的过程,创业是机会、资源以及团队不断整合、调整、平衡的动态发展过程[⑤]。国内学者温兴琦等(2020)从创造出更大经济或社会价值的角度认为创业过程是创业者在特定创业环境下识别、发掘和利用创业机会,优化整合资源,实现价值转化[⑥]。唐靖和姜彦福(2008)结合机会观和资源观,认为创业过程包括从最初的构思到最后形成一个新的经济组织,创业者通过一系列的决策使得创业机会和创业资源得到满意的利用[⑦]。木志荣(2008)认为创业过程动态复杂,其中包括识别和捕捉、评估和获取资源、创建新组织管理新业务等[⑧]。叶明海等(2011)从要素角度总结了创业过程是由若干个创业关键要素组成,每个要素不仅具有特定的结构,而且对

---

① Gartner,W. B."A conceptual framework for describing the phenomenon of new venture creation",*The Academy of Management Review*,1985(4).
② Bygrave, W. D., Hofer, C. W."Theorizing about entrepreneurship",*Entrepreneurship Theory and Practice*,1991(2).
③ Aldrich, H. E.,Martinez, M. A."Many are called, but few are chosen: An evolutionary perspective for the study of entrepreneurship",*Springer Berlin Heidelberg*,2001(4).
④ Larson, A.,Starr, J. A."A network model of organization formation",*Entrepreneurship Theory and Practice*,1993(2).
⑤ [美]杰弗里·蒂蒙斯、[美]小斯蒂芬·斯皮内利:《创业学》(第 6 版),周伟民、吕长春译,人民邮电出版社,2005 年,第 31 页。
⑥ 温兴琦、焦丽、杨钦越:《创业网络规模与质量对创业资源获取的影响——基于创业阶段的分析》,《重庆工商大学学报(社会科学版)》2020 年第 2 期。
⑦ 唐靖、姜彦福:《创业过程三阶段模型的探索性研究》,《经济师》2008 年第 6 期。
⑧ 木志荣:《创业困境及胜任力研究——基于大学生创业群体的考察》,《厦门大学学报(哲学社会科学版)》2008 年第 1 期。

创业者自身和社会产生效应,这个过程被称为创业过程[①]。学者们从不同视角或不同创业要素角度来解读创业过程,都有其合理性。如从创业机会的维度看,创业是一个机会识别、评价和开发的过程;从创业者的维度看,创业是一个创业者不断提升并实现自我价值的过程;从创业资源的维度看,创业过程是创业者获取、配置创业资源来创建新组织的过程;也有综合几个要素定义创业过程的,如认为创业过程是包括机会的识别和捕捉、资源的评估和获取、新组织的创建和对新业务的管理等一系列动态的复杂过程等。综合学者们的研究观点,并根据课题研究需要,本研究认为大学生创业过程是大学生创业者在特定创业环境下并与创业环境互动的过程中,评估识别创业机会、获取配置创业资源、组建管理创业团队、创建经营新企业组织的一个非线性、复杂、动态的持续发展过程。

二、大学生创业过程的阶段划分

创业是一个持续发展过程,但是由于不同阶段的目标、任务和主要活动等方面不同,影响的关键因素也不尽相同,还可以将创业过程划分为若干个联系紧密的阶段。由于当前学术界对于创业阶段的划分尚无统一标准,学者们基于不同的划分标准对创业过程进行了不同阶段的划分。

国外学者 Reynolds 等(2005)根据 GEM 全球创业观察报告的定义,认为创业主要包括创业机会识别期、创业机会开发期、新企业成长期和企业稳定期等四个阶段[②]。Coviello 和 Cox(2006)指出创业研究的内容不需要涉及创业的全过程,应当重点着眼于创业的前三个阶段,即创业机会识别期、开发期和新企业成长期[③]。国内学者对创业过程的阶段划分也提出了自己的观点。木志荣(2008)把大学生创业过程分为三个关键阶段:创业准备阶段、创业企业设立阶段和新创企业成长管理阶段[④]。林嵩(2010)借助现有的一些创业过程模型和企业生命周

[①] 叶明海、王吟吟、张玉臣:《基于系统理论的创业过程模型》,《科研管理》2011 年第 11 期。
[②] Reynolds, P. D., Bosma, N., Autio, E., et al. "Global entrepreneurship monitor: Data collection design and implementation 1998 - 2003", *Global Entrepreneurship Monitor Working Paper Series*, 2005(2).
[③] Coviello, N. E., Cox, M. P. "The resource dynamics of international new venture networks", *Journal of International Entrepreneurship*, 2006(4).
[④] 木志荣:《创业困境及胜任力研究——基于大学生创业群体的考察》,《厦门大学学报(哲学社会科学版)》2008 年第 1 期。

期理论,将创业过程分为机会识别阶段、企业创立阶段和企业成长阶段等三个阶段[1]。李闻一和徐磊(2014)基于 Timmons 创业模型,认为大学生创业过程可分为创业准备阶段、成立企业阶段和企业成长阶段[2]。倪良新等(2015)认为创业过程可分为创业前期、机会识别阶段、企业创立阶段和企业成长阶段[3]。项国鹏等(2016)将创业过程划分为构想阶段、商业化阶段、成长阶段和成熟阶段四个阶段,其中,商业化阶段是最重要的阶段[4]。

上述学者关于创业过程的阶段划分,虽然在具体表述上有些差别,但都强调了创业准备阶段、创业企业设立和新创企业成长三个阶段是创业过程的关键阶段。刘军、倪良新等学者认为创业过程还包括创业前阶段,Reynolds、熊伟、张钢等学者认为创业过程还包括稳定期、成熟期。由于创业企业进入稳定发展期和成熟期后与一般企业组织一样,不是创业研究的重点,也不是本研究的内容,因此,综合学者们和访谈对象的观点,本研究将大学生创业分为三个阶段,即创业准备阶段、创业企业设立阶段和新创企业成长阶段。创业准备阶段,即孕育期或新企业种子期:是创业者根据自身经历、利用资源从发现创业机会到评估识别出创业机会阶段,此阶段最为重要的任务是确立创业项目。创业企业设立阶段,也叫创建期或新企业成立期:是创业者在确立创业项目后,围绕项目进行的各种新企业组织创建工作的阶段,此阶段最为重要的任务是使新企业组织获得合法性并启动运营。新创企业成长阶段,即存活期或新企业生存期:是从新企业开始步入正常运转到能维持生存发展的过程,此阶段最为重要的任务是谋求新企业的生存发展。

三、不同创业阶段的目标任务

创业者在创业过程中需要开展一系列活动,首先是创业机会识别,然后是创业团队组建,紧接着是筹集配置资源,最后才是创立企业、开展经营。但在创业

---

[1] 林嵩:《基于创业过程分析的创业网络演化机制研究》,《科技进步与对策》2010 年第 16 期。
[2] 李闻一、徐磊:《基于创业过程的我国大学生创业行为影响因素研究》,《科技进步与对策》2014 年第 7 期。
[3] 倪良新、江观伙、唐晓婷:《资源整合视角下的创业网络动态建构研究》,《学术界》2015 年第 6 期。
[4] 项国鹏、宁鹏、罗兴武:《创业生态系统研究述评及动态模型构建》,《科学学与科学技术管理》2016 年第 2 期。

活动过程中,所处的阶段不同,创业的目标和关键任务有所不同。

(一) 创业准备阶段

创业者在创业准备阶段一般要经历产生创业意愿、识别创业机会、确定创业项目等过程[①]。此阶段最主要的创业目标就是确定创业项目,关键任务即为发现、评估确认创业机会,形成初步创业规划。因此,创业准备阶段的主要任务是:一是有创业意愿的大学生发现、评估、识别创业机会,选择合适的项目;二是有创业意愿的大学生对自己拥有的创业资源和可能筹集的创业资源进行盘点评估,对需要组建的创业团队构成和可行性进行分析评估;三是大学生创业者基于市场调研结果,形成初步创业规划。其中,创业机会识别,即机会发现和机会评估,不仅是创业过程的起点,也是核心环节,是创业者通过各种方式搜寻、发掘和评估市场中创业机会,为实施创业行为做好准备的活动过程[②]。

(二) 创业企业设立阶段

创业企业设立阶段,是新企业组织的形成过程,此阶段的关键任务是创业者组织必要的资源创建新企业。此阶段最主要的创业目标就是获取新企业组织的合法性,成立新企业组织并开始营业,以企业完成注册登记和启动运营为标志。因此,创业企业设立阶段的主要任务是:一是根据创业项目需要建立创业团队,论证完善初步创业规划并形成完善的商业计划书;二是创业者和创业团队准备企业成立的各种资料文件,确定新企业组织所需要的场所,完成各种法律手续,按照法定的程序进行注册登记,获取企业营业执照;三是筹集并整合内外部资源启动企业运营,包括筹集创业资金、开展营销服务、产品服务初步投入市场等相关工作。创业企业设立阶段,完善商业计划、筹集启动资金和企业注册登记尤其关键。创业企业设立阶段创业计划书的撰写非常重要,一是创业者对创业机会识别和创业项目选择进行归纳、整理,进而验证可行性;二是直接影响新创立企业能否筹集到创业资金,尤其是风险投资。对于大学生创业者来说,资金支持是一个关键因素。因此,创业资金筹集在此阶段至关重要。

---

① 顾桥:《中小企业创业资源的理论研究》,武汉理工大学博士学位论文,2003 年。
② 温兴琦、焦丽、杨钦越:《创业网络规模与质量对创业资源获取的影响——基于创业阶段的分析》,《重庆工商大学学报(社会科学版)》2020 年第 2 期。

(三) 新创企业成长阶段

新创企业成长阶段,是大学生创业企业真正面向市场的阶段,产品或服务开始直接指向消费者或中间商,谋求新企业的生存与发展即扩大市场和获取利润成为此阶段的主要目标。新企业成立后企业产品或服务开始得到了市场的认可,可以为企业带来稳定现金流,但如果产品或服务没有得到市场认可,部分新企业就可能无法盈利甚至难以为继[①],新创企业成长阶段的主要问题是如何盈利。因此,新创企业成长阶段的主要任务是:一是增强产品或服务质量,提高市场竞争力,以保持企业的稳定发展;二是创业资源的需求量显著增加,创业者需要积极筹集创业资源,并充分地配置利用;三是随着企业的快速发展,整体运营问题变成主要矛盾,创业者将面临迅速增长的各项事务,需要设计合理的战略规划,构建形成系统的管理体系,保证企业良性运行。筹集并优化配置资源、管理经营企业,以及增强市场占有率,将是新创企业成长阶段企业获得成功的关键因素。

四、不同创业阶段的要素需求

不同阶段,创业者面临的困难不同,需要解决的创业任务也不同,因此不同创业阶段对创业资源的需求也不同;同时,创业要素与创业过程的各阶段之间的契合程度有差异,各要素的作用机制也存在很大差异。为了解决大学生创业成功率低的问题,首先需要深入分析影响大学生创业不同阶段的创业因素,揭示各要素和它们之间的组合对创业过程的影响。

(一) 创业准备阶段

创业准备阶段的主要任务是识别创业机会,评估创业资源和团队,以及评估创业机会与创业资源和团队之间的配合程度。机会识别在创业准备期间尤为重要,创业者需要在自己的成长经历、市场环境和有形无形资源中甄别有意义的创

---

① 彭莹莹、汪昕宇、孙玉宁:《不同创业阶段下的青年创业企业成长绩效影响因素研究——以北京地区为例》,《中国人力资源开发》2018 年第 12 期。

业机会,建立可靠团队,寻找可能的商业模式,并形成创业规划。该阶段的主要特征是:创业者的初步构想已经形成,创业团队尚未构建,创业企业尚未形成具体而明确的商业计划,销售模式还没有完全确定,启动资金也没有完全落实[1]。

1. 大学生创业的核心要素分析

创业准备阶段是创业活动的起步阶段,创业机会的辨识与选择最为关键,机会识别是创业之前的必要准备工作,机会识别是创业活动的出发点。75%的大学生创业者认为准备期最重要的环节是发现、辨识和利用商机[2]。创业机会评估有两重标准:个体标准和社会标准。其中,个体标准指的是创业者的价值体现和收益,使得创业者获得更高的社会成就感和利润;社会标准也就是社会效用标准,指增加整个社会的效用,包括消费者、供应商、合作伙伴等团体的利益。在实际过程中,前者是主要因素[3]。

创业准备阶段,创业者这个核心要素的影响表现在把握商机和捕捉创业机会方面。此阶段,在大学生创业者应该具有的创新精神、创业意识、创业者心理品质等素质要素中,创新精神和创业意识在创业准备阶段的影响更为明显。机会识别与人的创新精神和创业意识等主观特质密不可分,大学生创业者依靠自己的洞察力发现创业机会,确定合适的创业项目,实施创业;另外,在大学生创业者应该具备的把握机会能力、创新能力、资源拓展能力、管理能力、社交能力、专业能力、学习能力和规划能力中,把握机会能力尤其是对创业机会的有效辨别能力在创业准备阶段的影响更为明显。大学生创业者既要有独到的眼光和创意,用于识别市场需求,还需要有创业的热情和激情。

创业准备阶段,大学生创业者所拥有的初始创业资源非常有限,创业机会和创业资源之间处于一个极不平衡的状态[4]。在此阶段,创业者可根据自己的学校、家人、朋友评估自己能获得的资源,并判断与创业机会的关联度。资源是创业过程重要的支撑要素,创业准备阶段,大学生创业者需要通过人力资源、技术资源、信息资源、政策资源和社会资源来创造创业需要的资源。在机会识别阶段,创业者更需要识别与创业机会相关的信息资源,确立好创业项目,合理整合

---

[1] 朱磊:《创业企业发展与资源需求》,上海外国语大学硕士学位论文,2007年。
[2] 卢新文:《基于 Timmons 模型的中国大学生创业过程模式研究》,《黑龙江高教研究》2009 年第 5 期。
[3] 唐靖、姜彦福:《创业过程三阶段模型的探索性研究》,《经济师》2008 年第 6 期。
[4] 朱磊:《创业企业发展与资源需求》,上海外国语大学硕士学位论文,2007年。

项目所需资源。

创业准备阶段,大学生创业团队成员尚未正式构建,创业准备阶段可能是由一个人,或者三五个好友开始初步讨论项目和未来走向,在此过程中会不断有志同道合的成员加入,同时也会根据项目和企业运营的基本规律匹配相应的团队成员。这个阶段还是以少数初创人为核心进行项目讨论和企业设计。

2. 大学生创业的中介要素

创业学习在此阶段非常重要。随着创业教育课程在高校的普及,大学生创业者的学习方式可以多元化。由于大学生创业者社会经验不足,此阶段以学校的创业教育指导学习为主,以创业模拟实践和认知学习为辅。创业准备阶段,系统理论学习起主导作用,理论知识学习可以帮助大学生创业者熟知创业的基本要素、创业环境并对创业项目进行甄别。创业准备阶段主要是对创业机会进行感知、搜寻、评估,需要通过经验学习提高识别能力;同时,通过认知学习来学习他人的成功经验和失败教训。

创业网络对大学生创业者来说是十分重要的资源获取方式。在创业准备阶段,创业网络对于机会识别的意义主要体现在两个方面:一方面是网络关系是创业者吸取外部资源的有效方式;另一方面是创业网络对创业项目的实施和进展都是起积极正面的作用[1]。机会识别不仅涉及创业者的创造性人格特质,更需要创业者构建和利用自身的创业网络。由于大学生创业者没有完备的知识体系,创业网络的规模与质量对成功识别创业机会是非常关键的。

商业模式可以为创业活动提供指导,选择合适的商业模式本身也是初创企业要实现的理想目标,有效的商业模式演练可以更好地为大学生创业者审视创业项目,提高项目成功率。

3. 大学生创业的支持要素

大学生在创业选择和机会甄别过程中,虽然受到个人特质、机会识别能力的影响,但创业教育、创业政策和创业文化等因素同样产生重要影响[2]。创业服务和创业资金,在创业准备阶段对创业活动尤其是创业机会识别影响不大。一般

---

[1] 林嵩:《基于创业过程分析的创业网络演化机制研究》,《科技进步与对策》2010年第16期。
[2] 木志荣:《创业困境及胜任力研究——基于大学生创业群体的考察》,《厦门大学学报(哲学社会科学版)》2008年第1期。

性创业环境因素对大学生创业意愿和创业机会识别有一定影响,但与一般社会人士的创业没有显著区别。

大学生创业者与一般社会创业人士相比,受到学校影响的程度较大。学校通过开设创新创业教育课程、举办创新创业竞赛、沙盘演练等各种可利用的教学训练活动,引导和帮助大学生学习创业者具备的创业知识,培养其创新意识、创业精神和创新思维。另外,学校还可以通过允许休学创业、学分置换等办法激发大学生创业热情。

创业准备阶段,往往是大学生创业者最迷茫的阶段,因此他们对于创业政策信息了解的需求很大,创业政策影响大学生的创业意愿和是否选择创业行为。创业准备阶段创业大学生更关注以下政策:一是创业培训、创业项目孵化等方面的政策;二是企业注册和开业条件方面的创业政策;三是开业后的项目补助、税收优惠等方面的政策。

创业准备阶段,社会价值观、社会舆论、文化氛围等因素也直接影响大学生创业者的选择,尤其是宽容失败、鼓励创新的创业导向的文化氛围,对于有创业意愿的大学生把握创业机会都有一定的影响。在此阶段,大学生创业者拥有的资源非常少,老师、同学、朋友、家人一方面会对其创意的产生或机会甄别产生影响,另一方面也是最主要的情感支持来源,而这些因素对大学生是否选择创业和后续创建活动能起到很大的作用。

(二)创业企业设立阶段

创业企业设立阶段,机会识别已经完成,创业项目已经确定,创业者的关键任务就是完善创业计划,组建创业团队,进行注册登记,搭建组织结构,获取、整合资源开始生产产品或提供服务。该阶段的主要特征是:企业完善自己的商业计划,筹集开业资源;企业完成注册,产品或服务投入运营;组织架构尚未成熟,企业管理模式非常简单;创业团队基本组建,创业者自身的管理经验和技能尚待开发[1]。

1. 大学生创业的核心要素

创业企业设立阶段,大学生创业者应从机会识别快速转化为项目运营,组建

---

[1] 朱磊:《创业企业发展与资源需求》,上海外国语大学硕士学位论文,2007年。

团队、注册企业并开始生产产品或提供服务。调查研究发现,认为该阶段整合资源最为重要的占38.5%,认为筹集资金最重要的占30.8%,认为组建团队也很重要的占30.8%[1]。创业企业设立阶段,创业机会已经明确,创业项目已经确定,大学生创业者重在获取或整合资源开始运营创业项目。

创业企业设立阶段,资源能力、学习能力、专业能力等成为创业者自身能力影响的主要方面。资源能力主要表现为资源获取和整合能力方面,相对于确定的创业项目,需要最大限度地整合有限资源,获取有利的创业项目的信息。学习能力在该阶段作用明显提升,创业企业设立阶段需要学习非常多的新知识,如注册登记等法律知识和企业管理等知识。大学生创业者更多的是采取自主研发能够申请专利保护的产品的方式,可以吸引投资商手中的资金来进行创业,这需要大学生创业者有较强的专业技能。

创业企业设立阶段,大学生创业者必须获取、整合更多的资源,尤其是跟注册企业、启动运行等相关的资源。此阶段,创业大学生更多需要的是政府对确定创业项目相匹配的政策资源、项目本身的技术资源、产品或者服务的渠道资源、金融资本等。

创业企业设立阶段,大学生创业团队的作用是需要从市场调研、企业定位,转换为产品落地、可实施的运营规划。在此阶段,创业团队建设的主要任务体现在两个方面:一方面是要组建创业团队成员,建设并建立包括制度、运行机制、组织文化等基本的企业制度;另一方面是利用团队成员各自的社会关系,获取、整合更多的创业资源。

2. 大学生创业的中介要素

创业企业设立阶段,创业者面临着建立新企业的问题,需要学习如何获取企业建立和发展的合法性知识。此阶段以经验学习为主,以创业教育指导学习和认知学习为辅。大学生创业者首先需要通过经验学习,利用前期通过高校创业教育等途径积累的经验来处理创业企业设立阶段的问题;但由于大学生创业者往往不了解企业注册、开业政策等法律法规和管理知识,此时通过创业教育指导学习和认知学习方式能够弥补经验缺乏导致的种种弊端。

创业企业设立阶段,创业网络作用迅速上升,创业网络能极大地丰富创业者

---

[1] 卢新文:《基于 Timmons 模型的中国大学生创业过程模式研究》,《黑龙江高教研究》2009 年第 5 期。

的信息来源。大学生初创企业缺乏管理运营经验,社会影响力不高,多数资源还是来源于创业者个人和团队主体,创业网络规模决定初创企业获取廉价资源和便利的程度。在创业企业设立阶段,创业网络的多样性、创业者与创业网络主体的信任程度、联系紧密程度,是影响创业资源获取的主要方面。

商业模式是企业能够快速地实现经济价值重要转换工具。如果说在创业准备阶段,大学生创业者只是思考构建可能的商业模式,但到了创业企业设立阶段,就需要确定明确的商业模式。商业模式作为创业机会开发机制,能帮助大学生创业者有效地开发利用商业机会,从而也有可能为企业快速成长打下基础[①]。

3. 大学生创业的支持要素

相对于其他创业阶段,大学生创业者在创业企业设立阶段对社会支持的需求最为强烈。创业企业设立阶段,创业教育、创业政策、创业服务、创业资金等因素对创业活动影响相对较大,创业文化以及其他一般性创业环境因素有一定影响,但与一般社会人士的创业没有显著区别。

在创业企业设立阶段,高校一方面通过创业教育培养创业大学生资源获取与整合能力,以及掌握商业计划撰写、企业注册等方面的知识;另一方面,创业竞赛、沙盘演练等能够很好地帮助大学生创业者吸引优秀的伙伴组建创业团队,还可借助大学生科创园提供孵化服务帮助学生获得更多创业资源。

创业企业设立阶段,企业架构基本形成,需要进行产品投入和市场开发,而资金来源是大学生创业者最为匮乏的资源,迫切需要社会的支持与扶持。

创业企业设立阶段,大学生创业的相关法律、政策等因素,对新创企业的注册登记和运行都产生重要影响。此阶段大学生创业者对简化企业设立程序文件等一系列政策需求更多;另外,大学生创业者更多关注初创企业创业补贴、创业服务、金融政策等。

创业企业设立阶段,创业者面临注册申请手续烦琐以及资金、市场拓展等诸多困难,创业企业设立阶段往往是创业者最艰难的阶段。因此,大学生创业者对于创业服务的需求很大,创业大学生希望得到政府、高校、中介机构以及企业和其他社会组织,从行政审批、创业指导、创业咨询到公共服务等全方位的指导和支持服务。

---

① 郭海、沈睿:《如何将创业机会转化为企业绩效——商业模式创新的中介作用及市场环境的调节作用》,《经济理论与经济管理》2014年第3期。

(三) 新创企业成长阶段

新创企业成长阶段,企业已经初具规模,需要进一步发展,员工人数需进一步增加,企业管理需要更加规范合理,扩大市场和获取利润成为主要目标。随着业务扩大,产品的技术升级和服务提升,以及企业的可持续发展成为创业者遇到的新的难题,这不仅需要投入更多的资金,也需要获取更多的人力、设备、技术、原材料等资产型资源[①]。

1. 大学生创业的核心要素

新创企业成长阶段,创业项目已经进入实际收益阶段,大学生创业者需要吸纳更多优秀的人才扩充团队,需要更广的资源拓展企业的业务,还需要合理配置资源,通过以上手段,来实现创业项目、资源和团队等三个创业内核的动态平衡。

随着企业的发展,大学生创业者将面临企业迅速增长的管理事务和很多无法预测的难题,需要创业者坚定目标,充满自信,刻苦努力,面对困难迎面而上。此阶段对大学生创业者的领导力、资源拓展能力、运营能力与学习能力要求更高,最为重要的是经营管理能力。大学生创业者一方面要建立运作优秀的创业团队,获取并合理配置资源,开拓市场,使企业快速成长、实现盈利;另一方面,需要明确企业在所在行业的角色,充分考虑企业未来走向,布局企业平台,使企业迈入新的台阶。

在新创企业成长阶段,大学生创业企业在迅猛发展,因此对生产性资源的需求大量增加,其中包括人力、资金和物质资源等生产性资源成为这一创业阶段的主要需求。同时,需要各种上、下游产业资源,在该阶段,企业需要更多的顾客、经销商、原料商等资源。

新企业成长阶段,团队的成员也随之补充壮大。大学生创业者必须具备更好的团队合作精神和团队管理能力。随着企业的发展和运作,不同个性的人汇聚在一起,他们之间需要不停的磨合,这就需要团队共同合作。

2. 大学生创业的中介要素

新创企业进入成长阶段后,面临的最大问题便是运营和管理企业以获取利

---

① 胡继灵:《企业生命周期与生物生命周期的比较研究》,《华东经济管理》2001年第3期。

润。此阶段的创业学习转为以认知学习为主,以创业教育指导学习、经验学习和实践学习为辅。大学生创业者由于企业管理经验缺乏,经验学习难以满足需要,迫切需要通过创业教育指导学习和认知学习迅速获取营销、人力资源等运营和管理知识;同时,创业者和团队也需要通过实践学习来弥补已有经验和认知的不足。

新创企业进入成长阶段后,大学生创业者的个人社会网络逐渐匹配不了企业的需求,发挥的作用也越来越有限,同时新创企业也需要更多的资金、业务和专业技术上的支持,需要获得更多的市场资源。因此,在此阶段,创业网络需要与外部的高质量、高地位的主体建立更多的联结。大学生创业者需要获取支持战略拓展的资源,创业网络作为获取途径,其角色逐渐演变为立足于企业整体发展,具有全局性的战略资源工具。

新创企业成长阶段,很多群体都对创业过程产生明显的影响,如竞争对手、创业伙伴、顾客、潜在市场进入者等。商业模式作为创业项目获利的途径:一方面,通过建立社会关系网络,获取外部资源和构建特有的资源组合形式,以此帮助大学生创业者可以有效地开发利用商业机会[①];另一方面,随着外部环境的变化,应该不断优化商业模式,顺应外部环境的发展,从而更好地满足顾客等利益相关者的需求。

3. 大学生创业的支持要素

新创企业进入成长阶段后,创业教育、创业政策、创业资金等相对影响较大,创业服务、创业文化以及其他一般性创业环境因素相对影响要小些。

新创企业成长阶段,企业已经步入正轨,对于大学生创业者来说,高校的创业教育作用相对减弱,但高校可以通过技术支持、人力资源等方面来支持学生的创业过程。一方面,企业成长阶段,技术的迭代更新能力将成为核心竞争力,学校可以为企业提供大量的技术输出团队、科研平台等;另一方面,创业企业人员需求较大,社会招聘远远不能满足企业发展需求,学校的人力资源对企业发展而言是重要资源。

新创企业成长阶段,对大学生创业企业影响的创业政策,主要是税收优惠、

---

① 郭海、沈睿:《如何将创业机会转化为企业绩效——商业模式创新的中介作用及市场环境的调节作用》,《经济理论与经济管理》2014 年第 3 期。

创业融资、企业上市等方面的政策。该阶段,企业员工人数迅速增多,企业管理也面临压力,需要政府和专业机构提供更多的专业技术人员培训和人力资源方面的支持政策。除此之外,创新企业知识产权保护政策、反垄断竞争政策等也可以提供必要的支持。

新创企业成长阶段,大学生创业企业扩大规模、拓展业务,对资金有更大的需求。政府、银行等社会支持组织可以拓宽企业融资渠道,进而持续优化创业环境[1]。近年来,大学生创业者大多选择银行贷款和合作入股的方式融资,抵押和贷款担保已经不被大学生创业者所接受。

这个阶段,一般性创业环境因素对企业影响也较大。国家战略导向、疫情、市场竞争、企业本身的技术能力等都对新创企业的经营状况和战略实施产生较大的影响。

五、不同创业阶段的风险特征

创业风险,通常指创业者在创业中面临的风险,即创业环境的不确定性、创业商机的复杂性、创业者能力与实力的有限性等原因,导致创业活动与预期目标发生偏差。创业风险是一种客观存在,以环境不确定性为基础,与创业活动有关因素的不确定性为来源;创业风险还具有可变性和可控制性,即在一定条件下创业风险是可以转化的,或通过适当的方式是可以规避风险的。基于创业风险的特征和创业风险的来源,创业风险可以从不同角度来划分,本研究主要从风险内容角度讨论大学生创业风险,如项目风险、市场风险、资金风险、机会风险、管理风险、竞争风险、政策风险以及技术风险等。风险贯穿于整个创业过程,由于不同创业阶段的创业目标和关键任务有所不同以及要素约束也不同,存在的创业风险也不同[2]。

(一)创业准备阶段

创业准备阶段的目标任务主要是识别确认创业机会,因此对于大学生创业,

---

[1] 彭莹莹、汪昕宇、孙玉宁:《不同创业阶段下的青年创业企业成长绩效影响因素研究——以北京地区为例》,《中国人力资源开发》2018年第12期。
[2] 王锋:《大学生创业风险与防范策略探析》,《吉首大学学报(社会科学版)》2011年第6期。

技术风险和项目风险是这个阶段的主要风险。当然,由于在这个时期,企业还没有成立,所以风险也相对比较小。

项目风险即创业者在确定创业项目,创办企业,将产品或服务投入市场,获取利润的过程中产生的不确定性和可能发生的风险。大学生创业者由于缺乏社会实践经验,并且获取市场信息的渠道较为有限,因此会出现市场把握偏差、创业项目识别偏差和项目运营不科学等问题,这些都可能导致初创企业面临着导向错误的风险。

技术风险是指在创业过程中,不能及时对产品和服务进行更新换代,无法获利而导致创业失败。创立科技创业型企业的大学生创业者经常利用自主知识产权开发进行生产,但是技术层面的因素以及技术变化的不确定性加大了企业失败的可能性。

(二)创业企业设立阶段

创业企业设立阶段的主要目标任务是成立新企业组织并开始企业运营,因此该阶段的创业风险主要包括战略性风险、市场风险、管理风险、财务风险和资金风险。大学生新创企业在设立阶段已经开始投入运营,因此这一阶段的风险相比创业准备阶段会明显增加,若不能恰当地处理风险,很容易危及企业的生存。

战略性风险一般出现在创业中期,指的是创业者在此阶段制定的目标、形成的战略和决策所带来的风险。企业创立阶段,在产品或服务上还没有固定的客户,同时企业走向也没有十分明确,大学生创业者往往会频繁更换目标。事实上,不论是公司领域、管理风格还是产品设计都没绝对正确的选择,只有适合自己的选择。

市场风险是在创业实现环节中普遍存在且无法避免的,市场需求程度、接受程度和市场价格等方面存在不确定性,这些不确定性会进一步增加创业失败的风险。创业企业设立阶段,对于大学生创业企业只有少量的产品或服务投入市场,市场对产品的需求量、市场接受时间、市场价格等原因,导致企业对其生产的产品或服务的市场需求情况产生不确定性,从而产生市场风险。

管理风险是指由于企业管理不善而产生的风险,一般分为两类:一是管理人员的选择。对于一个企业来说,管理人员就像一个部件的核心因素,只有核心因素起到作用了,整个部件乃至整台机器才可能良好地运行。二是管理制度的完善。由于大学生创业者和团队缺乏管理经验,企业组织架构制定容易出现不合理、生产管理存在安全隐患、经营模式选择不当、企业员工缺乏有效沟通和企业文化丧失等问题,创业企业不能正常启动运营或新企业管理效率低下,成本上升。

资金风险是指因资金不能适时供给而导致创业失败的可能性,启动资金短缺、筹措困难是大学生创业者面临的重要难题。大学生创业者在企业发展的过程中,应越来越重视财务问题,通过财务数据分析,认识到自己业务、管理上的不足,从而修正自己的创业、经营方向。

除此之外,创业企业设立阶段,大学生创业者可能还会遇到一些意想不到的风险,如:预计能够整合,但实际无法整合到的外部资源,或发现创业机会评估有问题,以及政策等环境风险等[①]。

(三) 新创企业成长阶段

新创企业成长阶段的主要目标任务是谋求新企业的生存与发展,但新创企业成长阶段也并不是一帆风顺,大学生创业者依然可能会遇到各种意想不到的风险,此阶段的创业风险主要包括生产风险、管理风险、市场风险、资金风险。

新创企业成长阶段,随着大学生创业企业规模的进一步扩大、客户订单的增多,生产管理、仓库管理都会出现不确定的风险,如因生产工艺的优化或现有工艺落后难以实现批量生产,或者由于原材料的短缺、生产周期过长,以及难以保证产品质量等原因都会造成不确定的风险。

新创企业成长阶段,企业组织管理的复杂性也越来越大,管理风险日益凸显,新创企业成长阶段的管理风险主要表现为决策风险和组织风险。企业的战略制定和决策左右着企业的发展方向,对于大学生创业者,管理经验相对匮乏,战略制定不合理或者缺乏灵活性、计划安排与企业发展进程不吻合、缺乏具体配套实施方案等,均会导致企业发展偏离正确方向,可能会导致大学生创业企业出现巨大变故,带来巨大损失。组织风险是指创业企业不合理的组织架构带来的风险,创业企业迅速发展,此时需要组织结架构相应调整与优化。

---

① 唐靖、姜彦福:《创业过程三阶段模型的探索性研究》,《经济师》2008年第6期。

市场不仅决定资源配置,而且同样决定商品以及企业的发展前景,创业企业通过不断的市场竞争才能够提高企业主动性和社会影响力。大学生创业者所处的市场大环境,与其他创业者一样,面临不断的行业内部摩擦和激烈的市场竞争的问题。

资金风险也是大学生创业成长阶段重要风险之一,随着企业规模的进一步扩大,需要有足够的资金支持企业的日常运作,此时企业会面临融资等之前未遇到过的问题。一方面存在资金不足的风险,另一方面大学生创业资金来源渠道相对单一,通过民间贷款、风险投资也存在一定的风险。

第六章　大学生创业失败的概念内涵与判断标准

科学界定创业失败的概念内涵和判断标准是创业失败研究的基础性工作。为更好地分析大学生创业失败原因和提供更有效的帮扶，需要对大学生创业失败的概念内涵以及判断标准进行更深入的研究。本研究在文献研究基础上，借鉴扎根理论，通过深度访谈，科学界定了大学生创业失败概念内涵，探索提出了体现大学生创业特点的创业失败判断标准，并通过对具有创业失败经历大学生的问卷调查对大学生创业失败判断标准进行了验证。

一、相关研究述评

（一）创业失败的概念内涵

创业失败的研究起源于20世纪90年代，关于"创业失败"的概念界定，学者们由于研究角度不同，尚未达成一致观点，从现有文献来看，大体可分为四种观点：结果观、预期观、原因观和过程观。不过如同企业失败研究一样，大部分研究并没有对创业失败进行定义上的范围和内涵界定[1]。

结果观主要依据创业企业的最终状态来定义，持这一视角的学者更加关注创业企业的最终状态，即将创业失败定义为企业关闭。如McGrath（1999）将创业失败定义为企业的破产与倒闭[2]。胡婉琳和王晓媛（2019）认为企业无法运营

---

[1] 林嵩：《创业失败综述：研究传统、前沿议题与未来机会》，《科学学与科学技术管理》2016年第8期。
[2] McGrath, R. G. "Falling forward: Real options reasoning and entrepreneurial failure", *Academy of Management Review*, 1999(1).

就视为创业失败,它包含业务停止[1]。这种观点很直观,但其将有些本不应归为创业失败的企业关闭纳入了研究范围[2]。"创业失败"与"企业关闭"是两个不同的概念,"企业关闭"包含创业者自愿关闭新企业的情形,即"企业关闭"不一定是创业失败;而创业失败更多的是被迫终止企业。Headd(2003)特别强调,在定义创业失败时,区别失败与关闭是至关重要的,这是因为企业关闭可能包含创业者考虑到退休或是追求其他的商业活动而对当前企业的自愿性中止[3]。Bates(2005)也提出将创业企业的关闭等同于创业失败是不公正的,其研究发现,37.7%的已关闭企业所有者在描述他们企业停止运行的状态时,认为自己的企业是成功的[4]。

预期观主要依据企业创立的初衷期望来定义,即将失败定义为创业企业实际绩效与创业者预期目标或结果偏离的一种状态。如 Politis 和 Gabrielsson(2009)把创业失败定义为创业者没有取得预期结果的情形或事实[5]。谢雅萍等(2017)认为创业失败是在创建或管理企业过程中,创业企业未达成预期目标的阶段性情景或事实[6]。预期观将创业失败界定为商业失败,这种观点更多地站在企业经营的视角,具有一定的局限性。创业失败与商业失败也是两个不同的概念,创业失败包含了商业失败。创业失败既包括创建阶段尚未成功创建企业组织,也包括经营企业过程中企业被迫终止或中断业务,或企业的经营偏离了原来的预期或期望结果。另外,期望观的内涵过于主观化,不同创业者的创业期望有很大差异,难以统一界定[7]。基于此,有学者将期望观与结果观结合起来定义创业失败,如于晓宇和汪欣悦(2011)将初次创业失败定义为初次创业者在未达

---

[1] 胡婉琳、王晓媛:《基于资源基础理论的大学生创业失败原因分析》,《中国中小企业》2019 年第 7 期。
[2] 于晓宇、蔡莉:《失败学习行为、战略决策与创业企业创新绩效》,《管理科学学报》2013 年第 12 期。
[3] Headd, B. "Redefining business success: Distinguishing between closure and failure", *Small Business Economics*, 2003(1).
[4] Bates, T. "Analysis of young, small firms that have closed: Delineating successful from unsuccessful closures", *Journal of Business Venturing*, 2005(3).
[5] Politis, D., Gabrielsson, J. "Entrepreneurs' attitudes towards failure: An experiential learning approach", *International Journal of Entrepreneurial Behaviour & Research*, 2009(4).
[6] 谢雅萍、梁素蓉、陈睿君:《失败学习、创业行动学习与创业能力——悲痛恢复取向的调节作用》,《管理评论》2017 年第 4 期。
[7] 赵文红、孙万清、王文琼等:《创业失败学习研究综述》,《研究与发展管理》2014 年第 5 期。

成其目标(或期望)条件下对创业企业运营的终止[①]。郝喜玲等(2019)将创业失败定义为创业者未达成其目标条件下对新创企业的终止或退出新创企业经营活动[②]。

原因观主要依据企业失败的原因来定义,持这一视角的学者认为创业失败与企业终止是两个不同的概念,在定义创业失败时,对创业失败的原因加以说明。Ucbasaran等(2010)认为,创业失败是指由于破产或未满足创业者的预期而出售或关闭企业[③]。赵文红等(2014)借鉴创业三要素(机会、资源、创业团队),把创业失败定义为市场机会、创业资源、创业团队等出现问题,导致经营困难,而关闭创业企业的情形[④]。原因观可以弥补结果观的不足,区分创业失败与企业关闭的差异性,有利于区分创业者由于主客观原因而自愿关闭企业的情形。但这种观点并未对创业失败的内涵和外延进行明确界定与划分,既没有考虑到创业的过程性特征,也没有考虑到创业企业的最终状态。创业企业的最终状态是被迫终止,还是没有实现创业者预期目标或期望结果,创业失败定义的操作性不强。基于此,有学者将原因观与结果观结合起来定义创业失败,王飞绒等(2018)将创业失败定义为企业因某些客观原因无法继续生产经营下去而关闭、破产或者被出售的状况[⑤]。但由于有时对失败原因叙述过于具体而只适用于具体的个案研究,不具有普适性。同时,由于创业者对创业失败的归因不同,因此对创业失败原因的分析主观性也很强。

过程观认为创业是一个过程,是指从有创业的想法到企业建立以及最终成功的全过程,从创业过程来界定创业失败能更好地描述创业实践和理论的特征[⑥],创业失败可能发生在创业过程中的任一创业阶段。倪宁等(2009)从创业

[①] 于晓宇、汪欣悦:《知难而退还是破釜沉舟——转型经济制度环境背景下的创业失败成本研究》,《现代管理科学》2011年第2期。

[②] 郝喜玲、涂玉琦、陈雪等:《痛定思痛?情绪成本对创业失败学习影响——反事实思维的调节作用》,《研究与发展管理》2019年第4期。

[③] Ucbasaran, D., Westhead, P., Wright, M., et al. "The nature of entrepreneurial experience, business failure and comparative optimism", *Journal of Business Venturing*, 2010(3).

[④] 赵文红、孙万清、王文琼等:《创业失败学习研究综述》,《研究与发展管理》2014年第5期。

[⑤] 王飞绒、徐永萍、李正卫:《创业失败学习有助于提升连续创业意向吗?——基于认知视角的框架研究》,《技术经济》2018年第8期。

[⑥] Politis, D., Gabrielsson, J. "Entrepreneurs' attitudests towards failure: An experiential learning approach", *International Journal of Entrepreneurial Behaviour and Research*, 2009(4).

过程分析角度,认为创业失败是指在任何创业阶段中的创业活动的中止现象,创业失败既包括准创业者停止自己的创业努力,未能建立起第一个公司或萌业,也包括创业企业的所有权和管理权被迫移交[1]。结果观、期望观和原因观的研究对象更多的是创业企业经营阶段的失败情况,很少考虑创业准备阶段和创业企业设立阶段的创业失败情况。但如何判断发生在某一阶段的创业失败情况同样需要结合其他观点加以界定。如宋双双等(2018)认为创业失败是指客观因素或主观因素致使创业活动在某个阶段终止的现象[2]。在某一创业阶段,创业者有更好的选择而主动放弃创业或转让等,这种状况很难判断为创业失败,虽然创业活动停止了。如果创业活动的中止原因是自愿性的,也不能认为是创业失败。因此,过程观虽然强调了对创业失败的定义要考虑创业的过程性特点,但如何定义创业失败还需要综合其他观点,如原因观、结果观。

(二) 创业失败的判断标准

学者们基于不同的创业失败观,提出了不同的创业失败判断标准。结果观是依企业最终状态来定义的,因此,结果观主要以企业关闭作为创业失败的判断标准[3];原因观是依企业失败原因定义的,Headd(2003)认为创业者会因为各种原因关闭企业或终止业务,不能仅以关闭企业作为创业失败的标准[4];期望观是依企业创立初衷定义的,认为创业者都会有一个预期的目标,Cannon 和 Edmondson(2001)认为企业偏离预期或期望的结果即为企业失败,是否偏离预期或期望的结果就成为判断标准[5]。结果观依据的是客观标准,即企业关闭;原因观带有一定的主观性,与创业者对创业失败的归因有关;预期观的主观性较强,一般难以清晰地界定,除非创业者非常清楚自己的创业预期目标和对实际创业结果的科学评估;过程观只能反映创业失败发生在哪个阶段,如何判断还要借

---

[1] 倪宁、杨玉红、蒋勤峰:《创业失败学习研究的若干基本问题》,《现代管理科学》2009 年第 5 期。
[2] 宋双双、吴小倩、向雪等:《大学生创业高失败率的原因分析》,《现代商贸工业》2018 年第 10 期。
[3] Zacharakis, A. L., Meyer, G., DeCastro, J. "Differing perceptions of new venture failure: A matched exploraory study of venture capitalists and entrepreneurs", *Journal of Small Business Management*, 1999(3).
[4] Headd, B. "Redefining business success: Distinguishing between closure and failure", *Small Business Economics*, 2003(1).
[5] Cannon, M. D., Edmondson, A. C. "Confronting failure: Antecedents and consequences of shared beliefs about failure in organizational work groups", *Journal of Organizational Behavior*, 2001(2).

助结果观、原因观以及期望观的相关判断标准。

早期的研究倾向于使用财务指标来界定失败,将企业绩效作为衡量创业成败的重要指标[1],企业的实际业绩水平没能达到创业者的预期目标即为创业失败,如盈利能力下降、清偿能力不足、企业破产、企业亏损等[2][3]。近年来的研究更强调法律标准,即将创业失败视为新企业所有权终止[4]、死亡、终止、倒闭、破产等都用于失败的定义中[5]。多数学者将创业失败等同于企业失败,并借用企业失败标准作为创业失败的判断标准。学者们从法律标准和财务标准来判断创业失败,具有很强的操作性,但是忽略了创业失败与一般企业失败的区别。创业是由若干事件构成的递进式组合,其过程具有复杂性、渐进性和路径依赖性[6]。法律标准和财务标准不能完全反映创业失败情况,如创业准备阶段的创业失败就不能用法律标准和财务标准来衡量,因为创业准备阶段企业还没有取得合法性,法律标准就不适用;同样,在准备阶段还没有运营也就没有收益,也不能用反映绩效的财务标准来判断。

二、调查研究设计

大学生创业失败的概念内涵和判断标准,目前学者们的研究还相对缺乏。为了科学界定大学生创业失败的概念内涵和探索提出大学生创业失败的判断标准,本研究先借鉴扎根理论并通过深度访谈对大学生创业失败概念内涵和判断标准进行了研究;在此基础上,通过对具有创业失败经历大学生的问卷调查对大学生创业失败的判断标准进行了验证。

---

[1] 翟庆华、叶明海:《大学生创业者自我效能、资源、机会与商业模式的匹配关系研究》,中国经济出版社,2014年,第59页。
[2] Haswell, S., Holmes, S. "Estimating the small business failure rate: A reappraisal", *Journal of Small Business Management*, 1989(3).
[3] Laitinen, E. K. "Prediction of failure of a newly founded firm", *Journal of Business Venturing*, 1992(4).
[4] Watson, J., Everett, J. E. "Do small businesses have high failure rates?: Evidence from Australian retailers", *Journal of Small Business Management*, 1996(4).
[5] Cope, J., Cave, F., Eccles, S. "Attitudes of venture capital investors towards entrepreneurs with previous business failure", *Venture Capital*, 2004(2/3).
[6] 田莉、池军:《基于过程视角下的技术创业研究:兴起、独特性及最新探索》,《技术经济与管理研究》2009年第6期。

（一）深度访谈

基于扎根理论这一探索性的质化研究方法，本研究对访谈对象进行了深度访谈。深度访谈的主要内容为：1.当前，普遍认为中国大学生创业失败率过高，您认为什么是大学生创业失败，即如何界定大学生创业失败？2.您认为判断大学生创业失败的主要标准是什么？访谈对象为大学生创业者（包含创业失败经历者）和其他访谈对象（包括高校、创业服务机构的大学生创业导师以及社会创业成功者），以期更真实、更全面地获得相关信息；同时，希望通过对两类访谈对象的观点进行比较分析，期望对相关研究结论得到验证和发现差异性。

本研究共访谈45人，一类是大学生创业者，共23人；另一类是高校、创业服务机构的大学生创业导师以及社会创业成功者，共22人。访谈结束后，对30份访谈资料进行了扎根编码分析，利用另外随机选择的15份访谈资料进行了理论饱和度检验，通过编码分析，没有发现形成新的概念和范畴。作为扎根编码分析的30份访谈资料信息来源为：一类是大学生创业者15人，其中具有创业失败经历者6人；另一类是其他访谈对象15人，其中高校创业指导教师5人、创业培训机构和创业孵化机构创业指导教师3人、社会创业成功者7人。

（二）问卷调查

为验证大学生创业失败判断标准，本研究的《关于大学生创业的调查问卷》中设计了"大学生创业失败判断标准"相关问题。本研究分析了313位有1次及以上创业失败经历的创业大学生的问卷调查情况。313位有创业失败经历的调查对象中，具有1次创业失败经历的有229位，2次创业失败经历的有50位，3次创业失败经历的有11位，有3次以上创业失败经历的有23位；创业准备阶段失败的有109位，创业企业设立阶段失败的有61位，新创企业成长阶段失败的有128位，新创企业成熟稳定阶段失败的有15位。

三、大学生创业失败的概念界定

(一) 学者观点分析

关于大学生创业失败概念内涵,学者们的研究相对还较少,如毛盾等(2018)将大学生创业失败定义为在校创业大学生由于各种原因,放弃当前创业项目,且导致当前创业项目业务终止或关闭企业[1]。林刚和刘芳(2020)认为大学生创业失败是指大学生在创业过程中,因商业模式滞后、遭受经济重创、信念冲击、人际或资源耗尽等,创业绩效与期望目标相差甚远,创业被迫终止或创业者无法接受现状而主动放弃创业的现象[2]。学者们虽然从原因观和结果观相结合的角度或原因观、期望观、结果观相结合的角度定义了大学生创业失败,但还是没有界定清楚到底是什么原因导致创业者主动放弃创业,还是被迫放弃、停止创业;另外,没有反映大学生创业以及创业失败的过程性特点。

(二) 访谈对象的观点分析

访谈结束后,根据扎根理论,对大学生创业失败概念的深度访谈资料进行三级编码(见表6-1),即筛选原始访谈记录中的代表语句,并给予概念化标签,再将相关度高的概念进行"聚拢",实现范畴化。

表6-1 大学生创业失败概念的三级编码

访谈对象	原始访谈记录中的代表语句	概念化	范畴化
大学生创业者1	创业失败就是创业项目未能达到稳定运行状态	未能达到稳定运行状态	结果观
大学生创业者3	创业失败就是企业没有存活下去,团队解散、企业关闭	企业关闭	结果观
大学生创业者4	创业失败就是资金亏损,并在半年之内业绩无增长趋势	资金亏损	结果观

---

[1] 毛盾、刘凤、何诣寒等:《大学生创业失败援助机制的构建》,《创新创业理论研究与实践》2018年第13期。

[2] 林刚、刘芳:《创业失败大学生创伤后成长的教育促进策略》,《高校教育管理》2020年第6期。

续　表

访谈对象	原始访谈记录中的代表语句	概念化	范畴化
大学生创业者5	创业失败就是创业赔钱了	创业赔钱	结果观
大学生创业者7	创业失败就是没有比较好的营收和稳定的进账	没有较好收益	结果观
创业指导教师1	企业是以盈利为目的的合法的经济组织,不能盈利即为创业失败	不能盈利	结果观
创业指导教师2	创业失败就是创业企业长期没有盈利运营不下去	没有盈利	结果观
创业指导教师4	创业失败就是资金链断裂无法维持基本的运营	资金链断裂无法维持运营	结果观
创业指导教师7	创业失败就是创业企业经营不下去	企业经营不下去	结果观
社会创业成功者2	创业失败就是创业项目不盈利甚至亏损	不盈利甚至亏损	结果观
社会创业成功者7	创业失败就是亏了钱,并且不再相信自己现在做的这个东西可以继续盈利	亏了钱	结果观
大学生创业者6	创业失败就是创业者没有根据自身的情况选择正确的行业,创业过于盲目,没有合理计划,以及自身的能力不足等原因导致坚持不下去	因项目选择、能力等原因坚持不下去	原因观
大学生创业者8	创业失败就是产品或者服务没有一定的市场拓展性、创业团队内部矛盾等原因导致企业破产	因市场、团队原因,企业破产	原因观
大学生创业者9	创业失败就是创业项目落地后由于实际市场前景不明朗导致项目长期没有进展、没有盈利甚至长期亏损,或者说长期不能维持正常项目开支	因缺乏市场前景,没有盈利甚至亏损	原因观
大学生创业者12	创业失败就是创业企业因各种原因无法正常运作	因各种原因无法正常运作	原因观
大学生创业者2	创业失败就是创业项目维持不下去,合伙团队解散,挣不到钱,公司倒闭	因创业项目、团队等原因,公司倒闭	原因观
创业指导教师3	创业失败就是创业项目因各种原因无法继续下去	因各种原因无法继续下去	原因观

续 表

访谈对象	原始访谈记录中的代表语句	概念化	范畴化
创业指导教师5	创业失败就是因为资金、资源及各种社会因素导致创业项目种种受挫及失败	因资金、资源等原因,创业项目失败	原因观
创业指导教师6	创业失败就是因为没有足够大的市场、盈利水平低、发展潜力小,无法存活下去	因市场等原因无法存活下去	原因观
社会创业成功者8	创业失败就是没有适合市场需求的项目,或没有相应的创业资源导致创业不能持续进行下去	因项目、资源不能持续下去	原因观
大学生创业者11	创业失败就是创业者没能达到自己拟定的小目标,对自己创业的未来感到毫无前景	没能达到拟定目标	期望观
大学生创业者13	创业失败就是创业者未能如期望所想,与实际情况不符,没有发展空间及未来	未能如期望所想	期望观
社会创业成功者6	创业失败就是没能达到大学生正常工作的机会成本,即综合收入没有正常去工作高,还可能无法获取更好的工作机会等	没能达到正常工作机会成本	期望观
大学生创业者14	创业失败就是创业项目在任一阶段做不下去	创业项目进行不下去	过程观
大学生创业者15	创业失败就是创业项目不能持续运行下去	创业项目不能持续运行	过程观
社会创业成功者1	创业失败就是创业许久,一直毫无进展;或者坚持不下去了	创业许久坚持不下去	过程观
社会创业成功者3	创业失败就是创业过程不能再继续进行下去	创业过程不能继续	过程观
大学生创业者10	大学生创业是一个锻炼机会,即使项目停止,除非创业过程没有得到能力提升,否则都不能认为是大学生创业失败	没有得到能力提升	发展观
社会创业成功者4	大学生创业应该说不是失败而是过程,成功是由n个失败的台阶累积起来的,创业成功有很长的路要走	成功是由失败累积起来的	发展观

续表

访谈对象	原始访谈记录中的代表语句	概念化	范畴化
社会创业成功者5	大学生创业失败分项目失败和人的失败。项目失败只是对于创业期间由于种种原因不够成熟和完善或者市场把握不准,创业发起的项目单个的失败,可以不认为是创业失败。如果大学生在项目失败后无法正确分析原因、无法迅速提升自己,才认为是真正的创业失败	无法迅速提升自己	发展观

通过大学生创业失败概念的三级编码结果发现:如图6-1,30位访谈对象中,持**结果观**的有11位,其中大学生创业者访谈对象有5位、其他访谈对象有6位,对于结果又分为两类——一类是存活状态即企业无法经营下去如关闭等,另一类是财务绩效即赔钱或业绩无增长;持**原因观**的有9位,其中大学生创业者访谈对象有5位、其他访谈对象有4位,均强调多种原因导致创业失败;持**期望观**的有3位,其中大学生创业者访谈对象有2位、其他访谈对象有1位,认为创业失败主要就是未能达到期望目标;持**过程观**的有4位,其中大学生创业者访谈对象有2位、其他访谈对象有2位,认为创业项目在创业活动过程中任一阶段持续不下去都认为是创业失败或认为创业过程坚持不下去放弃了即意味着创业失败;持**发展观**的有3位,其中大学生创业者访谈对象有1位、其他访谈对象有2位,认为对于大学生创业者如没有从创业中获得成长才是创业失败,本研究将其称为发展观。综合两类访谈对象观点,持结果观和原因观的占比相对较多,分别有11位和9位;持期望观、过程观和发展观的占比相对较少,分别为3位、4位和3位。

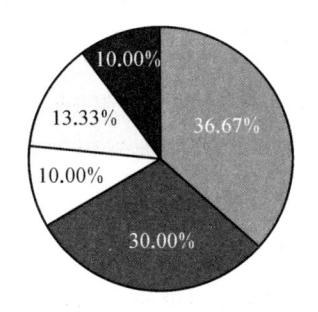

图6-1 访谈对象关于大学生创业失败概念的观点占比

（三）大学生创业失败的概念界定

按照经济学理论，成本大于收益就是失败。创业结果不仅包括新创企业的存活性和财务绩效，同时包括创业活动对创业者自身和社会的意义[①]。对于大学生创业者来说，创业的结果同样表现为新创企业的存活性和财务绩效，同时包括创业活动对创业大学生个体和社会的意义。创业是一个过程，是指从有创业的想法到企业建立以及最终成功的全过程，创业失败可能发生在创业过程的任一创业阶段。结果观、原因观、过程观、期望观和发展观都有一定合理性，也都存在相应的局限性。本研究认为界定大学生创业失败需要综合结果观、原因观、过程观、期望观和发展观的合理因素，结果观能反映大学生创业的最终状态，操作性强；原因观一方面能够区分主动志愿还是被迫放弃、停止创业活动，另一方面能反映大学生创业失败内外部制约因素的特点，有利于改进大学生创业失败；过程观能反映创业的阶段性特征，体现了大学生创业的过程性，便于掌握不同创业阶段大学生创业失败的状况；期望观和发展观更能体现大学生创业的特点及国家鼓励大学生创业的重要意义。因此，本研究综合学者们和访谈对象的观点，将大学生创业失败界定为：**创业大学生由于各种主客观原因在任一创业阶段非自愿停止创业活动的现象**，既包括创业准备期未成功识别出创业机会等原因被迫终止创业活动，也包括创建阶段未能成功注册企业等原因被迫停止创业活动，还包括在新创企业成长阶段无法正常运营企业等原因而被迫停止创业活动。

此大学生创业失败概念内涵的主要特点有：

一是反映了创业活动的最终状态。本研究还是以创业企业最终状态即非自愿停止创业活动作为判断依据来定义大学生创业失败，即创业准备阶段未成功识别出创业机会以及其他原因而放弃创业活动，创业企业设立阶段未能建立起创业企业而停止创业活动，新创企业成长阶段的非自愿性终止运营。

二是揭示了创业失败的主要原因。大学生创业失败是指大学生创业者由于各种主客观原因被迫中止创业活动的现象，而非因大学生创业者个人兴趣转移或追求新机会而自愿、主动放弃或停止创业活动。创业失败更强调创业者非自愿性中止创业活动或关闭新创企业，既包括创业者的个人原因，也包括

[①] 叶明海、王吟吟、张玉臣：《基于系统理论的创业过程模型》，《科研管理》2011年第11期。

外部原因。

三是体现了创业过程阶段性特征。充分考虑了创业失败与企业经营失败的不同,创业是一个包括创业准备阶段、创业企业设立和新创企业成长的完整过程,创业失败可能发生在创业过程的任一创业阶段,即既包括创业准备阶段、创业企业设立阶段的新创企业创建失败,也包括新创企业成长阶段的运营失败。

四是体现了大学生创业的重要意义。大学生创业,虽也是一种市场行为,但相对于一般社会人士的创业,创业活动对大学生创业者个体的意义更为重要。大学生创业的一个重要目的就是通过创业实践丰富大学生的实践经验、提升其创新创业能力,即使创业失败了也能够为后续创业积累经验或使他们在以后工作中受益,即对未来从事非创业工作的价值[1]。

四、大学生创业失败的判断标准

(一) 学者们的观点分析

关于大学生创业失败判断标准,杨隽萍等(2020)认为可以依据大学生所创企业是否因故无法为继,导致破产、倒闭或业务终止,也可以依据大学生所创企业的业绩是否理想,与期望目标是否差距悬殊,是否偏离创业承诺等进行判定[2];林刚和刘芳(2020)认为大学生创业失败还可以结合创业者的主观感受等进行判定[3]。学界关于大学生创业失败判断标准的研究相对缺乏,如何判断大学生创业失败需要深入的研究。

(二) 访谈对象的观点分析

访谈结束后,根据扎根理论,对大学生创业失败判断标准的深度访谈资料也进行三级编码(见表6-2)。

---

[1] 魏日:《大学生创业失败的分析与反思》,《产业与科技论坛》2018年第7期。
[2] 杨隽萍、肖梦云、于青青:《创业失败是否影响再创业的风险感知行为?——基于认知偏差的研究》,《管理评论》2020年第2期。
[3] 林刚、刘芳:《创业失败大学生创伤后成长的教育促进策略》,《高校教育管理》2020年第6期。

表6-2 大学生创业失败判断标准的三级编码

访谈对象	原始访谈记录中的代表语句	概念化	范畴化
大学生创业者1	是否停止创业项目	是否停止	结果状态标准
大学生创业者2	能否在残酷的商业竞争中存活下来	能否存活	结果状态标准
大学生创业者3	创业活动停止或企业关闭	是否停止或关闭	结果状态标准
大学生创业者6	创业企业是否存活	是否存活	结果状态标准
大学生创业者14	创始人是否放弃创业活动	是否放弃	结果状态标准
大学生创业者15	创业项目是否能够存活下去	是否存活	结果状态标准
创业指导教师5	创业团队是否停止创业活动	是否停止	结果状态标准
创业指导教师7	创始人是否放弃创业	是否放弃	结果状态标准
社会创业成功者4	创业者是否停止创业活动	是否停止	结果状态标准
大学生创业者4	企业业绩是否长时间呈下降趋势	业绩是否下降	财务状况标准
大学生创业者5	创业过程是否赔钱	是否赔钱	财务状况标准
大学生创业者7	创业项目是否有收益	是否有收益	财务状况标准
大学生创业者10	企业是否还有资金运行下去	是否有资金运行	财务状况标准
创业指导教师1	企业是否盈利	是否盈利	财务状况标准
创业指导教师3	看财务状况,亏本就是失败了	是否亏本	财务状况标准
创业指导教师4	看资金链,资金链断裂就失败	资金链是否断裂	财务状况标准
社会创业成功者2	创业企业是否盈利	是否盈利	财务状况标准
社会创业成功者7	创业企业是否有收益	是否有收益	财务状况标准
大学生创业者11	创业者是否实现期望目标	是否实现期望目标	创业期望标准
社会创业成功者1	创业者或团队是否达到自己预定的目标	是否达到预定目标	创业期望标准
社会创业成功者3	创业者能否达到自己预定的目标	是否达到预定目标	创业期望标准
大学生创业者12	企业是否可以正常经营	是否正常经营	运行状况标准

第六章 大学生创业失败的概念内涵与判断标准

续 表

访谈对象	原始访谈记录中的代表语句	概念化	范畴化
创业指导教师 2	企业是否能维持运营	能否维持运营	运行状况标准
创业指导教师 6	企业运行状况能否正常	运行能否正常	运行状况标准
社会创业成功者 8	企业是否能维持运营	能否维持运营	运行状况标准
大学生创业者 13	创业者是否从中得到锻炼,促进自己成长	促进自己成长	自身发展标准
社会创业成功者 5	大学生创业者是否能正确分析原因,迅速提升自己	能否提升自己	自身发展标准
大学生创业者 8	企业是否亏损、团队成员是否解散,或公司是否能够正常运作	是否亏损、团队是否解散、能否正常运作	其他标准
大学生创业者 9	创业项目的市场占有率,创业项目实际运营有无收益,或项目未来发展前景、可持续性	有无收益、有无发展前景	其他标准
社会创业成功者 6	创业所得低于大学生正常工作的机会成本,也主要从资金收入、发展机会等方面考虑	机会成本、有无资金收入、有无发展机会	其他标准

通过大学生创业失败判断标准的三级编码结果发现:大学生创业者的创业失败判断标准主要有 6 类,如图 6-2。一是**结果状态标准**,30 位访谈对象中,有 9 位持此标准,其中大学生创业者访谈对象有 6 位、其他访谈对象有 3 位,主要以是否停止创业项目、是否关闭企业运行为依据判断创业失败。二是**财务状况标准**,30 位访谈对象中,有 9 位持此标准,其中大学生创业者访谈对象有 4 位、其他访谈对象有 5 位,主要以是否赔钱或是否有收益为依据判断创业是否失败。三是**创业期望标准**,30 位访谈对象中,有 3 位持此标准,其中大学生创业者访谈对象有 1 位、其他访谈对象有 2 位,主要以是否实现创业者期望目标为依据判断创业失败。四是**运行状况标准**,30 位访谈对象中,有 4 位持此标准,其中大学生创业者访谈对象有 1 位、其他访谈对象有 3 位,主要是以企业能否正常运行为依据判断创业失败。五是**自身发展标准**,30 位访谈对象中,有 2 位持此标准,其中 1 位大学生创业者以是否促进自己成长为判断标准,另 1 位社会创业成功者以是否有利于大学生的成长/发展作为判断标准。六是**其他标准**,30 位访谈对象

中,有3位持此标准,其中大学生创业者访谈对象有2位、其他访谈对象有1位,访谈者认为创业失败可以依据多重标准来判断,其中包括自身发展标准、财务状况标准、运行状况标准等。综合两类访谈对象观点,选择结果状态标准和财务状况标准的占比相对较多,都是9位,结果状态标准中大学生创业者比其他访谈对象要多,财务状况标准两者相近;选择运行状况标准的有4位,其他访谈对象比大学生创业者访谈对象略多;选择创业期望标准和其他标准的都是3位,两者之间也比较接近;选择自身发展标准的,两类访谈对象分别有1位。

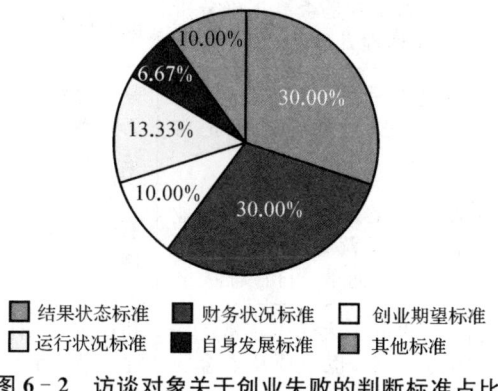

图6-2 访谈对象关于创业失败的判断标准占比

(三) 问卷调查结果分析

为对大学生创业失败判断标准进行进一步验证,本研究的《关于大学生创业的调查问卷》中设计了"您判断自己创业失败的依据是什么"等相关问题。本研究对313位具有创业失败经历大学生的问卷调查结果如下:选择结果状态标准(注:如停止创业活动、关闭企业等)的有110位,占35.14%;选择财务状况标准(注:如亏本、没有盈利、资金链断裂等)的有153位,占48.88%;选择运行状况标准(注:如企业不能正常运营等)的有120位,占38.34%;选择创业期望标准(注:没能实现创业预期目标,如经济方面和能力发展方面)的有132位,占42.17%;选择自身发展标准(注:没能通过创业锻炼能力、丰富经历等促进自身成长)的有118位,占37.7%;选择其他标准的有13位,占4.15%。

313位创业失败大学生中,选择1个判断标准的有144位,占46.01%;选择2个判断标准的有77位,占24.60%;选择3个判断标准的有49位,占15.66%;

选择 4 个判断标准的有 16 位,占 5.11%;选择 5 个判断标准的有 25 位,占 7.99%;选择其他的有 2 位,占 0.63%。

从上述调查结果发现:其一是创业失败大学生对自己创业失败的判断标准在主要依据上基本与深度访谈对象吻合,主要包括结果状态标准、财务状况标准、运行状况标准、创业期望标准和自身发展标准,5 类标准的占比基本在 35%—50%。其二是调查对象选择自己创业失败的判断标准,排在第一位的是财务状况标准,接近 50%,剩下依次是创业期望标准、运行状况标准和自身发展标准,均在 40%左右,最后的结果状态标准约占 35%。排序上与深度访谈对象有一定差异,深度访谈对象的结果状态标准较高,创业失败大学生调查对象的较低,再分析发现差异主要是由于两类对象是否对停止创业活动、关闭企业等大学生创业最终状态进行了原因分析。其三是接近 50%的调查对象选择 1 个判断标准作为自己创业失败的判断标准;选择 2 个及以上判断标准作为自己创业失败判断标准的略超过 50%,这也说明略超过 50%调查对象用非单一标准判断自己的创业失败。但多数即超过 70%的调查对象选择 1—2 个标准判断自己的创业失败。

(四) 大学生创业失败的判断标准

创业失败与企业失败有所不同,因此,判断创业失败标准与判断企业失败标准也应有所不同,创业失败标准不仅要能反映创业企业成立后即创业企业的失败标准,还要包含创业企业成立前和创建时的失败标准。依据前文对大学生创业失败的定义,即创业大学生由于各种原因在任一创业阶段非自愿停止创业活动的现象,综合学者们关于创业失败判断标准和访谈者关于大学生创业失败判断标准的观点,以及创业失败大学生对自己创业失败的判断依据,本研究认为大学生创业失败的判断标准主要有两大类:

一类是**存活性标准**,即结果状态标准,创业者是否停止创业活动,包括创业准备阶段终止创业项目、创业企业设立阶段停止创业活动和新创企业成长阶段关闭创业企业。结果状态标准一般还需要结合原因类标准来进行判断,因为仅依据停止创业活动、关闭企业等大学生创业最终状态难以判断大学生创业是否失败,"创业失败"与"企业关闭""停止创业活动""放弃项目"等是不同的概念,"企业关闭""停止创业活动""放弃项目"不一定是创业失败,包含了大学生创业者因有更好的发展机会等主动、自愿关闭企业,停止创业活动等情况。

一类是**原因类标准**,即反映创业者放弃创业项目、停止创业活动或关闭运营企业等是非志愿性原因,原因类标准主要有财务状况标准、运行状况标准、创业期望标准和发展状况标准。

关于财务状况标准,学者们和访谈者均认为财务状况标准是重要的创业失败判断标准,本研究认为,财务状况标准应该作为一类原因类标准,原因有二:一是企业的财务状况不断发生变化,尤其是创业初期,只要不关闭企业,创业结果都有可能发生变化;二是企业亏损等财务因素是企业关闭、停止创业的重要原因或最直接原因。

关于运行状况标准,即以企业能否正常运行为依据判断大学生创业失败,从结果角度看,企业不能正常运行一般最后就导致创业失败,如有学者认为企业无法运营视为创业失败;从原因角度看,直接原因就是不能正常运行导致创业失败,当然造成不能正常运行的原因又是多方面的,因此运行状况标准不能作为独立的判断标准,可以作为一类原因类标准。

关于创业期望标准,不同的大学生创业者创业期望不尽相同,创业期望虽然带有一定的主观性,但在大学生创业活动中确实存在创业状况与创业期望相差较大,而导致创业大学生放弃创业项目或停止创业活动的情况,因此,创业期望标准也只能作为判断创业失败的一类原因类标准。

关于自身发展标准,这是与大学生创业者特点密切相关的一类特殊判断标准,大学生创业对创业者大学生个体的意义,不仅仅是获得经济利益,更重要的是积累经验、提升能力,实现人生价值。因此,自身发展标准可以作为判断大学生创业失败的一类原因类标准,是一种比较特殊的创业失败判断标准。

五、不同创业阶段的大学生创业失败判断标准

创业过程在每个创业阶段都存在持续进行和失败停止的可能,由于不同创业阶段的创业目标、主要任务不同,不同创业阶段的创业失败判断标准相应也有一定差异。

(一)创业准备阶段失败判断标准

1. 访谈对象观点

30位访谈对象关于创业准备阶段失败判断标准主要观点如图6-3:一是结

果状态标准,有8位持此标准,其中大学生创业者访谈对象有3位、其他访谈对象有5位;二是财务状况标准,有6位持此标准,其中大学生创业者访谈对象有2位、其他访谈对象有4位;三是创业期望标准,有7位持此标准,其中大学生创业者访谈对象有4位、其他访谈对象有3位败;四是运行状况标准,有4位持此标准,其中大学生创业者访谈对象有1位、其他访谈对象有3位;五是自身发展标准,有8位持此标准,其中大学生创业者访谈对象有6位、其他访谈对象有2位;其中,对多重标准的观点进行了相应的归类。综合两类访谈对象观点,持发展状况标准和结果状态标准的占比相对较高,运行状况标准占比相对较少;持自身发展标准和创业期望标准的大学生创业者访谈对象相对较多,而持财务状况标准和运行状况标准的其他访谈对象相对较多。

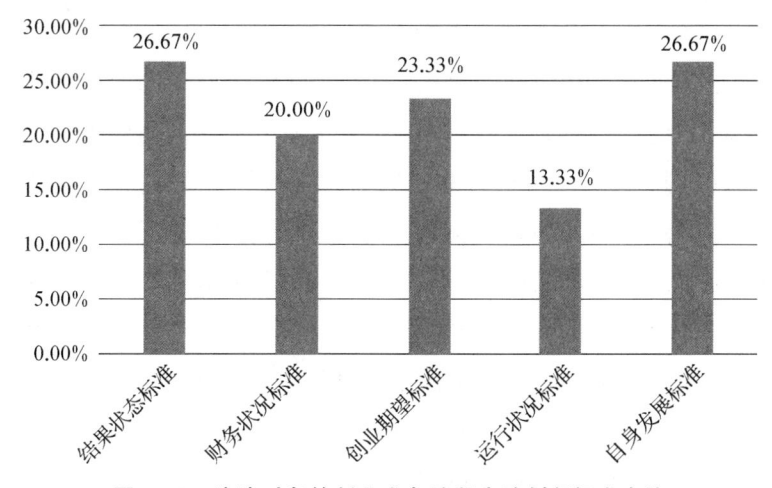

图6-3 访谈对象的创业准备阶段失败判断标准占比

2. 问卷调查结果

109位调查对象关于创业准备阶段失败标准问卷调查结果如图6-4:选择结果状态标准的有45位,占41.28%;选择财务状况标准的有50位,占45.87%;选择运行状况标准的有43位,占39.45%;选择创业期望标准的有51位,占46.79%;选择自身发展标准的有50位,占45.87%;选择其他标准的有4位,占3.67%。原因类标准由高到低排序依次是:创业期望标准、自身发展标准、财务状况标准和运行状况标准。

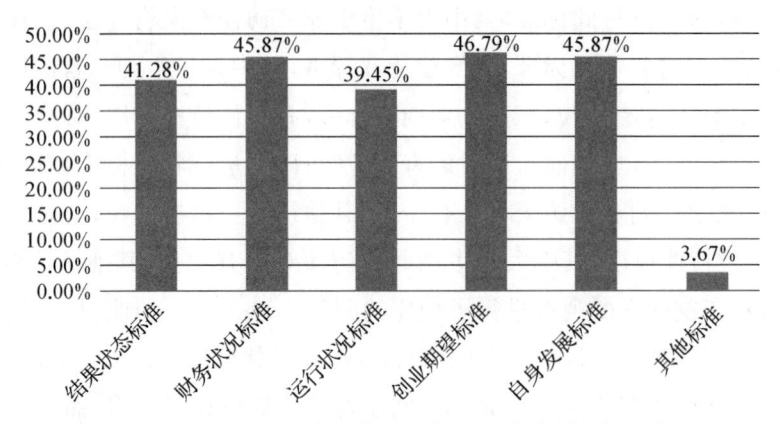

图 6-4　问卷调查对象的创业准备阶段失败判断标准占比

3. 创业准备阶段的创业失败判断标准

在创业准备阶段,创业者首先要从创业初步设想开始,通过市场调研确定未来主营业务,即确定创业项目;其次,对创业需要的资源条件、创业团队,以及创业机会与创业资源、创业团队的匹配度进行评估,只有创业资源、创业团队与潜在机会能较好地匹配,潜在创业者方能实施具体的创业活动;最后,创业者要对相关内外部环境条件和要素特点进行深入分析,形成完善的创业规划。创业准备阶段如果不能确立明确的创业项目就不可能进行后续的创业活动;对创业资源、创业团队以及创业机会与创业资源、创业团队的匹配度进行评估后,可能因为创业资源不足、团队构建困难或匹配度不高而被迫放弃项目或停止创业活动;也可能因为判断不能达到期望目标或对自己成长没有帮助而放弃项目或停止创业活动。

比较访谈者观点与问卷调查结果,除结果状态标准访谈者观点比较多,其他4类判断标准,访谈者观点与问卷调查结果基本吻合。综合访谈者观点与问卷调查结果,本研究认为,判断创业准备阶段的创业失败标准主要依据是**存活性标准和原因类标准**,即结果状态标准,在此阶段主要就是是否停止创业项目;**原因类标准**主要是创业期望标准、自身发展标准、财务状况标准和运行状况标准。在创业准备阶段,只要创业者不放弃或停止创业,都不能认为是创业失败;同时,与创业无关因素导致创业者主动放弃创业也不能认为是创业失败。在 4 类原因类标准中,因为创业期望、自身发展等原因选择停止创业活动的相对较多,也更能体现大学生创业特点;考虑到大学生创业在准备阶段资金投入较少和企业尚未成立,因此,因运行问题而停止创业活动的相对较少。

(二)创业企业设立阶段失败判断标准

1. 访谈对象观点

30位访谈对象关于创业企业设立阶段失败判断标准主要观点如图6-5:一是结果状态标准,有10位持此标准,其中大学生创业者访谈对象有4位、其他访谈对象有6位;二是财务状况标准,有8位持此标准,其中大学生创业者访谈对象有3位、其他访谈对象有5位;三是创业期望标准,有6位持此标准,其中大学生创业者访谈对象有3位、其他访谈对象有3位;四是运行状况标准,有6位持此标准,其中大学生创业者访谈对象有2位、其他访谈对象有4位;五是自身发展标准,有4位持此标准,其中大学生创业者访谈对象有3位、其他访谈对象有1位;其中,对多重标准的观点进行了相应的归类。综合两类访谈对象观点,持结果状态标准占比相对较多,持自身发展标准占比相对较少;持自身发展标准大学生创业者访谈对象相对较多,而持结果状态标准和财务状况标准其他访谈对象相对较多。

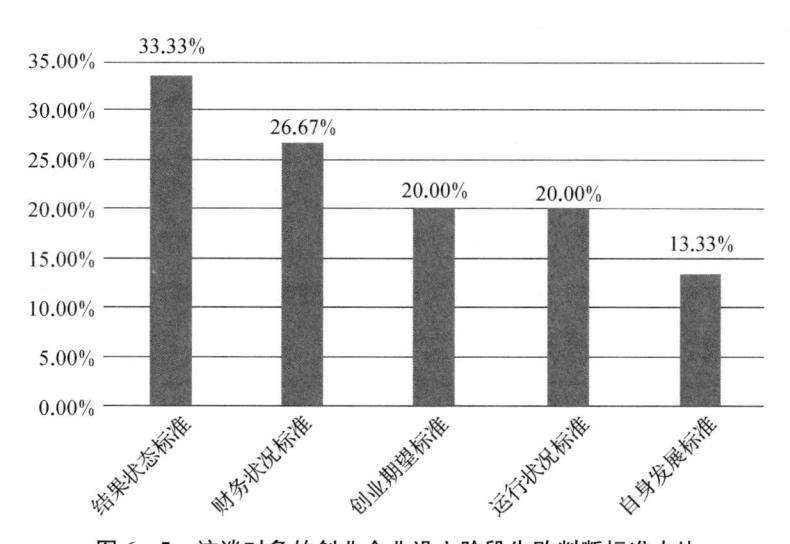

图6-5 访谈对象的创业企业设立阶段失败判断标准占比

结果状态标准 33.33%
财务状况标准 26.67%
创业期望标准 20.00%
运行状况标准 20.00%
自身发展标准 13.33%

2. 问卷调查结果

61位调查对象关于创业准备阶段失败标准问卷调查结果如图6-6:选择结果状态标准的有26位,占42.62%;选择财务状况标准的有29位,占47.54%;选择运行状况标准的有28位,占45.90%;选择创业期望标准的有26位,占42.62%;选择自身发展标准的有16位,占26.23%;选择其他标准的有3位,占4.92%。原因类标准由高到低排序依次是:财务状况标准、运行状况标准、创业期望标准和自身发展标准。

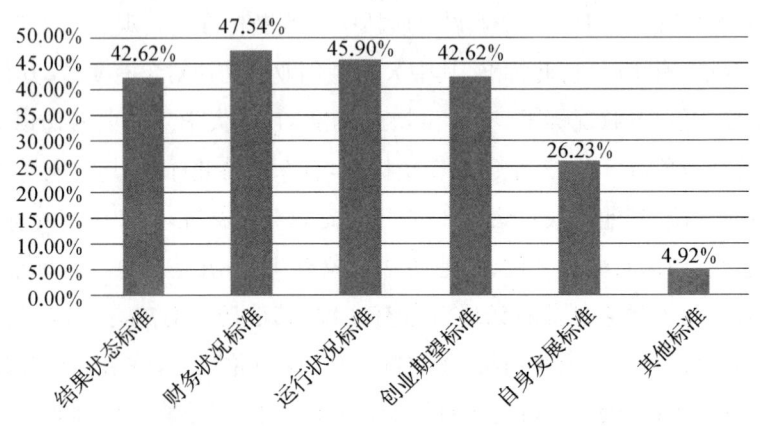

图6-6 问卷调查对象的创业企业设立阶段失败判断标准占比

3. 创业企业设立阶段的创业失败判断标准

创业准备阶段结束后,进入创业企业设立阶段,这个阶段以取得政府部门审批的企业营业执照及开始营业为显著标志。创业企业设立阶段,创业者和创业团队一方面要准备企业成立的各种资料文件,完成创建企业所需要的各种法律手续以申请获批企业营业执照;另一方面要组建创业团队、整合内外部资源启动企业运营,包括洽谈投资,沟通办公场所、生产场所,营销服务等相关工作。创业企业设立阶段的主要目标任务就是实现创业企业的成功注册和开始运营,如果不能成功注册企业取得合法性,或无法组建团队,或无法整合到预计能够整合到的外部资源导致不能启动运营,或企业初步运行管理不善,等等,都会导致创业者被迫停止创业活动,创业失败。

比较访谈者观点与问卷调查结果,除结果状态标准访谈者观点比较多,其他4类判断标准,访谈者观点与问卷调查结果也基本吻合,尤其是自身发展标准两者都比较少。因此,判断本阶段的创业失败标准主要依据也是**存活性标准**和**原因类标准**,即结果状态标准,在此阶段主要就是是否停止创业活动;**原因类标准**主要是财务状况标准、运行状况标准、创业期望标准和自身发展标准。要实现创业企业的成功注册和开始运营,必须具备启动资金等资源,以及组建团队启动运营,因此,此阶段缺乏资金等财务原因和注册、组建团队等运行原因,导致创业失败的相对较多;此阶段因为创业期望、自身发展等原因选择停止创业活动的则相对较少。

(三) 新创企业成长阶段失败判断标准

1. 访谈对象观点

30位访谈对象关于新创企业成长阶段失败判断标准主要观点如图6-7:一是结果状态标准,有7位持此标准,其中大学生创业者访谈对象有3位、其他访谈对象有4位;二是财务状况标准,有10位持此标准,其中大学生创业者访谈对象有4位、其他访谈对象有6位;三是创业期望标准,有6位持此标准,其中大学生创业者访谈对象有4位、其他访谈对象有2位;四是运行状况标准,有5位持此标准,其中大学生创业者访谈对象有2位、其他访谈对象有3位;五是自身发展标准,有7位持此标准,其中大学生创业者访谈对象有5位、其他访谈对象有2位;其中,对多重标准的观点进行了相应的归类。综合两类访谈对象观点,持财务状况标准占比相对较高,持运行状况标准占比相对较低;创业期望标准和自身发展标准大学生创业者访谈对象相对较多,而财务状况标准其他访谈对象相对较多。

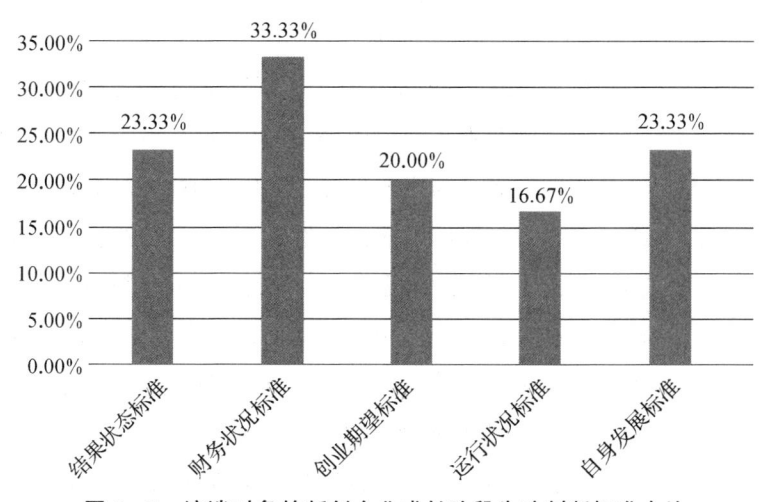

图6-7 访谈对象的新创企业成长阶段失败判断标准占比

2. 问卷调查结果

128位调查对象关于新创企业成长阶段失败标准问卷调查结果如图6-8:

选择结果状态标准的有 35 位，占 27.34%；选择财务状况标准的有 69 位，占 53.90%；选择运行状况标准的有 44 位，占 34.38%；选择创业期望标准的有 49 位，占 38.28%；选择自身发展标准的有 49 位，占 38.28%；选择其他标准的有 5 位，占 3.91%。原因类标准由高到低排序依次是：财务状况标准、自身发展标准、创业期望标准、运行状况标准。

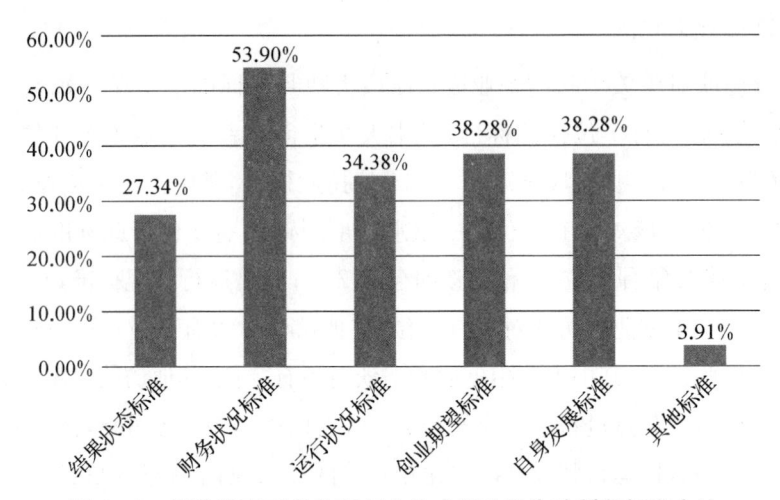

图 6-8　问卷调查对象的新创企业成长阶段失败判断标准占比

3. 新创企业成长阶段的创业失败判断标准

新创企业成长阶段的主要任务就是创业者经营管理企业，维持生存并发展。新创企业成长阶段，大学生创业真正面向市场，产品或服务开始直接指向消费者或中间商，扩大市场和获取利润成为主要目标。从结果观和原因观的角度看，因经营管理不善、外部环境压力等原因不能持续经营下去而被迫选择关闭，即为新创企业成长阶段的创业失败。从期望观看，这个阶段的失败判断依据来自企业自己所定的期望目标，通过是否实现公司发展最低期望来判断，例如是否获得期望营业额、是否占领期望市场份额等。根据前文分析，期望目标由于过于主观很难判断等原因不作为单独创业失败判断标准。

比较访谈者观点与问卷调查结果，除结果状态标准访谈者观点比较多，其他 4 类判断标准，访谈者观点与问卷调查结果也基本吻合，尤其是持财务状况标准两者都比较多，持运行状况标准占比相对较低。因此，本研究认为，判断本阶段的创业失败标准主要依据也是**存活性标准**和**原因类标准**，其中**存活性标准**就是是否停止创业活动,法律标准是本阶段的最主要结果判断标准;**原因类标准**包括财务状况标准、自身发展标准、创业期望标准、运行状况标准。本阶段的创业失败判断标准与企业失败判断标准既有相似之处,也有差异。相似之处是因为财务状况问题和运行管理问题造成创业企业失败,**财务状况标准**具体表现为由于资金链断裂、长期无盈利或亏损等原因无法维持正常运营而被迫停止创业活动,**运行状况标准**具体表现为由于经营管理不善、创业团队问题等原因无法维持正常运营而被迫停止创业活动。差异之处是因自身发展和创业期望等原因,关闭企业或停止创业活动,访谈者观点与问卷调查结果均显示因自身发展原因而关闭企业或停止创业活动的相对较多,这也反映了大学生创业和大学生创业失败的主要特点。

(四) 不同创业阶段失败判断标准比较分析

从创业阶段角度看,创业准备阶段、创业企业设立阶段和新创企业成长阶段等不同创业阶段的失败判断标准略有差异。三个阶段的存活性标准即结果状况标准基本相似,差异性主要体现在原因类标准。创业准备阶段的原因类标准是创业期望标准、自身发展标准、财务状况标准相对较多,运行状况标准相对较少。创业企业设立阶段的原因类标准是财务状况标准、运行状况标准相对较多,创业期望标准次之,自身发展标准比较少。新创企业成长阶段的原因类标准是财务状况标准相对较多,运行状况标准、创业期望标准、自身发展标准略低于财务标准,但三者之间差异不大。

从失败标准角度看,不同失败判断标准在创业准备阶段、创业企业设立阶段和新创企业成长阶段等不同阶段也有些差异。存活性标准即结果状况标准,创业准备阶段和创业企业设立阶段明显多于新创企业成长阶段。原因类标准在不同阶段也有一定差异:财务状况标准随着创业活动开展呈递增趋势,创业准备阶段相对较少、创业企业设立阶段介于中间、新创企业成长阶段相对较多;创业期望标准随着创业活动开展呈递减趋势,在创业准备阶段相对较多,创业企业设立阶段介于中间,新创企业成长阶段相对较少;自身发展标准在创业准备阶段和新创企业成长阶段相对较多,在创业企业设立阶段相对最少;运行状况标准在创业企业设立阶段相对较多,在创业准备阶段和新创企业成长阶段相对较少。

第七章　大学生创业失败的主要原因

深入了解大学生创业失败的主要原因,对于解决当前我国高校大学生创业成功率"偏低"的问题具有十分重要的意义。本研究在文献研究的基础上,从大学生创业要素的角度构建大学生创业失败原因框架,通过大量的问卷调查和数据分析,揭示了大学生创业失败的主要原因,并对大学生不同创业阶段和不同创业类型的失败原因进行比较分析。

一、大学生创业失败原因的分析框架

综合大学生创业活动的主要要素和研究者关于大学生创业失败原因的主要观点,本研究从大学生创业要素的角度构建大学生创业失败原因框架。在前期研究基础上,依据要素在创业活动中的作用性质,将创业活动的主要要素分为核心要素、中介要素、支持与环境要素等3类。其中核心要素包括创业者、创业机会、创业资源、创业团队;中介要素包括商业模式、创业学习和创业网络;支持与环境要素包括创业教育、创业政策、创业服务、创业资金、创业文化和一般创业环境。各创业要素又包含数量不等的具体因素,如创业者包括创业观念、创业素质、创业知识、创业能力、社会经验、创业时间和精力等;创业机会包括创业准备、项目可行性分析、创业项目选择、创业项目竞争力、创业项目市场推广、创业规划等;创业资源包括创业资金、物质资源、技术资源、组织资源、人力资源、信息资源、政策资源、社会资源等;创业团队包括创业团队构成、创业团队成员流动性、创业团队成员团队意识、创业团队管理等;商业模式包括商业模式概念理解、商业模式与创业机会匹配性、是否构建商业模式等;创业学习包括创业学习意识、创业学习资源、创业学习能力、创业学习方式等;创业网络包括非正式网络规模、非正式网络关系、正式网络规模、正式网络质量、创业企业在网络中地位等;创业教育包括创业教育实效性、创业教育目标定位、创业教育内容、理论与实践关系、创业训练情况、创业咨询指导；创业政策包括创业政策是否完善、创业政策扶持力度、创业政策落实情况、创业政策了解情况、创业政策利用情况等；创业服务包括创业引导情况、创业实训孵化服务情况、创业培训咨询指导情况、创业注册登记手续、社会保障服务情况等；创业资金包括创业融资难易程度、创业融资渠道、创业贷款限制、创业贷款额度、风险投资获得情况、创业基金补贴情况等；创业文化包括家庭亲人的理解支持情况、老师同学的理解支持情况、社会大众的理解支持情况、社会对创业失败宽容度、创业冒险精神等；一般创业环境方面包括市场竞争情况、新进入企业障碍、市场环境是否友善等。

二、调查研究设计

（一）问卷调查情况

本研究在《关于大学生创业的调查问卷》中设计了"大学生创业失败的主要原因"相关问题。为全面了解并深刻揭示大学生创业失败的主要原因，本研究分析了313位有1次及以上创业失败经历的创业大学生的问卷调查情况。

313位具有创业失败经历的大学生第一次创业失败发生的创业阶段，调查结果显示，发生在创业准备阶段占比34.83%，发生在创业企业设立阶段占比19.49%，发生在新创企业成长阶段占比40.89%，发生在新创企业稳定发展阶段占比4.79%。调查结果表明，大学生创业失败主要发生在前3个阶段，其中新创企业成长阶段相对更高。

313位具有创业失败经历的大学生第一次创业的创业类型，调查结果显示，科技创新型创业的占比19.49%，知识服务型创业的占比24.28%，传统技能型创业的占比32.19%，体力服务型创业的占比10.87%，其他各种不同类型累计占比为13.17%。调查结果显示，大学生创业的主要类型是传统技能型、知识服务型、科技创新型和体力服务型，其中传统技能型和知识服务型相对较高。

（二）数据处理方法

本研究首先统计调查对象的人口学信息，然后对各题目中每个选项进行描述性分析,统计各个选项被选择的占比。在此基础上,为更好地分析影响大学生创业失败的不同要素和各要素的具体因素多个选项的频数以及各选项和其他变量之间的关系,本研究采用SPSS 26.0首先对数据进行了多重响应分析,并根据多重响应分析的结果,得出各个选项的实际频数;为了更好地判断每个要素中各个选项与其他选项相比是否对失败结果的影响产生显著性差异,本研究采用卡方拟合度检验对其进行了进一步验证。

三、大学生创业失败原因的调查结果与分析

(一) 不同创业要素导致大学生创业失败的调查结果与分析

1. 不同创业要素导致大学生创业失败的描述性分析

本研究从大学生创业的核心要素、中介要素、支持与环境要素3个方面分析大学生创业失败的主要原因。本研究的问卷调查为多选题,首先通过描述性分析,统计分析313位创业失败大学生选择每个要素的情况。(注:下文对不同创业阶段和不同创业类型失败原因的分析的原理同上)

关于大学生创业核心要素方面的失败原因,调查结果显示,创业者自身占65.29%,创业机会占57.96%,创业资源占68.79%,创业团队占51.59%(注:313位创业失败大学生选择每个要素的占比,下同),如图7-1。从调查结果发现,创业者自身、创业机会、创业资源和创业团队等4个创业核心要素均超过50%,其中创业者自身和创业资源超过65%,说明创业者自身和创业资源是大学生创业失败相对更为主要的原因。

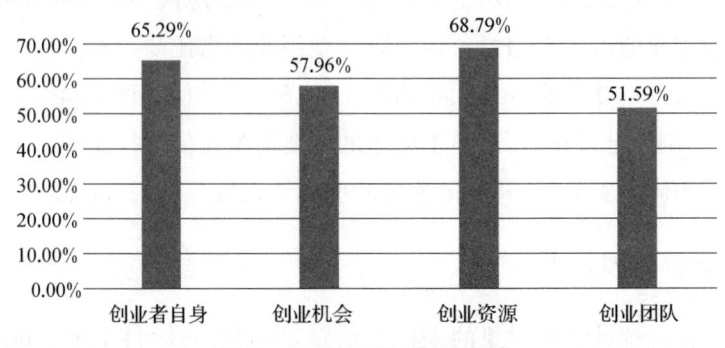

图7-1 创业核心要素占比

关于大学生创业中介要素方面的失败原因,调查结果显示,商业模式占65.56%,创业学习占56.69%,创业网络占40.13%,如图7-2。从调查结果发现,商业模式和创业学习2个创业中介要素超过50%;创业网络相对较低,只有约40%。调查结果反映商业模式对大学生创业失败是相对更为主要的原因,而创业网络导致大学生创业失败相对偏低。

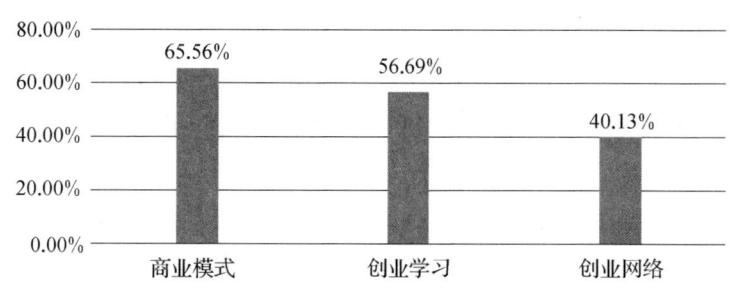

图7-2 创业中介要素占比

关于大学生创业支持与环境要素方面的失败原因,调查结果显示,大学生创业教育占46.82%,大学生创业政策占51.27%,大学生创业服务占48.09%,大学生创业资金占59.24%,大学生创业文化占35.35%,一般创业环境占35.35%,如图7-3。从调查结果发现,创业支持与环境要素导致大学生创业失败相对要低些,大学生创业政策和大学生创业资金2个创业支持要素超过50%;其他创业支持与环境要素均低于50%,其中大学生创业教育和大学生创业服务2个创业支持要素介于40%至50%之间,大学生创业文化和一般创业环境只

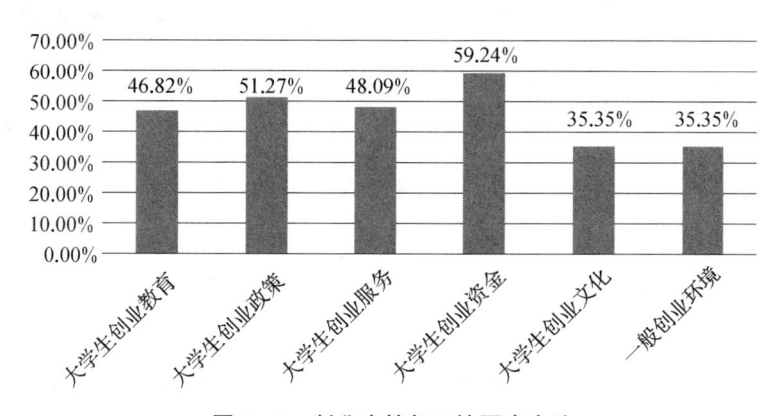

图7-3 创业支持与环境要素占比

有35%左右,说明大学生创业文化和一般创业环境导致大学生创业失败相对偏低。

2. 不同创业要素导致大学生创业失败的卡方检验

(1) 不同创业要素导致大学生创业失败的多重响应分析

本研究的问卷调查为多选题,为更好地分析影响大学生创业失败的核心要素、中介要素、支持与环境要素,得出多个选项各自的频数以及各选项和其他变量之间的关系,本研究采用SPSS 26.0首先对数据进行了多重响应分析(注:下文对不同创业阶段和不同创业类型失败原因的分析原理同上),分析结果如下:

关于大学生创业核心要素方面的失败原因,调查结果显示,创业者自身占26.82%,创业机会占23.78%,创业资源占28.25%,创业团队占21.15%(注:313位创业失败大学生选择的每个要素之间的占比,下同),如图7-4。从调查结果发现,创业者、创业机会、创业资源和创业团队等4个创业核心要素均超过20%,其中创业者自身和创业资源超过25%。

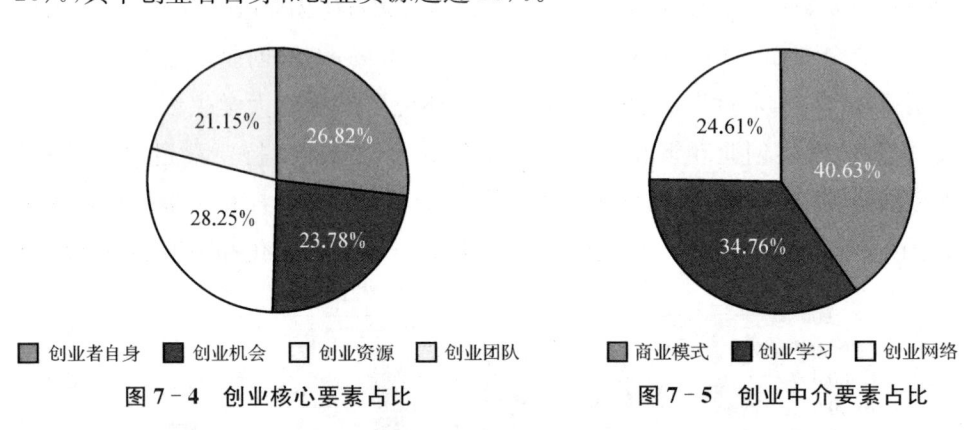

图7-4 创业核心要素占比　　图7-5 创业中介要素占比

关于大学生创业中介要素方面的失败原因,调查结果显示,商业模式占40.63%,创业学习占34.76%,创业网络占24.61%,如图7-5。从调查结果发现,商业模式和创业学习2个创业中介要素超过30%;创业网络相对较低,只有约24%。

关于大学生创业支持与环境要素方面的失败原因,调查结果显示,大学生创业教育占17.52%,大学生创业政策占19.21%,大学生创业服务占18.01%,大学生创业资金占22.21%,大学生创业文化占13.32%,一般创业环境占9.73%,如

图 7-6。从调查结果发现,创业支持与环境要素导致大学生创业失败相对要低些,仅有大学生创业资金这一创业支持要素超过 20%;其他创业支持与环境要素均低于 20%,其中大学生创业教育、大学生创业政策和大学生创业服务 3 个创业支持要素在 10% 至 20% 之间,一般创业环境只有 10% 左右,说明大学生创业文化和一般创业环境导致大学生创业失败的原因相对偏低。

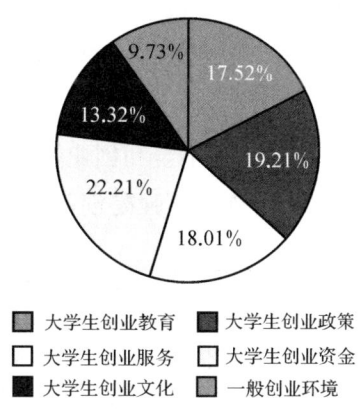

图 7-6 创业支持与环境要素占比

(2) 不同创业要素导致大学生创业失败的卡方拟合优度检验

根据多重响应分析的结果,得出了各个选项的实际频数,为了更好地判断每个要素中,各个选项与其他选项相比是否对失败结果的影响产生显著性差异,本研究采用卡方拟合度检验对其进行了进一步验证(注:下文对不同创业阶段和不同创业类型失败原因的分析原理同上)。

对核心要素的 4 个具体要素进行卡方拟合优度检验,研究发现,核心要素的 4 个具体要素对创业失败的影响存在显著性差异($X^2=9.160, df=3, p=0.027<0.05$),创业资源对创业失败的影响要远大于创业团队的影响。

对中介要素的 3 个具体要素进行卡方拟合优度检验,研究发现,中介要素的 3 个具体要素对创业失败的影响存在显著性差异($X^2=20.172, df=2, p=0.000<0.05$),与创业网络相比,商业模式对企业失败的影响更大。

对支持与环境要素的 6 个具体要素进行卡方拟合优度检验,研究发现,支持与环境要素对创业失败的影响也存在显著性差异($X^2=49.519, df=5, p=0.000<0.05$),大学生创业资金对创业失败的影响更大,一般创业环境的影响最小。

(二) 不同创业要素的具体相关因素导致创业失败的情况分析

1. 各核心要素的具体相关因素导致创业失败的情况分析

(1) 创业者各因素导致创业失败的情况分析

关于创业者自身方面的失败原因,调查结果显示,社会经验不足占 70.24%,

创业知识不全占 68.78%，创业能力不强占 66.83%，创业观念落后占 56.59%，创业时间和精力不够占 52.2%，创业素质不高占 51.71%，如图 7-7。调查结果发现，创业者自身方面的社会经验不足等 6 个要素均超过 50%，其中社会经验不足、创业知识不全和创业能力不强均超过 65%，说明社会经验不足、创业知识不全和创业能力不强是创业者自身相对更为主要的因素。

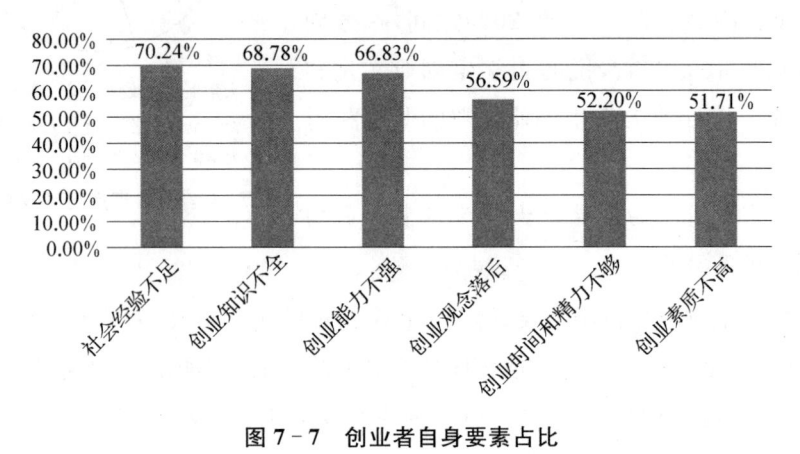

图 7-7 创业者自身要素占比

（2）创业机会各因素导致创业失败的情况分析

关于创业机会方面的失败原因，调查结果显示，创业准备不充分占 70.88%，项目可行性分析不足占 62.09%，创业项目选择不当占 60.44%，创业项目竞争力不强占 56.59%，创业项目市场推广困难占 56.59%，创业规划不完善占 40.66%，如图 7-8。调查结果显示，创业准备不充分、项目可行性分析不足、创业项目选择不当、

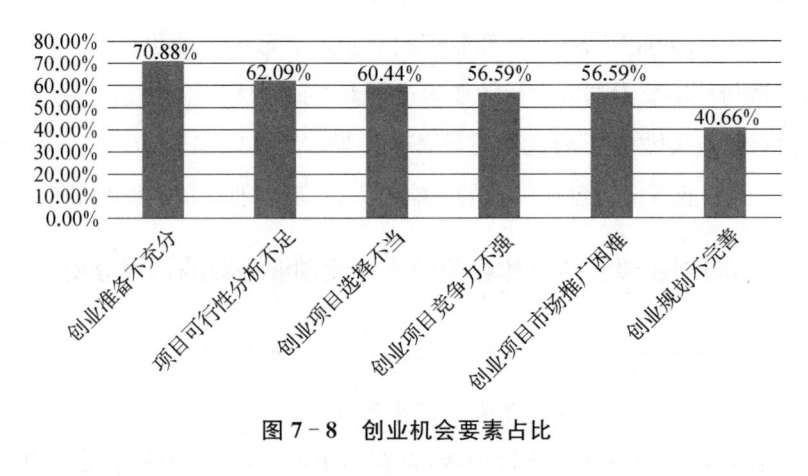

图 7-8 创业机会要素占比

创业项目竞争力不强、创业项目市场推广困难等5个要素均超过50%,其中创业准备不充分在70%左右,说明创业准备不充分是创业机会更为重要的因素。

(3) 创业资源各因素导致创业失败的情况分析

关于创业资源方面的失败原因,调查结果显示,创业资金短缺占70.83%,技术资源不足占59.26%,物质资源匮乏占53.24%,人力资源不足占53.24%,组织资源不足占52.78%,信息资源不畅占46.76%,政策资源缺乏占43.06%,社会资源不足占41.67%,如图7-9。根据调查结果,创业资金短缺、技术资源不足、物质资源匮乏、人力资源不足、组织资源不足等5个要素均超过50%,其中创业资金短缺在70%左右,说明创业资源短缺是创业资源最重要的因素。

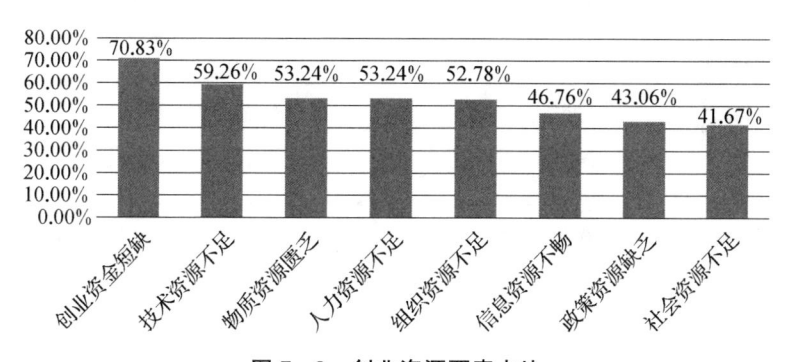

图 7-9 创业资源要素占比

(4) 创业团队各因素导致创业失败的情况分析

关于创业团队方面的失败原因,调查结果显示,创业团队构成比较单一占72.84%,创业团队成员团队意识淡薄占66.67%,创业团队成员流动性大占61.11%,创业团队管理混乱占53.09%,如图7-10。调查结果显示,创业团队构

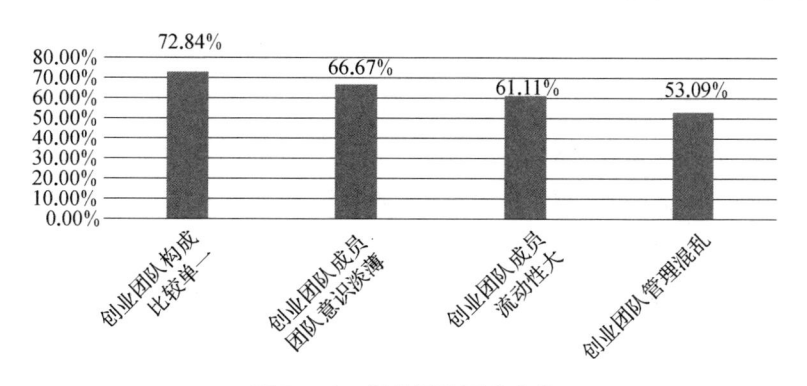

图 7-10 创业团队要素占比

成比较单一等4个要素均超过50%,其中创业团队构成比较单一这一要素最高,超过70%,因此创业团队构成比较单一是创业团队创业失败的重要因素。

2. 各中介要素的相关因素导致创业失败的情况分析

(1) 商业模式各因素导致不同创业阶段失败的情况分析

关于商业模式方面的失败原因,调查结果显示,商业模式概念不清占73.68%,商业模式与创业机会不匹配占66.51%,尚未构建商业模式占57.89%,如图7-11。调查结果显示,商业模式概念不清、商业模式与创业机会不匹配、尚未构建商业模式等3个要素均超过50%,其中商业模式概念不清占比最高,超过70%,尚未构建商业模式最低,超过50%,说明商业模式概念不清是商业模式各要素中最重要的一项。

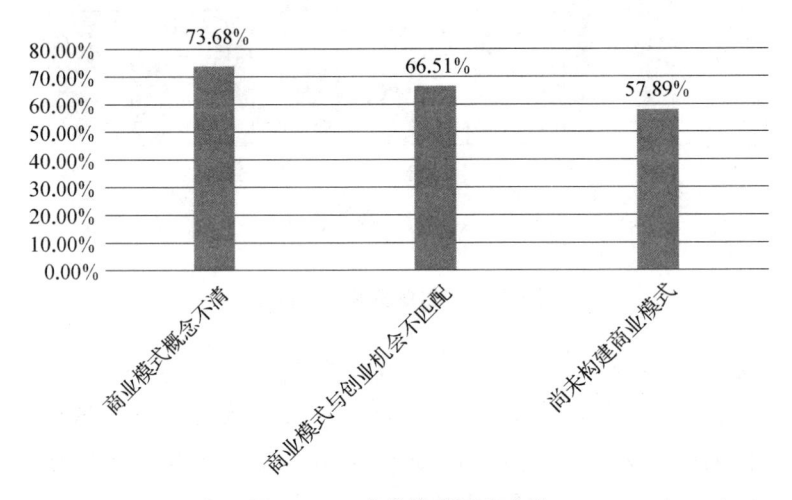

图7-11 商业模式要素占比

(2) 创业学习各因素导致不同创业阶段失败的情况分析

关于创业学习方面的失败原因,调查结果显示,创业学习资源不多占76.68%,创业学习能力较弱占70.51%,创业学习意识不强占67.29%,创业学习方式不妥占56.03%,如图7-12。从调查结果发现,创业学习资源不多、创业学习能力较弱、创业学习意识不强、创业学习方式不妥等4个要素均超过50%,创业学习资源最多,超过70%,说明创业学习各因素中创业学习资源最为重要。

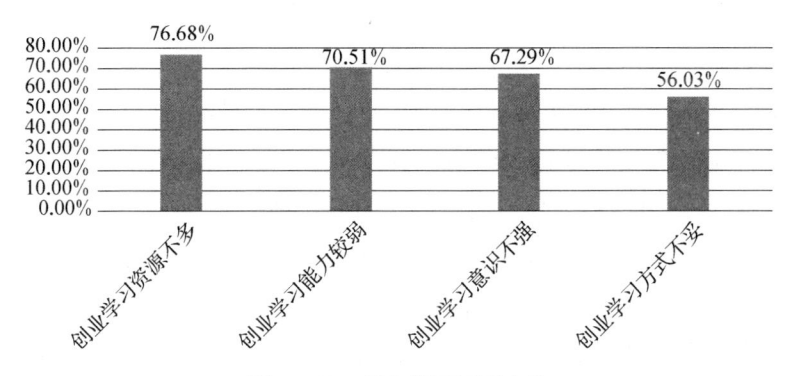

图 7‑12　创业学习要素占比

（3）创业网络各因素导致不同创业阶段失败的情况分析

关于创业网络方面的失败原因,调查结果显示,正式网络规模偏小占76.19%,正式网络质量不高占70.63%,非正式网络关系单一占68.25%,非正式网络规模不广占57.94%,创业企业在网络中地位低占47.62%,如图7‑13。调查结果发现,正式网络规模偏小、正式网络质量不高、非正式网络关系单一、非正式网络规模不广等4个要素均超过50%,其中正式网络规模偏小和正式网络质量不高均超过70%,但正式网络规模偏小占比更高,超过75%,说明正式网络规模偏小是创业网络各因素中较为重要的一项。

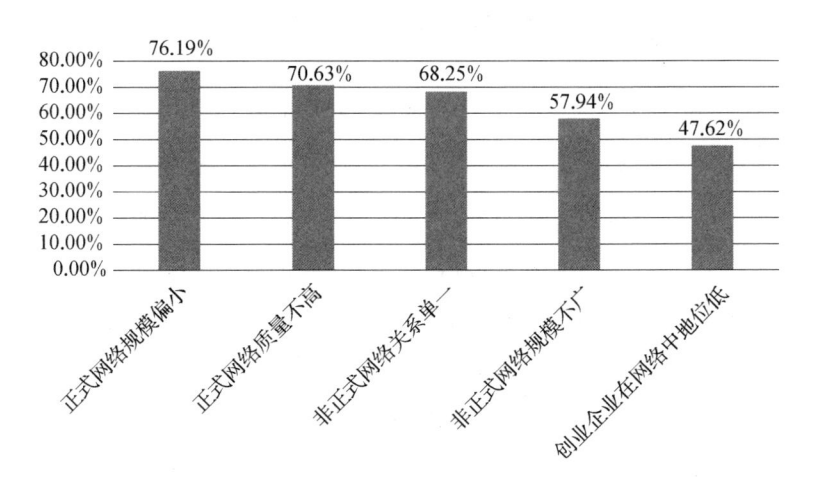

图 7‑13　创业网络要素占比

3. 各支持要素的相关因素导致创业失败的情况分析

(1) 大学生创业教育各因素导致创业失败的情况分析

关于大学生创业教育方面的失败原因,调查结果显示,创业教育实效性不强占 76.87%,创业教育目标定位模糊占 63.27%,创业教育内容不完善占 59.86%,理论与实践脱节严重占 55.1%,缺乏有效的创业训练占 50.34%,创业咨询指导不够占 35.37%,如图 7-14。从调查结果中不难看出,创业教育实效性不强、创业教育目标定位模糊、创业教育内容不完善、理论与实践脱节严重、缺乏有效的创业训练等 5 个要素均超过 50%,其中创业教育实效性不强占比最高,超过 75%。创业咨询指导不够仅有 35% 左右,因此,创业教育实效性不强是大学生创业教育因素中较为重要的一项。

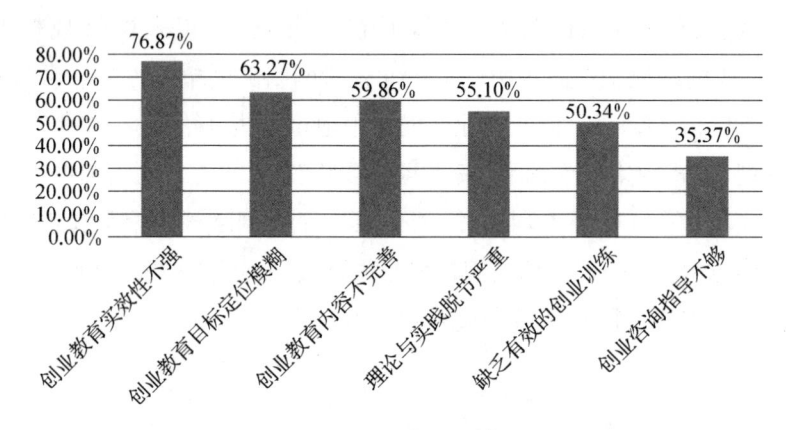

图 7-14 创业教育要素占比

(2) 大学生创业政策各因素导致创业失败的情况分析

关于大学生创业政策方面的失败原因,调查结果显示,创业政策扶持力度有限占 68.32%,创业政策落实不到位占 65.84%,对创业政策了解不够占 65.22%,创业政策尚不完善占 60.87%,对创业政策利用不够占 50.31%,如图 7-15。根据调查结果,创业政策扶持力度有限、创业政策落实不到位、对创业政策了解不够、创业政策尚不完善、对创业政策利用不够等 5 个要素均超过 50%,其中创业政策扶持力度有限超过 65%,说明创业政策扶持力度有限是大学生创业政策各因素中最重要的一项。

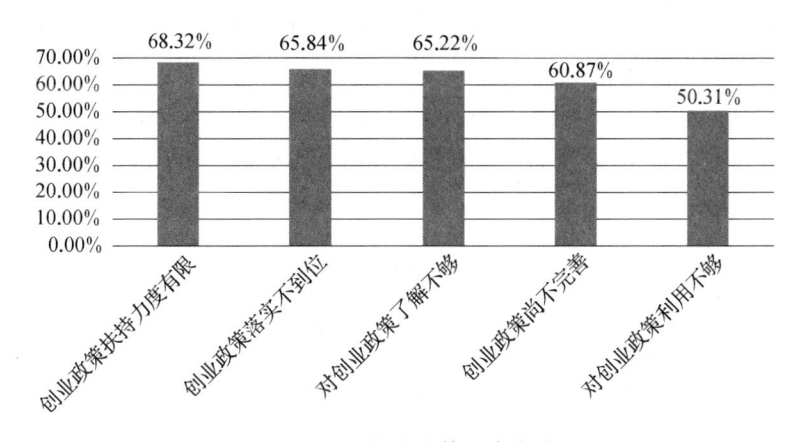

图 7‑15 创业政策要素占比

（3）大学生创业服务各因素导致创业失败的情况分析

关于大学生创业服务方面的失败原因，调查结果显示，创业培训咨询指导不足占 78.81%，缺少正确的创业引导占 66.23%，创业实训孵化服务不足占 63.58%，创业注册登记手续烦琐占 58.94%，社会保障服务不健全占 49.01%，如图 7‑16。调查结果显示，创业培训咨询指导不足、缺少正确的创业引导、创业实训孵化服务不足、创业注册登记手续烦琐等 4 项具体因素均超过 50%，其中创业培训咨询指导不足超过 75%，说明创业培训咨询指导不足是大学生创业服务各因素中最重要的因素。

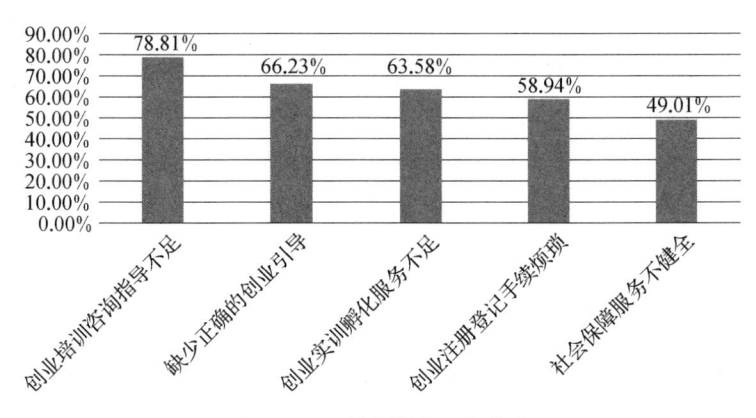

图 7‑16 创业服务要素占比

（4）大学生创业资金各因素导致创业失败的情况分析

关于大学生创业资金方面的失败原因，调查结果显示，创业融资渠道狭窄占

63.98%,创业融资难占 62.90%,创业贷款额度小占 60.75%,创业贷款限制多占 60.22%,风险投资获得难占 56.99%,创业基金补贴少占 44.09%,如图 7-17。调查结果发现,创业融资渠道狭窄等 5 项具体要素超过 50%,其中创业融资渠道狭窄占比最高,约为 63%,因此大学生创业资金各因素中创业融资渠道狭窄最为重要。

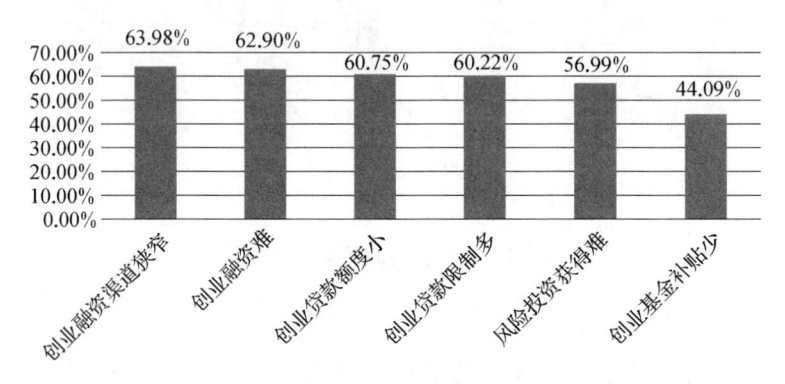

图 7-17 创业资金要素占比

(5) 大学生创业文化各因素导致创业失败的情况分析

关于大学生创业文化方面的失败原因,调查结果显示,缺乏创业冒险精神占 65.77%,社会对创业失败宽容度低占 63.96%,社会大众不理解不支持占 51.35%,家庭亲人的不理解不支持占 46.85%,老师同学的不理解不支持占 44.14%,如图 7-18。根据调查数据显示,缺乏创业冒险精神、社会对创业失败宽容度低、社会大众不理解不支持等 3 项具体因素超过 50%,其中缺乏创业冒险精神占比最高,在 65% 左右,因此在大学生创业文化中缺乏创业冒险精神是较为重要的要素。

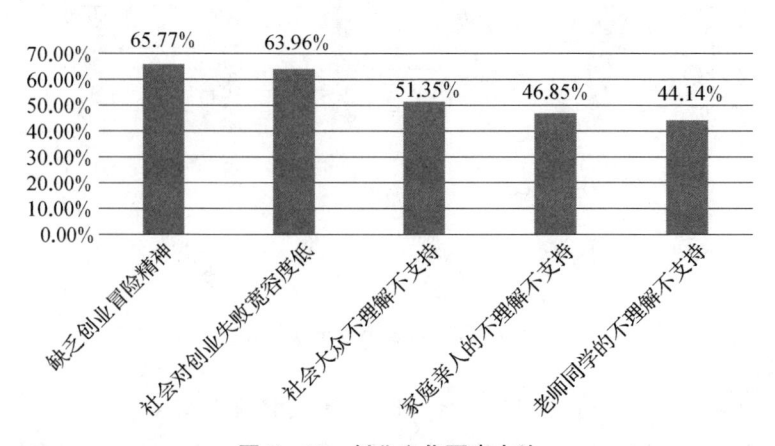

图 7-18 创业文化要素占比

(6) 一般创业环境各因素导致创业失败的情况分析

关于一般创业环境方面的失败原因,调查结果显示,新进入企业障碍多占 76.83%,市场竞争激烈占 70.73%,市场环境不友善占 65.85%,如图 7-19。从调查中发现,新进入企业障碍、市场竞争激烈、市场环境不友善等 3 项具体要素均超过 50%,新进入企业障碍多占比最高,超过 75%。因此一般创业环境要素中,新进入企业障碍多是最重要的因素。

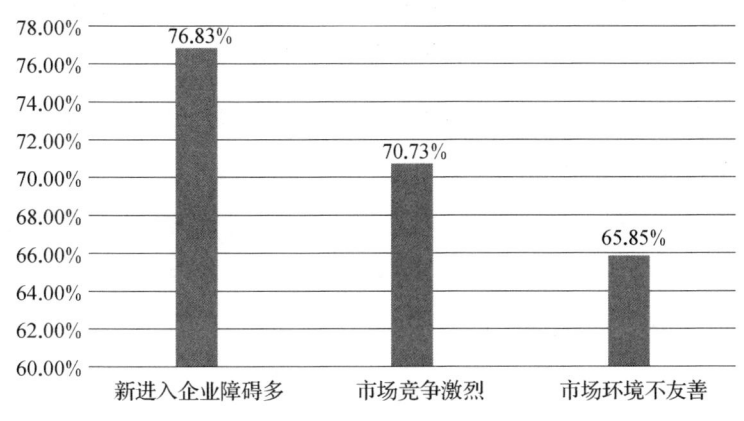

图 7-19 创业环境要素占比

四、不同创业阶段大学生创业失败原因的调查结果与分析

(一)创业准备阶段大学生创业失败原因的调查结果与分析

1. 创业准备阶段大学生创业失败原因的描述性分析

关于核心要素方面的失败原因,调查结果显示,创业者自身占 72.48%,创业机会占 57.80%,创业资源占 72.48%,创业团队占 55.05%,如图 7-20。从调查结果发现,创业者、创业机会、创业资源和创业团队等 4 个创业核心要素均超过 50%,其中创业者和创业资源是相对更为主要的原因,均超过 70%。

关于创业中介要素方面的失败原因,调查结果显示,商业模式占 68.81%,创业学习占 55.96%,创业网络占 44.04%,如图 7-21。从调查结果发现,商业模式和创业学习 2 个创业中介要素超过 50%;创业网络相对较低,略超过 40%。

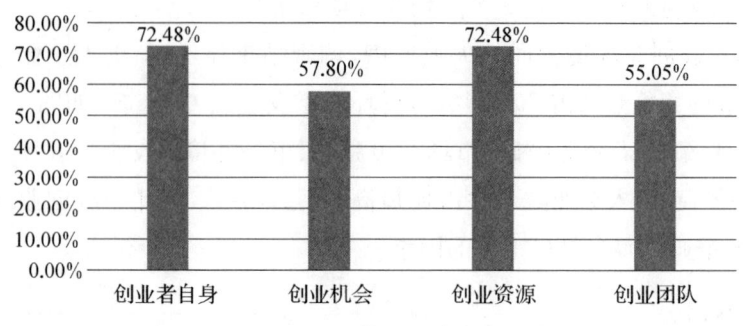

图 7‑20　核心要素占比

说明商业模式对大学生创业失败可能是相对更为主要的原因,而创业网络导致大学生创业失败可能相对较低。

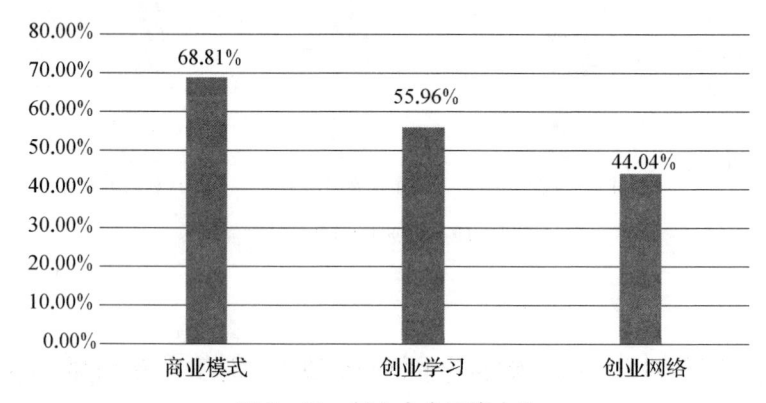

图 7‑21　创业中介要素占比

关于创业支持与环境要素方面的失败原因,调查结果显示,大学生创业教育占 55.05％,大学生创业政策占 56.88％,大学生创业服务占 51.38％,大学生创业资金占 64.22％,大学生创业文化占 38.53％,一般创业环境占 26.61％。如图 7‑22。从调查结果发现,大学生创业教育、大学生创业政策、大学生创业服务和大学生创业资金 4 个创业支持要素超过 50％;其中大学生创业资金最高,超过 60％,大学生创业文化和一般创业环境相对较低,分别低于 40％和 30％,说明大学生创业文化和一般创业环境导致大学生创业失败的原因相对偏低。

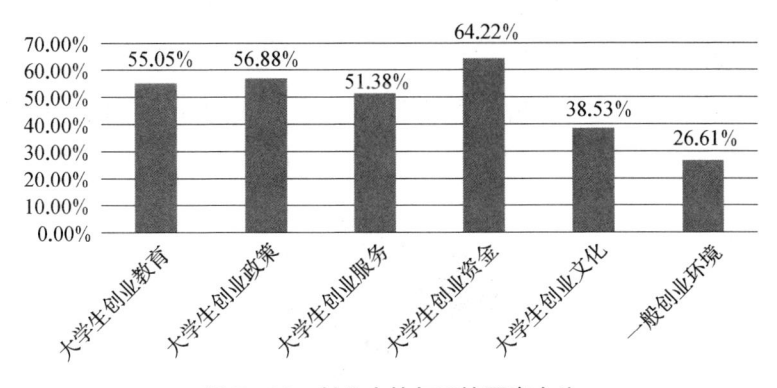

图 7-22 创业支持与环境要素占比

2. 创业准备阶段大学生创业失败原因的卡方检验

(1) 创业准备阶段大学生创业失败原因的多重响应分析

关于创业核心要素方面的失败原因,调查结果显示,创业者自身占28.12%,创业机会占22.41%,创业资源占28.11%,创业团队占21.36%,如图7-23。从调查结果发现,创业者、创业机会、创业资源和创业团队等4个创业核心要素均超过20%,其中创业者和创业资源是相对更为主要的原因,均超过28%。

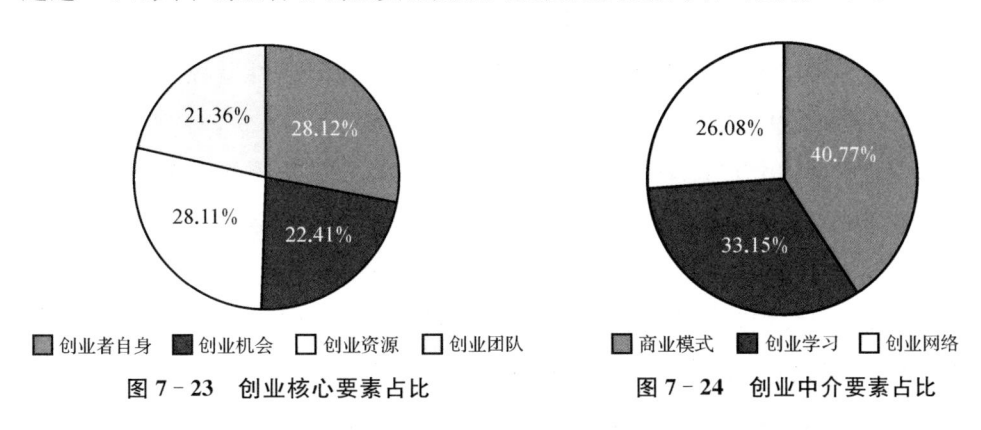

图 7-23 创业核心要素占比　　图 7-24 创业中介要素占比

关于创业中介要素方面的失败原因,调查结果显示,商业模式占40.77%,创业学习占33.15%,创业网络占26.08%,如图7-24。从调查结果发现,商业模式和创业学习2个创业中介要素超过30%;创业网络相对较低,低于30%。

关于创业支持与环境要素方面的失败原因,调查结果显示,大学生创业教育占18.80%,大学生创业政策占19.44%,大学生创业服务占17.55%,大学生创业资金占 21.95%,大学生创业文化占 13.17%,一般创业环境占 9.09%,如图 7-25。从调查结果发现,大学生创业教育、大学生创业政策、大学生创业服务和大学生创业资金 4 个创业支持要素超过 15%;大学生创业文化和一般创业环境相对较低,分别低于 20% 和 10%。

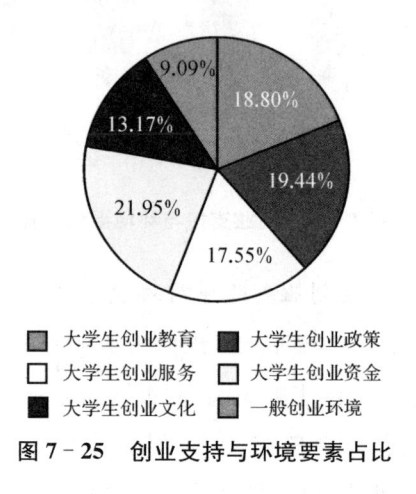

图 7-25 创业支持与环境要素占比

(2) 创业准备阶段大学生创业失败原因的卡方拟合优度检验结果

核心因素的卡方拟合优度检验发现,创业者自身、创业机会、创业资源、创业团队这 4 个核心要素对创业准备阶段失败的影响无显著性差异($X^2=4.423$, $df=3$, $p=0.219>0.05$)。

中介因素的卡方拟合优度检验发现,商业模式、创业学习和创业网络 3 个中介因素对此阶段创业失败的影响存在显著差异($X^2=5.946$, $df=2$, $p=0.050=0.05$),创业网络对创业失败的影响最小,商业模式影响最大。

支持与环境因素的卡方拟合优度检验发现,大学生创业教育等 6 个支持与环境要素对此阶段创业失败的影响存在显著差异($X^2=21.157$, $df=5$, $p=0.001<0.05$),其中大学生创业资金对这一阶段影响最大,一般创业环境影响最小。

(二) 创业企业设立阶段大学生创业失败的调查结果与分析

1. 创业企业设立阶段大学生创业失败原因的描述性分析

关于核心要素方面的失败原因,调查结果显示,创业者自身占 52.46%,创业机会和创业资源相同,均为62.30%,创业团队占36.07%,如图7-26。从调查结果发现,创业者、创业机会、创业资源等3个创业核心要素超过50%,创业机会和创业资源均超过60%;创业团队相对较低,不到40%,说明在创业企业设立阶段,大学生创业团队对大学生创业失败影响较小。

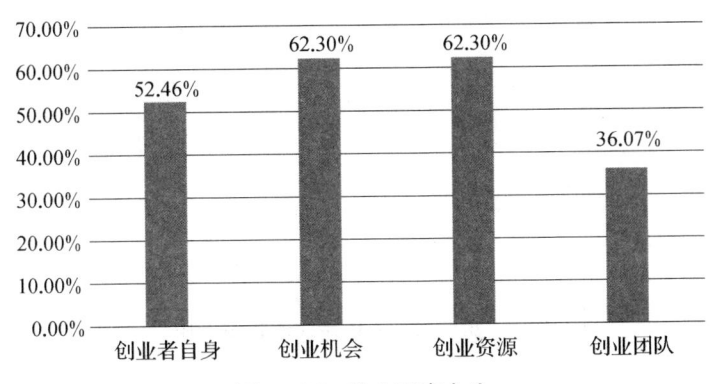

图7-26 核心要素占比

关于创业中介要素方面的失败原因,调查结果显示,商业模式占52.46%,创业学习占57.38%,创业网络占50.82%,如图7-27。从调查结果发现,商业模式、创业学习和创业网络等3个创业中介要素均超过50%。

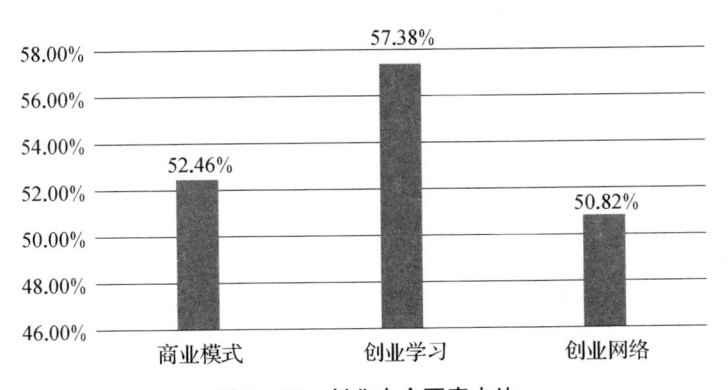

图7-27 创业中介要素占比

关于创业支持与环境要素方面的失败原因,调查结果显示,大学生创业教育占37.70%,大学生创业政策占50.82%,大学生创业服务占50.82%,大学生创业资金占49.18%,大学生创业文化占34.43%,一般创业环境占22.95%,如图7-28。从调查结果发现,大学生创业政策、大学生创业服务2个创业支持要素相同,均超过50%;大学生创业教育、大学生创业资金、大学生创业文化和一般创业环境等4个创业支持要素均低于50%,其中大学生创业资金接近50%,一般创业环境相对更低,不到30%。

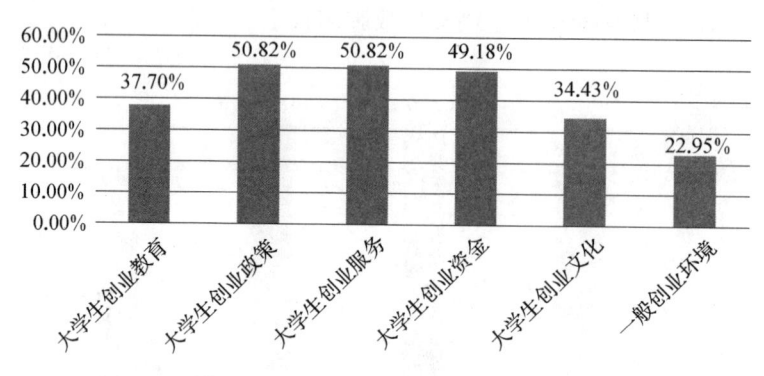

图7-28 创业支持与环境要素占比

2. 创业企业设立阶段大学生创业失败原因的卡方检验

（1）创业企业设立阶段大学生创业失败原因的多重响应分析

关于创业核心要素方面的失败原因,调查结果显示,创业者自身占24.62%,创业机会占29.23%,创业资源占29.23%,创业团队占16.92%,如图7-29。从调查结果发现,创业者、创业机会、创业资源等3个创业核心要素超过20%;创业团队相对较低,不到20%。

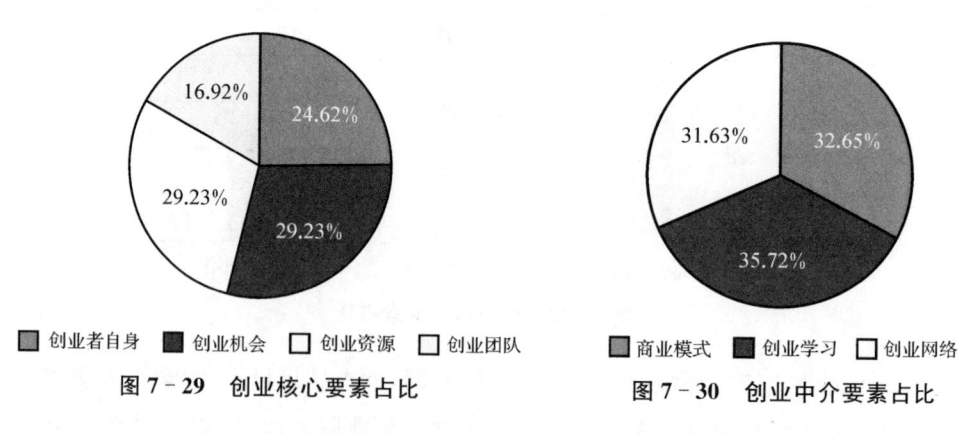

图7-29 创业核心要素占比

图7-30 创业中介要素占比

关于创业中介要素方面的失败原因,调查结果显示,商业模式占32.65%,创业学习占35.72%,创业网络占31.63%,如图7-30。从调查结果发现,商业模式、创业学习和创业网络等3个创业中介要素均超过30%。

关于创业支持与环境要素方面的失败原因,调查结果显示,大学生创业教育占15.34%,大学生创业政策占20.67%,大学生创业服务占20.66%,大学生创业资金占20.00%,大学生创业文化占14.00%,一般创业环境占9.33%,如图7-31。从调查结果发现,大学生创业政策、大学生创业服务、大学生创业资金3个创业支持要素在20%左右;大学生创业教育、大学生创业文化等2个创业支持要素均低于20%,一般创业环境相对更低,不到10%。

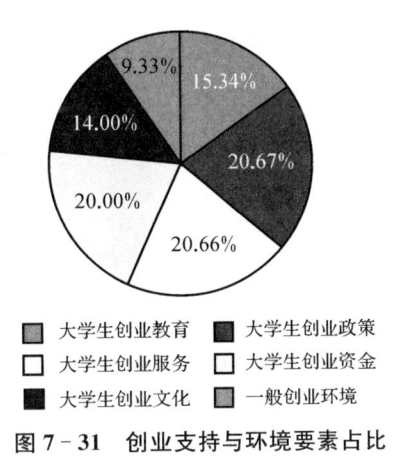

图7-31 创业支持与环境要素占比

(2) 创业企业设立阶段大学生创业失败原因的卡方拟合优度检验结果

核心因素的卡方拟合优度检验发现,创业者自身、创业机会、创业资源、创业团队这4个核心要素对创业设立阶段失败的影响无显著性差异($X^2=5.262, df=3, p=0.154>0.05$)。

中介因素的卡方拟合优度检验发现,商业模式、创业学习和创业网络3个中介因素对此阶段创业失败的影响不存在显著差异($X^2=0.265, df=2, p=0.876>0.05$)。

支持与环境因素的卡方拟合优度检验发现,大学生创业教育等6个支持与环境要素对此阶段创业失败的影响也不存在显著差异($X^2=9.520, df=5, p=0.090>0.05$)。

(三) 新创企业成长阶段大学生创业失败的调查结果与分析

1. 新创企业成长阶段大学生创业失败原因的描述性分析

关于核心要素方面的失败原因,调查结果显示,创业者自身占67.19%,创业机会占55.47%,创业资源占70.31%,创业团队占55.47%,如图7-32。从调查结果发现,创业者自身、创业资源等2个创业核心要素均超过60%,其中创业资源是相对更为主要的原因,超过70%。

关于创业中介要素方面的失败原因,调查结果显示,商业模式占72.66%,创

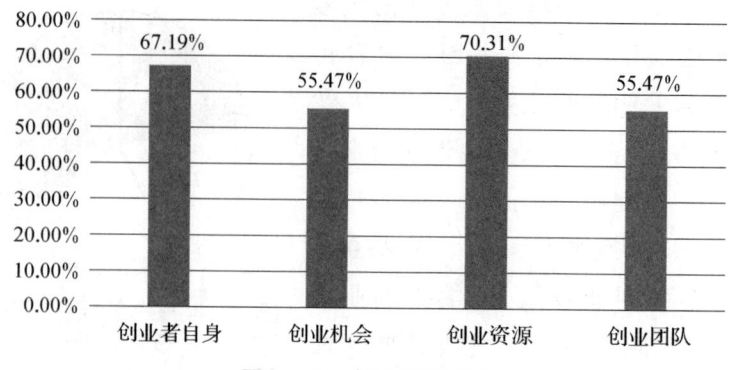

图 7-32 核心要素占比

业学习占 58.59%，创业网络占 34.38%，如图 7-33。从调查结果发现，商业模式相对较高，超过 70%；创业网络相对较低，不到 40%。说明商业模式对大学生创业失败是相对更为主要的原因，而创业网络导致大学生创业失败的占比相对偏低。

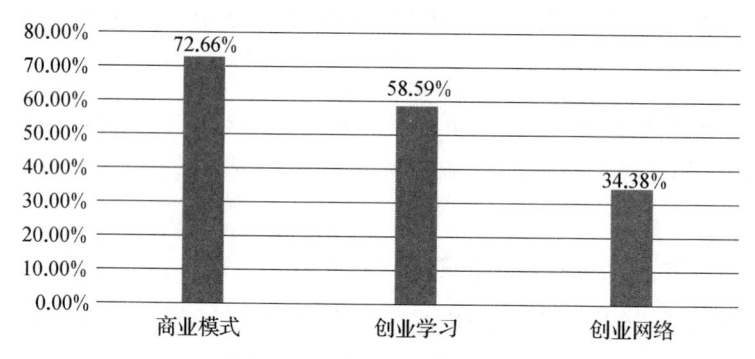

图 7-33 创业中介要素占比

关于创业支持与环境要素方面的失败原因，调查结果显示，大学生创业教育占 45.31%，大学生创业政策占 49.22%，大学生创业服务占 46.88%，大学生创业资金占 62.50%，大学生创业文化占 34.38%，一般创业环境占 28.13%，如图 7-34。从调查结果发现，大学生创业资金相对较高，超过 60%；大学生创业教育、大学生创业政策、大学生创业服务、大学生创业文化和一般创业环境均低于 50%，其中大学生创业文化和一般创业环境相对更低，不到 40%。

第七章 大学生创业失败的主要原因

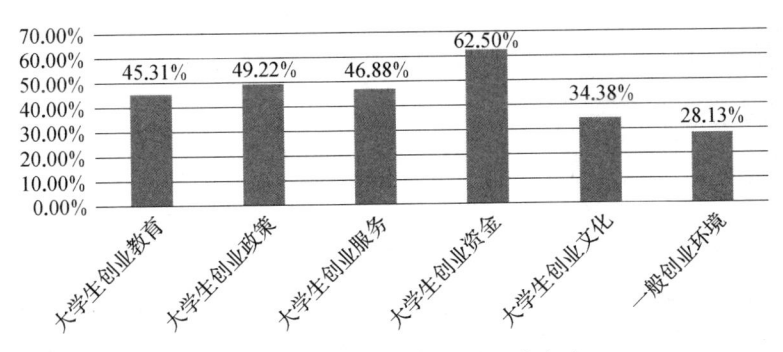

图 7-34 创业支持与环境要素占比

2. 创业企业设立阶段大学生创业失败原因的卡方检验

(1) 新创企业成长阶段大学生创业失败原因的多重响应分析

关于创业核心要素方面的失败原因,调查结果显示,创业者自身占 27.05%,创业机会占 22.32%,创业资源占 28.30%,创业团队占 22.33%,如图 7-35。从调查结果发现,创业者、创业资源、创业机会和创业团队等 4 个创业核心要素均超过 20%,其中创业资源、创业者均超过 25%。

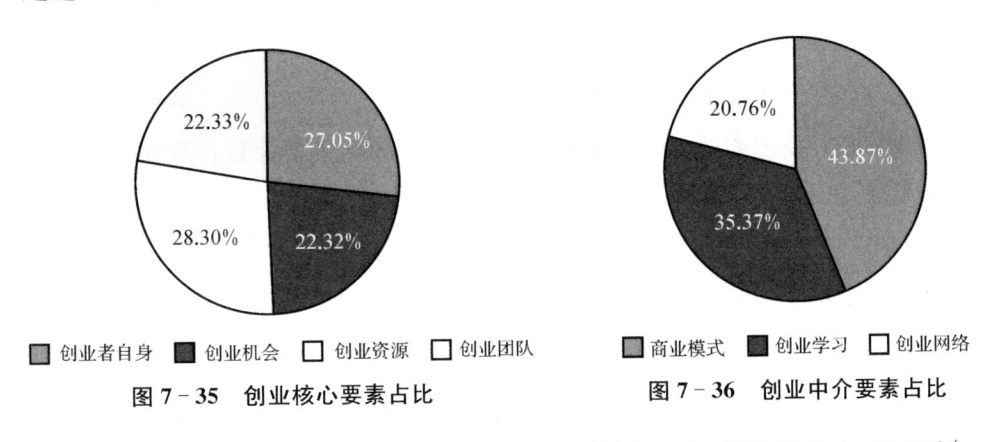

图 7-35 创业核心要素占比　　图 7-36 创业中介要素占比

关于创业中介要素方面的失败原因,调查结果显示,商业模式占 43.87%,创业学习占 35.37%,创业网络占 20.76%,如图 7-36。从调查结果发现,商业模式和创业学习 2 个创业中介要素超过 30%;创业网络相对较低,不到 30%。

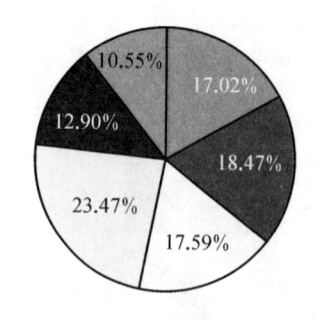

图 7-37 创业支持与环境要素占比

关于创业支持与环境要素方面的失败原因,调查结果显示,大学生创业教育占17.02%,大学生创业政策占18.47%,大学生创业服务占17.59%,大学生创业资金占23.47%,大学生创业文化占12.90%,一般创业环境占10.55%,如图7-37。从调查结果发现,大学生创业资金相对较高,超过20%;大学生创业教育、大学生创业政策、大学生创业服务、大学生创业文化和一般创业环境均低于20%,其中一般创业环境相对更低,在10%左右。

(2) 新创企业成长阶段大学生创业失败原因的卡方拟合优度检验结果

核心因素的卡方拟合优度检验发现,创业者自身、创业机会、创业资源、创业团队这4个核心要素对新创企业成长阶段失败的影响无显著性差异($X^2=3.736, df=2, p=0.291>0.05$)。

中介因素的卡方拟合优度检验发现,商业模式、创业学习和创业网络这3个中介因素对此阶段创业失败的影响存在显著差异($X^2=17.387, df=2, p=0.000<0.05$),创业网络的影响显著性小于商业模式对创业失败的影响。

支持与环境因素的卡方拟合优度检验发现,大学生创业教育等6个支持与环境要素对此阶段创业失败的影响存在显著差异($X^2=20.848, df=5, p=0.001<0.05$),大学生创业资金对新创企业成长阶段影响最大,一般创业环境所造成的影响最小。

五、不同创业类型大学生创业失败原因的调查结果与分析

(一)科技创新型创业失败原因的调查结果与分析

1. 科技创新型创业失败原因的描述性分析

关于核心要素方面的失败原因,调查结果显示,创业者自身占72.13%,创业机会占55.75%,创业资源占67.21%,创业团队占44.26%,如图7-38。从调查

结果发现,创业者、创业机会、创业资源等 3 个创业核心要素超过 50%,其中创业者和创业资源是相对较高,分别超过 70% 和 65%;创业团队相对偏低,只有 45% 左右。

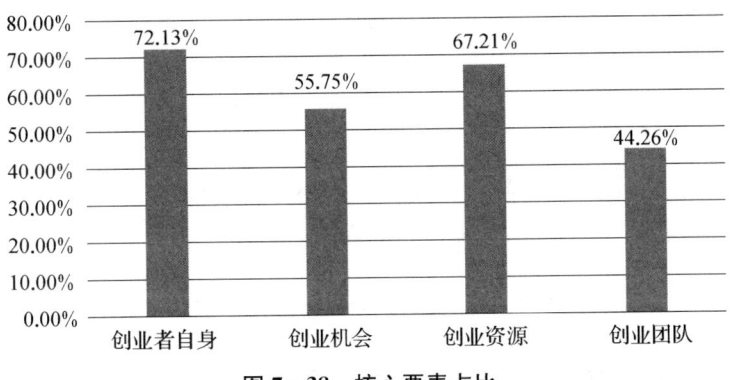

图 7-38　核心要素占比

关于创业中介要素方面的失败原因,调查结果显示,商业模式占 57.38%,创业学习占 59.02%,创业网络占 40.98%,如图 7-39。从调查结果发现,商业模式和创业学习 2 个创业中介要素超过 50%;创业网络相对偏低,只有 40% 左右。

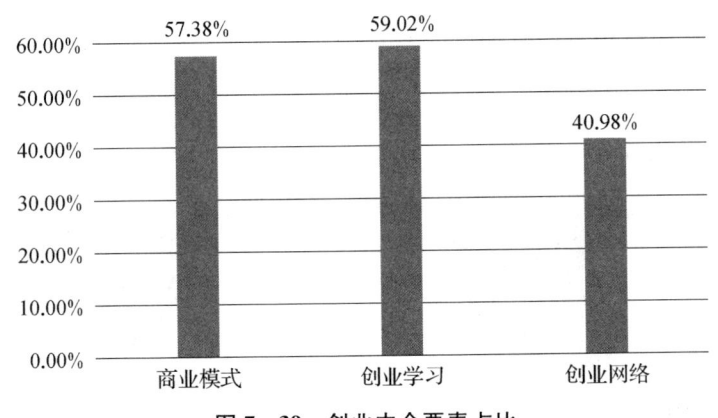

图 7-39　创业中介要素占比

关于创业支持与环境要素方面的失败原因,调查结果显示,大学生创业教育占 62.30%,大学生创业政策占 44.26%,大学生创业服务占 40.98%,大学生创业资金占 52.46%,大学生创业文化占 37.70%,一般创业环境占 16.39%,如图 7-40。从调查结果发现,大学生创业教育和大学生创业资金这 2 个创业支持要素超过 50%,其中大学生创业教育相对较高,超过 60%;大学生创业政策、大学生创业服务、大学生创业文化和一般创业环境均低于50%，其中，一般创业环境最低，不到20%。

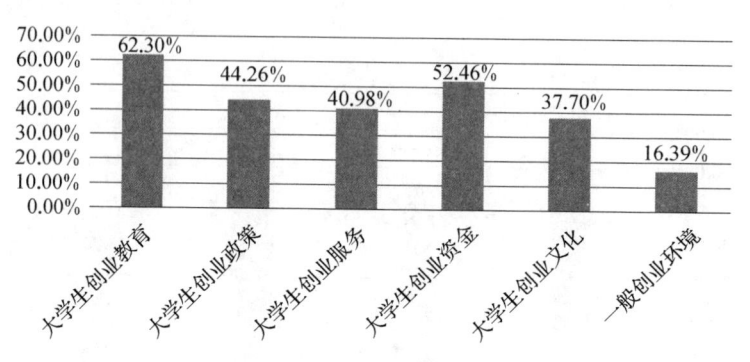

图7-40 创业支持与环境要素占比

2. 科技创新型创业失败原因的卡方检验

（1）科技创新型创业失败原因的多重响应分析

关于核心要素方面的失败原因，调查结果显示，创业者自身占30.14%，创业机会占23.28%，创业资源占28.09%，创业团队占18.49%，如图7-41。从调查结果发现，创业者要素超过30%，创业机会和创业资源相对较高，分别超过20%和25%；创业团队相对偏低，只有18%左右。

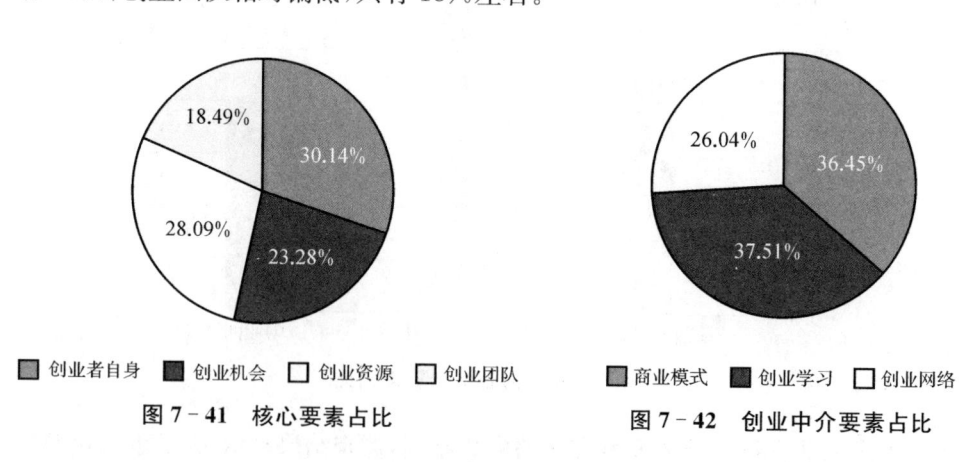

图7-41 核心要素占比　　　　图7-42 创业中介要素占比

关于创业中介要素方面的失败原因，调查结果显示，商业模式占36.45%，创业学习占37.51%，创业网络占26.04%，如图7-42。从调查结果发现，商业模式和创业学习2个创业中介要素超过35%；创业网络相对偏低，只有26%左右。

关于创业支持与环境要素方面的失败原因,调查结果显示,大学生创业教育占 24.52%,大学生创业政策占 17.42%,大学生创业服务占 16.13%,大学生创业资金占 20.64%,大学生创业文化占 14.84%,一般创业环境占 6.45%,如图 7-43。从调查结果发现,大学生创业教育和大学生创业资金 2 个创业支持要素超过 20%;大学生创业教育、大学生创业政策、大学生创业文化和一般创业环境均低于 20%,其中,大学生创业文化和一般创业环境相对更低,不到 15%。

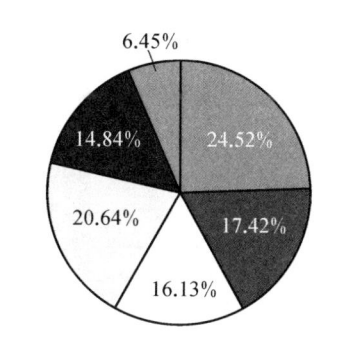

图 7-43 创业支持与环境要素

(2) 科技创新型创业失败原因的卡方拟合优度检验结果

核心因素的卡方拟合优度检验发现,创业者自身、创业机会、创业资源、创业团队这 4 个核心要素对科技创新型创业失败的影响无显著性差异($X^2=4.740$, $df=3$, $p=0.192>0.05$)。

中介因素的卡方拟合优度检验发现,商业模式、创业学习和创业网络 3 个中介因素对此类型创业失败的影响不存在显著性差异($X^2=2.313$, $df=2$, $p=0.315>0.05$)。

支持与环境因素的卡方拟合优度检验发现,大学生创业教育等 6 个支持与环境要素对此类型创业失败的影响存在显著差异($X^2=17.297$, $df=5$, $p=0.004<0.05$),一般创业环境对这类创业失败的影响远远小于大学生创业教育的影响。

(二) 知识服务型创业失败原因的调查结果与分析

1. 知识服务型创业失败原因的描述性分析

关于核心要素方面的失败原因,调查结果显示,创业者自身占 59.21%,创业机会占 50.00%,创业资源占 63.16%,创业团队占 56.58%,如图 7-44。从调查结果发现,创业者自身、创业机会、创业资源和创业团队等 4 个创业核心要素均超过 50%,其中创业资源相对较高,超过 60%。

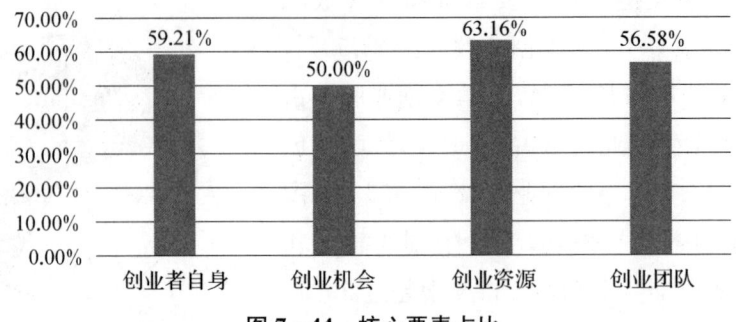

图 7-44 核心要素占比

关于创业中介要素方面的失败原因,调查结果显示,商业模式占63.16%,创业学习占56.58%,创业网络占40.79%,如图7-45。从调查结果发现,商业模式和创业学习2个创业中介要素超过50%,其中商业模式相对较高,超过60%;创业网络相对偏低,只有40%左右。

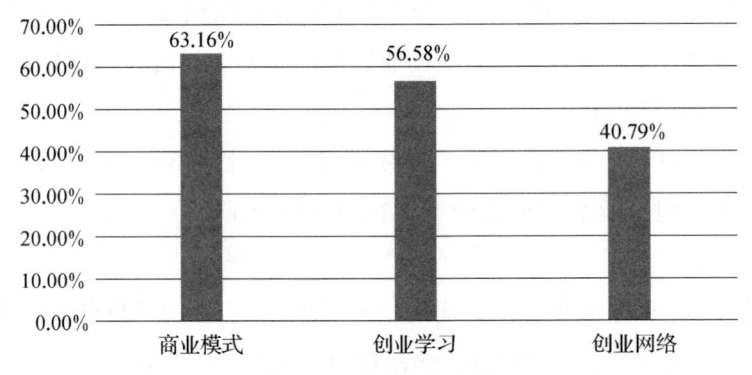

图 7-45 创业中介要素占比

关于创业支持与环境要素方面的失败原因,调查结果显示,大学生创业教育占40.79%,大学生创业政策占46.05%,大学生创业服务占51.32%,大学生创业资金占53.95%,大学生创业文化占36.84%,一般创业环境占23.68%,如图7-46。从调查结果发现,大学生创业服务和大学生创业资金2个创业支持要素超过50%;大学生创业教育、大学生创业政策、大学生创业文化和一般创业环境均低于50%,其中,大学生创业文化和一般创业环境相对更低,不到40%。

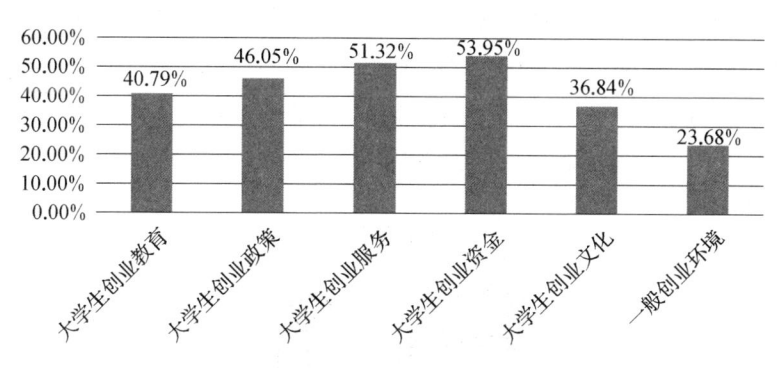

图 7-46　创业支持与环境要素占比

2. 知识服务型创业失败原因的卡方检验

(1) 知识服务型创业失败原因的多重响应分析

关于创业核心要素方面的失败原因,调查结果显示,创业者自身占 25.86%,创业机会占 21.83%,创业资源占 27.59%,创业团队占 24.72%,如图 7-47。从调查结果发现,创业者、创业机会、创业资源和创业团队等 4 个创业核心要素均超过 20%,其中创业资源相对较高,超过 25%。

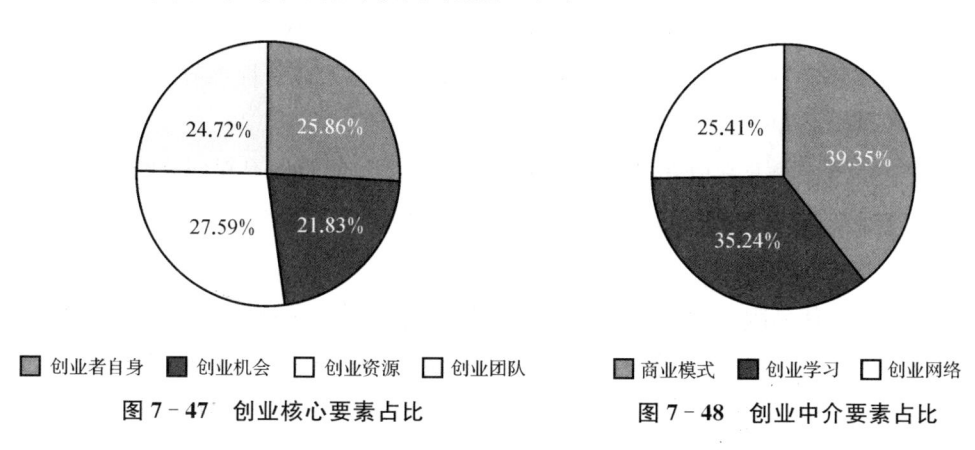

图 7-47　创业核心要素占比　　　　图 7-48　创业中介要素占比

关于创业中介要素方面的失败原因,调查结果显示,商业模式占 39.35%,创业学习占 35.24%,创业网络占 25.41%,如图 7-48。从调查结果发现,商业模式和创业学习 2 个创业中介要素超过 30%,其中商业模式相对较高,超过 35%;创业网络相对偏低,只有 25% 左右。

关于创业支持与环境要素方面的失败原因,调查结果显示,大学生创业教育占 16.15%,大学生创业政策占 18.22%,大学生创业服务占 20.32%,大学生创业资金占21.36%,大学生创业文化占14.58%,一般创业环境占9.37%,如图7-49。从调查结果发现,大学生创业服务和大学生创业资金2个创业支持要素超过20%;大学生创业政策、大学生创业资金、大学生创业文化和一般创业环境均低于20%,其中,一般创业环境相对更低,不到10%。

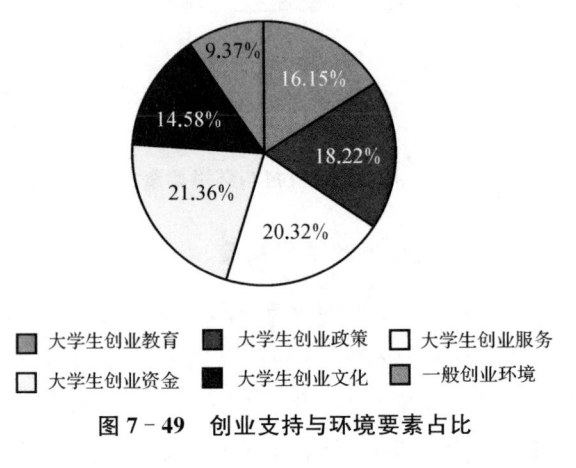

图7-49 创业支持与环境要素占比

(2) 知识服务型创业失败原因的卡方拟合优度检验结果

核心因素的卡方拟合优度检验发现,创业者自身、创业机会、创业资源、创业团队这4个核心要素对知识服务型创业失败的影响无显著性差异($X^2=1.218$, $df=3, p=0.749>0.05$)。

中介因素的卡方拟合优度检验发现,商业模式、创业学习和创业网络3个中介因素对此类型创业失败的影响不存在显著性差异($X^2=3.754, df=2, p=0.153>0.05$)。

支持与环境因素的卡方拟合优度检验发现,大学生创业教育等6个支持与环境要素对此类型创业失败的影响存在显著差异($X^2=11.000, df=5, p=0.05=0.05$),大学生创业资金的影响显著高于一般创业环境的影响。

(三) 传统技能型创业失败原因的调查结果与分析

1. 传统技能型创业失败原因的描述性分析

关于核心要素方面的失败原因,调查结果显示,创业者自身占63.37%,创业机会占65.35%,创业资源占76.24%,创业团队占55.45%,如图7-50。从调查结果发现,创业者自身、创业机会、创业资源和创业团队等4个创业核心要素均

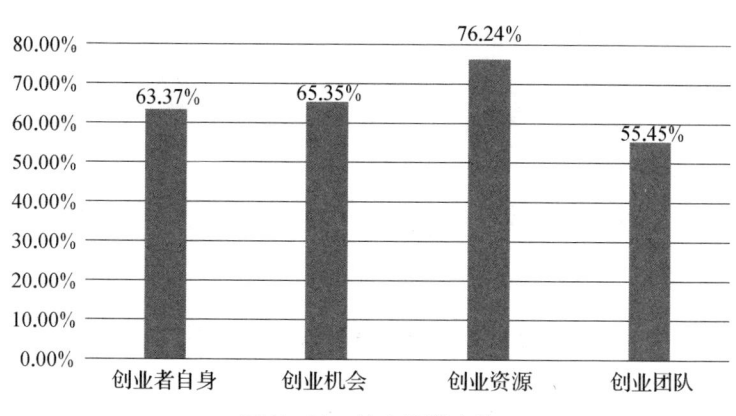

超过50%,其中创业资源相对更高,超过75%。

图7-50 核心要素占比

关于创业中介要素方面的失败原因,调查结果显示,商业模式占77.23%,创业学习占59.41%,创业网络占40.59%,如图7-51。从调查结果发现,商业模式和创业学习2个创业中介要素超过50%,其中商业模式相对很高,超过75%;创业网络相对偏低,只有40%左右。

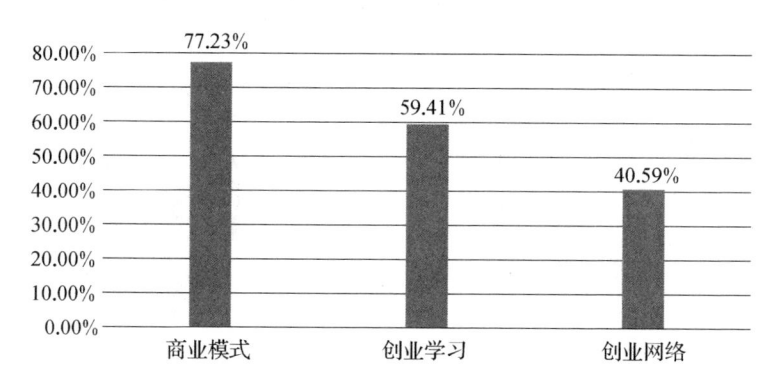

图7-51 创业中介要素占比

关于创业支持与环境要素方面的失败原因,调查结果显示,大学生创业教育占47.52%,大学生创业政策占60.40%,大学生创业服务占53.47%,大学生创业资金占66.34%,大学生创业文化占29.70%,一般创业环境占29.70%,如图7-52。从调查结果发现,大学生创业政策、大学生创业服务、大学生创业资金等3个创业支持要素超过50%;大学生创业教育、大学生创业文化和一般创业环境均低于50%,其中,大学生创业文化和一般创业环境相对更低,都不到30%。

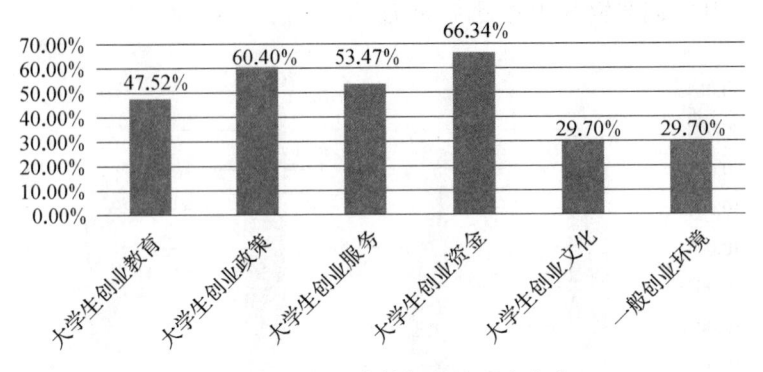

图 7-52　创业支持与环境要素占比

2. 传统技能型创业失败原因的卡方检验

(1) 传统技能型创业失败原因的多重响应分析

关于创业核心要素方面的失败原因,调查结果显示,创业者自身占24.34%,创业机会占25.09%,创业资源占29.28%,创业团队占21.29%,如图7-53。从调查结果发现,创业者自身、创业机会、创业资源和创业团队等4个创业核心要素均超过20%,其中创业机会和创业资源相对更高,超过25%。

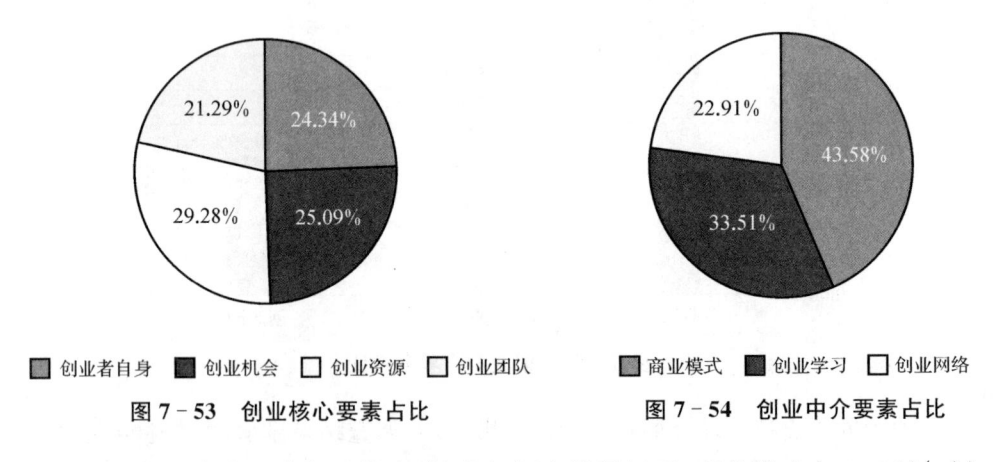

图 7-53　创业核心要素占比　　　图 7-54　创业中介要素占比

关于创业中介要素方面的失败原因,调查结果显示,商业模式占43.58%,创业学习占33.51%,创业网络占22.91%,如图7-54。从调查结果发现,商业模式和创业学习2个创业中介要素超过30%,其中商业模式相对较高,超过40%;创业网络相对偏低,只有22%左右。

关于创业支持与环境要素方面的失败原因,调查结果显示,大学生创业教育占 16.55%，大学生创业政策占 21.03%，大学生创业服务占 18.63%，大学生创业资金占 23.11%，大学生创业文化占 10.34%，一般创业环境占 10.34%，如图 7－55。从调查结果发现，大学生创业政策、大学生创业资金 2 个创业支持要素超过 20%；大学生创业文化和一般创业环境均在 10% 左右。

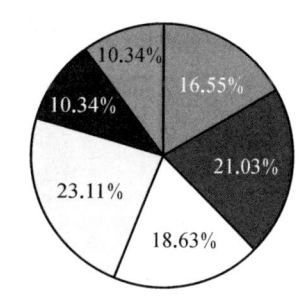

（2）传统技能型创业失败原因的卡方拟合优度检验结果

图 7－55 创业支持与环境要素占比

核心因素的卡方拟合优度检验发现，创业者自身、创业机会、创业资源、创业团队这 4 个核心要素对传统技能型创业失败的影响无显著性差异（$X^2=3.418, df=3, p=0.332>0.05$）。

中介因素的卡方拟合优度检验发现，商业模式、创业学习和创业网络 3 个中介因素对此类型创业失败的影响存在显著性差异（$X^2=11.475, df=2, p=0.003<0.05$），商业模式对传统技能型企业影响明显大于创业网络。

支持与环境因素的卡方拟合优度检验发现，大学生创业教育等 6 个支持与环境要素对此类型创业失败的影响存在显著差异（$X^2=25.103, df=5, p=0.000<0.05$），大学生创业文化和一般创业环境对传统技能型创业企业失败的影响显著小于大学生创业资金的影响。

（四）体力服务型创业失败原因的调查结果与分析

1. 体力服务型创业失败原因的描述性分析

关于核心要素方面的失败原因，调查结果显示，创业者自身占 58.82%，创业机会占 55.88%，创业资源占 58.82%，创业团队占 41.18%，如图 7－56。从调查结果发现，创业者自身、创业机会、创业资源等 3 个创业核心要素超过 50%，而且创业者自身、创业资源两者相同；创业团队相对偏低，只有 40% 左右。

图 7-56 核心要素占比

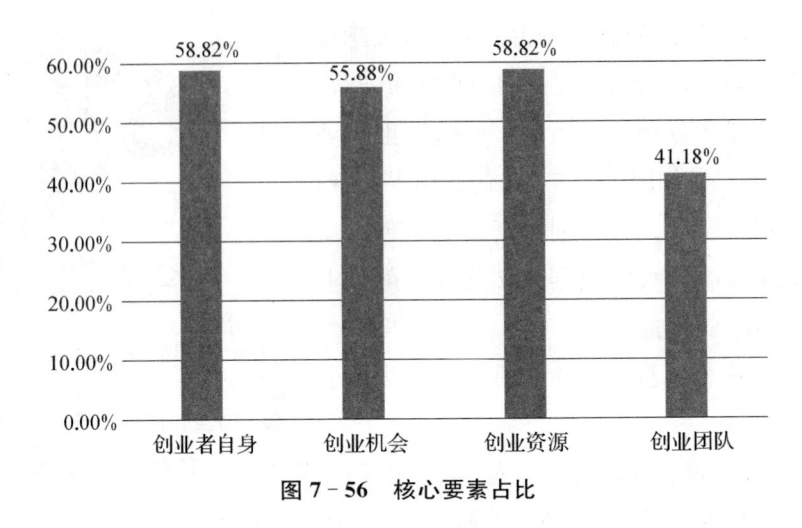

关于创业中介要素方面的失败原因，调查结果显示，商业模式占 64.71%，创业学习占 50.00%，创业网络占 38.24%，如图 7-57。从调查结果发现，商业模式和创业学习 2 个创业中介要素超过 50%，其中商业模式相对较高，超过 60%；创业网络相对偏低，不到 40%。

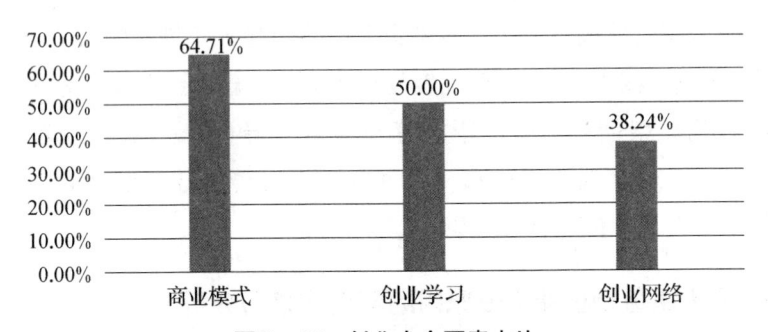

图 7-57 创业中介要素占比

关于创业支持与环境要素方面的失败原因，调查结果显示，大学生创业教育占 35.29%，大学生创业政策占 50.00%，大学生创业服务占 41.18%，大学生创业资金占 61.76%，大学生创业文化占 35.29%，一般创业环境占 26.47%，如图 7-58。从调查结果发现，大学生创业政策、大学生创业资金等 2 个创业支持要素超过 50%；大学生创业教育、大学生创业服务、大学生创业文化和一般创业环境均低于 50%，其中，大学生创业教育、大学生创业文化和一般创业环境相对更低，均低于 40%。

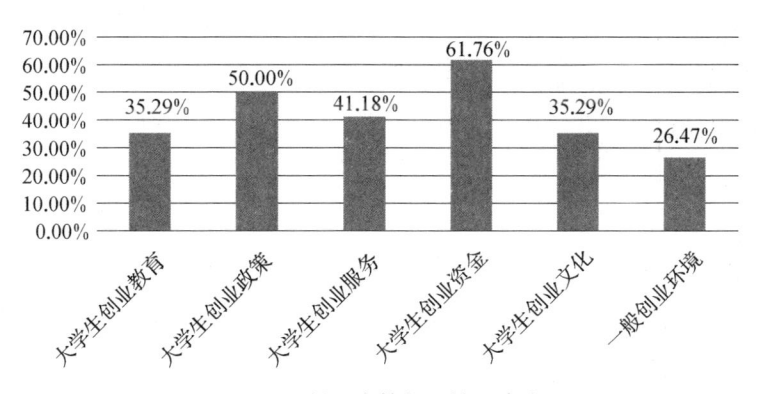

图 7－58　创业支持与环境要素占比

2. 体力服务型创业失败原因的卡方检验

（1）体力服务型创业失败原因的多重响应分析

关于创业核心要素方面的失败原因，调查结果显示，创业者自身占 27.39%，创业机会占 26.03%，创业资源占 27.40%，创业团队占 19.18%，如图 7－59。从调查结果发现，创业者、创业机会、创业资源等 3 个创业核心要素超过 25%；创业团队相对偏低，只有 20% 左右。

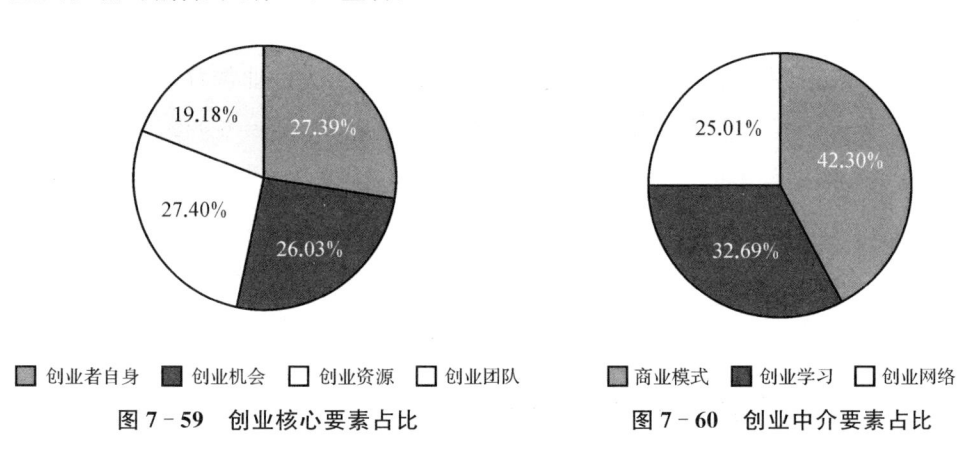

图 7－59　创业核心要素占比　　　　图 7－60　创业中介要素占比

关于创业中介要素方面的失败原因，调查结果显示，商业模式占 42.30%，创业学习占 32.69%，创业网络占 25.01%，如图 7－60。从调查结果发现，商业模式和创业学习 2 个创业中介要素超过 30%，其中商业模式相对较高，超过 40%；创业网络相对偏低，不到 30%。

关于创业支持与环境要素方面的失败原因，调查结果显示，大学生创业教育

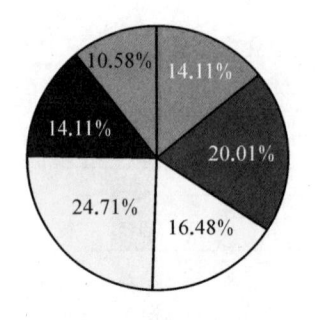

占 14.11%，大学生创业政策占 20.01%，大学生创业服务占 16.48%，大学生创业资金占 24.71%，大学生创业文化占 14.11%，一般创业环境占 10.58%，如图 7-61。从调查结果发现，大学生创业政策、大学生创业资金等 2 个创业支持要素超过 20%；大学生创业教育、大学生创业服务、大学生创业文化和一般创业环境均低于 20%。

图 7-61 创业支持与环境要素占比

（2）传统技能型创业失败原因的卡方拟合优度检验结果

核心因素的卡方拟合优度检验发现，创业者自身、创业机会、创业资源、创业团队这 4 个核心要素对体力服务型创业失败的影响无显著性差异（$X^2=1.356, df=3, p=0.716>0.05$）。

中介因素的卡方拟合优度检验发现，商业模式、创业学习和创业网络 3 个中介因素对此类型创业失败的影响无显著性差异（$X^2=2.346, df=2, p=0.309>0.05$）。

支持与环境因素的卡方拟合优度检验发现，大学生创业教育等 6 个支持与环境要素对此类型创业失败的影响也不存在显著差异（$X^2=6.412, df=5, p=0.268>0.05$）。

六、研究结论

（一）大学生创业失败的主要原因

综合对大学生创业失败原因调查结果的描述性分析和卡方拟合优度检验结果发现，核心要素、中介要素、支持与环境要素对大学生创业失败的影响程度不同，由高到低依次是核心要素、中介要素、支持与环境要素，说明核心要素是影响大学生创业成功与否的最为关键的因素；同时，核心要素、中介要素、支持与环境要素中的不同具体要素对大学生创业失败的影响程度不同。

1. 创业核心要素方面的主要原因

创业核心要素方面的失败原因相对集中在创业者自身、创业资源、创业机会和创业团队方面，其中创业者和创业资源是更为主要的原因。创业者自身方面的失败原因相对集中在社会经验不足、创业能力不强、创业知识不全、创业观念落后、创业时间和精力不够、创业素质不高等方面，其中创业者自身的社会经验不足、创业能力不强和创业知识不全是更为主要的原因。创业资源方面的失败原因相对集中在创业资金短缺、技术资源不足、物质资源匮乏、人力资源不足、组织资源不足、信息资源不畅、社会资源不足和政策资源缺乏等方面，其中创业资源方面的创业资金短缺和技术资源不足是更为主要的原因，社会资源不足和政策资源缺乏相对影响较小。创业机会方面的失败原因相对集中在创业准备不充分、项目可行性分析不足、创业项目市场推广困难、创业项目选择不当、创业项目竞争力不强、创业规划不完善等方面，其中创业准备不充分、项目可行性分析不足是更为主要的原因，创业规划不完善相对影响较小。创业团队方面的失败原因相对集中在创业团队构成比较单一、创业团队成员团队意识淡薄、创业团队成员流动性大、创业团队管理混乱等方面，其中创业团队构成比较单一、创业团队成员团队意识淡薄是更为主要的原因。

2. 创业中介要素方面的主要原因

创业中介要素方面的失败原因相对集中在商业模式、创业学习和创业网络方面，其中商业模式是更为主要的原因，创业网络相对影响较小。商业模式方面的失败原因相对集中在商业模式概念不清、商业模式与创业机会不匹配、尚未构建商业模式方面，其中商业模式概念不清、商业模式与创业机会不匹配是主要原因。创业学习方面的失败原因相对集中在创业学习资源不多、创业学习能力较弱、创业学习意识不强、创业学习方式不妥等方面，其中创业学习资源不多、创业学习能力较弱是主要原因。创业网络方面的失败原因相对集中在正式网络规模偏小、非正式网络关系单一、正式网络质量不高、非正式网络规模不广、创业企业在网络中地位低等方面，其中正式网络规模偏小、非正式网络关系单一、正式网络质量不高是主要原因。

3. 支持与环境要素方面的主要原因

创业支持要素方面的失败原因相对集中在大学生创业资金、大学生创业政策、大学生创业教育、大学生创业服务、大学生创业文化、一般创业环境等方面，其中大学生创业资金的影响相对更大些，大学生创业文化和一般创业环境的影响相对更小。大学生创业资金方面的失败原因相对集中在创业融资渠道狭窄、创业融资难、创业贷款限制多、创业贷款额度小、风险投资获得难、创业基金补贴少等方面，其中创业融资渠道狭窄、创业融资难是更为主要的原因，创业基金补贴少相对影响较小。大学生创业政策方面的失败原因相对集中在创业政策扶持力度有限、创业政策落实不到位、对创业政策了解不够、创业政策尚不完善、对创业政策利用不够等方面，其中创业政策扶持力度有限、创业政策落实不到位、对创业政策了解不够是更为主要的原因；大学生创业教育方面的失败原因相对集中在创业教育实效性不强、创业教育目标定位模糊、创业教育内容不完善、理论与实践脱节严重、缺乏有效的创业训练、创业咨询指导不够等方面，其中创业教育实效性不强、创业教育目标定位模糊是更为主要的原因，创业咨询指导不够相对影响较小。大学生创业服务方面的失败原因相对集中在创业培训咨询指导不足、缺少正确的创业引导、创业实训孵化服务不足、创业注册登记手续烦琐、社会保障服务不健全等方面，其中创业培训咨询指导不足、缺少正确的创业引导、创业实训孵化服务不足是更为主要的原因。大学生创业文化方面的失败原因相对集中在社会对创业失败宽容度低、缺乏创业冒险精神、社会大众不理解不支持、家庭亲人的不理解不支持、老师同学的不理解不支持等方面，其中社会对创业失败宽容度低、缺乏创业冒险精神是更为主要的原因，家庭亲人的不理解不支持、老师同学的不理解不支持相对影响较小。一般创业环境方面的失败原因相对集中在市场竞争激烈、新进入企业障碍多、市场环境不友好方面，这3个方面对大学生创业失败的影响都很大。

（二）不同创业阶段大学生创业失败的主要原因

综合对不同创业阶段大学生创业失败主要原因调查结果的描述性分析和卡方拟合优度检验结果发现，一方面导致创业准备阶段、创业企业设立阶段和新创企业成长阶段的大学生失败原因有一定差异；另一方面，同一创业要素导致不同创业阶段的失败情况也有一定差异。

1. 不同创业阶段的失败原因有一定差异

调查研究发现，导致创业准备阶段、创业企业设立阶段和新创企业成长阶段的大学生失败原因,部分要素比较相近,如创业机会、创业学习、大学生创业政策、大学生创业服务、大学生创业文化和一般创业环境等大学生创业要素导致3个阶段的大学生创业失败情况基本相近;但也有一定差异,导致创业准备阶段创业失败较高的创业要素:核心要素是创业者自身、创业机会、创业资源、创业团队;中介要素是商业模式、创业学习;支持要素是大学生创业教育、大学生创业政策、大学生创业服务、大学生创业资金。导致创业设立阶段创业失败较高的创业要素:核心要素是创业者自身、创业机会、创业资源;中介要素是商业模式、创业学习、创业网络;支持要素是大学生创业政策、大学生创业服务。导致新创企业成长阶段创业失败较高的创业要素:核心要素是创业者自身、创业机会、创业资源、创业团队;中介要素是商业模式、创业学习;支持要素是大学生创业资金。

2. 不同创业要素导致不同创业阶段失败的情况也有一定差异

创业核心要素方面:从问卷调查描述性分析结果看,创业者要素导致大学生创业失败率较高的创业阶段是创业准备阶段、创业企业设立阶段和新创企业成长阶段,其中创业准备阶段最高;创业机会要素导致大学生创业失败率较高的创业阶段是创业准备阶段、创业企业设立阶段和新创企业成长阶段,其中创业企业设立阶段相对较高;创业资源要素导致大学生创业失败率较高的创业阶段是创业准备阶段、创业企业设立阶段和新创企业成长阶段,其中创业准备阶段和新创企业成长阶段较高;创业团队要素导致大学生创业失败率较高的创业阶段是:创业准备阶段和新创企业成长阶段。卡方拟合优度检验结果看,核心要素中创业者自身、创业机会、创业资源、创业团队这4个具体要素对不同创业阶段的失败影响都无显著性差异。调查结果反映,这4个核心要素在整个创业过程中都具有举足轻重的作用,每一个具体要素对创业是否成功都至关重要,在每个阶段都影响新创企业的生存与发展。

创业中介要素方面:从问卷调查描述性分析结果看,商业模式要素导致大学生创业失败率较高的创业阶段是创业准备阶段、创业企业设立阶段和新创企业成长阶段,其中新创企业成长阶段最高;创业学习要素导致大学生创业失败率较高的创业阶段是创业准备阶段、创业企业设立阶段和新创企业成长阶段;创业网络要素导致大学生创业失败率较高的创业阶段是创业企业设立阶段。从卡方拟合优度检验结果看,商业模式、创业学习和创业网络3个中介因素,对创业准备阶段和新创企业成长阶段创业失败的影响存在显著差异,两个阶段均是创业网络的影响显著性小于商业模式对创业失败的影响;而对创业企业设立阶段创业失败的影响不存在显著差异。调查结果反映,创业中介要素中商业模式对大学生创业成功与否的影响至关重要,选择和调整商业模式成为影响大学生创业重要因素,尤其是在创业准备阶段和新创企业成长阶段。

创业支持与环境要素方面:从问卷调查描述性分析结果看,大学生创业教育要素导致大学生创业失败率较高的创业阶段是创业准备阶段;大学生创业政策要素导致大学生创业失败率较高的创业阶段是创业准备阶段和创业企业设立阶段;大学生创业服务要素导致大学生创业失败率较高的创业阶段是创业准备阶段和创业企业设立阶段;大学生创业资金要素导致大学生创业失败率较高的创业阶段是创业准备阶段和新创企业成长阶段。大学生创业文化和一般创业环境导致不同阶段的创业失败率均相对较低。从卡方拟合优度检验结果看,支持与环境要素的卡方拟合优度检验发现,大学生创业教育等6个支持与环境要素对创业准备阶段和新创企业成长阶段创业失败的影响存在显著差异,两个阶段均是创业资金对这一阶段影响最大,一般创业环境影响最小;而对创业企业设立阶段创业失败的影响不存在显著差异。调查结果反映,创业支持与环境要素中创业资金对大学生创业成功与否的影响至关重要,尤其是在创业准备阶段和新创企业成长阶段,这也验证了缺乏创业资金是当前大学生创业的重要障碍。

(三) 不同创业类型大学生创业失败的主要原因

综合对不同创业类型大学生创业失败主要原因调查结果的描述性分析和卡方拟合优度检验结果发现,导致科技创新型、知识服务型、传统技能型和体力服务型的大学生创业失败的原因有一定差异;此外,同一创业要素导致不同创业类型的失败情况也有一定差异。

1. 不同创业类型的失败原因有一定差异

调查研究发现,导致科技创新型、知识服务型、传统技能型和体力服务型的大学生创业失败的原因,个别要素比较相近,如创业学习、创业网络、大学生创业服务、一般创业环境等大学生创业要素导致4种类型的大学生创业失败情况基本相近,但更多是有一定差异。导致科技创新型创业失败率较高的创业要素:核心要素是创业者自身、创业机会、创业资源;中介要素是商业模式、创业学习;支持要素是创业资金、创业教育。导致知识服务型创业失败率较高的创业要素:核心要素是创业者自身、创业机会、创业资源、创业团队;中介要素是商业模式、创业学习;支持要素是创业资金、创业服务。导致传统技能型创业失败率较高的创业要素:核心要素是创业者自身、创业机会、创业资源、创业团队;中介要素是商业模式、创业学习;支持要素是创业资金、创业政策、创业服务。导致体力服务型创业失败率较高的创业要素:核心要素是创业者自身、创业机会、创业资源;中介要素是商业模式、创业学习;支持要素是创业政策、创业资金。

2. 不同创业要素导致不同创业类型的失败情况也有一定差异

创业核心要素方面:从问卷调查描述性分析结果看,创业者要素导致大学生创业失败率较高的创业类型是科技创新型、知识服务型、传统技能型和体力服务型,其中科技创新型最高;创业机会要素导致大学生创业失败率较高的创业类型是科技创新型、知识服务型、传统技能型和体力服务型,其中传统技能型最高;创业资源要素导致大学生创业失败率较高的创业类型是科技创新型、知识服务型、传统技能型和体力服务型;创业团队要素导致大学生创业失败率较高的创业类型是知识服务型、传统技能型。从卡方拟合优度检验结果看,核心要素中创业者自身、创业机会、创业资源、创业团队这4个具体要素对不同创业类型的失败影响都无显著性差异。调查结果反映,这4个核心要素对不同类型创业均有重要的影响作用,每一个具体要素对创业是否成功都至关重要。

创业中介要素方面:从问卷调查描述性分析结果看,商业模式要素导致大学生创业失败率较高的创业类型是科技创新型、知识服务型、传统技能型和体力服务型,其中传统技能型很高;创业学习要素导致大学生创业失败率较高的创业类型是科技创新型、知识服务型、传统技能型和体力服务型;创业网络要素导致不同类型的创业失败率均相对较低。从卡方拟合优度检验结果看,商业模式、创业学习和创业网络3个中介因素,对科技创新型、知识服务型和体力服务型创业失败的影响不存在显著差异;而对传统技能型创业失败的影响存在显著差异,商业模式对传统技能型创业影响明显大于创业网络。调查结果反映,3个中介要素对科技创新型、知识服务型和体力服务型创业的影响都很重要;对于传统技能型创业,商业模式更为重要,创业网络影响相对要小,因此,传统技能型的创业者在选择商业模式时需要更加慎重。

创业支持与环境要素方面：从问卷调查描述性分析结果看，大学生创业资金要素导致大学生创业失败率较高的创业类型是科技创新型、知识服务型、传统技能型、体力服务型；大学生创业政策要素导致大学生创业失败率较高的创业类型是传统技能型；大学生创业教育要素导致大学生创业失败率较高的创业类型是科技创新型；大学生创业服务要素导致大学生创业失败率较高的创业类型是知识服务型、传统技能型；大学生创业文化要素和一般创业环境导致不同类型的创业失败均相对较低。从卡方拟合优度检验结果看，大学生创业教育等6个支持与环境要素对科技创新型、知识服务型、传统技能型创业失败的影响存在显著差异，但显著差异具体情况不同，科技创新型的大学生创业教育的影响更显著，知识服务型和传统技能型同样是大学生创业资金的影响更显著；而对体力服务型创业失败的影响不存在显著差异。调查结果反映，不同的创业支持与环境要素对科技创新型、知识服务型、传统技能型创业影响有一定差异，但对体力服务型创业没有显著差异，如何根据大学生创业者自己拥有的和可以开发利用的支持条件选择合适的创业类型，对大学生创业成功与否也非常重要。

第八章 大学生创业失败的效应

与一般社会人士的创业失败不同,大学生创业失败不仅对创业失败大学生产生重要影响,对创业失败大学生家庭、潜在创业大学生、高校、政府以及其他社会主体也会产生一定的影响。早期研究对创业失败持消极态度,但随着研究的深入,学者们对创业失败的态度也从消极转为积极,开始关注创业失败的积极影响。本研究在科学界定大学生创业失败效应的概念内涵上,通过问卷调查分析大学生创业失败对不同社会主体产生的效应,并从积极效应和消极效应角度具体分析大学生创业失败对不同主体产生的积极影响与消极影响。

一、概念内涵、主要分类与研究述评

(一) 大学生创业失败效应的概念内涵

效应(Effect),在有限环境下,一些因素和一些结果构成的一种因果现象,多用于对一种自然现象和社会现象的描述。效应一词使用的范围较广,并不一定指严格的科学定理、定律中的因果关系。物理的或化学的作用所产生的效果,如光电效应、热效应、化学效应等;或是对初始条件敏感性的一种依赖现象,如蝴蝶效应;药物引起的机体生理生化功能或形态的变化也称为效应。本研究中的效应是指社会学意义上的效应,即社会事件对社会产生的效果、反映和影响,泛指某个人物的言行或某种事物的发生、发展在社会上所引起的反应和效果。借鉴社会学的解释,本研究认为大学生创业失败效应,即指大学生创业失败对创业失败大学生、其他创业大学生和潜在创业大学生,以及对创业失败大学生家庭、高校、政府、创业服务机构和社会产生的影响。

（二）大学生创业失败效应的主要分类

效应按不同的分类标准，可分为不同类型，如积极效应和消极效应（或正面效应和负面效应）、直接效应和间接效应、显性效应和隐性效应；或分为心理效应、社会效应和经济效应等。大学生创业失败效应按不同的分类标准也可分为不同类型：如按照作用的影响性质，可以分为正面效应和负面效应（或积极效应和消极效应）；按照作用的影响方式，可以分为直接效应和间接效应；按照作用的时间长短，可以分为短期效应与长期效应；等等。本研究主要研究大学生创业失败对不同作用对象产生的积极效应和消极效应，根据上文关于效应的概念界定，积极效应主要是指创业失败对作用对象的积极影响，消极效应主要是指创业失败对作用对象的消极影响。

（三）大学生创业失败效应的相关研究

大学生创业失败对创业失败大学生产生的效应研究。一是研究者们对创业失败持消极态度。Smita等（2007）认为创业失败对创业者本身有经济方面（负债）、心理方面（伤心、焦虑、忧心与沮丧、感到自卑等）、身体方面（失眠、体重下降，甚至变得消瘦）、社会关系方面（社会地位降低，与朋友之间的关系僵化）等四个方面的影响[1]。Ucbasaran等（2013）提出创业失败产生的财务成本、心理成本和社会成本会影响创业者的日常生活[2]。蒋才良（2016）认为大学生创业失败对创业大学生产生财务损失、心理损失、生理损失等多重影响[3]。陈忠卫（2018）认为大学生创业失败不仅对创业大学生产生经济上的损失，还会造成心理和社会关系方面的影响，如降低创业者的自我效能感、打压创业者的自信心和自尊心以及使其与他人的关系出现危机等[4]。林刚和刘芳（2020）认为大学生创业失败

---

[1] Smita, S., Patricia, C., Kathryn, P. "Coping with entrepreneurial failure", *Journal of Management & Organization*, 2007(4).
[2] Ucbasaran, D., Shepherd, D. A., Lockett, A., et al. "Life after business failure: The process and consequences of business failure for entrepreneurs", *Journal of Management*, 2013(1).
[3] 蒋才良:《基于创业失败视角的逆商教育课程体系设计——以义乌工商学院为例》，《高教学刊》2016年第10期。
[4] 陈忠卫:《知行统一路:大学生创业案例与创新创业教育研究（2016—2017）》，经济管理出版社，2018年，第133—134页。

后,往往对其产生重大经济损失、人际关系危机、个人自我价值感降低、核心信念冲击、内在心理资源损耗以及身体健康损伤等影响,导致其产生持续或极端严重的心理失衡[1]。二是有研究者对创业失败持积极态度。Shepherd(2003)认为若创业者能从失败中学习,那么这将会有利于创业者提升能力,获取知识,有利于后续创业[2]。叶丹容和谢雅萍(2016)认为创业失败能使大学生树立理性创业意识,打消盲目自信的创业观念;引导大学生从失败经验中学习,提升资源整合能力、挫折承受能力等创业关键技能[3]。三是也有研究者认为创业失败既有消极影响,也有积极影响。徐永波(2016)认为创业失败是一个尴尬的、痛苦的、具有极大破坏性的经历和过程,它使创业者丧失自信、陷入经济困境、背负心理阴影,乃至一蹶不振甚至放弃生命;但与此同时,创业失败也是一个正常的、积极的、具有正能量的经历和过程[4]。

大学生创业失败对其他不同社会主体产生的效应研究。关于创业失败对不同社会主体影响的研究,学者们的研究相对较少。关于大学生创业失败对不同社会主体影响的研究也不多,丁桂凤等(2019)认为创业失败后,创业者往往会遭遇亲人的排斥与孤立、创业伙伴终止合作关系等,创业失败还会给创业者及家人带来污名的威胁[5]。朱伟峰和杜刚(2020)研究认为大学生创业失败不仅对大学生个人今后的生活和发展产生影响,对家庭、社会、国家也会产生影响,其中对创业失败大学生家庭会产生一定的直接负面影响。大学生创业失败对社会的影响是潜在的、间接的,从长远影响看大学生创业失败影响到国家创新驱动战略的实施成效[6]。张永强等(2022)调查研究发现相较于未曾创业失败的家庭,有过创业失败经历的家庭进行创业的概率高出前者4.09%,创业绩效高出前者4.83%,并且创业失败家庭再次创业时会投入更多资产与家庭劳动力[7]。

在"大众创业、万众创新"的背景下,大学生是大众创业的重要群体,也是一

---

[1] 林刚、刘芳:《创业失败大学生创伤后成长的教育促进策略》,《高校教育管理》2020年第6期。
[2] Shepherd, D. A. "Learning from business failure: Propositions of grief recovery for the self-employed", *Academy of Management Review*, 2003(2).
[3] 叶丹容、谢雅萍:《失败教育对大学生创业能力的影响》,《江苏科技信息》2016年第16期。
[4] 徐永波:《基于创业失败学习视角的大学生创业教育新模式研究》,《兰州教育学院学报》2016年第3期。
[5] 丁桂凤、李伟丽、孙瑾等:《小微企业创业失败成本对创业失败学习的影响——内疚的中介作用》,《研究与发展管理》2019年第4期。
[6] 朱伟峰、杜刚:《大学生创业失败与政府托底服务研究》,《合作经济与科技》2020年第5期。
[7] 张永强、吴广昊、田媛:《创业失败、再创业决策与再创业绩效》,《南方经济》2022年第7期。

类特殊群体，由于主客观原因，大学生创业失败率偏高，与一般社会人士的创业失败不同，大学生创业失败不仅对创业失败大学生产生重要影响，对其他创业大学生和潜在创业大学生，以及对创业失败大学生家庭、高校、政府、创业服务机构（包括创业中介机构、孵化机构、银行等金融机构等社会组织）和社会也产生影响。

二、调查研究设计

（一）问卷调查情况

根据前文研究结果，本研究对大学生创业失败影响对象进行了分类：

一类是大学生，包括创业失败大学生、在创业大学生和潜在创业大学生。本研究的《关于大学生创业的调查问卷》中设计了"大学生创业失败的影响"相关问题，问题设计根据创业失败大学生、在创业大学生和潜在创业大学生等 3 类不同对象有所差异。本研究分析了 5 403 位潜在创业大学生、299 位在创业学生和 313 位具有 1 次及以上创业失败经历大学生的问题调查情况。

另一类其他社会主体，包括大学生家庭、高校、政府、创业服务机构和社会。综合文献研究和访谈者观点，本研究编制了《关于大学生创业失败影响的调查问卷》（调查对象：社会人士），问卷内容根据大学生家庭、高校、政府、创业服务机构和社会等 5 类不同对象有所差异。本研究分析了 440 位大学生家长，199 位高校教师，86 位政府、事业单位人员，65 位创业服务机构人员，388 位其他社会人士的问题调查情况。

（二）数据处理方法

本研究首先统计调查对象的人口学信息，然后对各题目中每个选项进行描述性分析，统计各个选项被选择的占比。

为研究大学生创业失败对不同对象影响程度是否存在差异，对不同类型大学生和不同社会主体分别进行方差分析。首先将不同的群体进行组别编码，如："创业失败大学生"为 1，"在创业大学生"为 2，"潜在创业大学生"为 3，为了进行方差分析，将选项中"影响较大""有些影响""有点影响""没有影响"分别赋值为

"3、2、1、0"。同理,对其他社会主体的不同群体进行组别编码。然后根据方差同质性检验结果探讨方差分析的结果,若方差同质,则直接查看方差分析结果;若方差不同质,则用 Welch 近似 F 检验。最后根据方差分析结果判断是否需要事后多重检验。

由于"积极影响""消极影响""既有积极影响又有消极影响"并不属于连续变量,所以在研究大学生创业失败对不同类型大学生、不同社会主体影响性质是否存在差异时,分别对不同类型大学生、不同社会主体的影响性质进行了卡方检验;最后按照卡方检验的结果详细探讨群体间的差异。

三、大学生创业失败对不同影响对象产生效应的调查结果与分析

(一) 大学生创业失败对不同类型大学生产生效应的调查结果与分析

1. 大学生创业失败对不同类型大学生产生效应的调查结果的描述性分析

(1) 大学生创业失败对创业失败大学生自身影响的调查结果

关于大学生创业失败对创业失败大学生自身的影响程度,调查结果显示,选择影响较大的占 18.85%,有些影响的占 38.02%,有点影响的占 31.63%,没有影响的占 11.50%,如图 8-1。调查结果反映,接近 60% 的创业失败大学生调查对象认为创业失败对自己的影响较大和有些影响,说明大学生创业失败对创业失败大学生的影响是比较大的。

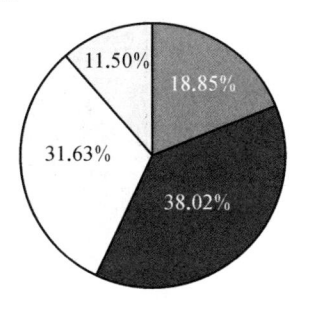

图 8-1 对创业失败大学生自身的影响程度

关于大学生创业失败对创业失败大学生自身的影响性质，调查结果显示，选择积极影响的占26.35%，消极影响的占16.25%，既有积极影响也有消极影响的占57.4%，如图8-2。对选择既产生积极影响也产生消极影响的对象进一步调查，结果显示，选择积极影响比消极影响大的占29.56%，消极影响比积极影响大的占14.47%，两种影响差不多的占55.97%，如图8-3。调查结果反映，创业失败对创业失败大学生的积极影响相对消极影响明显较大。

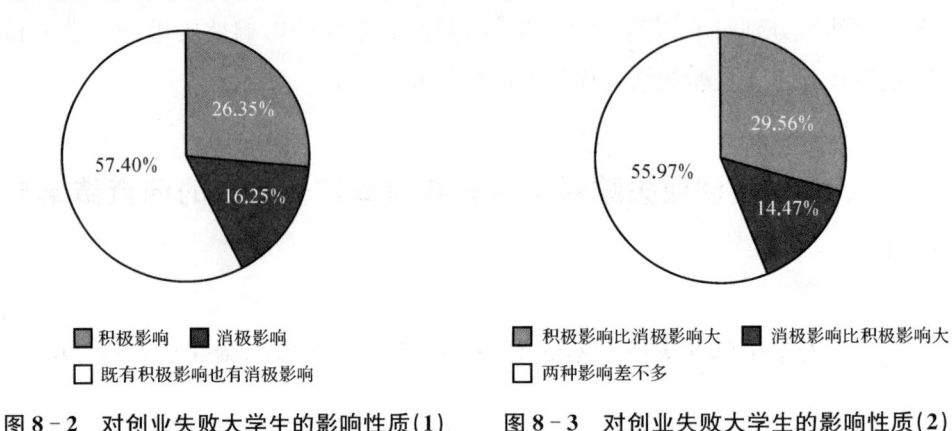

图8-2　对创业失败大学生的影响性质(1)　　**图8-3　对创业失败大学生的影响性质(2)**

（2）大学生创业失败对其他创业大学生影响的调查结果

关于大学生创业失败对其他创业大学生的影响程度，调查结果显示，选择影响较大的占15.05%，有些影响的占38.46%，有点影响的占32.11%，没有影响的占14.38%，如图8-4。调查结果反映，超过60%的创业大学生调查对象认为其他大学生的创业失败对自己有些影响和有点影响，15%左右调查对象认为没有什么影响，说明大学生创业失败对其他创业学生有一定影响。

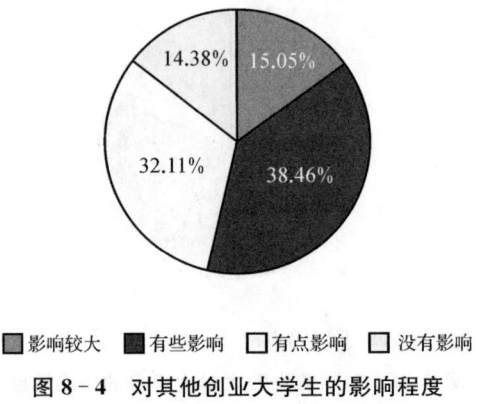

图8-4　对其他创业大学生的影响程度

关于大学生创业失败对其他创业大学生的影响性质，调查结果显示，选择积极影响的占 23.82%，消极影响的占 14.07%，既有积极影响也有消极影响的占 62.11%，如图 8-5。对既产生积极影响也产生消极影响的对象进一步调查，结果显示，选择积极影响比消极影响大的占 36.48%，消极影响比积极影响大的占 15.72%，两种影响差不多的占 47.80%，如图 8-6。调查结果反映，创业失败对其他创业大学生的积极影响相对消极影响明显较大。

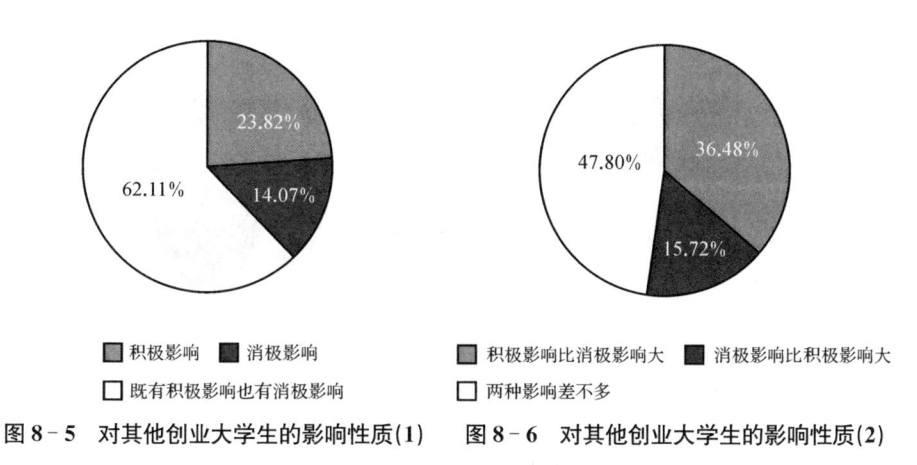

图 8-5 对其他创业大学生的影响性质(1)　　图 8-6 对其他创业大学生的影响性质(2)

(3) 大学生创业失败对潜在创业大学生影响的调查结果

关于大学生创业失败对潜在创业大学生的影响程度，调查结果显示，选择影响较大的占 12.10%，有些影响的占 38.35%，有点影响的占 27.82%，没有影响的占 21.73%，如图 8-7。调查结果反映，50% 的潜在创业大学生调查对象认为其他大学生的创业失败对自己的影响较大或有些影响。

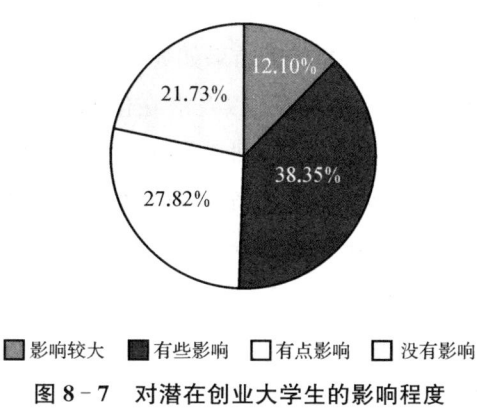

图 8-7 对潜在创业大学生的影响程度

关于大学生创业失败对其他创业大学生的影响性质,调查结果显示,选择积极影响的占 5.72%,消极影响的占 13.03%,既有积极影响也有消极影响的占 81.25%,如图 8-8。对既产生积极影响也产生消极影响的对象进一步调查结果显示,选择积极影响比消极影响大的占 20.61%,消极影响比积极影响大的占 22.18%,两种影响差不多的占 57.22%,如图 8-9。调查结果反映,创业失败对潜在创业大学生的消极影响比积极影响略大。

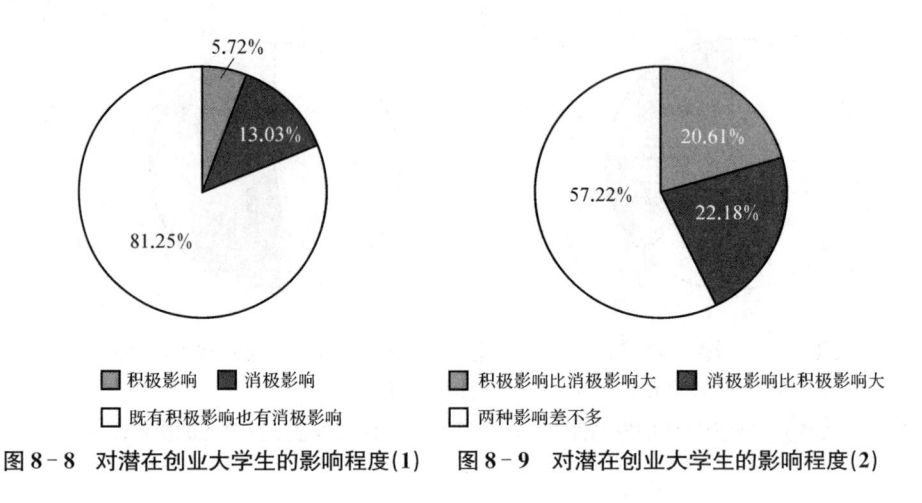

图 8-8 对潜在创业大学生的影响程度(1)　　图 8-9 对潜在创业大学生的影响程度(2)

2. 大学生创业失败对不同类型大学生产生效应调查结果的比较分析

(1) 大学生创业失败对不同类型大学生影响程度的比较分析

为研究大学生创业失败对不同类型大学生的影响程度是否存在差异,对创业失败大学生、在创业大学生和潜在创业大学生的影响程度进行方差分析。采用 SPSS 26.0 版本进行分析,结果显示,方差同质性检验<0.05,说明方差不同质,采用 Welch 近似 F 检验,方差分析结果如表 8-1,结果显示大学生创业失败对创业失败大学生自身、在创业大学生以及潜在创业大学生的影响存在显著差异。进行事后多重检验得出,大学生创业失败对创业失败大学生的影响显著大于潜在创业大学生,大学生创业失败对在创业大学生的影响也显著大于潜在创业大学生;但是大学生创业失败对创业失败大学生的影响与对在创业大学生的影响无显著差异,如表 8-2。

表 8-1　不同类型大学生影响程度方差分析结果

变量	组别	个案数	平均值	标准偏差	F	sig
影响程度	创业失败大学生	313	1.64	0.916	11.981	0.000
	在创业大学生	299	1.54	0.916	—	—
	潜在创业大学生	5 403	1.41	0.958	—	—

表 8-2　不同类型大学生之间多重检验结果

(I)组别	(J)组别	平均值差值(I-J)	标准错误	显著性
创业失败大学生	在创业大学生	.100	0.074	0.440
	潜在创业大学生	.234*	0.053	0.000
在创业大学生	创业失败大学生	-.100	0.074	0.440
	潜在创业大学生	.134*	0.055	0.044
潜在创业大学生	创业失败大学生	-.234*	0.053	0.000
	在创业大学生	-.134*	0.055	0.044

(2) 大学生创业失败对不同类型大学生影响性质的比较分析

为研究大学生创业失败对不同类型大学生的影响性质是否存在差异,对不同类型大学生的影响性质进行了卡方检验分析。卡方检验结果如下,创业失败大学生、在创业大学生和潜在创业大学生在影响性质上存在差异($X^2=18.113$, $df=4$, $p<0.05$),进一步分析发现,创业失败大学生和在创业大学生在影响性质上不存在显著差异($X^2=0.418$, $df=2$, $p>0.05$);创业失败大学生和潜在创业大学生在影响性质上存在显著差异,尤其在积极影响和既有积极影响又有消极影响上存在显著差异($X^2=16.98$, $df=2$, $p<0.05$),具体体现为创业失败大学生比潜在创业大学生更多地认为创业失败产生积极影响;潜在创业大学生更多地认为创业失败既有积极影响又有消极影响。在创业大学生和潜在创业大学生在积极影响和既有积极影响又有消极影响上也存在显著差异($X^2=13.362$, $df=2$, $p<0.05$),具体体现在更多的创业大学生认为创业失败是有积极影响的,潜在创业大学生更多地强调创业失败既有积极影响又有消极影响。

对选择"既有积极影响又有消极影响"的学生进一步调查,进行卡方检验,调查结果显示,创业失败大学生、在创业大学生和潜在创业大学生在影响性质上不存在显著差异($X^2=6.838$, $df=4$, $p>0.05$)。

（二）大学生创业失败对不同社会主体产生效应的调查结果与分析

1. 大学生创业失败对不同社会主体产生效应的调查结果的描述性分析

（1）大学生创业失败对大学生创业者家庭影响的调查结果

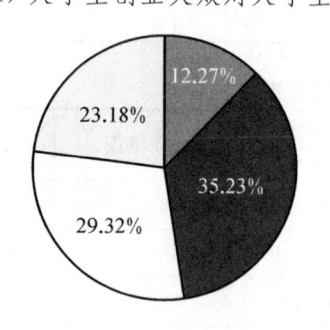

关于大学生创业失败对大学生创业者家庭的影响程度，调查结果显示，选择影响较大的占12.27%，有些影响的占35.23%，有点影响的占29.32%，没有影响的占23.18%，如图8-10。调查结果反映，超过70%的调查对象认为大学生创业失败对创业失败大学生家庭存在影响，认为没有影响的占20%左右，说明大学生创业失败对创业失败大学生家庭的影响是比较大的。

图8-10　对创业失败大学生家庭的影响程度

关于大学生创业失败对大学生创业者家庭的影响性质，调查结果显示，选择积极影响的占9.17%，消极影响的占24.56%，既有积极影响也有消极影响的占66.27%，如图8-11。对既产生积极影响也产生消极影响的对象进一步调查，结果显示，选择积极影响比消极影响大的占8.93%，消极影响比积极影响大的占18.75%，两种影响差不多的占72.32%，如图8-12。调查结果反映，大学生创业失败对创业失败大学生家庭产生消极影响相对较大。

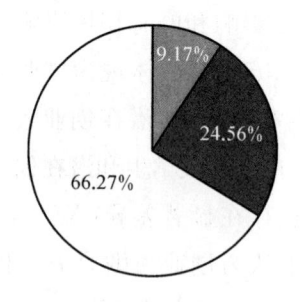

图8-11　对创业失败大学生家庭的影响性质(1)

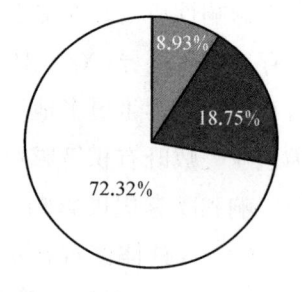

图8-12　对创业失败大学生家庭的影响性质(2)

(2) 大学生创业失败对高校影响的调查结果

关于大学生创业失败对高校的影响程度，调查结果显示，选择影响较大的占10.05%，有些影响的占36.68%，有点影响的占33.67%，没有影响的占19.60%，如图8-13。调查结果反映，接近70%的调查对象认为大学生创业失败对高校有影响，说明大学生创业失败对高校还是存在影响的。

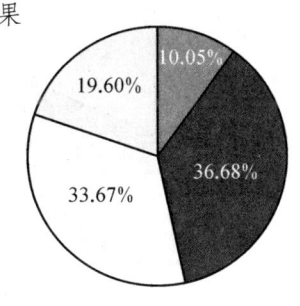

图8-13 对高校的影响程度

关于大学生创业失败对高校的影响性质，调查结果显示，选择积极影响的占6.25%，消极影响的占26.25%，既有积极影响也有消极影响的占67.50%，如图8-14。对既产生积极影响也产生消极影响的对象进一步调查，结果显示，选择积极影响比消极影响大的占10.19%，消极影响比积极影响大的占17.59%，两种影响差不多的占72.22%，如图8-15。调查结果反映，大学生创业失败对高校的影响是消极影响略高于积极影响。

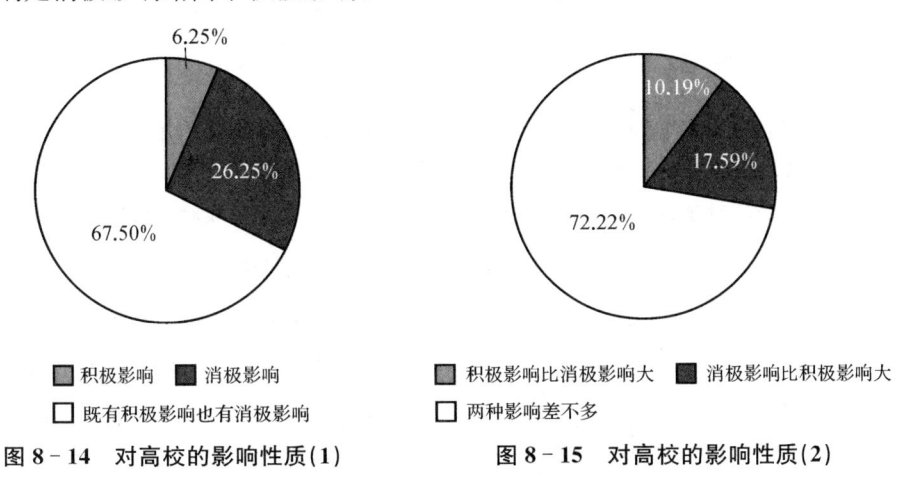

图8-14 对高校的影响性质(1)

图8-15 对高校的影响性质(2)

(3) 大学生创业失败对政府影响的调查结果

关于大学生创业失败对政府的影响程度，调查结果显示，选择影响较大的占18.60%，有些影响的占34.88%，有点影响的占27.92%，没有影响的占18.60%，如图8-16。调查结果反映，超过50%的调查对象认为大学生创业失败对政府有些影响和影响较大，说明大学生创业失败也对政府产生影响。

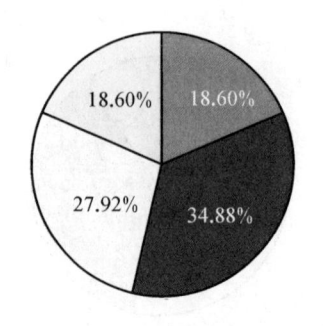

图 8-16 对政府的影响程度（影响较大 18.60%，有些影响 34.88%，有点影响 27.92%，没有影响 18.60%）

关于大学生创业失败对政府的影响性质，调查结果显示，选择积极影响的占11.43%，消极影响的占21.42%，既有积极影响也有消极影响的占67.15%，如图8-17。对既产生积极影响也产生消极影响的对象进一步调查，结果显示，选择积极影响比消极影响大的占10.64%，消极影响比积极影响大的占17.02%，两种影响差不多的占72.34%，如图8-18。调查结果反映，大学生创业失败对政府的消极影响比积极影响大。

图 8-17 对政府的影响性质(1)（积极影响 11.43%，消极影响 21.42%，既有积极影响也有消极影响 67.15%）

图 8-18 对政府的影响性质(2)（积极影响比消极影响大 10.64%，消极影响比积极影响大 17.02%，两种影响差不多 72.34%）

（4）大学生创业失败对创业服务机构影响的调查结果

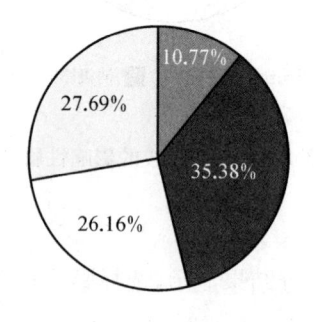

关于大学生创业失败对创业服务机构的影响程度，调查结果显示，选择影响较大的占10.77%，有些影响的占35.38%，有点影响的占26.16%，没有影响的占27.69%，如图8-19。调查结果反映，大学生创业失败对创业服务组织有些影响和有点影响的占比不到50%，说明大学生创业失败对创业服务机构有影响但程度不大。

图 8-19 对创业服务机构的影响程度（影响较大 10.77%，有些影响 35.38%，有点影响 26.16%，没有影响 27.69%）

关于大学生创业失败对创业服务机构的影响性质，调查结果显示，选择积极影响的占 4.26%，消极影响的占 29.78%，既有积极影响也有消极影响的占 65.96%，如图 8-20。对既产生积极影响也产生消极影响的对象进一步调查，结果显示，选择积极影响比消极影响大的占 9.68%，消极影响比积极影响大的占 16.13%，两种影响差不多的占 74.19%，如图 8-21。调查结果反映，大学生创业失败对创业服务机构消极影响相对较大。

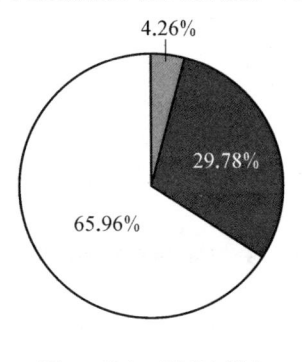

图 8-20 对创业服务机构的影响性质(1)

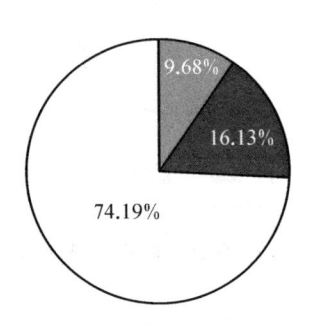

图 8-21 对创业服务机构的影响性质(2)

（5）大学生创业失败对社会影响的调查结果

关于大学生创业失败对社会的影响程度，调查结果显示，选择影响较大的占 7.40%，有些影响的占 32.54%，有点影响的占 34.32%，没有影响的占 25.74%，如图 8-22。调查结果反映，超过 50% 的调查对象认为大学生创业失败对社会有点影响和没有影响，说明大学生创业失败对社会影响程度相对较小。

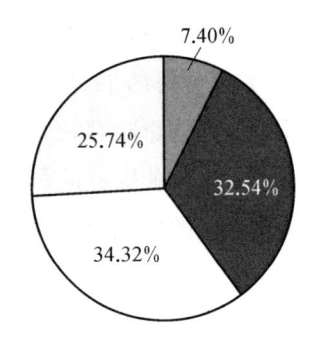

图 8-22 对社会的影响程度

关于大学生创业失败对社会的影响性质，调查结果显示，选择积极影响的占 9.96%，消极影响的占 26.69%，既有积极影响也有消极影响的占 63.35%，如图 8-23。对既产生积极影响也产生消极影响的对象进一步调查，结果显示，选择积极影响比消极影响大的占 16.98%，消极影响比积极影响大的占 12.58%，两种影响差不多的占70.44%,如图8-24。调查结果反映,大学生创业失败对社会的消极影响比积极影响相对较高。

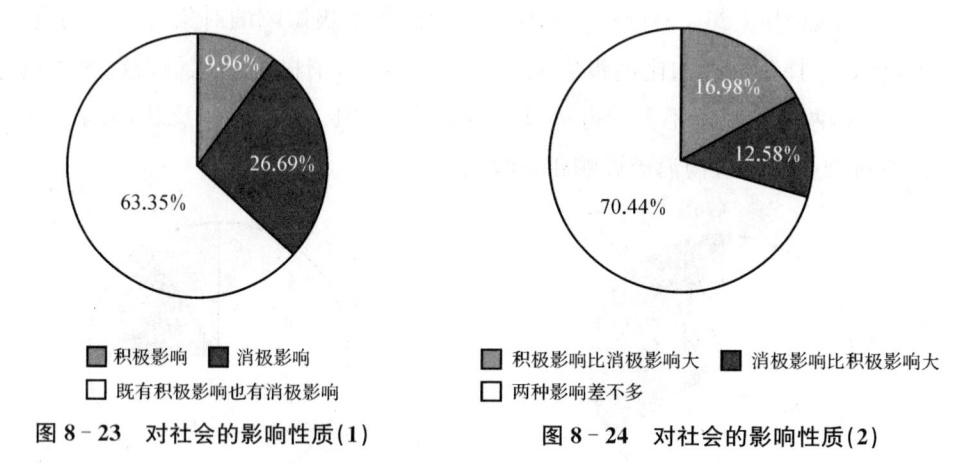

图8-23 对社会的影响性质(1)

图8-24 对社会的影响性质(2)

2. 大学生创业失败对不同社会主体产生效应的调查结果的比较分析

（1）大学生创业失败对不同社会主体影响程度的比较分析

为进一步研究大学生创业失败经历对不同社会主体的影响程度是否存在差异,对大学生创业者家庭、高校、政府、创业服务机构、社会等5类主体进行方差分析。采用SPSS 26.0版本进行分析,结果显示,方差同质性检验＞0.05,说明方差同质,方差分析结果如表8-1, $p<0.05$,结果显示大学生创业失败经历对不同的社会群体的影响存在显著差异。进行事后多重检验得出,大学生创业失败经历对大学生创业家庭的影响显著大于对社会人士的影响,同时,大学生创业失败经历对政府的影响也显著大于对社会人士的影响,如表8-3。

表8-3 不同社会主体影响程度方差分析结果

变量	组别	个案数	平均值	标准偏差	F	sig
影响程度	家庭	440	1.37	0.971	2.509	0.040
	高校	199	1.37	0.911	—	—
	政府	86	1.53	1.002	—	—
	创业服务机构	65	1.29	0.996	—	—
	社会	338	1.22	0.914	—	—

(2)大学生创业失败对不同类型大学生影响程度的比较分析

为进一步研究大学生创业失败经历对不同社会主体的影响性质是否存在差异,对不同社会主体进行了卡方检验分析(见表8-4),家庭、高校、服务机构、政府、社会这5类群体在影响性质上不存在差异($X^2=6.121, df=8, p>0.05$)。

表8-4 不同社会主体之间多重检验结果

(I)组别	(J)组别	平均值差值(I-J)	标准错误	显著性
家庭	高校	−0.006	0.081	0.941
	创业服务机构	0.074	0.126	0.559
	政府	−0.169	0.112	0.131
	社会	.150*	0.069	0.029
高校	家庭	0.006	0.081	0.941
	创业服务机构	0.08	0.135	0.557
	政府	−0.163	0.122	0.183
	社会	0.156	0.085	0.066
政府	家庭	0.169	0.112	0.131
	高校	0.163	0.122	0.183
	创业服务机构	0.243	0.156	0.12
	社会	.319*	0.114	0.005
创业服务机构	家庭	−0.074	0.126	0.559
	高校	−0.08	0.135	0.557
	政府	−0.243	0.156	0.12
	社会	0.076	0.128	0.552
社会	家庭	−.150*	0.069	0.029
	高校	−0.156	0.085	0.066
	创业服务机构	−0.076	0.128	0.552
	政府	−.319*	0.114	0.005

对选择"既有积极影响又有消极影响"的社会群体进一步调查,了解积极影响和消极影响的比重,进行卡方检验,调查结果显示,大学生创业者家庭、高校、政府、创业服务机构、社会在影响性质上同样不存在显著差异($X^2=5.002, df=8, p>0.05$)。

四、大学生创业失败对不同影响对象产生的积极效应与消极效应调查结果

（一）大学生创业失败对不同类型大学生产生的积极效应与消极效应

1. 大学生创业失败对创业失败大学生产生的积极效应与消极效应

关于大学生创业失败对创业失败大学生产生的积极效应，调查结果显示，选择有利于增强创业失败学习能力的占41.52%，有利于提升创业失败管理能力的占36.46%，有利于增强心理调节和承受能力的占35.74%，有助于培养良好的创业意志品格的占32.85%，有助于增强社会责任感的占22.74%，可以积累更多的社会实践经验的占48.01%，可以为后续创业积累创业经验的占49.82%，有利于更理性看待创业、打消盲目自信创业念头的占64.26%，有利于及时调整创业方向或停止创业从而及时止损的占57.04%，可以积累一定人脉等社会资源的占50.18%，如图8-25。

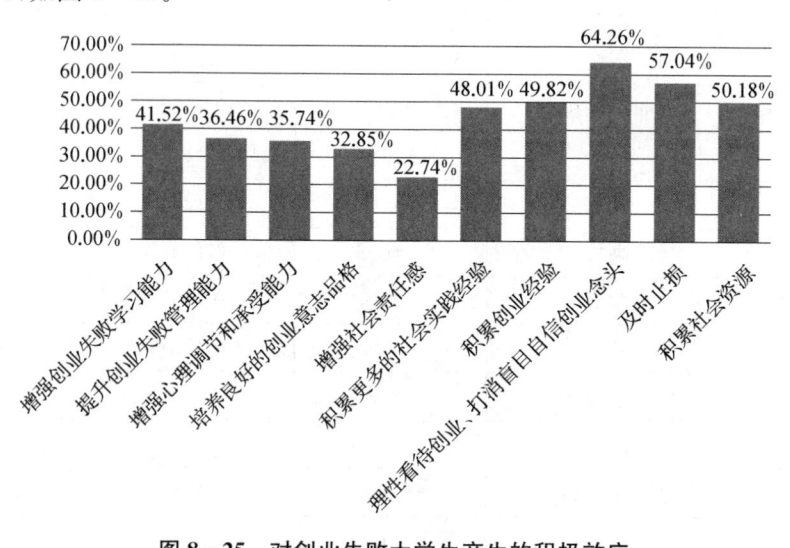

图8-25 对创业失败大学生产生的积极效应

关于大学生创业失败对创业失败大学生产生的消极效应，调查结果显示，选择造成一定的经济损失的占57.76%，造成不同程度的心理创伤的占41.52%，打击创业积极性的占42.60%，降低再创业意愿的占36.46%，人际关系方面产生一定

的负面影响的占 33.21%，因贷款偿还等问题影响大学生的信誉和未来生活的占 14.44%，影响学业完成的占 18.05%，影响就业或升学的占 15.52%，如图 8-26。

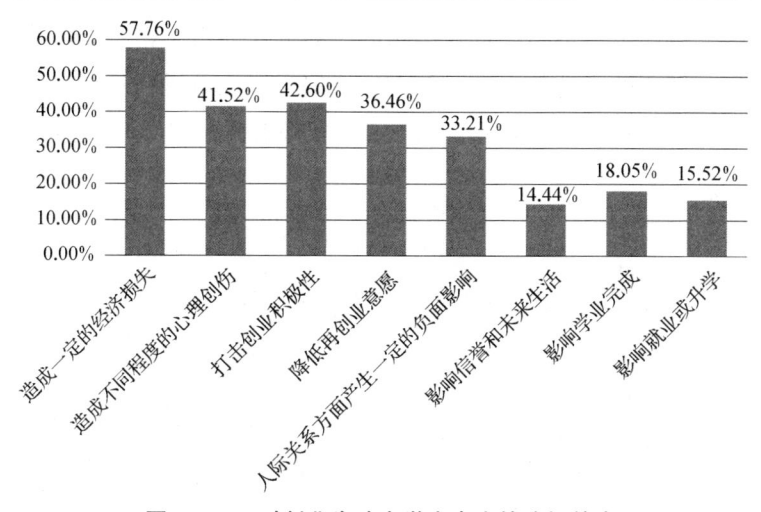

图 8-26　对创业失败大学生产生的消极效应

2. 大学生创业失败对其他创业大学生产生的积极效应与消极效应

关于大学生创业失败对其他创业大学生产生的积极效应，调查结果显示，选择有助于增强创业风险意识的占 78.32%，有助于培养良好的创业意志品格的占 34.56%，可以吸收他人创业失败的经验的占 63.62%，更理性看待创业、打消盲目自信创业的念头的占 63.11%，有利于及时调整创业方向或停止创业从而及时止损的占 55.92%，如图 8-27。

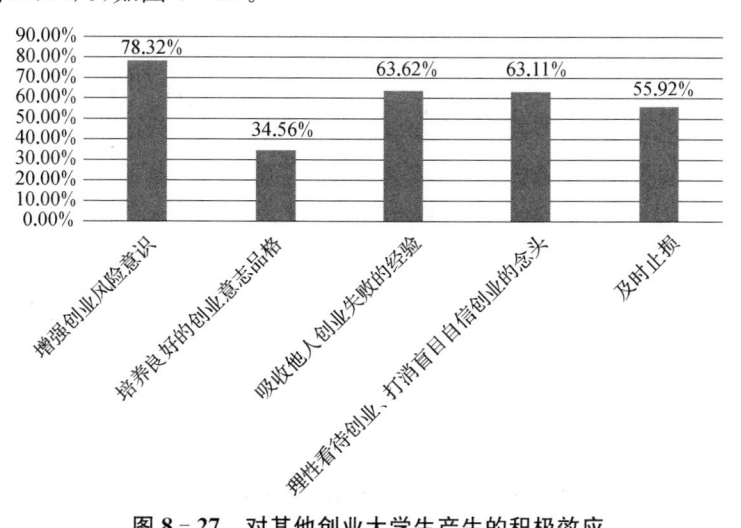

图 8-27　对其他创业大学生产生的积极效应

关于大学生创业失败对其他创业大学生产生的消极效应，调查结果显示，选择打击创业积极性的占 49.90%，降低再创业意愿的占 43.50%，对创业产生害怕和畏惧心理的占 50.53%，影响创业团队成员的选择的占 43.42%，影响家庭和亲朋好友对自己创业的支持的占 52.06%，影响银行等金融机构对自己创业的支持的占 42.00%，影响创业服务机构对自己创业的支持的占 32.34%，如图 8-28。

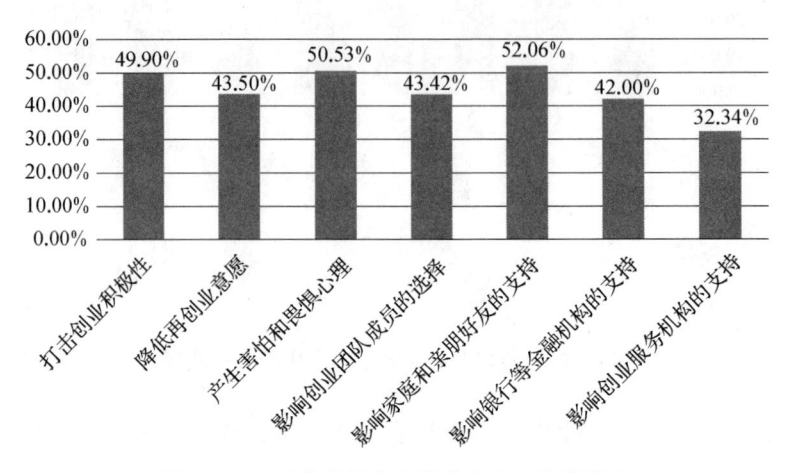

图 8-28 对其他创业大学生产生的消极效应

3. 大学生创业失败对潜在创业大学生产生的积极效应与消极效应

关于大学生创业失败对潜在创业大学生产生的积极效应，调查结果显示，选择有利于理性看待创业和创业失败的占 84.80%，有利于减少盲目创业、不盲目跟

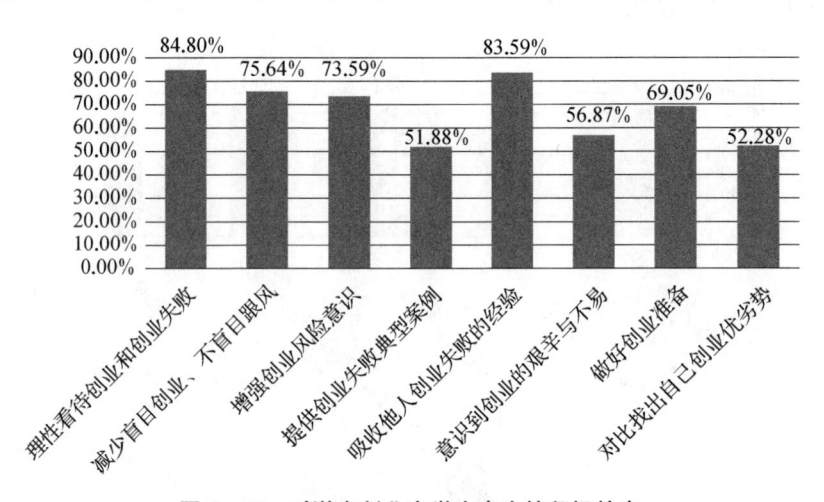

图 8-29 对潜在创业大学生产生的积极效应

风的占75.64%,增强创业风险意识的占73.59%,提供创业失败典型案例的占51.88%,可以吸收他人创业失败的经验的占83.59%,意识到创业的艰辛与不易的占56.87%,创业前要做好创业准备的占69.05%,通过对比找出自己创业优劣势的占52.28%,如图8-29。

关于大学生创业失败对潜在创业大学生产生的消极效应,调查结果显示,选择打击创业的激情和热情的占70.80%,担心失败而选择放弃创业打算的占72.62%,对创业产生害怕和畏惧心理的占70.84%,影响创业团队成员的选择的占46.61%,影响家庭和亲朋好友对自己创业的支持的占46.04%,影响银行等金融机构对自己创业的支持的占34.00%,影响创业服务机构对自己创业的支持的占29.91%,如图8-30。

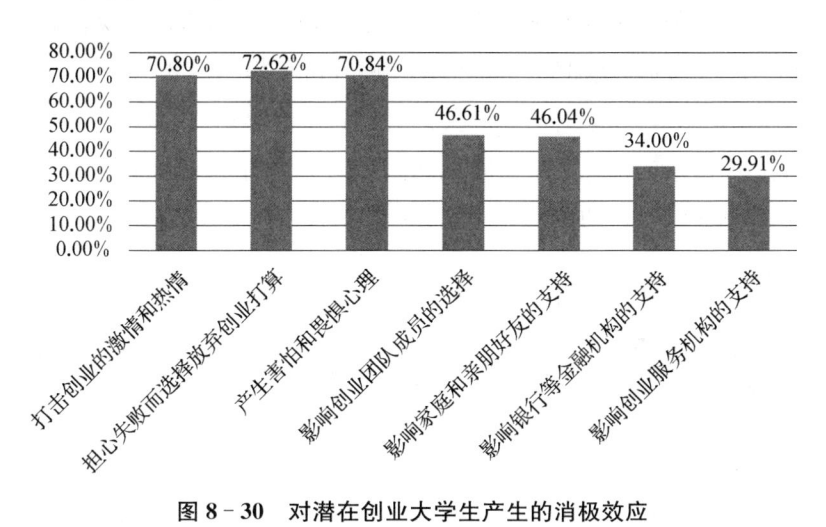

图8-30 对潜在创业大学生产生的消极效应

(二) 大学生创业失败对不同社会主体产生的积极效应与消极效应

1. 大学生创业失败对创业失败大学生家庭产生的积极效应与消极效应

关于大学生创业失败对创业失败大学生家庭产生的积极效应,调查结果显示,选择锻炼提高孩子综合能力的占80.51%,增强孩子社会实践经验的占84.82%,改变孩子职业发展路径的占56.98%,提高家庭成员对创业的认识的占62.61%,共同面对创业失败提升家庭凝聚力的占56.14%,如图8-31。

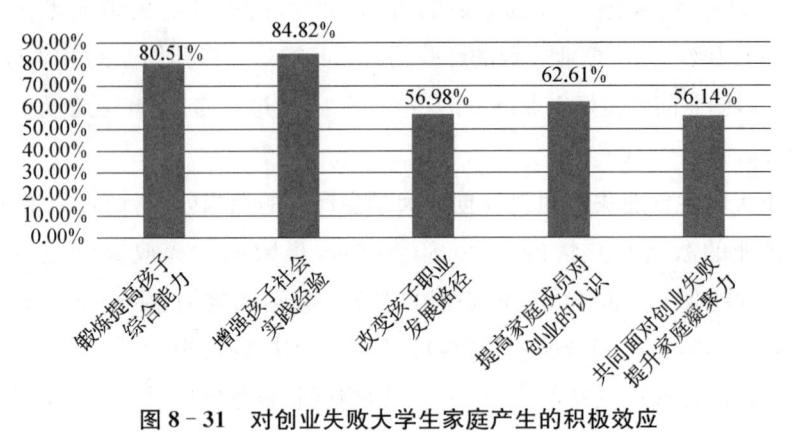

图 8‑31 对创业失败大学生家庭产生的积极效应

关于大学生创业失败对创业失败大学生家庭产生的**消极效应**，调查结果显示，选择产生一定的经济损失、可能增加家庭经济负担的占 87.82%，产生一定的心理压力的占 81.07%，家庭的人际关系会受到一定影响的占 33.93%，家庭社会声誉产生负面影响的占 23.90%，降低家庭对大学生创业的认同感的占 49.11%，影响对后续创业的支持的占 52.48%，如图 8‑32。

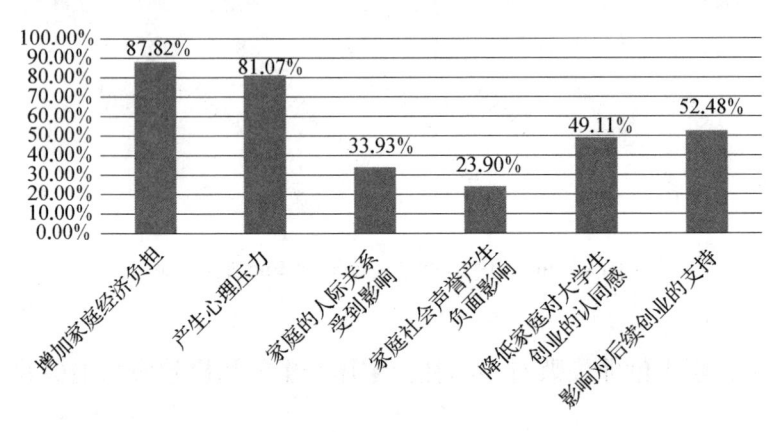

图 8‑32 对创业失败大学生家庭产生的消极效应

2. 大学生创业失败对高校产生的积极效应与消极效应

关于大学生创业失败对**高校产生的积极效应**，调查结果显示，选择有助于了解创业教育存在问题的占 76.45%，有助于促进创业教育改革的占 75.48%，有助于增强创业教育有效性的占 68.84%，有助于高校开发创业失败案例资源的占 67.45%，有助于政府、社会对创业教育的支持的占 56.96%，有助于对创业失败

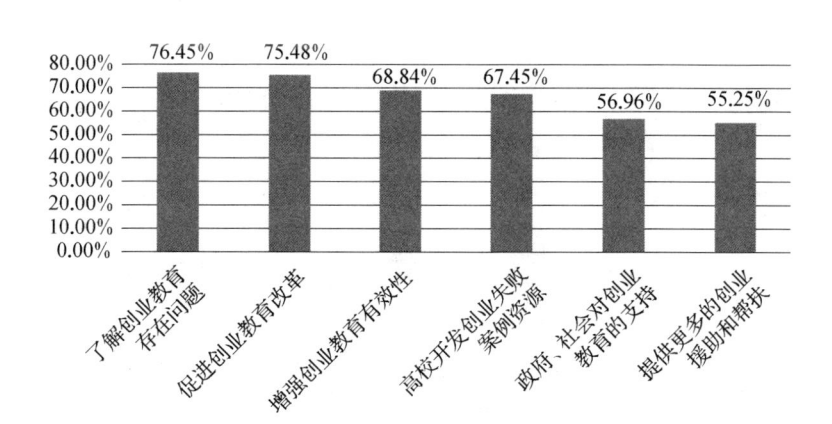

大学生提供更多的创业援助和帮扶的占55.25%,如图8-33。

图8-33 对高校产生的积极效应

关于大学生创业失败对高校产生的消极效应,调查结果显示,选择影响老师对大学生创业的积极态度的占61.56%,影响高校创业人才培养目标的定位的占66.92%,影响大学生参加创业教育的积极性的占77.94%,影响老师对创业教育的态度的占47.00%,影响社会对高校创业教育的支持的占60.81%,如图8-34。

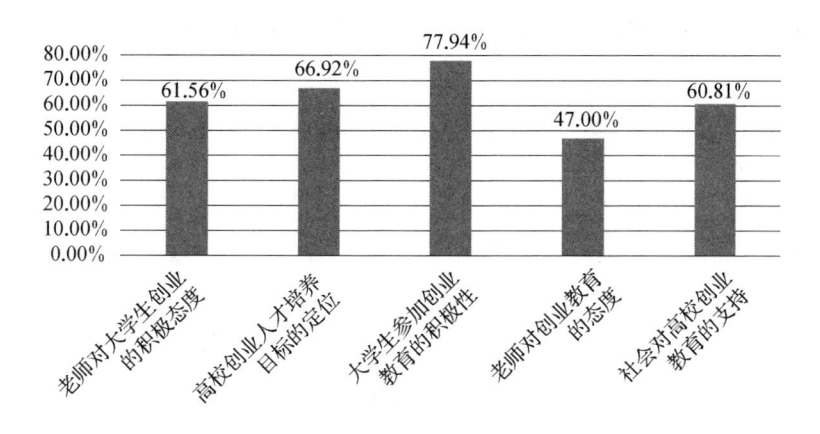

图8-34 对高校产生的消极效应

3. 大学生创业失败对政府产生的积极效应与消极效应

关于大学生创业失败对政府产生的积极效应,调查结果显示,选择有助于促进对大学生创业的重视的占71.00%,有助于揭示大学生创业存在的问题的占80.71%,有助于加强对创业政策的宣传的占66.89%,有助于推动政府完善大学生创业政策的占75.34%,有助于推动政府增强大学生创业服务的占62.67%,如图8-35。

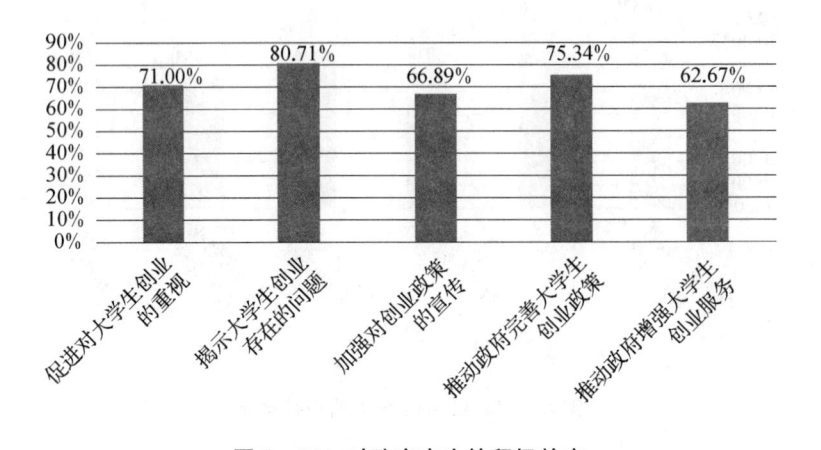

图8-35 对政府产生的积极效应

关于大学生创业失败对政府产生的消极效应,调查结果显示,选择影响大学生创业带动就业的政策实施效果的占72.83%,影响国家创新驱动战略的实施成效的占63.13%,影响社会对政府的大学生创业政策的实施效果评价的占77.74%,影响社会对政府的大学生创业资源投入的产出评价的占67.58%,如图8-36。

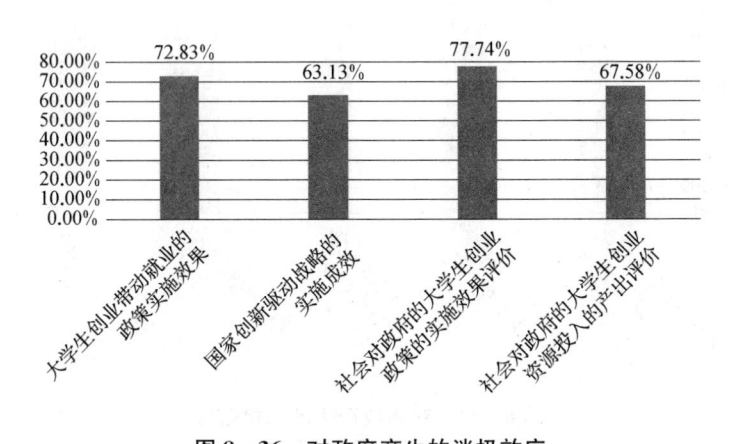

图8-36 对政府产生的消极效应

4. 大学生创业失败对创业服务机构产生的积极效应与消极效应

关于大学生创业失败对创业服务机构产生的积极效应,调查结果显示,选择有助于推动创业中介机构等创业服务机构对大学生创业的支持的占

60.02%,有助于推动政府对银行创业资金政策的完善的占75.75%,有助于推动政府对大学生创业培训机构培育的占71.77%,有助于推动政府对大学生创业孵化基地建设的占66.49%,如图8-37。

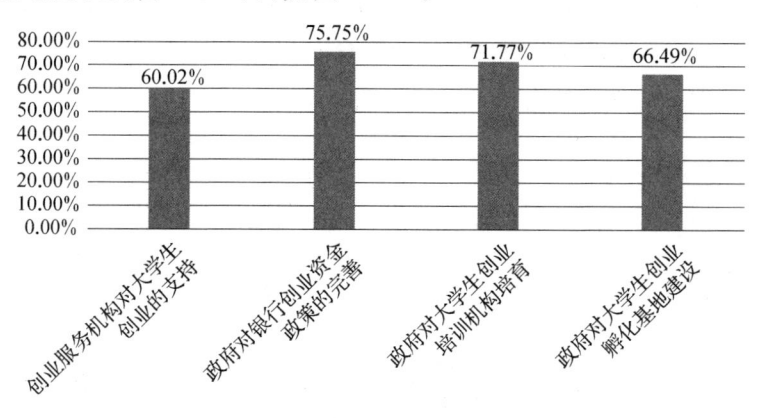

图8-37 对创业服务机构产生的积极效应

关于大学生创业失败对创业服务机构产生的消极效应,调查结果显示,选择影响金融机构对大学生创业贷款的回收的占74.25%,影响上下游关联企业对大学生创业相关资金的回收的占68.10%,影响金融机构对大学生创业金融支持的积极性的占72.20%,影响中介机构对大学生创业服务支持的积极性的占50.97%,影响孵化机构对大学生创业服务支持的积极性的占52.69%,如图8-38。

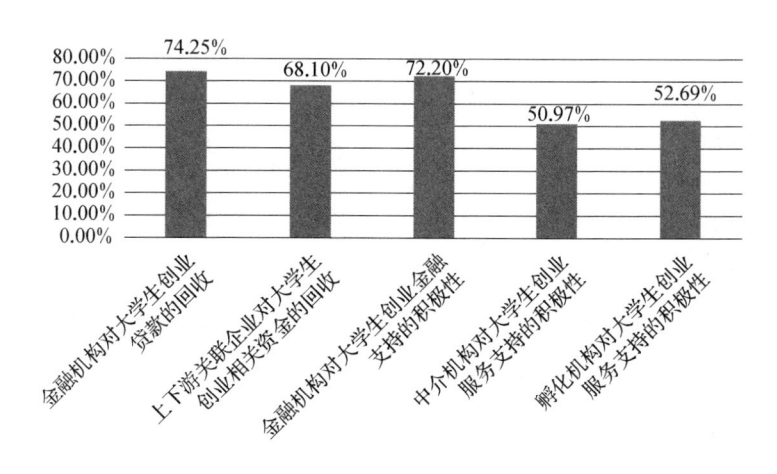

图8-38 对创业服务机构产生的消极效应

5. 大学生创业失败对社会产生的积极效应与消极效应

关于大学生创业失败对社会产生的积极效应，调查结果显示，选择有助于形成理性的大学生创业观念的占 77.37%，有助于形成宽容失败的创业文化氛围的占 71.59%，有助于促进社会对高校创业教育的支持的占 71.36%，有助于推动社会对大学生创业的支持的占 64.90%，如图 8-39。

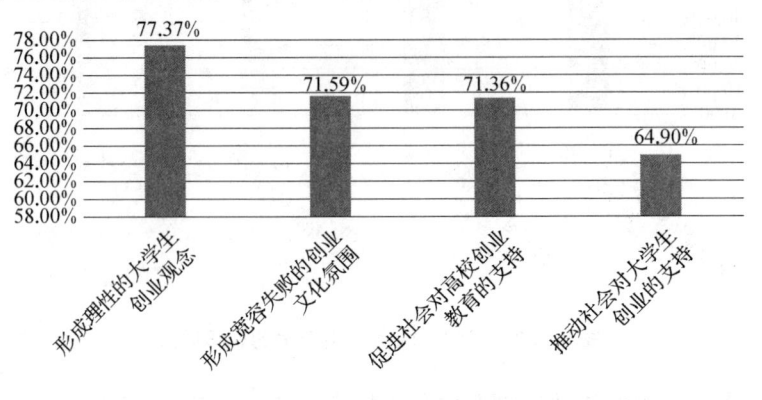

图 8-39　对社会产生的积极效应

关于大学生创业失败对社会产生的消极效应，调查结果显示，选择影响社会大众对大学生创业的态度的占 73.56%，影响社会资本对大学生创业的支持的占 76.56%，高失败率可能引起社会群体事件发生的占 64.67%，影响社会对高校创业教育的支持的占 61.43%，影响社会成功人士对大学生创业的支持的占 54.62%，如图 8-40。

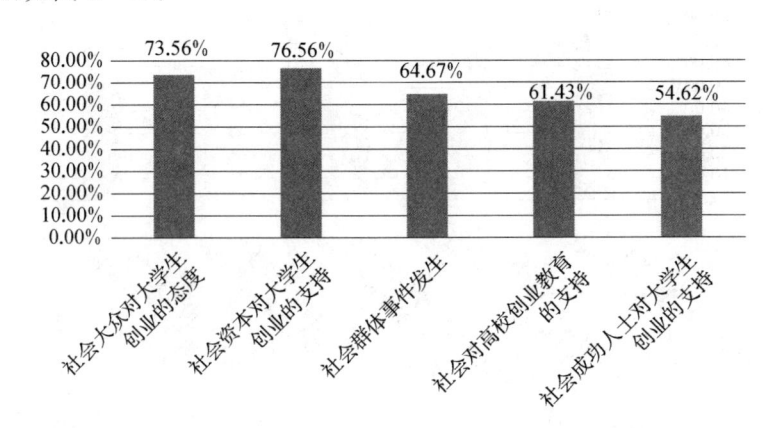

图 8-40　对社会产生的消极效应

五、研究结论

（一）大学生创业失败对不同主体产生的效应分析

1. 大学生创业失败对不同主体的影响程度不同

调查数据反映,大学生创业失败对不同类型大学生的影响程度不同,由大到小依次是创业失败大学生、在创业大学生和潜在创业大学生,大学生创业失败对创业失败大学生的影响显著大于潜在创业大学生,大学生创业失败对在创业大学生的影响也显著大于潜在创业大学生,但是大学生创业失败对创业失败大学生的影响与对在创业大学生的影响无显著差异。大学生创业失败对不同社会主体的影响程度也不同,由大到小依次是大学生家庭、政府、高校、创业服务机构和社会,对创业失败大学生家庭影响最大,对政府的影响次之,对社会影响最小。大学生创业失败经历对大学生创业家庭的影响显著大于对社会的影响,同时,大学生创业失败经历对政府的影响也显著大于对社会的影响。

2. 大学生创业失败对不同主体的影响性质不同

调查数据反映,创业失败对创业失败大学生和其他在创业大学生的积极影响相对消极影响明显较大,创业失败对潜在创业大学生既产生积极影响又产生消极影响,而且两种影响没有明显差异。创业失败对大学生创业者家庭、高校、政府、创业服务机构、社会等5类对象,在影响性质上不存在显著差异。多数认为既有积极影响也有消极影响,但在认为只有积极影响或消极影响的调查对象中,消极影响要略高于积极影响。

（二）大学生创业失败对不同影响主体产生的积极效应与消极效应

1. 大学生创业失败对不同影响主体产生的积极效应

调查结果发现,大学生创业失败一方面能提升创业失败大学生自身的创业能力与素质,积累社会经验;另一方面,使创业失败大学生更理性看待创业,及时调整创业行为,并积累创业资源。对其他创业大学生产生的积极影响,相对较大的也主要体现在两个方面:其一是创业能力与素质提升以及社会经验积累;其二是更理性看待创业和有利于创业方向调整。对潜在创业大学生产生积极影响主要是有利于潜在创业大学生更理性看待创业和创业失败,以及可以吸收他人创业失败的经验。

大学生创业失败给大学生家庭带来的积极影响主要体现在创业失败能增强大学生社会实践经验、提高创业能力和职业发展等方面。对高校产生的积极影响主要体现在了解创业教育存在问题、促进创业教育改革和增强创业教育有效性方面,同时也有助于政府、社会对高校创业教育的支持。对政府产生的积极影响主要体现在有助于揭示大学生创业存在的问题、促进对大学生创业的重视,以及推动完善创业政策、增强创业服务等方面。对创业服务机构产生的积极影响主要体现在推动政府对银行创业资金政策的完善、对大学生创业培训机构的培育、对大学生创业孵化基地的建设等方面,也有助于推动创业服务机构对大学生创业的支持。对社会产生的积极影响主要体现在有助于社会形成理性的大学生创业观念,形成宽容失败的创业文化氛围,以及促进社会对高校创业教育和大学生创业的支持等方面。

2. 大学生创业失败给不同影响主体带来的消极影响

上述调查结果发现,大学生创业失败对创业失败大学生自身产生的消极影响,相对较大的是经济损失、创业信心和心理创伤等,其中经济损失是最主要的消极影响。对其他创业大学生产生的消极影响,相对较大的是打击创业积极性,使其对后续创业产生畏惧心理。对潜在创业大学生产生的消极影响,相对较大的是对创业产生害怕和畏惧心理,打击创业的激情和热情,以及担心创业失败而选择放弃创业打算。

大学生创业失败对创业失败大学生家庭产生的消极影响,最为主要的是造成一定经济损失、可能增加家庭经济负担,对家庭成员产生一定的心理压力,以及影响家庭对创业的态度和支持;对家庭社会声誉产生负面影响相对较小。对高校产生的消极影响,主要体现在影响教师对大学生创业的态度、高校创业人才培养目标定位,以及大学生参加创业教育的积极性和社会对高校创业教育的支持态度。对政府产生的消极影响,主要体现在影响相关政策、战略的实施效果方面,如影响社会对政府的大学生创业政策实施效果评价、大学生创业带动就业的政策实施效果以及国家创新驱动战略的实施成效等。对创业服务机构产生的消极影响，主要体现在影响银行等金融机构对大学生创业贷款和相关资金的回收，以及金融机构、中介机构和孵化机构对大学生创业支持的积极性。对社会产生的消极影响，主要体现在影响社会资本对大学生创业的支持、影响社会大众对大学生创业的态度；另外，高失败率可能引起社会群体事件，社会对高校创业教育的支持和对大学生创业的支持也比较大。

第九章 大学生创业失败的学习

大学生创业失败在带给创业大学生、创业大学生家庭和社会一些负面影响的同时,也为创业大学生、潜在创业大学生、大学生创业教育者和管理者提供了重要的学习机会[①]。与一般社会人士创业失败学习不同,大学生创业失败学习在学习主体、学习目的、学习内容和学习模式等方面因大学生创业的自身特点而有其自身的差异性。本研究在对大学生创业失败的潜在价值和创业失败学习重要意义分析的基础上,界定了大学生创业失败学习的基本内涵,分析大学生创业失败学习的主要特点,以及探索构建了以实现信息和知识共享为目的的大学生创业失败协同学习机制。

一、大学生创业失败的潜在价值

成功的创业经历能给大学生带来显著的积极效应,包括提升自我效能感、培养良好意志品格、增强合作意识等[②];还可以积累社会资源和实践经验,为后续创业发展积累创业经验。早期研究对创业失败持消极态度,学者们认为创业失败不仅给创业者造成经济损失,还会带来负面的情绪、心理和社会影响。随着对创业失败研究的深入,学者们对创业失败的态度由消极转向积极,认为创业失败具有更强的独特性和价值性[③]。综合学者们的研究,创业失败具有如下潜在

[①] 王华锋、高静、王晓婷:《创业者的失败经历、失败反应与失败学习——基于浙、鄂两省的实证研究》,《管理评论》2017年第6期。
[②] Lans, T., Blok, V., Wesselink, R. "Learning apart and together: Towards an integrated competence framework for sustainable entrepreneurship in higher education", *Journal of Cleaner Production*, 2014(1).
[③] 谢雅萍、梁素蓉、陈睿君:《失败学习、创业行动学习与创业能力——悲痛恢复取向的调节作用》,《管理评论》2017年第4期。

价值:

一是蕴含有价值的信息与知识。创业失败比创业成功更有值得学习的信息价值[1],创业失败蕴含的信息和知识主要是 know-how 和 know-who 等经验知识,而这种独特经验知识正是创业者和潜在创业者所需要的信息与隐性知识[2]。

二是提供学习和能力提升机会。对于创业失败者,创业失败是关键性的学习事件[3],创业失败者可以通过对自己创业失败的学习获得创业所需的知识和技能[4];同时,创业失败也为其他创业者和研究者提供了学习机会。

三是有助于理性对待创业失败。创业失败是"清醒剂""指南针"和"防火墙"[5],创业失败的经历使创业失败者更理性地对待后续创业,正确地面对创业困难和创业失败[6];也能为潜在创业者提供警示,理性选择创业,减少对创业失败的恐惧心理。

四是有利于降低创业不确定性。创业失败给创业者或潜在创业者提供了一个分析判断创业过程中不确定性的机会,创业者或潜在创业者甚至可以通过对创业失败的分析,建立一个解决不确定性的有效机制[7],降低创业风险性。

与一般社会人士的创业失败一样,大学生创业失败也是一个正常的、积极的、具有正能量的经历和过程[8],而且更具有学习价值和学习意义。但囿于"成功偏见",当前还没有充分认识到大学生创业失败的价值,更没有引起重视并进行挖掘分析。大学生创业容易失败是不可避免的客观现实,但对创业失败大学生自身、正在创业的大学生或潜在创业大学生,以及对大学生创业教育实施者、大学生创业政策制定者以及大学生创业服务提供者,大学生创业失败都具有重要的信息价值。

---

[1] Minniti, M., Bygrave, W. "A dynamic model of entrepreneurial learning", *Entrepreneurship Theory and Practice*, 2001(3).
[2] 潘宏亮、管煜:《创业失败学习与国际新创企业后续创新绩效》,《科学学研究》2020 年第 9 期。
[3] Cope, J. "Entrepreneurial learning from failure: An interpretative phenomenological analysis", *Journal of Business Venturing*, 2011(6).
[4] 于晓宇、汪欣悦:《知难而退还是破釜沉舟——转型经济制度环境背景下的创业失败成本研究》,《现代管理科学》2011 年第 2 期。
[5] 徐永波:《基于创业失败学习视角的大学生创业教育新模式研究》,《兰州教育学院学报》2016 年第 3 期。
[6] 黄海艳、苏德金、李卫东:《失败学习对个体创新行为的影响——心理弹性与创新支持感的调节效应》,《科学学与科学技术管理》2016 年第 5 期。
[7] 倪宁、杨玉红、蒋勤峰:《创业失败学习研究的若干基本问题》,《现代管理科学》2009 年第 5 期。
[8] 徐永波:《基于创业失败学习视角的大学生创业教育新模式研究》,《兰州教育学院学报》2016 年第 3 期。

二、大学生创业失败学习的重要意义

创业失败虽然蕴含重要的信息和知识,但只有对失败的创业案例进行有效的创业失败学习时,创业失败蕴含的信息价值才能真正发挥出来①。本研究从个体层面(主要包括创业失败大学生、其他创业大学生和潜在创业大学生)和社会层面(主要包括高校、政府以及大学生创业服务机构)两个方面分析大学生创业失败学习的重要意义。

(一) 个体层面的重要意义

开展大学生创业失败学习对创业失败大学生、其他创业大学生和潜在创业大学生都具有重要意义。

学者们通过调查研究发现,创业失败学习在创业失败经验与再创业意愿以及创业成功间起中介作用②。创业失败大学生通过创业失败学习,可以将创业失败经验转化为有价值的信息和知识,提升再创业意愿,并通过更充分的创业准备,提高再创业成功率③;研究发现,即便创业失败大学生不再创业,通过创业失败学习,创业经历和失败经验对其就业与今后的职业发展也有非常重要的作用④。

大学生创业者普遍缺乏实际工作经历和创业经验,通过对他人创业失败的学习,能够积累应对类似困难和危机的经验,降低未来遭遇类似失败的概率。创业需要多样性的知识资源,尤其是隐性知识,其他大学生创业失败经验教训就是这种隐性知识的重要学习来源。创业大学生通过学习其他创业大学生的失败经

---

① 谢雅萍、梁素蓉、陈睿君:《失败学习、创业行动学习与创业能力——悲痛恢复取向的调节作用》,《管理评论》2017年第4期。
② 张秀娥、王超:《创业失败经验对连续创业意愿的影响——创业失败学习与市场动荡性的作用》,《科技进步与对策》2020年第20期。
③ 徐雪娇、赵亚奇、张秀娥:《创业失败学习对后续创业成功的影响机制——创业韧性的中介作用与悲痛恢复取向的调节作用》,《科技进步与对策》2021年第14期。
④ 何应林、陈丹:《大学生创业失败的类型与原因——基于创业失败案例的分析》,《当代教育科学》2013年第5期。

验,可以以低廉的成本获得这种隐性知识[1],而且能在较短的时间内取得较好的效果。

不敢创业、害怕失败是影响大学生创业意愿的重要因素,对于潜在创业大学生即有创业意愿但尚未创业的大学生,通过对他人创业失败的学习,有利于降低对创业失败的恐惧,在更好地了解自我的基础上理性选择创业。潜在创业者在学习与反思他人创业失败时,会认识到创业失败是一种常态,从而缓解他们对创业失败的心理恐惧;同时,创业失败学习能使潜在创业大学生客观分析认识自我,科学评估创业资源,理性识别创业机会,最终形成创业决策[2]。

(二) 社会层面的重要意义

党的十八大以来,党和国家提出实施"创新驱动发展"和"以创新引领创业,以创业带动就业"的发展战略。大学生是"大众创业、万众创新"的生力军和重要的创业群体,但当前,我国在校大学生创业失败率高达95%,如此高的创业失败率制约着大学生创业事业的推进,从长远看甚至可能影响到国家创新驱动战略的实施成效[3]。因此,相对于一般社会人士创业失败,大学生创业失败更具社会层面的学习价值,为高校、政府以及大学生创业服务机构等与大学生创业密切相关的社会组织提供了很好的学习机会。当前,高校的创业教育和创业服务,政府的创业政策、创业服务和资金支持,大学生创业服务机构的创业培训和其他服务,以及社会创业文化氛围营造等方面还存在诸多问题。

提高大学生创业率、创业成功率和失败后再次创业率,需要高校、政府以及大学生创业服务机构等大学生创业重要的社会支持主体积极开展创业失败学习。高校通过收集、分析大量大学生创业失败案例,分析大学生创业失败的原因,反思大学生创业教育和创业服务方面存在的问题,并系统性地改进创业教育和对大学生创业提供更有效的支持服务;政府通过收集、分析大量大学生创业失败案例,分析大学生创业失败的原因,反思大学生创业政策、创业服务

---

[1] 黄海艳、苏德金、李卫东:《失败学习对个体创新行为的影响——心理弹性与创新支持感的调节效应》,《科学学与科学技术管理》2016年第5期。
[2] 徐永波:《基于创业失败学习视角下的高校创业教育课程设计研究》,《太原城市职业技术学院学报》2016年第1期。
[3] 朱伟峰、杜刚:《大学生创业失败与政府托底服务研究》,《合作经济与科技》2020年第5期。

和创业资金支持等方面存在的问题,并思考如何改进大学生创业政策、创业服务和创业资金支持;大学生创业服务机构等大学生创业服务组织通过收集、分析大量大学生创业失败案例,分析大学生创业失败的原因,反思大学生创业培训和服务方面存在的问题,可以为系统性地改进大学生创业服务提供实践依据。

三、大学生创业失败学习的概念内涵

创业失败学习即从创业失败中学习,既包括对自身创业失败的学习,也包括对他人创业失败的学习。在分析大学生创业失败学习的概念内涵之前,首先需要深刻理解创业失败学习的内涵本质。

(一) 创业失败学习的内涵本质

关于创业失败学习,国外学者,Shepherd(2003)将创业失败学习界定为创业者对创业失败的相关信息进行"扫描"与"解释"后在观念与行为上的改变[1]。Cope(2011)认为,创业失败学习是一种未来导向性的学习方式,包括自我反省、构建关系网络和关系学习,为后续的组织创新活动做好准备[2]。国内学者,王华锋等(2017)认为创业失败学习主要是指创业者从先前创业失败经历中获取创业相关的知识、能力和经验的过程[3]。郝喜玲等(2017)认为创业失败学习指创业者通过对创业失败的评估和处理,获得创业知识和创业行为相对持久的改变[4]。学者们普遍认为创业失败学习是一个通过认识、反思、联系、应用获取创业知识和技能的动态过程,即对创业失败行为进行反思,剖析创业失败原因,并纠正自身的知识和行为的过程[5]。创业失败学习的本质在于破解问题,通过失败识别、

---

[1] Shepherd, D. A. "Learning from business failure: Propositions of grief recovery for the self-employed", *Academy of Management Review*, 2003(2).
[2] Cope, J. "Entrepreneurial learning from failure: An interpretative phenomenological analysis", *Journal of Business Venturing*, 2011(6).
[3] 王华锋、高静、王晓婷:《创业者的失败经历、失败反应与失败学习——基于浙、鄂两省的实证研究》,《管理评论》2017年第6期。
[4] 郝喜玲、张玉利、刘依冉:《创业失败学习对新企业绩效的作用机制研究》,《科研管理》2017年第10期。
[5] 张珂:《创业失败学习研究现状探析与未来展望》,《投资与合作》2020年第11期。

失败分析和失败实验①,实现预期目标,或对未来行为提供决策依据②。

(二) 大学生创业失败学习的概念内涵

创业失败学习表面上看是一种经验学习,但本质上是一种社会性学习③,具有社会化特征④。对于一般社会人士的创业失败,创业失败学习的主体主要是创业者和创业团队,当然也包括旁观者和研究者等,但主要还是创业者和创业团队。与一般的创业失败学习不同,大学生创业失败学习的主体,既包括个体层面的创业失败者、在创业大学生和潜在创业大学生,也包括社会层面的高校、政府、大学生创业服务机构、大学生家长以及大学生创业研究者等社会主体。根据研究需要,本研究主要探讨高校、政府、大学生创业服务机构的学习。

个体层面和社会层面的大学生创业失败学习既有共性的地方,又有差异性。共性方面在于两者均强调大学生创业失败学习主要是解决大学生创业中存在的问题,并要追根求源,揭示大学生创业失败为何发生以及该如何改进,最终的目的是提高大学生创业率和创业成功率。差异在于:

从个体层面看,大学生创业失败学习是学习者的一种个体学习行为,与一般社会人士的个体创业失败学习相似,也是一个认识、反思、联系和应用的过程,虽然都是为了改变自己的认知系统和创业行动,但对于不同的学习者还是有些差异。创业失败大学生通过创业失败学习,获得创业知识和创业技能,尤其是失败管理能力包括失败修复能力,提高再创业意愿和再创业成功率;其他创业大学生可以丰富间接经验,降低未来遭遇类似失败的概率,提高创业成功率;潜在创业大学生可以树立正确的创业观念,理性认识创业失败,理性选择并充分准备创业,避免盲目创业而导致失败。

从社会层面看,大学生创业失败学习是学习者的一种社会学习行为,高校、政府、大学生创业服务机构等与大学生创业密切相关社会组织通过对大量大学生创业失败案例进行思考和互动分析,揭示大学生创业失败的主要原因,分析解

---

① Cannon, M. D., Edmondson, A. C. "Failing to learn and learning to fail (intelligently)", *Long Range Planning*, 2005(3).
② 唐朝永、刘瑛:《创业失败学习融入大学生创业教育研究》,《创新与创业教育》2019年第1期。
③ 倪宁、杨玉红、蒋勤峰:《创业失败学习研究的若干基本问题》,《现代管理科学》2009年第5期。
④ Cope, J. "Toward a dynamic learning perspective of entrepreneurship", *Entrepreneurship Theory & Practice*, 2005(4).

决问题的措施,进而采取整体行动提高大学生创业率和创业成功率。社会层面的大学生创业失败学习,虽然也是一个认识、反思、联系和应用的过程,但差异主要表现在高校、政府、大学生创业服务机构要通过对大量大学生创业失败案例的收集、分析、归纳、总结,了解大学生创业普遍存在的主要问题和失败的主要原因,并系统性采取相应的行动和对策,增强大学生创业社会支持的针对性和有效性。

四、个体层面和社会层面的大学生创业失败学习

(一) 个体层面的大学生创业失败学习

与一般社会人士的个体创业失败学习相似,个体层面的大学生创业失败学习是一个认识、反思、联系和应用的过程,但由于创业失败大学生、在创业大学生和潜在创业大学生的创业经历、学习目的略有不同,因此,在学习来源、学习内容、学习模式等方面存在一些差异。

学习目的: 关于学习目的,不同群体类型的个体学习者有些差异。创业失败大学生,通过分析自己或他人的创业失败原因,主要是自己的创业失败原因,积累创业知识尤其是经验知识,提高创业技能和增强创业失败管理能力,以降低未来遭遇类似失败的概率,提高再次创业成功率。其他创业大学生,通过分析其他创业大学生创业失败案例,可以丰富间接经验,降低未来遭遇类似情况导致创业失败的概率,从而降低创业失败率。潜在创业大学生,通过分析其他创业大学生创业失败的主要原因,树立正确的创业观念,在更好地了解自我的基础上理性选择创业,并提高应对不确定性的能力,提高创业率和创业成功率。

学习来源: 创业失败学习来源既可以是直接经验,也可以是间接经验。创业失败大学生的学习来源既可以是直接的即自己的创业失败经历,也可以是间接的即其他创业大学生的创业失败案例,但主要还是对自己创业失败经历的分析反思。在创业大学生和潜在创业大学生的学习来源都是间接的,即其他创业大学生的创业失败案例,身边的大学生创业失败案例和通过其他途径获得的其他大学生创业失败案例都间接成为在创业大学生和潜在创业大学生的学习来源。

学习内容: 在创业失败学习内容相关研究中,Cope 的系列研究最为经典。

Cope(2005)发现从失败中能学习到五类知识[①]:关于自己的知识、关于商业的知识、关于环境与创业网络的知识、关于小企业管理的知识以及关于关系性质与管理的知识;后来,Cope(2011)通过对8位创业失败者进行案例分析,将创业失败学习内容调整为对自身的认识、对企业的认识、对关系的认识和对管理的认识等四类知识[②],其中自我学习是失败学习的中心内容。借鉴Cope的研究成果,创业失败大学生和在创业大学生的学习内容主要包括自我学习、商业学习、关系学习和新企业管理学习等。但由于大学生创业的自身特点,在具体学习内容方面体现一定的差异:如自我学习侧重于对自己的优势和劣势、技能、态度和信念等方面的内容;商业学习侧重于对新创企业的优势和劣势以及对失败原因等方面的内容;关系学习侧重于社会网络的构建,主要包括客户关系、供应关系和竞争关系等内外部关系方面的内容;新企业管理学习主要包括如何有效管理新创企业等方面的内容[③]。潜在创业大学生的学习内容主要是自我学习和关系学习,具体表现为:自我学习主要是通过对他人创业失败原因的分析来增强对自身的认识,包括自己的知识储备、能力和性格特征等,即自主创业的优势和劣势等内容;关系学习的重点主要是围绕机会识别、资源获得等方面内容的学习。

学习模式:根据不同的分类标准,不同学者将创业失败学习模式分为利用式学习模式和探索式学习模式,或单环学习模式与双环学习模式,或变革式学习、双环学习和成长式学习三种模式。在学习模式方面,创业失败大学生,与一般社会人士创业失败的个体层面学习没有明显差异性,学习者需要根据不同目的和情景选择不同的学习模式,但主要是双环学习模式。双环学习与单环学习不同,既要能解决所面对的问题,还要找出产生问题的根本原因[④]。在创业大学生和潜在创业大学生的创业失败学习模式主要是一种反思学习,是一种基于大学生创业失败案例情景分析、反思式观察的学习,具有探索式、双环式学习模式的一

[①] Cope, J."Toward a dynamic learning perspective of entrepreneurship", *Entrepreneurship Theory & Practice*, 2005(4).

[②] Cope, J."Entrepreneurial learning from failure: An interpretative phenomenological analysis", *Journal of Business Venturing*, 2011(6).

[③] 毛盾、刘凤、何诣寒等:《大学生创业失败援助机制的构建》,《创新创业理论研究与实践》2018年第13期。

[④] 谢雅萍、梁素蓉、陈睿君:《失败学习、创业行动学习与创业能力——悲痛恢复取向的调节作用》,《管理评论》2017年第4期。

些特征。另外,基于大学生创业群体的特点,通过创业失败学习实现自身成长,也是大学生创业和大学生创业学习的重要目的,因此,成长式学习也是3类群体个体学习的重要模式。

(二) 社会层面的大学生创业失败学习

社会层面的大学生创业失败学习主体,主要包括大学生创业者培养主体、大学创业教育实施主体——高校的学习,具体体现为创业教育专任教师、创业教育管理者和大学生创业指导者的学习,当然更广泛的还应包括各学科专业教师的学习;大学生创业管理主体——政府的学习,具体体现为政府相关主管部门管理者的学习,如大学生创业教育、大学生创业管理等相关主管部门相关人员的学习;大学生创业服务机构,主要包括大学生创业培训机构、大学生创业孵化机构等相关人员的学习。

学习目的:社会层面的大学生创业失败学习目的,主要是通过分析大学生创业失败的原因,发现在创业教育培训、政策服务等方面存在的问题,以及如何改进,但不同类型主体之间的具体目的有差异。高校的学习目的是通过收集、分析大学生创业失败案例,反思大学生创业教育存在的问题,提高创业教育质量,增强创业教育的实效性;政府的学习目的是通过收集、分析创业失败案例,提高大学生创业政策和服务支持针对性;大学生创业服务机构的学习目的是通过收集、分析创业失败案例,提高在大学生创业培训、项目孵化、金融服务等方面的能力和水平。

学习来源:社会层面的大学生创业失败学习是一种典型的间接经验学习,其学习来源是大量的大学生创业失败案例。其中,高校在学习大量大学生创业失败案例的同时,要重点学习本校大学生创业失败案例,本校大学生创业失败案例对改进学校创业教育和服务更具有针对性;政府,尤其是地方政府,以及大学生创业服务机构,需要大量学习大学生创业失败案例,但本地大学生创业失败案例也是重要学习来源。本校、本地的大学生创业失败案例对如何改进高校创业教育、政府创业政策和创业服务机构创业服务更具有针对性。

学习内容:社会层面不同主体的创业失败学习内容主要是自我学习,即基于对当前大学生创业存在的问题、大学生创业失败的主要原因的分析,思考如何从各自的角度给予大学生创业有效的社会支持。高校更多的是从大学生创业失败中反思创业教育、创业服务方面存在的问题,并思考如何从创业教育内容、创业教育方式、创业项目孵化以及经费投入等方面给予大学生创业有效的支持;政府则是通过大学生创业失败学习,反思大学生创业政策和服务支持方面存在的问题,并思考如何改进;大学生创业服务机构通过收集、分析创业失败案例,分析大学生创业服务如培训、孵化、金融服务等方面存在的问题及如何改进。

学习模式:社会层面不同主体的创业失败学习模式主要是一种协作式反思学习,这是一种基于大量大学生创业失败案例情景分析的反思学习,是一种问题导向的高水平学习模式,更多体现为变革式学习、双环学习的主要特征。高校、政府和大学生创业服务机构的学习,是一种在个体或团体学习基础上的集体反思活动,一般涉及个体学习、团队学习和组织学习三个层面。相对于大学生个体层面的创业失败学习,高校、政府和大学生创业服务机构的失败学习更为复杂,需要在个体学习和团体学习基础上进行集体反思学习,最后形成集体学习成果,并进行再实践应用。

五、大学生创业失败学习的机制构建

创业失败学习,是一个行动与反思的过程,在此过程中形成信息并积累独特的知识[①]。大学生创业失败学习,包括个体层面和社会层面的学习,受到学习者思想认识、学习能力和环境氛围等诸多因素的影响;同时,不同类型学习主体的创业失败学习如何形成协同机制,实现创业失败学习信息、知识的共享,也会影响大学生创业失败学习的整体效果。因此,推进大学生创业失败学习,提高大学生创业失败学习的效果,既需要增强不同学习主体对大学生创业失败学习的重视程度与学习能力,以及氛围营造和外界力量的及时介入、推动[②],也需要以实现信息和知识为共享为目的的大学生创业失败协同学习机制的构建(如图9-1)。

[①] Politis, D. "The process of entrepreneurial learning: A conceptual framework", *Entrepreneurship Theory & Practice*, 2010(4).
[②] 郝喜玲:《创业失败与学习关系研究现状及未来展望》,《现代管理科学》2015年第11期。

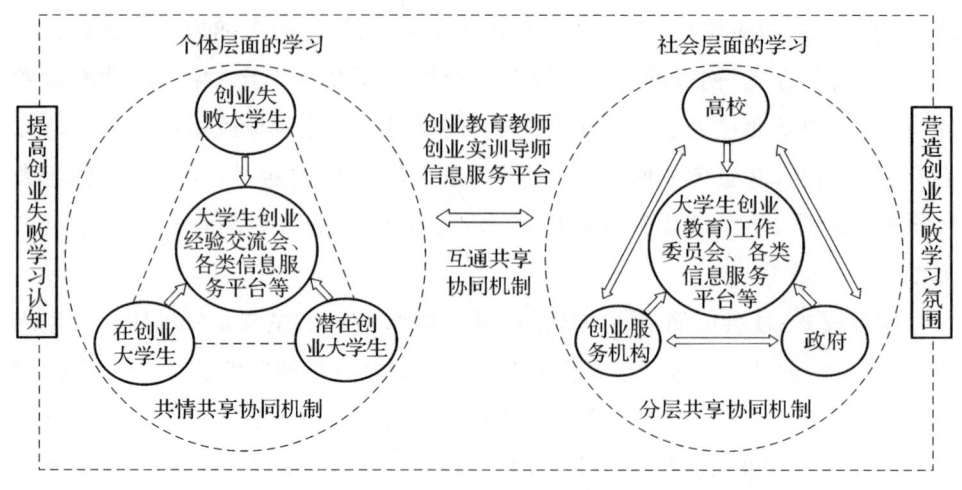

图 9-1　大学生创业失败协同学习机制

(一) 不同学习主体积极开展大学生创业失败学习

1. 大学生提升失败学习能力并积极开展创业失败学习

无论是创业失败大学生,还是正在创业的大学生,或者将要创业的大学生,大量的大学生创业失败案例都是其丰富的学习资源、重要的潜在财富,但这种潜在财富只有通过创业失败学习才能变成大学生的自有财富。创业失败学习能力是一种重要的创业学习能力,具备这种能力才能有效进行创业失败学习,但目前,大学生创业失败学习能力整体偏弱,大学生首先需要通过学科竞赛、社团活动、创业训练、社会实践等途径培养自己的失败学习能力。同时,要通过多途径积极开展大学生创业失败学习,既要通过周边同学的创业失败案例、学校创业教育中提供的大学生创业失败案例以及通过网络等其他途径获得的大学生创业失败案例进行创业失败学习;也可以通过多种方式了解优秀大学生创业者、著名企业家的创业经历,感悟创业失败的教训和启示。

2. 高校、政府和创业中介服务机构加强大学生创业失败学习

高校要加强大学生创业失败学习并培养大学生创业失败学习能力。 高校的创业失败学习主要包括高校创业教育的教育者、管理者和研究者的学习,是一种个体学习基础上的集体反思学习。高校可依托学校建立的创业教育中心、创业学院或大学生创业园等创业教育平台,成立大学生创业失败学习团队。团队成

员可由高校创业教育的研究者、管理者和教育者等相关人员组成,并通过构建由收集失败案例—分析失败案例—反思学校创业教育等环节构成的集体反思学习机制,定期开展大学生创业失败集体反思学习活动,分析大学生创业中存在的突出问题和主要原因,并形成改进的方案和解决措施。针对高校创业教育和服务等方面需要改进的问题形成改进措施,并进行应用实践;将高校职责、资源和能力范围外的问题形成改进建议,反馈给政府、大学生创业服务机构等社会组织。当前,由于大学生自身的创业失败学习能力整体较弱,迫切需要提高大学生的创业失败学习能力。因此,高校要通过在创业教育中融入创业失败教育、开展挫折教育等方式,培养大学生创业失败学习能力,引导和培养大学生能从他人的创业失败或自己的创业过程中不断学习。

政府要加强大学生创业失败学习并组织其他社会主体开展创业失败学习。当前,政府在大学生创业政策、创业服务、创业资金等方面还存在诸多问题。为提高政府的大学生创业政策和创业服务支持的针对性,政府也需要加强大学生创业失败学习。政府的大学生创业失败学习也是一种个体、团队学习基础上的集体反思学习。政府相关管理部门要组织相关管理人员、研究人员形成大学生创业失败学习团队,在个体学习基础上开展集体反思学习,分析大学生创业中存在的突出问题和主要原因,并形成相应的改进方案和解决措施。一方面要改进政府职责权限内的创业政策和创业服务等方面的内容,另一方面政府还要组织高校、大学生创业服务机构开展大学生创业学习,并根据学习结果提出高校、创业服务机构等社会主体需要改进的建议和要求。

创业服务机构要加强大学生创业失败学习并发挥其桥梁纽带作用。目前,国内关于大学生创业服务机构的建设相较于其他国家还比较落后,大学生创业服务能力有限,作用发挥不够。为提高大学生创业服务机构在创业培训、项目孵化、金融服务等方面的能力和水平,大学生创业服务机构也需要加强大学生创业失败学习。大学生创业服务机构的大学生创业失败学习也是一种个体、团队学习基础上的集体反思学习。大学生创业服务机构组织相关创业导师、研究人员形成大学生创业失败学习团队,在个体学习基础上开展集体反思学习,分析大学生创业中存在的突出问题和主要原因,并形成改进的方案和解决措施。针对属于创业服务机构自身需要改进的问题形成改进措施,并进行应用实践;不属于创业服务机构自身能解决的问题形成改进建议,反馈给政府、高校等社会组织。同时,大学生创业服务机构要发挥创业中介组织的桥梁纽带作用,通过第三方平台、创业教育项目、信息资源等途径加强或促进政府、高校、企业以及创业大学生之间的沟通与互动。

(二)建立不同学习主体间的大学生创业失败学习信息、知识共享机制

提高大学生创业失败学习整体效果,不仅需要包括创业失败大学生、在创业大学生、潜在创业大学生,以及高校、政府、大学生创业服务机构等主体的各自学习,也需要建立大学生创业失败学习信息、知识共享机制,分享不同主体从大学生创业失败学习中获得的信息、形成的知识。由于大学生、高校、政府、大学生创业服务机构等不同社会主体的社会属性和功能不同,不同学习主体之间只能建立一种松散型的协同机制实现信息知识共享。

1. 大学生创业失败学习松散型协同机制的建立

大学生创业失败学习松散型协同机制主要体现在三个方面:一是个体层面的不同学习主体之间的信息、知识共享交流,表现为大学生角色代入的相同状态或相同情况下的发展交流,我们称为信息、知识交流的"共情共享协同";二是社会层面的不同学习主体之间的信息、知识共享交流,表现为不同社会支持主体间在创业政策、创业教育、创业服务等方面的同层交流,我们称为信息、知识交流的"支持共享协同";三是个体层面与社会层面之间的信息、知识共享交流,表现为需求与供给之间的双向流通,我们称为信息、知识交流的"互通共享协同"。

个体层面的不同学习主体之间的信息、知识共享交流。 由于创业失败本身对大学生有着一定的消极影响,一般来说,创业失败大学生、创业大学生、潜在创业大学生个体层面的交流存在封闭性;同时,由于相互之间缺乏具体的交流沟通机制,创业失败大学生、创业大学生、潜在创业大学生相互之间在创业失败学习的信息、知识分享交流方面呈现一定的随机性。基于上述两个特点,本研究认为大学生个体层面可以构建"两阶段同情共享协同机制"。一是在创业失败大学生、创业大学生、潜在大学生相互之间随机性进行创业失败学习信息、知识分享交流的基础上,通过高校、政府、大学生创业服务机构搭建的各类大学生创业经验分享交流会、报告会、沙龙或各类大学生创业信息服务平台等途径进行大学生创业失败学习信息、知识分享交流,并建立个体联系渠道;二是鼓励相同行业或

领域的大学生创业者个体之间,在前一阶段交流共享的基础上,搭建个体领域互助平台,分析行业领域创业特点,共享行业信息、知识。

社会层面不同类型学习主体之间的信息、知识共享交流。社会层面不同类型学习主体之间表现为外围环境的构建与政策、服务等方面信息的交流。一般可通过政府、高校、创业服务机构来构建不同层面的共享交流平台,我们将其定义为"支持共享协同机制"。第一层面是由政府主导分级成立类似于大学生创业工作委员会等组织,成员由高校、政府、大学生创业服务机构等社会组织的大学生创业工作相关人员等组成,重点讨论大学生创业政策、创业服务和创业资金等问题。第二层面是高校主导成立类似于大学生创业教育工作委员会等组织,成员由高校、政府、大学生创业服务机构等社会组织的大学生创业工作相关人员等组成,重点讨论大学生创业教育问题。第三层面是大学生创业服务机构主导成立类似于大学生创业服务工作委员会等组织,成员由高校、政府、大学生创业服务机构等社会组织的大学生创业工作相关人员等组成,重点讨论大学生创业服务问题。三个层面共享交流,分类推进,为大学生失败学习提供不同视角的案例分析和知识提升。

个体层面与社会层面之间的信息、知识共享交流。个体层面与社会层面之间的交流主要借助于高校、政府或大学生创业服务机构各自或协同搭建的各类大学生创业信息服务平台,通过"互通共享协同机制"实现知识、信息及时双向共享,其核心在于创业一线大学生与社会创业服务群体之间的双向互通共享交流。一方面,大学生包括创业失败大学生、在创业大学生和潜在创业大学生,通过创业失败学习,将对创业教育、创业政策、创业服务等方面的需求,通过创业教育导师反馈给高校、创业服务机构或直接反馈给其他大学生创业信息共享平台,并通过高校、创业服务机构或其他信息共享平台实现创业失败学习获得的信息、知识在高校、政府、大学生创业服务机构等不同社会主体间的共享。另一方面,高校、政府、大学生创业服务机构通过高校和大学生创业服务机构创业教育导师或其他大学生创业信息共享平台,将社会层面学习主体的创业失败学习获得的信息、知识反馈给个体层面的创业失败大学生、在创业大学生和潜在创业大学生。"互通共享协同机制"实现了个体层面与社会层面之间大学生创业失败学习的信息、知识双向流通,为大学生失败创业学习提供了跨界协同学习通道。

2. 不同学习主体间创业失败学习信息、知识的共享

在上述松散型协作学习机制下,个体层面的创业失败大学生、在创业大学

生、潜在创业大学生,社会层面的高校、政府、大学生创业服务机构实现信息、知识的内化和分享交流。

大学生包括创业失败大学生、在创业大学生和潜在创业大学生,他们通过创业失败学习,一方面从自身角度树立理性创业观念,完善创业知识,提高创业技能,丰富创业经验;另一方面将对创业教育、创业政策、创业服务等方面的需求,通过创业教育导师或其他大学生创业信息共享平台反馈给高校、政府和创业服务机构。

高校通过创业失败学习,一方面改进大学生创业教育和大学生创业服务,同时,将大学生创业政策、创业服务等方面的相关需求信息反馈给政府和大学生创业服务机构;另一方面,学校通过大学生创业教育、服务将高校自身创业学习成果和政府、创业服务机构的相关信息反馈给大学生。

政府通过创业失败学习,改进大学生创业教育、大学生创业方面的相关政策和措施,并反馈给高校、创业服务机构或有关政府部门,并通过高校、创业服务机构或其他信息共享平台反馈给大学生。

大学生创业服务机构通过创业失败学习,一方面改进大学生创业服务机构的创业培训、创业服务,另一方面将创业教育、创业政策和创业服务方面的信息反馈给政府和高校,以及通过高校或其他信息共享平台反馈给大学生。

(三)营造鼓励大学生开展创业失败学习的氛围

创业失败学习离不开特定的社会文化环境,社会文化环境对创业失败学习者学习行为有着重要影响,尤其是对创业失败者个人和团队的学习行为[1]。在创业领域,"成王败寇"的传统观念容易对创业失败者造成心理伤害,而且也容易忽视创业失败的价值。在政府主导下,主流媒体、高校以及其他组织要积极构建"尊重创业、敢于创新、宽容失败"的创业文化氛围,形成"不惧失败、敢闯敢创"的创业价值观和行为方式。对于大学生来说,鼓励创业和容忍失败的文化氛围非常重要。只有在良好文化氛围中,学习者才能对创业失败行为进行批判性反思,从而形成有效的创业失败学习[2]。

---

[1] 赵文红、孙万清、王文琼等:《创业失败学习研究综述》,《研究与发展管理》2014年第5期。
[2] 王飞:《失败学习视角下大学生创业核心能力提升研究》,《高校教育管理》2017年第6期。

第十章　大学生创业社会支持体系的构建

大学生创业对外部支持的依赖性强,破解大学生创业率低和创业成功率低的"两低"问题迫切需要广泛的社会支持。为增强大学生创业社会支持效果,提高大学生创业率和创业成功率,本研究在科学界定大学生创业社会体系概念内涵和构成要素的基础上,分析了大学生创业社会支持存在的问题及其原因,探索提出构建以高校内部支持体系为主、高校内部支持体系与外部社会支持体系相互促进的"内合外联"式大学生创业社会支持体系以及保障体系有效运行的主要机制。

一、外部支持对大学生创业结果的影响

(一)分析框架

根据前文关于大学生创业模型构建研究的结论,创业教育、创业政策、创业服务、创业资金和创业文化等5个要素是大学生创业活动的主要外部支持要素。考虑到创业教育与创业政策、创业服务、创业资金和创业文化对大学生创业支持作用功能的差异,本研究在具体分析中将创业教育单列处理,将创业政策、创业服务、创业资金和创业文化作为其他外部支持要素。另外,创业团队是大学生创业企业的关键组织要素,对大学生创业结果也产生重要影响。本研究通过问卷调查和数据分析,深刻揭示创业教育、外部支持以及创业团队对大学生创业结果产生的影响。由于大学生创业不仅仅是单纯的商业行为,其创业结果除了直接的创业成败之外,还包括成败产生的辐射效应,即对创业大学生产生的积极效应与消极效应,因此,本研究在分析创业教育、外部支持和创业团队对创业结果产生影响的同时,进一步探索其对创业大学生产生的积极效应以及降低创业失败消极影响的作用。

(二) 研究设计

1. 研究对象

研究对象包括深度访谈对象和问卷调查对象两部分。前期访谈邀请 23 位大学生创业者围绕高校创业教育、社会外部支持等大学生创业结果的影响因素进行了半结构化访谈。本研究对 612 位创业大学生的问卷调查情况进行了分析,剔除存在缺失值、奇异值的无效问卷后,最终保留有效问卷为 533 份(有效回收率 87.1%),包含在读创业大学生样本 342 份,毕业五年内创业大学生样本 191 份。有效样本基本信息如表 10-1 所示。

表 10-1 调查对象的基本情况($n=533$)

类别	名称	人数	百分比(%)
性别	男	328	61.5
	女	205	38.5
学历	专科	233	43.7
	本科	253	47.5
	研究生	47	8.8
家庭经济状况	优越	21	4.0
	良好	136	25.5
	一般	312	58.5
	较差	64	12.0
创业结果	失败	277	52.0
	未失败	256	48.0

2. 研究工具

创业教育与外部支持对大学生创业结果影响的调查问卷涉及创业结果的影响因素、积极效应和消极效应三个方面。

创业结果影响因素问卷涉及创业教育与外部支持两方面内容。问卷采用 Likert 五点计分方式,测量大学生接受的创业教育和外部支持与现实的符合程度(1=非常不符合,2=不太符合,3=不确定,4=比较符合,5=非常符合),分数越高表明大学生接受的创业教育质量越高、得到的外部支持越高。在本研究中,问卷探索性因素分析的 KMO 系数为 0.850($p<0.001$),累积贡献率为63.635%,问卷的 Cronbach's α 值为 0.754,表明该问卷的信效度良好。

创业结果积极效应问卷涉及能力提升与创业发展两个方面的内容。问卷采用 Likert 五点计分方式,要求大学生评价自己对创业产生积极影响的同意程度(1=完全不同意,2=不同意,3=不确定,4=同意,5=非常同意),分数越高表明大学生创业所产生的积极效应越高。在本研究中,问卷探索性因素分析的 KMO 系数为 0.884($p<0.001$),累积贡献率为 63.425%,问卷的 Cronbach's α 值为 0.851,表明该问卷的信效度良好。

创业结果消极效应问卷内容涉及资本损失、创业倦怠、发展阻碍等三个方面。问卷采用 Likert 五点计分方式,要求大学生评价自己对创业产生消极影响的同意程度(1=完全不同意,2=不同意,3=不确定,4=同意,5=非常同意),分数越高表明大学生创业失败所产生的消极效应越高。在本研究中,问卷探索性因素分析的 KMO 系数为 0.829($p<0.001$),累积贡献率为 61.793%,问卷的 Cronbach's α 值为 0.724,表明该问卷的信效度良好。

3. 数据分析方法

本研究通过线上平台发放电子问卷,邀请有创业经历的大学生填写,问卷数据回收后,使用 SPSS 24.0 软件进行分析。在数据分析时,基于因变量数据分布特点,在因变量为连续变量时采用最小二乘法(OLS)进行回归分析,当因变量为二分变量时采用二元 Logistic 模型进行回归分析。

(三) 研究结果与分析

1. 创业教育显著影响大学生创业结果

为探究不同因素对大学生创业结果的影响,本研究将创业结果(0=创业失败,1=创业成功)作为因变量,外部支持、创业教育作为自变量,为了控制大学生个体差异,选择将大学生的性别、学历、家庭经济条件作为控制变量,利用二元 Logistic 回归方法对模型进行实证分析(见表10-2)。

表 10-2 Logistic 回归分析表

解释变量	SE	OR(95%CI)	p 值
创业教育	0.082	1.176(1.002—1.381)	0.047
外部支持	0.088	1.046(0.880—1.241)	0.612
性别	0.183	1.327(0.928—1.898)	0.121
学历	0.142	1.182(0.895—1.560)	0.239
家庭经济状况	0.130	1.295(1.005—1.670)	0.046

二元 Logistic 回归结果显示，在影响大学生创业结果的外部条件中，创业教育的影响表现为显著（$p<0.05$），大学生接受的创业教育每提升一个单位，则其创业成功的可能性上升 17.6%，表明高校提供的创业教育能显著降低大学生创业失败的概率。外部支持因素对降低大学生创业失败的概率也存在正向作用，但未达到显著水平，这说明大学生创业能力和综合素质的内在因素是大学生创业失败的主要原因，也验证了大学生创业能力和综合素质是可以通过系统创业教育和实践训练得到提高的，进一步证明了开展大学生创业教育的必要性。

在影响大学生创业结果的控制变量中，家庭经济状况的影响表现为显著（$p<0.05$），创业大学生的家庭经济水平每提升一个单位，其创业成功的可能性上升 29.5%，表明大学生的家庭经济条件能显著帮助大学生降低创业失败的概率。

2. 创业教育、外部支持对创业成功者产生显著的积极影响

为了探究创业教育、外部支持对创业成功者产生的积极影响，将其作为自变量，积极效应中的能力提升与创业发展作为因变量，性别、学历、家庭经济状况作为控制变量，采用最小二乘法（OLS）进行回归分析，结果如表 10-3 所示。

表 10-3 创业教育、外部支持对创业成功者的积极效应分析

因变量	预测变量	标准化回归系数（β）	t 值	R	R^2	ΔR^2	F 值
能力提升	创业教育	0.326	4.793***	0.518	0.268	0.253	18.303***
	外部支持	0.225	3.321***	—	—	—	—
	性别	0.101	1.847	—	—	—	—
	学历	0.010	0.188				

续 表

因变量	预测变量	标准化回归系数(β)	t 值	R	R^2	ΔR^2	F 值
	家庭经济状况	0.045	0.825	—	—	—	—
创业发展	创业教育	0.305	4.374***	0.528	0.279	0.262	16.060***
	外部支持	0.239	5.024***	—	—	—	—
	性别	−0.022	−0.640	—	—	—	—
	学历	−0.035	−0.583	—	—	—	—
	家庭经济状况	0.032	0.910	—	—	—	—

注：* 表示 $p<0.05$；** 表示 $p<0.01$；*** 表示 $p<0.001$

从回归分析结果可以看出，在控制性别、学历、家庭经济状况的基础上，创业教育和外部支持对创业成功大学生的能力提升和创业发展均具有显著的正向预测作用（$p<0.001$）。所有自变量可以联合解释能力提升总变异的 25.3%，外部支持和创业教育每提高一个单位，创业成功大学生的能力提升相应提高 0.326、0.225 个单位。所有自变量可以联合解释创业发展总变异的 27.9%，外部支持和创业教育每提高一个单位，创业成功大学生的创业发展相应提高 0.305、0.239 个单位。对于大学生而言，其创业成功的积极效应包括能力提升和创业发展，高质量创业教育和良好的外部支持既能提高大学生创业者的创业能力，也能促进大学生创业的发展。

3. 外部支持能给创业失败者带来显著的积极影响

为了探究创业教育、外部支持对创业失败者产生的积极影响，将其作为自变量，积极效应中的能力提升与积极创业作为因变量，性别、学历、家庭经济状况作为控制变量，采用最小二乘法（OLS）进行回归分析，结果如表 10-4 所示。

表 10-4 创业教育、外部支持对创业失败者的积极效应分析

因变量	预测变量	标准化回归系数(β)	t 值	R	R^2	ΔR^2	F 值
能力提升	创业教育	0.101	1.477	0.312	0.097	0.081	5.843***
	外部支持	0.200	2.912**	—	—	—	—
	性别	0.002	0.027				

续 表

因变量	预测变量	标准化回归系数(β)	t 值	R	R^2	ΔR^2	F 值
	学历	−0.154	−2.604**	—	—	—	—
	家庭经济状况	0.029	0.496	—	—	—	—
创业发展	创业教育	0.030	0.448	0.398	0.158	0.143	10.205***
	外部支持	0.336	5.076***	—	—	—	—
	性别	0.035	0.623	—	—	—	—
	学历	−0.146	−2.559*	—	—	—	—
	家庭经济状况	−0.039	−0.690	—	—	—	—

注：* 表示 $p<0.05$；** 表示 $p<0.01$；*** 表示 $p<0.001$

从回归分析结果可以看出，在控制性别、学历、家庭经济状况的基础上，外部支持对创业失败大学生的能力提升和创业发展具有显著的正向预测能力（$p<0.05$）。所有自变量可以联合解释能力提升总变异的 9.7%，外部支持每提高一个单位，创业失败大学生的能力提升相应提高 0.200 个单位。所有自变量可以联合解释创业发展总变异的 15.8%，外部支持每提高一个单位，创业失败大学生的创业发展相应提高 0.336 个单位。创业教育对创业失败大学生的积极效应有限，结合深度访谈发现，当前高校倾向于从创业成功的视角设计、开展创业教育，更多关注成功的创业者和创业活动，如何认识、面对、管理创业失败方面的教育则相对缺乏。

4. 创业教育、外部支持能显著降低创业失败带来的消极效应

为了探究创业教育、外部支持对创业失败消极影响的弱化作用，将创业教育、外部支持作为自变量，将消极影响中的资本损失、创业倦怠与发展阻碍作为因变量，性别、学历、家庭经济状况作为控制变量，采用最小二乘法（OLS）进行回归分析，结果如表 10-5 所示。

表 10-5 创业教育、外部支持对创业失败者的消极效应分析

因变量	预测变量	标准化回归系数(β)	t 值	R	R^2	ΔR^2	F 值
资本损失	创业教育	−0.001	−0.020	0.334	0.111	0.095	6.787***
	外部支持	−0.315	−4.629***				

续 表

因变量	预测变量	标准化回归系数(β)	t 值	R	R^2	ΔR^2	F 值
创业倦怠	性别	-0.099	-1.701	—	—	—	—
	学历	-0.029	-0.501	—	—	—	—
	家庭经济状况	-0.080	-1.363	—	—	—	—
	创业教育	-0.030	-0.440	0.359	0.129	0.113	7.998***
	外部支持	-0.335	-4.982***	—	—	—	—
	性别	0.008	0.143	—	—	—	—
	学历	0.030	0.511	—	—	—	—
	家庭经济状况	-0.057	-0.985	—	—	—	—
发展阻碍	创业教育	-0.137	-2.070*	0.394	0.155	0.140	9.959***
	外部支持	-0.259	-3.906***	—	—	—	—
	性别	-0.058	-1.031	—	—	—	—
	学历	-0.177	-3.101**	—	—	—	—
	家庭经济状况	0.025	0.436	—	—	—	—

注：* 表示 $p<0.05$；** 表示 $p<0.01$；*** 表示 $p<0.001$

从回归分析结果可以看出，在控制性别、学历、家庭经济状况的基础上，外部支持、创业教育对创业失败大学生的发展阻碍具有显著的负向预测作用（$p<0.01$）；外部支持对创业失败大学生的资本损失和创业倦怠具有显著的负向预测作用（$p<0.001$）。所有自变量可以联合解释资本损失总变异的11.1%，外部支持每提高一个单位，创业失败大学生的资本损失会减少0.315个单位。所有自变量可以联合解释创业倦怠总变异的12.9%，外部支持每提高一个单位，创业失败大学生的创业倦怠会减少0.335个单位。所有自变量可以联合解释发展阻碍总变异的15.5%，创业教育、外部支持每提高一个单位，创业失败大学生的发展阻碍会减少0.137、0.259个单位。研究发现，创业教育能有效降低创业失败大学生的发展阻碍，对减少资本损失、降低创业倦怠发挥作用有限；良好的外部支持能有效降低创业失败大学生的资本损失、创业倦怠和发展阻碍。

(四) 研究结论

通过对533名有创业经历的大学生进行问卷调查分析,研究发现:一是创业教育和外部支持对大学生创业结果有着正向作用,其中创业教育有显著影响,创业教育能显著提高大学生成功创业的概率;二是无论创业结果如何,创业教育和外部支持均能显著提升创业大学生应对挫折、心理调节、团队合作等各方面的能力,并为他们日后的创业发展积累丰富的社会实践经验;三是对于创业失败的大学生来说,创业教育和外部支持能显著降低创业失败带来的资金、人际关系等社会资本的损失,缓解失败造成的低自我效能感和创业倦怠,减弱创业期间因投入大量经济和时间成本而对大学生未来生活产生的阻碍。本研究认为提高大学生创业率、创业成功率以及降低创业失败的消极效应,迫切需要构建大学生创业社会支持体系,为潜在创业大学生和在创业大学生提供更为全面、更高质量的社会支持。

二、大学生创业社会支持体系的概念内涵与构成要素

对社会支持的研究始于20世纪60年代,但是直到70年代,社会支持才首次被作为专业概念由Cassel(1976)和Cobb(1976)在精神病学文献中提出,之后,精神病学、社会学、心理学、教育学等学科著名学者从各自的理论视角对社会支持进行了广泛深入的探讨和研究[1]。社会支持理论是以互动关系、社会环境以及社会环境对社会成员心理成长与社会适应能力影响为研究对象的一种理论。目前,学界一般认为,社会支持理论是基于对弱势群体需要的假设,也就是说在对弱势群体形成科学认知的基础上,判定弱势群体需要什么样的资源才能改善和摆脱现存的不利处境[2]。

(一) 大学生创业社会支持体系的概念内涵

创业社会支持是指社会支持创业以弱化创业风险[3]。相对于一般社会创业

---

[1] 周林刚、冯建华:《社会支持理论——一个文献的回顾》,《广西师范学院学报》2005年第3期。
[2] 关于"社会支持",参见百度百科词条,https://baike.baidu.com/item/%E7%A4%BE%E4%BC%9A%E6%94%AF%E6%8C%81/1061809? fr=aladdin。
[3] 崔万珍:《大学生创业支持系统的构建研究》,《中国大学生就业》2007年第15期。

人士,大学生创业者是典型的弱势群体,社会实践经验缺乏、社会关系网络薄弱、创业资金准备不足,大学生创业对外部制度、政策、资源与环境存在较强的依赖性[1],需要社会的广泛支持。大学生创业既是个人行为,也是社会行为,大学生是否创业、创业能否成功,与有效的创业社会支持体系的构建密切相关。但关于大学生创业社会支持体系的概念界定,目前学界还没有一个统一的定义。如周楠(2015)认为大学生创业支持体系是指社会为大学生创业提供的各种支持和要素的有机整体[2]。王亚娟(2017)结合复杂系统理论和创业过程理论以及创业特征,认为大学生创业支持体系是一个带有各种反馈回路、动态的、开放的、相互依赖和支持的复杂系统[3]。蒋珞晨和万明国(2019)认为大学生创业社会支持体系是指创业大学生获取创业资源的各种有效渠道及其整体运行,是创业者获得有效资源支持的实现程度[4]。本研究通过对大学生创业社会支持体系的文献梳理,并结合大学生创业特点,认为大学生创业支持体系是指为提高大学生创业率和创业成功率,政府、高校、创业服务机构、企业、大学生家庭等社会主体在为创业大学生和大学生创业企业提供各种支持和服务过程中形成的一个复杂的具有交互作用的多维体系。这种复杂的具有交互作用的多维体系主要体现在大学生创业社会支持主体类别众多、支持内容多样,而且支持主体与支持内容不是简单的一一对应关系,而是一种复杂的多维度交叉关系。

(二) 大学生创业社会支持体系的构成要素

关于大学生创业社会支持体系的要素构成,学者们研究视角不同,因而观点各异。从社会支持作用角度,如周楠等(2015)认为大学生创业支持体系的要素构成包括资金、情感、政策、心理、知识等方面[5]。从社会支持来源角度,孙时进

---

[1] 李炳安:《大学生创业促进制度》,中国社会科学出版社,2012年,第3页。
[2] 周楠:《大学生创业支持体系研究——基于社会排斥理论视角》,《长春理工大学学报(社会科学版)》2015年第8期。
[3] 王亚娟:《大学生创业生态系统概念模型研究》,《中国成人教育》2017年第2期。
[4] 蒋珞晨、万明国:《大学生创业的社会支持网络功能实现研究》,《科技管理研究》2019年第7期。
[5] 周楠:《大学生创业支持体系研究——基于社会排斥理论视角》,《长春理工大学学报(社会科学版)》2015年第8期。

等(2009)将大学生的社会支持分为伴随性社会支持和主动性社会支持[1]。从社会支持性质角度,钟云华等(2016年)认为大学生创业社会支持体系大体可以区分为正式社会支持与非正式社会支持两种[2]。从复杂系统角度,赖文辉(2017)认为大学生创业社会支持体系作为一个相对复杂的理论体系,通常由主体、客体、方法及内容等不同要素构成[3]。大学生创业活动涉及参与主体众多、需求资源广泛和相互作用复杂,作为一个复杂的具有交互作用的多维体系,本研究认为大学生创业社会支持体系构成要素主要包括支持对象、支持主体和支持内容三个方面。

1. 大学生创业社会支持的对象

在确定大学生创业社会支持对象方面,容易与大学生创业教育社会支持对象混淆,只有阐明"大学生创业社会支持对象"和"大学生创业教育社会支持对象"的区别与联系,才能明晰本研究的主体脉络和学术边界。"大学生创业社会支持对象"和"大学生创业教育社会支持对象"两者有一定的联系,却是两个不同的社会支持对象。大学生创业教育社会支持的对象是高校针对大学生开展的创业教育,主要包括高校创业教育课程、创业教育师资、创业教育实践等方面给予的社会支持,重在支持高校开展的创业理论教育和创业实践教育;大学生创业社会支持的对象主要是指大学生创业者和大学生创业企业即大学生创业活动,主要包括创业政策、创业资金、创业服务、创业文化等其他方面的支持,重在支持在校大学生和毕业5年内大学生的创业活动,这其中包含高校的创业教育支持。

2. 大学生创业社会支持的主体

由于研究视角不同,学者们对于大学生创业社会支持的主体持不同的观点。综合文献研究和深度访谈观点,本研究认为大学生创业社会支持主体包括政府、高校、创业服务机构、企业、大学生家庭以及其他社会组织,其中高校、创业服务机构和企业均包含了创业教育管理人员及创业教育指导教师等相关人员,本研究没有将这些社会组织的内部相关人员单列出来作为支持主体。

政府是引导和推动大学生创业活动的主导力量,是大学生创业社会支持体

---

[1] 孙时进、刘小雪、陈姗姗:《大学生应激与社会支持来源的相关研究》,《心理科学》2009年第3期。
[2] 钟云华、吴立保、夏姣:《大学生创业意愿的影响因素及其激发对策分析》,《高教探索》2016年第2期。
[3] 赖文辉:《社会支持网络视角下的大学生创业支持体系构建研究》,《文教资料》2017年第15期。

系中的重要支持主体。相对于其他社会人士创业,大学生创业更需要政府的支持,政府是大学生创业政策的制定者、创业服务的提供者、创业环境的营造者,离开政府的支持,大学生创业社会支持体系难以为继。

高校是大学生创业教育和实践训练的主阵地,对大学生创业能力的培养至关重要,相对于其他社会人士创业,大学生创业更加依赖学校。高校既是大学生创业教育的实施主体和创业服务的提供者,也是连接大学生创业者与社会的重要桥梁,是整合校内外大学生创业资源的重要力量。

创业服务机构是为创业大学生和大学生创业企业提供专业性服务的社会组织,在创业培训、技术开发、信息咨询、经营管理、创业资金、项目孵化等方面提供专业性服务。创业服务机构既包括专门的大学生创业服务机构,也包括一般性创业服务机构,如创业中介机构、投融资机构、创业孵化机构等。

企业是一种营利性社会组织,但同时也具有一定的社会责任,数量众多的在位企业拥有丰富的创业教育资源和创业资源,是大学生创业不可或缺的支持主体。企业是大学生创业的"助推器",不仅对大学生创业理论教育产生影响,对大学生创业实践训练和创业活动也产生重要影响,在大学生创业社会支持体系中发挥着不可或缺的作用[①]。

大学生家庭包括大学生父母及亲属是大学生创业支持体系中不可或缺的重要支持主体,对大学生创业产生重要影响甚至直接影响。家庭不仅是大学生创业者强大的精神支持者,还是创业资金、人脉等创业要素的重要支持者,家庭方面的情感关怀、资源拓展、经济资助等是大学生创业活动的重要保障。

其他相关社会组织,尤其是以主流媒体为重要主体的社会组织对良好创业文化氛围的营造起着重要作用,也是大学生创业社会支持的必要主体。

3. 大学生创业社会支持的内容

相对于一般社会人士创业,大学生创业更加依赖创业教育、创业政策、创业资源、创业服务和创业文化等方面的支持。根据大学生创业的影响因素、主要特点、失败原因和存在的突出问题,结合《关于大学生创业的调查问卷》中相关问题调查结果,本研究认为大学生创业社会支持内容主要包括创业教育、创业政策、创业资源、创业服务和创业文化等5个方面。

[①] 陈静、王占仁:《"内合外联"式高校创业教育生态系统构建研究》,《学校党建与思想教育》2017年第7期。

创业教育是高校和其他社会主体为提高大学生创业能力而开展的系统性或有针对性的教育培训,是大学生创业能力形成和创业活动开展的理论基础[①]。大学生创业培育包含创业理论、创新实践和创业实战的系统性或有针对性的教育培训。本研究调查对象中,5 403位潜在创业大学生中,希望高校和创业服务机构提供创业教育、培训支持的占68.76%;313位有创业失败经历大学生中,希望高校和创业服务机构提供创业教育、培训支持的占59.42%;299位没有创业失败经历创业大学生中,希望高校和创业服务机构提供创业教育、培训支持的占60.54%。

　　创业政策主要指政府和高校为支持大学生创业而出台的相关政策法规及其执行。大学生创业政策主要包括市场准入退出政策、资金扶持政策、场地扶持政策、税收优惠政策、创业培训政策、创业带动就业奖励政策、创业失败补偿政策及其他大学生创业支持政策。本研究调查对象中,5 403位潜在创业大学生中,希望政府和高校提供创业政策支持的占69.76%;313位有创业失败经历大学生中,希望政府和高校提供创业政策支持的占53.35%;299位没有创业失败经历创业大学生中,希望政府和高校提供创业政策支持的占55.52%。

　　创业资源是大学生创业活动的物质基础,其中创业资金是最为重要的创业资源。创业资金包含自有资金、融资贷款、创业基金、创业补贴和税收优惠等多种来源途径。大学生创业者创业过程中除利用少量自有资金外,更多地需要社会资金支持。本研究调查对象中,5 403位潜在创业大学生中,希望政府、高校、家庭和银行等金融机构提供创业资金支持的占59.24%;313位有创业失败经历大学生中,希望政府、高校和银行等金融机构提供创业资金支持的占44.09%;299位没有创业失败经历创业大学生中,希望政府、高校和银行等金融机构提供创业资金支持的占58.86%。

　　创业服务主要是指政府、高校、创业服务机构等社会主体为大学生创业活动提供的相关服务,服务内容主要包括行政审批、孵化培育、融资贷款、咨询指导等方面。本研究调查对象中,5 403位潜在创业大学生中,希望政府、高校和创业服务机构提供创业服务支持的占60.13%;313位有创业失败经历大学生中,希望

[①] 卓高生、曾纪瑞:《创业大学生社会融合现状及社会支持体系的构建》,《广州大学学报(社会科学版)》2013年第2期。

政府和高校提供创业服务支持的占48.24%;299位没有创业失败经历创业大学生中,希望政府和创业服务机构提供创业服务支持的占58.20%。

创业文化是内生于市场经济的一种特殊文化,主要是指社会对大学生创业活动所持的认同和倡导的态度以及由此形成的一种文化氛围,对大学生的创业意识、创业心理、创业行为等都会产生重要的影响。本研究调查对象中,5 403位潜在创业大学生中,希望大学、家庭和社会的鼓励大学生创业、包容创业失败的创业文化支持的占63.63%;313位有创业失败经历大学生中,希望大学、家庭和社会的鼓励大学生创业、包容创业失败的创业文化支持的占47.60%;299位没有创业失败经历创业大学生中,希望大学、家庭和社会的鼓励大学生创业、包容创业失败的创业文化支持的占67.56%。

三、大学生创业社会支持存在的问题及其原因

近年来,政府、高校、创业服务机构、企业、大学生家庭等不同社会支持主体,为大学生创业提供了政策、教育、资金、服务、情感等方面的支持,但由于不同社会主体对大学生创业认识不到位、内生动力不足以及社会支持机制不健全等,大学生创业的社会支持力度不足,大学生创业社会支持的碎片化、零散性、随机性情况严重,整体性、协作性和持续性差。

(一)大学生创业社会支持存在的主要问题

关于大学生创业社会支持存在的主要问题,本研究综合文献研究、深度访谈和问卷调查发现,当前大学生创业社会支持主要存在两大突出问题:其一是不同社会支持主体功能缺位,各自作用发挥不够;其二是不同社会支持主体之间互动不足,协同作用发挥不够。

1. 不同社会支持主体作用发挥不够

一般来说,政府、高校、创业服务组织、企业、大学生家庭等社会主体都是大学生创业社会支持的重要主体,当前对大学生创业社会支持不足,也即主要表现为上述社会主体对大学生创业的支持作用发挥不够。

一是政府主导推进作用发挥不够。政府对大学生创业的支持是多方面的,

但创业政策支持尤为重要。调查研究发现政府主导推进作用发挥不够首先表现为政府的创业政策支持有限。当前各级政府虽然相继出台了一些旨在鼓励、支持和引导大学生创业的政策，但这些创业政策的临时性、单一性特征较为明显，缺乏持续性和系统性，也缺乏操作层面的实施细则和相应的检查、监督机制[①]。关于大学生创业政策支持方面的问题，612位创业大学生问卷调查结果显示，选择创业政策扶持力度有限的占72.59%，创业政策落实不到位的占68.67%，对创业政策了解不够的占68.07%，创业政策尚不完善的占62.05%，对创业政策利用不够的占56.02%。同时，政府的服务水平还不高，提供的配套资源还不充裕，创业资助也因为创业人数增加导致财力不足而缺乏稳定性、持续性；宣传、舆论引导力度也还不足。

二是高校创业教育水平整体偏低。近年来，我国高校创业教育不断加强，取得了积极进展。但调查研究发现，当前高校创业教育发挥作用有限，针对性和实效性不强。关于大学生创业教育支持方面的问题，612位创业大学生问卷调查结果显示，选择创业教育实效性不强的占77.39%，创业教育目标定位模糊的占68.79%，创业教育内容不完善的占63.38%，理论与实践脱节严重的占61.15%，缺乏有效的创业训练的占54.46%，创业咨询指导不够的占41.72%。另外，高校在创业资源支持以及项目培育孵化等创业服务方面作用发挥还不够。

三是创业服务机构支持作用发挥有限。创业服务机构具有专业的创业指导导师、市场化运作经验丰富、投融资服务能力强等优势，可以为大学生创业提供更多的教育指导、实践训练和创业资源支持。当前，我国专门性大学生创业服务机构还不发达，不同层次和功能的大学生创业园、孵化基地相对缺乏；一般性创业服务机构参与大学生创业的广度和深度都还不够，更多关注了少量大学生创业项目的推广、孵化等方面；银行等金融机构对大学生创业资金支持力度不足。关于大学生创业服务支持方面的问题，612位创业大学生问卷调查结果显示，选择创业培训咨询指导不足的占77.56%，缺少正确的创业引导的占70.3%，创业实训孵化服务不足的占69.31%，社会保障服务不健全的占52.15%，创业融资渠道狭窄的占67.39%，创业贷款限制多的占61.96%，风险投资获得难的占58.15%。

---

① 赖文辉：《社会支持网络视角下的大学生创业支持体系构建研究》，《文教资料》2017年第15期。

四是企业支持力度不足。缺乏社会经验是大学生创业失败的重要原因之一。关于创业大学生社会经验方面的问题,612位创业大学生调查结果显示,选择社会经验不足的占79.15%,其中选择社会实践经验不足的占79.60%,企业管理经验缺乏的占77.34%,创业实践经验缺乏的占79.04%,相关工作经验缺乏的占64.59%。企业具有相对丰富的创业资源,也是大学生社会经验形成、创新创业项目的重要来源。但当前企业参与高校创业教育的积极性不高,对大学生创业关注度低,对大学生创业支持意识较弱,尚未充分发挥企业在培养学生实践能力、丰富社会经验,以及创业项目、资金、技术、场地等方面的资源优势[1]。甚至部分企业不愿意提供大学生实习机会、创新创业项目以及技术或信息等方面的支持[2]。

五是缺乏良好的大学生创业社会氛围。良好的创业氛围尚未形成,大学生创业仍然缺乏来自家庭和社会广泛的舆论支持。"学而优则仕""求稳怕风险"等中国传统就业观念一定程度上影响大学生家长和公众对大学生创业的认识[3]。关于大学生创业文化支持方面的问题,612位创业大学生调查结果显示,选择社会对创业失败宽容度低的占72.49%,缺乏创业冒险精神的占69%,社会大众不理解不支持的占58.95%,家庭亲人不理解不支持的占49.34%,老师同学不理解不支持的占45.85%。对大学生创业认同感的缺乏一定程度上影响了家庭和社会对大学生创业的支持[4]。

2. 不同社会支持主体协同作用发挥不够

大学生创业不同社会支持主体整体功能的有效性也极大影响着大学生创业的社会支持力度。当前,大学生创业社会支持存在的另一突出问题就是政府、高校、创业服务机构、企业、大学生家庭以及其他社会组织之间相互脱节,缺少互动。政府一方面在人力与社会保障部门、教育部门、工商部门等内部不同部门之间以及政府与高校、创业服务机构等其他社会主体之间的协调上存在不足;另一方面在建立不同社会主体合作平台与互动机制、促进不同主体之间的协同合作

---

[1] 黄首晶、杜晨阳:《试析社会、高校、政府在高校创业教育中的主体功能——基于中美的比较分析》,《比较教育研究》2017年第9期。
[2] 祝坤艳:《河南大学生创新创业教育社会支持体系评价研究——基于AHP理论的视角》,《统计与管理》2017年第6期。
[3] 何星舟:《大学生创业教育社会支持网络构建思考》,《高等工程教育研究》2016年第4期。
[4] 何富美、金利娟:《高校创业教育问题探析》,《云南财经大学学报(社会科学版)》2011年第3期。

上也有所欠缺。高校与政府、企业、创业服务机构等社会组织的合作还不紧密,拓展创业教育外部资源和大学生创业资源的主动性还不强。企业更多注重自身的发展,没有主动参与大学生创业,企业与高校的合作更多侧重于科研和技术开发等方面。创业服务机构中的创业中介服务机构还不发达,还没有发挥好其在大学生创业社会支持中的桥梁纽带作用。大学生家庭与其他社会主体分散独立,与高校等社会支持主体没有产生联动效应。

(二) 大学生创业社会支持不足的主要原因

综合文献研究和深度访谈发现,当前大学生创业社会支持不足,既有对大学生创业社会认识不到位的原因,也有社会支持主体内生动力不足的原因,还有大学生创业社会支持运行机制不健全的原因。

1. 社会对大学生创业的认识还不到位

关于对大学生(大学读书期间和毕业后5年内)创业的态度,本研究的1 128位社会人士问卷调查结果显示,赞成大学生创业的占51.51%,反对大学生创业的占12.06%,不赞成也不反对的占36.44%。结合访谈调查结果发现,受传统就业观念的影响,多数家长还是希望子女在大学毕业后找到一份既稳定又待遇好的工作,甚至有少数家长认为大学生自主创业是"不务正业";部分社会人士包括高校教师、政府、企业和创业服务机构管理人员等,认为大学生因时间精力不足、缺乏社会经验、创业资源短缺等,不适合在校期间或毕业后即创业。当前,社会对大学生创业还存在着一定的顾虑甚至是偏见,使创业大学生难以得到来自家庭和其他社会主体的情感鼓励与资源支持。

2. 不同社会支持主体的内生动力不足

一是因为对大学生创业认识的不到位,一般认为大学生创业的社会支持主体就是政府和高校,大多忽视企业、家庭、创业服务机构以及其他社会组织在大学生创业中的重要作用;二是对大学生创业失败效应的认识,影响大学生家庭以及银行、创业孵化等创业服务机构等社会主体对大学生创业的支持,1 128位社会人士问卷调查结果显示,大学生创业失败对大学生家庭以及对银行、创业孵化机构等创业服务机构的影响是消极影响比积极影响大,占比分别为42.08%和37.93%;三是大学生创业社会支持的激励制度不健全,高校、企业、创业服务机构以及其他社会组织难以将支持大学生创业转化为内在需求,也导致对大学生创业社会支持的内生动力不足。

3. 大学生创业社会支持机制不健全

政府、高校、创业服务机构、企业、大学生家庭以及其他社会组织的社会功能和利益追求不同,在大学生创业社会支持方面不同支持主体之间并无明确的沟通渠道,尚未形成不同社会支持主体多元协同支持机制。当前,由于尚未明确不同社会支持主体的角色定位,尚未理顺不同社会支持主体与支持内容的关系,尚未明晰不同社会支持主体的支持路径,以及不同社会主体之间的合作机制也尚未形成,各社会主体相对孤立,欠缺配合,"孤岛效应"明显。大学生创业社会支持机制不健全,已成为制约大学生创业社会支持主体协同作用发挥的重大障碍。

四、"内合外联"式大学生创业社会支持体系的构建

针对当前大学生创业的状况和大学生创业社会支持路径特点,通过深度访谈并综合相关学者观点,本研究认为应以提升大学生创业意识和创业能力为目标,以提高大学生创业率和创业成功率为导向,以有效解决大学生创业突出问题为重点,构建以高校内部支持体系为主、高校内部支持体系与外部社会支持体系相互促进的"内合外联"式大学生创业社会支持体系(如图10-1),以最大限度地整合、拓展、开发校内外大学生创业资源。

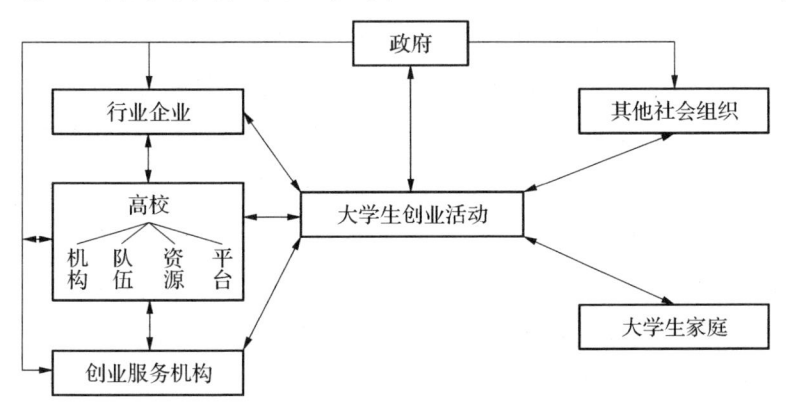

图 10-1 大学生创业社会支持体系架构

（一）不同社会主体与支持内容的交叉关系与支持路径

大学生创业特点决定了大学生创业社会支持主体与支持内容不是简单的一一对应关系，而是复杂的多维度交叉关系，这种复杂的多维度交叉关系又决定了不同社会主体与支持对象之间不是一种单一的支持路径，构建运行有效的大学生创业社会支持体系，首先需要理顺不同社会主体的支持路径。

1. 支持主体与支持内容的多维交叉关系

从支持内容看，同一支持内容既有单一主体支持的，也有不同主体共同支持的，多为不同主体共同支持的，但不同主体各有侧重。创业教育的社会支持主体主要有高校、创业服务机构、创业孵化机构等，高校承担着系统开展大学生创业教育、重点培养大学生创业意识、提升大学生创业能力的任务；中介服务机构和创业孵化机构作为高校和政府之间的连接单元，承担着为大学生创业者开展针对性创业培训与实践指导的服务功能。创业政策的社会支持主体主要为政府部门和高校，政府在大学生创业资金、税费减免、创业培训、失败扶持及准入退出等方面提供系统性政策支持；高校则主要提供学籍管理、评优评奖、创业资金、创业服务等方面的政策支持。创业资金的社会支持主体比较广泛，包括家庭支持、亲戚朋友借贷，政府和高校各种创业基金、补贴，同时还需要投融资机构、企业等社会主体为大学生创业企业提供资金支持。创业服务的社会支持主体包括政府、高校以及创业服务机构等，政府部门主要提供行政服务和公共服务，高校主要提供信息咨询、项目孵化等服务，创业中介机构、创业孵化机构、金融机构分别提供创业培训、信息咨询、项目孵化、贷款融资和技术支持等方面的服务。良好的创业文化氛围需要政府、高校、媒体、大学生家庭等社会主体的合力营造。

从支持主体看，不同社会主体的支持内容有所差异，同一社会支持主体可以支持一方面内容，但多支持不同的内容。政府主要通过制度供给、宏观调控、行政服务、资金投入、舆论宣传，对大学生创业发挥着引导、扶持、协调、保障作用。高校对大学生创业的支持主要体现在创业教育、创业资金、物质资源、咨询服务和氛围营造等方面。创业服务机构主要提供教育培训、信息咨询等专业服务，以及提供创业资金、场所设备等物质资源。企业对大学生创业的支持主要体现在为大学生提供实习和实践机会，以及提供创业指导、创业资金和创业场所等物质资源支持。大学生家庭主要从情感心理、创业资金以及人际关系等方面提供支持。以主流媒体为重要主体的其他社会组织对良好创业文化氛围营造也起着重要作用。

2. 大学生创业社会支持的两种路径

根据不同社会支持主体的支持方式,大学生创业社会支持可分为直接路径和间接路径两种路径。大学生创业特点决定了大学生创业的社会支持路径与一般社会人士创业的社会支持路径不同,这种不同主要体现在间接路径方面。

大学生创业社会支持的直接路径。 大学生创业社会支持的直接路径主要是指政府、高校、创业服务机构、企业、大学生家庭等社会主体直接支持创业大学生和大学生创业企业。在直接路径中,政府直接对创业大学生和大学生创业企业给予无偿贷款担保、税费减免、房租补贴、创业补贴等支持;高校通过创业教育、开展创业实践活动、设立创业训练项目、提供场所和资金等直接支持创业大学生和大学生创业企业;创业服务机构借助于项目风险评估、创业培训指导、后勤支撑服务、孵化资金扶持等服务,帮助创业大学生创新发明等成果落地形成产品进入市场,或为大学生创业企业提供孵化服务、资金扶持等;企业通过提供项目扶持、技术支持、资金扶持等,直接助力创业大学生和大学生创业企业;大学生家庭在精神和情感支持基础上,有条件的还可给予资金和人脉支持;其他社会组织主要以文化影响和资源支持两种方式对大学生创业发挥作用。

大学生创业社会支持的间接路径。 大学生创业社会支持的间接路径主要是指政府、创业服务机构、企业等社会主体间接支持创业大学生和大学生创业企业。政府通过高校、创业服务机构和企业,由高校、创业服务机构和企业将政府的支持转化到创业大学生和大学生创业企业,如政府通过购买创业培训服务的方式对创业服务机构提供的大学生创业培训进行补贴,通过税收减免等政策鼓励企业支持大学生创业。企业通过产学研合作,由高校将企业的支持转化到创业大学生和大学生创业企业,如企业通过向高校提供创业指导教师、联合建立创业基地、技术研发合作、设立奖学金、风险投资等方式支持大学生创业活动。创业服务机构与高校合作,由高校将创业服务机构的支持转化到创业大学生和大学生创业企业,如创业中介机构、创业孵化机构通过与企业合作,可以将相关资源迁移到高校校园。大学生家庭和其他社会组织也有类似借助高校开展间接支持的方式,但相对政府、企业和创业服务机构而言较少。在间接路径中,高校充当非常重要的桥梁纽带角色,高校是连接大学生创业者与社会的重要桥梁,成为整合校内外大学生创业资源的重要力量。

(二)"内合外联"式大学生创业社会支持体系的构建

1. 高校内部大学生创业支持体系的构建

高校既是创业教育的实施主体、创业服务和创业资源的提供者以及创业氛围的营造者,也是连接大学生创业者与社会的重要桥梁,是整合校内外大学生创业资源的重要力量。高校通过建立、培育与整合学校内部同大学生创业相关的机构、队伍、资源、平台等要素,以及积极开展政产学研合作拓展外部社会资源,形成一个相对独立、完整的大学生创业支持体系,其中机构方面既包括校院两级大学生创业(教育)领导小组、创业学院、技术转移中心,也包括大学生创业指导中心等领导、管理和服务机构;队伍方面既包括专兼职大学生创业教育和创业训练指导教师,也包括具有创业教育能力的专业教师,以及大学生创业心理咨询的老师或医师;资源方面主要包括校内外各类实验室、实训中心、设备平台等物质资源、各类资金资源以及老师、校友和同学等社会网络资源;平台方面主要包括大学生创业园、孵化基地和各类创客空间等。相对独立、完整的大学生创业支持体系可以提高创业教育有效性,提供更多的指导服务、创业资源和创业氛围支持。

提高创业教育效果。大学生成功创业离不开创业知识储备和创业实践训练。高校要通过大学生创业学习,并在充分吸收各方面信息和知识的基础上,深化创业教育改革。通过科学确立创业教育目标体系,健全创业教育课程体系,创新创业教育教学模式,建设创业教育教师队伍,打造创业教育实践平台,以及改革创业教育评价方式等途径来系统构建高校创业教育体系,提高创业教育的针对性和实效性。

增强创业服务供给。与政府提供的行政服务不同,高校对创业大学生和创业企业的服务主要体现在提供创业指导、信息咨询以及心理帮扶等。通过成立创业学院、创业指导中心、技术转移中心等专门机构与政府、企业等其他社会机构联系与沟通,具体负责创业制度的制定、创业政策的宣传和创业项目的对接;

通过组建专兼结合的创业师资队伍，进行创业经验分享、实践指导和咨询服务等，引导学生充分利用政府在税费减免、资金扶持和场地使用等方面的支持性资源；对大学生创业项目进行评估，促进大学生科技成果转化，为大学生科技成果转化提供系统性服务；为创业大学生在创业过程中提供心理等方面的帮扶。

提供创业资源支持。高校一方面依托校内各级各类实验室、训练中心和科研平台，建立大学生创业实训、孵化基地，充分发挥学校的空间场所、设备平台和科学技术等优势，为大学生创业提供资源支持；另一方面通过联合校外科技创业园、创业孵化器、大学生创业园等，遴选技术含量高、竞争性强、成长性好的创业项目，并为其提供孵化服务。通过设立大学生创业基金加大对大学生创新训练项目和创业实训项目的支持，为大学生创业提供多渠道资金支持。

营造创业文化氛围。校园创业文化是传统校园文化与创业文化相融合的一种特殊文化，对于大学生创新精神、创业意识、创业能力和创业价值观的培养有着十分重要的影响。高校通过广泛利用校园网站、创业专栏、微信公众号等各类新媒体等，加大对大学生创业先进典型的宣传，激发大学生的创业意愿，提升学生创业的信心；同时，通过组建创业社团、开展创业竞赛、举办科技作品展、分享创业经验等，使学生更了解创业、熟悉创业，形成想创业、敢创业的校园文化氛围，引导大学生由想创业、敢创业到能创业转变，提高大学生创业率。

2. 外部社会大学生创业支持体系的构建

根据前文分析，大学生创业者尤其是毕业以后的创业大学生除获得学校（或母校）的支持以外，也可以直接获得或通过学校（或母校）社会网络获得政府、创业服务机构、企业和家庭等社会主体的支持。由于政府、创业服务机构、企业、大学生家庭等社会组织的社会功能和资源优势不同，在外部社会大学生创业支持体系构建中不同社会支持主体作用发挥各有侧重，需要明确不同社会主体在大学生创业社会支持体系中的角色定位，充分发挥不同社会主体的支持作用。

（1）政府充分发挥政策引导扶持作用

政府在大学生创业社会支持体系的构建中起着决定性作用，是推动和促进大学生创业发展的主导力量。政府要通过大学生创业失败学习，在充分吸收各方信息和知识的基础上进一步完善大学生创业政策，加强资金投入、服务保障和舆论导向，在大学生创业社会支持体系中发挥引导、扶持、协调、保障作用。

健全创业政策体系。创业政策对大学生创业产生直接作用或具体间接作用。大学生对政府创业政策的期待非常强烈,政府需要从企业准入退出、税收减免、财政支持、风险救助、失败帮扶、社会保障等方面进一步健全大学生创业相关政策与制度,既要发挥不同政策的合力效应,也要覆盖创业全过程,满足不同创业阶段的政策需求。一方面,确保大学生便捷、规范地创建、运营和退出企业;另一方面,完善大学生创业的引导政策、优惠政策、创业帮扶以及劳动与社会保障等大学生创业相关促进政策。

增强创业资金支持。政府是创业资金的直接或间接提供者,可通过创业补贴等专项经费投入、设立大学生创业引导基金等多种渠道直接为大学生创业提供资金扶持;通过税收减免、奖励表彰等政策鼓励有条件的企业为大学生设立创业基金等途径支持大学生创业;通过出台相应的激励政策,鼓励银行等金融机构加快开发符合大学生创业特点的贷款、融资服务项目,破解大学生创业融资难题。

加强创业公共服务。政府在提高大学生创业企业注册登记、资金补贴等行政服务能力和水平的基础上,加强大学生创业社会服务的供给。一方面搭建各类大学生创业信息服务平台,为在创业大学生和潜在创业大学生提供创业政策、创业项目、创业融资、创业服务等方面的信息[①]。另一方面,大力建设非营利性大学生众创空间、孵化器、创业园等服务机构,并引导建设营利型大学生众创空间、孵化器、创业园等服务机构,增强在技术开发、成果转化、经营管理、金融服务、政策咨询、注册登记等方面的服务能力和水平。

营造社会创业文化。营造良好的大学生创业环境是政府的责任和义务。政府在加强大学生创业硬环境建设的同时,应进一步强化大学生创业软环境的建设,引导全社会理性认识和正确对待大学生创业。政府应充分利用主流媒体等多种渠道,丰富宣传形式,加强舆论宣传,弘扬大学生创新创业的精神,加快敢为人先、宽容失败的鼓励大学生创新创业社会氛围的形成。

(2)创业服务机构积极发挥服务作用

创业服务机构是创业培训、信息咨询、资源支持等专业性服务的重要提供者,在大学生创业社会支持体系构建中扮演着不可或缺的角色。创业中介机构、

---

① 赵丹、凌峰:《大学生创业社会支持及路径优化》,《安顺学院学报》2014年第4期。

创业孵化机构和创业融资机构等不同类型的创业服务机构通过大学生创业失败学习,并在充分吸收各方信息和知识的基础上,结合各自的社会职能和资源优势,充分发挥有针对性的专业性服务作用。

创业中介机构增强中介服务能力。创业中介机构一般包括会计师事务所、律师事务所、创业培训和咨询机构等,为大学生创业者和大学生创业企业提供信息咨询、技术支持、人员培训等系列专业咨询和中介服务。创业中介机构一方面直接为大学生创业者和大学生创业企业提供信息咨询、技术支持、人员培训、财务税收、项目评价等系列专业咨询和中介服务;另一方面要与高校合作,通过提供创业教育课程、创业教育项目或与高校合作开发创业教育课程、项目,编写教材,为高校创业教育提供兼职创业教育导师和创业指导教师。

创业孵化机构增强创业孵化支持。创业孵化机构是培育大学生创业的"温床",创业孵化机构创业孵化能力决定了大学生创业企业是否能成长壮大。创业孵化机构一般包括各类产业园区、众创空间、创业孵化基地、创新创业基地以及大学科技园和大学生创业园等。创业孵化机构一方面为创业大学生提供政策、管理、法律、财务、融资、市场推广等方面的专业化服务;另一方面为大学生科技成果转移转化搭建平台,为入孵项目提供研发、经营、商务推广等所需的场地和共享设施。

创业融资机构增强创业金融支持。创业融资机构主要包括银行、风险投资公司等金融机构和非金融机构。大学生创业者创业过程中除利用自有资金、家庭支持、亲戚朋友借贷或各种创业基金等来源之外,更多需要银行等融资机构资金支持。创业融资机构一方面为大学生创业活动提供直接资金支持,如银行等金融机构对大学生创业提供低息贷款服务;另一方面是风险投资公司等金融机构的风险投资,为大学生创业提供资金支持。金融机构要按照市场化、商业可持续原则,加快产品和服务创新,开发大学生创业融资项目,为具有自主知识产权、技术含量高、发展前景好的大学生创业项目提供资金支持。同时,也要为大学生创业者提供资金使用风险评估咨询,提高企业的资金利用效率,防范创业风险。

(3)企业积极发挥创业资源供给作用

根据生态位理论,在创业生态系统中,在位企业与大学生创业企业属于竞争—合作关系,但从社会支持的角度看,在位企业拥有丰富的创业资源,是大学生创业不可或缺的支持主体。企业对大学生创业的支持主要体现为一方面参与支持高校创业教育,另一方面为创业大学生提供创业资源和咨询指导。

参与高校创业教育。通过产教融合参与高校创业教育,企业可与高校联合开发出更多具有行业特色和大学生实际需要的创业教育课程、创业训练项目,编写创业教育教材等。专业实践能力、创新创业能力对大学生创业至关重要,企业作为大学生专业实践能力、创新创业能力培养的重要平台,应积极为大学生提供培养实践能力和创业能力的实践机会。另外,企业的参与在一定程度上能引导和促进大学生在专业领域或相关领域创业,提高大学生创业项目的技术含量和竞争力,可使大学生创业避免走入"小摊小贩"低端创业的尴尬境地。

提供创业资源支持。企业通过资金扶持、项目合作以及提供场地等物质资源多种形式支持大学生企业。企业资金支持有两种模式:一种模式是通过设立相关企业创业基金、创业奖学金,举办创业大赛活动等方式,联合高校遴选优秀的创业者和种子项目,支持大学生创业;另一种方式是通过资本注入、项目合作等形式,投资有潜力的大学生创业项目或企业。企业场地支持也有两种方式:一种是直接提供场所、设备资源支持;一种是通过与高校产学研合作,在校内投资建设实训室、创客空间等。

提供创业指导服务。企业是行业咨询资源的重要来源,可以为创业大学生提供市场需求等有效的行业信息和资源需求来源,以及为大学生创业活动提供技术和创业指导支持。大学生普遍缺乏创业经验,对行业产业的发展趋势把握不足,因此,对创业项目或创业过程中所出现的问题的判断容易产生误差,具有丰富管理经验和对行业发展深刻认识的企业管理人员、技术人员,能够对大学生的创业活动提供必要的指导。

(4)家庭转变观念积极发挥支持作用

家庭的支持是大学生是否选择创业和能否成功创业极其重要的因素之一,家庭是大学生创业者强大的精神支持者,有条件的家庭还是创业资金、人际关系等创业要素的重要支持者。

提供精神情感支持。大学生家长要改变传统就业观念,打破以往固有就业思维,要理性认识大学生创业,正确对待自己孩子创业。一方面,家人的理解与鼓励是大学生创业者选择创业、坚持创业的重要精神支柱;另一方面,创业大学生面临困难时,需要家长的精神安慰和支持,家长应给予更多精神上的鼓励和资源上的支持,帮助大学生积极应对和解决创业中的困难。

提供创业资源支持。相对于青年大学生,家长具有更丰富的人生经历和社会经验,家长在孩子提出创业方案时,可依据自己的社会经验,进行理性的判断和分析,为他们提出建议和帮助;另外,有条件的家庭可在经济承受范围内对大学生提供必要的创业资金支持,还可以就创业项目运作提供技术以及人际关系等方面的支持。

(5) 其他社会组织的积极配合作用

良好社会创业环境是大学生积极开展创业活动的重要驱动力,对大学生创业意识和创业行为都具有重要的影响。以主流媒体为重要主体的社会组织,要对国家的大学生创业政策进行广泛宣传,分享大学生成功创业的感人故事,提高社会对大学生创业的认知度和认同度,在全社会形成支持鼓励大学生创业、包容大学生创业失败的社会氛围。

(三) 高校内部支持体系与外部社会支持体系的相互促进

大学生创业者的特点决定了以学校(或母校)为基础的社会网络是创业大学生社会网络的重要组成部分,是大学生创业者获得外部创业资源的重要基础[1]。学校(或母校)作为创业大学生社会网络的重要组成部分,完善的高校内部支持体系,尤其是大学生创业园、大学生技术转移中心等机构和产学研合作运行机制的建立,有利于高校加强与政府、企业、创业服务机构等社会组织的交流互动,能够促进外部社会支持体系的构建;同时,良好的外部社会支持体系也能促进政府、企业、创业服务机构等社会主体加强与高校的合作,丰富学校内部大学生创业资源,有助于高校内部支持体系提质增效。以高校内部支持体系为主,高校内部支持体系与外部社会支持体系相互促进的"内合外联"式大学生创业社会支持体系构建及运行是一个长期的过程,在这个过程中要突出高校的积极作用。高校在加强校内资源开发整合、系统且有针对性地为大学生创业提供支持的基础上,应加强与政府、企业、创业服务机构等社会主体的互动,充分获取外部社会资源,同时帮助大学生创业者拓展创业网络,获取外部社会支持[2];同时,要充分发挥政府统筹协调管理的职能优势和创业中介服务机构的桥梁纽带作用。

---

[1] 王亚娟:《创业网络对大学生创业能力的影响研究——创业学习的中介作用》,吉林大学硕士学位论文,2017年。
[2] 陈静:《高校主导型创业教育生态系统构建研究》,东北师范大学博士学位论文,2017年。

五、"内合外联"式大学生创业社会支持体系的保障机制

政府、高校、创业服务机构、企业、大学生家庭等社会主体的社会属性和利益追求不同,要实现"内合外联"式大学生创业社会支持体系的有效运行,形成不同社会支持主体的协同效应,还需要建立健全相应的保障机制。

(一) 建立专门性大学生创业法律法规

为鼓励大学生创新创业,近年来,我国各级政府先后出台了一些关于大学生创业相关的政策法规,但尚未形成完整的法律保障体系,现有的这些政策法规之间的衔接性和协同性不强,条款过于原则性,缺乏操作性,不利于大学生创业法律风险识别、防范以及合法权益保障和法律救济。国家立法部门或政府应当结合我国大学生创业现状和存在的问题,健全具有中国特色的大学生创业法律保障体系[1]。在条件相对成熟时,颁布诸如《大学生创业促进条例》等专门性法律法规,这既是促进大学生创业发展的重要举措,也是推动大学生创业社会支持的根本保障。一方面,专门性法律法规能够界定大学生创业的法律地位,明确大学生创业权利和义务,为大学生应对和解决创业法律问题提供法律依据,同时也规范大学生的创业行为;另一方面,明确政府、高校、企业、创业服务机构、家庭等社会主体为大学生提供创业支持的义务和责任,建立大学生创业救济制度。政府、高校、创业服务机构、企业、大学生家庭以及其他社会组织各有其特殊的社会功能和独立的运行机制,借助于法律法规,能够实现更加富有成效的协同支持[2]。在立法条件不成熟的情况下,国家和地方政府可以依法制定关于促进大学生创业社会支持的行政法规,通过这些行政法规积极推动大学生创业的社会支持。

(二) 构建不同社会支持主体多层次互动运行机制

保障以高校内部支持体系为主、高校内部支持体系与外部社会支持体系相互促进的"内合外联"式大学生创业社会支持体系的有效运行,需要构建多层次

---

[1] 徐丽姗:《科教融合背景下大学生创业的社会支持》,《中国高校科技》2019年第7期。
[2] 陈浩、董颖:《略论"政产学"协同培养人才的机制和模式》,《高等工程教育研究》2014年第3期。

互动运行机制,在多层次互动运行机制构建中,一方面要充分发挥高校"内合外联"的积极作用,另一方面也要发挥政府的统筹协调作用和创业服务机构的桥梁纽带作用。

1. 高校完善内部协同运行机制

当前,我国高校内部大学生创业支持要素还比较薄弱,而且相对分散,积极培育高校内部大学生创业支持要素和整合统筹是构建运行有效的高校内部大学生创业支持体系的前提条件。高校内部要确保大学生创业资源优化配置、行动最优同步,发挥"1+1>2"的集聚效应。学校层面成立大学生创业领导小组,加强大学生创业管理的顶层设计,各职能部门明确职责分工并建立联动协调机制,如教务部门负责创业教育模式改革创新、创业教育课程建设等,人事部门负责创业教育教师队伍建设等,学工、团委等部门负责课外创新创业活动等,科研部门为学生创业项目孵化、产业化提供支持帮助等。当前,学院层面在大学生创业支持方面的主动性发挥不够,学院层面也要成立领导小组领导与统筹协调本学院大学生创业尤其是大学生创业教育工作,有效整合各类创业教育资源,推进创业教育与专业教育深度融合。

2. 高校构建内外多方互动机制

当前高校与政府、创业服务机构和企业之间缺乏良性互动,高校内部大学生创业支持要素与外部支持要素之间还没有实现资源共享,其主要原因在于高校办学体制还相对封闭,没有建立与外部互动机制。高校是连接大学生创业者与社会的重要桥梁,是整合校内外大学生创业资源的重要力量,因此,高校要在构建内部资源有效整合机制的前提下,主动构建校内外多方互动机制,为高校创业教育以及大学生创业拓展外部社会资源。大学要开放办学,淡化组织边界和改革内部管理体制,加强与地方政府、创业服务机构、企业、大学生家长以及其他社会组织的联系,重点要加强与地方政府、企业、创业中介机构和创业孵化机构的合作,建立双方、三方或多方合作机制,如耦合关联机制、资源整合机制、价值交换机制等。针对创业大学生和大学生创业企业对服务、政策及资金方面的实际需求,通过高校与地方政府、企业、创业中介机构和创业孵化机构等多主体合作,搭建创业实践训练平台、联合共建创业实践基地和创业孵化基地等,提供全方位、多层次的有效支持。

3. 建立外部社会多方互动机制

大学生创业外部社会支持主体众多,主要需要通过政府和中介机构构建多方互动机制。一是政府主导构建多方互动机制。政府要充分利用统筹协调管理的职能优势,成立大学生创业领导小组,设立大学生创业管理机构,在加强与高校、创业服务组织、企业等其他社会主体互动基础上,借助于大学生创业指导委员会、大学生创业实践平台和大学生创业信息服务平台等机构,建立政府与高校、创业服务机构、企业的多方互动机制,推动高校、创业服务机构与企业等支持主体之间的交流合作,同时与大学生创业企业对接。二是中介服务机构主导构建多方互动机制。创业服务机构中的中介机构要积极发挥桥梁纽带作用,构建政府、高校、企业、金融服务机构等主体参与的双方、三方或多方合作机制,重点促进创业大学生与企业、创业大学生与金融服务机构之间的沟通联系,为创业大学生提供丰富的创业信息支持和资源支持。如中介服务机构通过联合政府和企业在高校设立创业研究机构或设置创业大赛,为创业大学生提供多样化的创业资金支持;可以联合企业、投融资机构等,组织具有丰富创业和管理经验的优秀企业家、企业高级主管开展创业教育培训服务。

(三) 健全大学生创业社会支持的激励约束机制

不同的社会主体有不同的利益追求,为了促进不同社会主体对大学生创业的支持,相关激励约束机制的建立不可或缺。调动大学生创业社会支持主体的积极性,外部激励约束因素固然重要,但内在需求激发也不容忽视,可从加强外部政策性激励、增强主体间利益驱动、提升主体内源性动力方面健全大学生创业社会支持的激励约束机制。

1. 加强对社会支持主体外部激励约束机制的建立

政策具有强大的引导性,政府可通过健全减免税收、资金奖励等激励政策保证不同社会支持主体的利益实现,尤其是创业服务机构和企业等经济组织的利益实现;同时政府还应建立监督与约束机制,加强对高校、创业服务机构、企业等社会主体的监督和巡查,对于主动性不高、职责履行不到位的组织进行约谈和通报,并酌情减少对其在税收减免、科技补助等方面的支持。

2. 加强不同社会支持主体之间利益驱动机制的建立

支持大学生创业的社会主体众多,从支持大学生创业社会主体间的密切程度看,重点要加强政府、创业服务机构、企业与高校的合作。尽管政府、高校、创业服务机构和企业等社会支持主体存在着不同的利益诉求,但是合作共赢永远是各方主体合作发展的主旋律、原动力[1]。通过"理念共识""利益共赢""资源共享"和"制度共建"动力机制建立,激活政府、高校、企业和创业服务机构等社会支持主体动力并交互赋能[2]。在此过程中,大学要开放办学,增强服务能力,主动提供服务,积极争取政府、创业服务机构、企业的合作与支持。

3. 各社会支持主体加强内源性动力激励机制的建立

内在激励是社会支持主体支持大学生创业的根本动力[3]。政府、高校、创业服务机构、企业以及大学生家庭都是大学生创业的重要利益相关者,需要从各自不同角度构建自适应内源性动力激励机制。如政府和高校可以从贯彻执行国家创新驱动发展战略角度认识支持大学生创业的重要意义;创业服务机构和企业要从发展战略与履行社会责任的高度认识支持大学生创业工作的重要意义;大学生家庭也应着眼于孩子的长远发展,从促进孩子能力成长提升的高度出发支持大学生创业。

(四)建立大学生创业者与不同支持主体之间的沟通机制

大学生创业者是大学生创业活动的核心主体,大学生创业者深知大学生创业中存在的突出问题、主要原因以及社会支持的真实需求。大学生创业者与不同支持主体之间沟通机制的建立可以为政府、高校、创业服务机构改进大学生创业支持提供实践依据,有利于政府、高校、创业服务机构等社会支持主体反思政策、教育和服务的供给质量,进而改进供给的内容和质量。创业过程中遇到难题或失败在所难免,创业大学生应该在正确面对这些问题或失败的同时,剖析问题、分析成因,并通过信息交流机制,将相关信息反馈给政府、高校等其他社会主体。政府、高校等其他社会主体可通过公共信息平台、问卷调查、座谈会等方式主动收集大学生创业存在的问题和建议,及时研究并提出改进措施,推动大学生创业社会支持。

---

[1] 张继延、周屹峰:《高校创新创业人才的协同培养研究》,《国家教育行政学院学报》2016年第7期。
[2] 孙云飞、张兄武、付保川:《地方高校"产教融合"动力机制的构建研究》,《教育探索》2021年第1期。
[3] 张兄武:《高校创新创业人才多元协同培养机制的构建》,《国家教育行政学院学报》2016年第4期。

第十一章 结 语

大学生作为最具活力和创造力的群体,是推进我国创新创业事业的生力军。但当前,我国高校大学生创业还存在创业率低和创业成功率低的"两低"问题。为系统研究提出解决大学生创业率低和创业成功率低的"两低"问题的对策建议,课题组从认识大学生创业与大学生创业失败、揭示大学生创业失败原因、分析大学生创业失败效应到改进大学生创业失败的路径开展了课题研究。本章主要是对前面的研究内容做总结和归纳:总结本研究的研究结论、对策建议,归纳本研究的创新之处,同时对本研究的局限加以说明并指出未来的研究方向。

一、研究结论

1. 大学生创业的概念内涵、主要特点与类型划分

关于大学生创业的概念内涵,学者们从不同角度进行了界定,本研究从创业过程视角将大学生创业定义为:高校在读大学生和毕业5年内的大学毕业生(包括专科、本科和研究生),通过发现和捕捉创业机会、筹集和整合创业资源、组建创业团队建立新企业,创造出新颖产品或服务,进而实现其自身价值、经济价值和社会价值的过程。

大学生是创业群体中的一类特殊群体,大学生创业既具有一般创业的共性特征,也具有其独特鲜明特点:优势方面如创业动机丰富多样、创新精神较为强烈、具有良好知识技能等等;不足方面如缺乏社会实践经验、关系网络资源较弱、创业资金准备不足、存在着较强依赖性等等。

按照不同的分类标准,创业可以分为不同的创业类型,本研究按照创业内容将大学生创业分为科技创新型创业、知识服务型创业、传统技能型创业、体力服

务型创业等四种类型。科技创新型创业是指采用知识经济、高科技、知识密集型的产业项目进行创业;知识服务型创业是指通过提供各类知识咨询服务的方式进行创业;传统技能型创业是指以传统技术、技能、工艺等作为技术支撑进行创业;体力服务型创业是指以体力服务方式为主要手段进行创业。

2. 大学生创业模型及其要素之间的关系

创业模型对创业研究和创业实践均具有指导意义。基于系统理论,遵循整体性、开放性、复杂性以及动态性原则,探索构建了3层次14要素大学生创业模型,其中核心层包括创业者、创业机会、创业资源、创业团队等4个大学生创业活动的核心要素,以及1个大学生创业结果要素;中介层包括商业模式、创业学习和创业网络等3个大学生创业活动的中介要素;环境层包括创业教育、创业政策、创业服务、创业资金和创业文化等5个大学生创业活动的支持要素,以及1个一般创业环境要素。3层次14要素大学生创业模型将创业过程视为一个动态、开放的系统,不仅揭示了创业过程内部各个关键要素之间的动态关系,而且反映了这些关键要素同外部环境之间的交互作用,使创业模型更加贴近当前中国现实中的大学生创业活动。

创业模型不同层次要素之间的互动联系:该模型分为核心层、中介层和环境层等内中外三个层次,核心层的大学生创业者要素和团队要素通过中介层的创业学习要素不断丰富创业知识、提高创业能力,以及通过构建拓展创业网络和设计优化商业模式,将核心层的创业要素与环境层的大学生创业教育、创业政策、创业服务、创业资金、创业文化等社会支持性要素进行有效的对接,并实现动态互动联系;创业结果一方面受到其他关键要素、中介要素和支持要素共同作用的影响,另一方面又通过信息反馈影响其他关键要素、中介要素和支持要素的互动作用。

创业模型同一层次要素之间的互动联系:核心层的大学生创业者作为调节各个要素关系的重心,识别、开发创业机会,评估、获取、配置创业资源,组建、管理创业团队;创业机会决定创业资源需求与创业团队构成;创业团队有利于创业机会的识别与开发,并根据开发创业机会需要获取、配置创业资源;创业资源影响创业团队成员的组建,尤其是创业团队成员的构成,也影响创业机会的开发。中介层的创业者和创业团队通过创业学习丰富创业知识和提高创业能力,设计并不断优化商业模式,也能指导创业网络的构建;创业网络能拓展创业学习渠道和对象,有助于检验、推动商业模式的优化;商业模式动态优化促进创业学习和影响创业网络的构建。环境层的创业教育、创业政策、创业服务、创业资金、创业文化等社会支持要素共同影响大学生创业,要素之间的相互关系整体上看相对更为松散些,但也存在一定的相互作用关系,主要表现在创业政策、创业文化影响创业教育、创业服务、创业资金,创业政策与创业文化两者之间相互影响、相互促进。

3. 大学生创业过程与创业阶段划分

创业是一个持续性行为,国内外众多学者根据不同研究视角,对创业过程提出了诸多定义。学者们的研究将创业过程大致分为广义和狭义两类,广义的创业过程一般包含企业的创立、成长和发展等各个阶段,而狭义的创业过程仅指新企业的创建过程。本书主要讨论的是狭义上的创业过程,研究认为大学生创业过程是大学生创业者在特定创业环境下并在与创业环境互动的过程中,评估识别创业机会、获取配置创业资源、组建管理创业团队、创建经营新企业组织的一个非线性、复杂、动态的持续发展过程。

创业是一个动态、复杂和不间断的持续发展过程,但由于不同阶段的目标、任务和主要活动不同,创业过程可以划分为若干个联系紧密的阶段。本研究将大学生创业过程分为三个阶段,即创业准备阶段、创业企业设立阶段和新创企业成长阶段。创业准备阶段,即孕育期或新企业种子期;创业企业设立阶段,也叫创建期或新企业成立期;新创企业成长阶段,即存活期或新企业生存期。研究发现,不同创业阶段的目标任务、要素需求和风险特征有所不同。

4. 大学生创业失败的概念内涵与判断标准

关于"创业失败"的概念界定,学者们由于研究角度不同,尚未达成一致观点,从现有文献来看,大体可分为四种观点:结果观、原因观、期望观和过程观。创业是一个过程,是指从有创业的想法到企业建立以及最终成功的全过程,创业失败可能发生在创业过程的任一创业阶段。本研究综合结果观、原因观、期望观和过程观等观点的合理因素,将大学生创业失败界定为:创业大学生由于各种主客观原因在任一创业阶段非自愿停止创业活动的现象,既包括创业准备期未成功识别出创业机会等原因被迫终止创业活动,也包括创建阶段未能成功注册企业等原因被迫停止创业活动,还包括在新创企业成长阶段无法正常运营企业等原因而被迫停止创业活动。

学者们基于不同的创业失败观,提出了不同的创业失败判断标准。结果观依据的是客观标准,即企业关闭;原因观带有一定的主观性,与创业者对创业失败的归因有关;预期观的主观性较强,一般难以清晰地界定,除非创业者非常清楚自己的创业预期目标和对实际创业结果的科学评估;过程观反映了创业失败发生在哪个阶段,判断是否失败还要借助结果观、原因观以及期望观的相关判断标准。多数学者将创业失败等同于企业失败,并借用企业失败标准作为创业失败的判断标准。本研究认为,创业失败与企业失败有所不同,因此,判断创业失败的标准与判断企业失败的标准也应有所不同。本研究通过文献研究、深度访谈和问卷调查,发现大学生创业失败的判断标准主要有两大类:一类是存活性标准,即结果状态标准;一类是原因类标准,即财务状况标准、运行状况标准、创业期望标准和自身发展标准。创业准备阶段、创业企业设立阶段和新创企业成长阶段等不同创业阶段的失败判断标准略有差异。

创业准备阶段、创业企业设立阶段和新创企业成长阶段等不同创业阶段的失败判断标准略有差异。存活性标准即结果状况标准基本相似,差异性主要体现在原因类标准。创业准备阶段的原因类标准是创业期望标准、自身发展标准、财务状况标准相对较高,运行状况标准相对较低;创业企业设立阶段的原因类标准是财务状况标准、运行状况标准相对较多,创业期望标准次之,自身发展标准比较低;新创企业成长阶段的原因类标准是财务状况标准相对较高,运行状况标准、创业期望标准、自身发展标准略低于财务状况标准,但三者之间差异不大。

5. 大学生创业失败的原因

本研究从大学生创业活动要素的角度构建了大学生创业失败原因框架,调查研究发现:整体上是核心要素、中介要素、支持与环境要素对大学生创业失败的影响程度不同,由高到低依次是核心要素、中介要素、支持与环境要素,核心要素是影响大学生创业成功与否的最为关键的因素;同时,核心要素、中介要素、支持与环境要素中的不同具体要素对大学生创业失败的影响程度不同。创业核心要素方面的失败原因相对集中在创业者、创业资源、创业机会和创业团队方面,其中创业者和创业资源是更为主要的原因;创业中介要素方面的失败原因相对集中在商业模式、创业学习和创业网络方面,其中商业模式是更为主要的原因,创业网络相对影响较小;创业支持要素方面的失败原因相对集中在大学生创业资金、大学生创业政策、大学生创业教育、大学生创业服务、大学生创业文化、一般创业环境方面,其中大学生创业资金的影响相对更大些,大学生创业文化和一般创业环境的影响相对更小。

关于不同创业阶段大学生创业失败的主要原因,调查研究发现,创业准备阶段、创业企业设立阶段和新创企业成长阶段失败的原因存在一定差异。部分要素比较相近,如创业机会、创业学习、大学生创业政策、大学生创业服务、大学生创业文化和一般创业环境等大学生创业要素导致3个阶段的大学生创业失败情况基本相近。但也有一些要素在不同阶段有差异。导致创业准备阶段创业失败率较高的创业要素:核心要素是创业者、创业机会、创业资源、创业团队,中介要素是商业模式、创业学习,支持要素是大学生创业教育、大学生创业政策、大学生创业服务、大学生创业资金。导致创业设立阶段创业失败率较高的创业要素:核心要素是创业者、创业机会、创业资源,中介要素是商业模式、创业学习、创业网络,支持要素是大学生创业政策、大学生创业服务。导致新创企业成长阶段创业失败率较高的创业要素:核心要素是创业者、创业机会、创业资源、创业团队,中介要素是商业模式、创业学习,支持要素是大学生创业资金。

关于不同创业类型大学生创业失败的主要原因,调查研究发现,科技创新型、知识服务型、传统技能型和体力服务型失败的原因也存在一定差异。个别要素比较相近,如创业学习、创业网络、大学生创业服务、一般创业环境等大学生创业要素导致4种类型的大学生创业失败情况基本相近。但更多是有一定差异。导致科技创新型创业失败率较高的创业要素:核心要素是创业者、创业机会、创业资源,中介要素是商业模式、创业学习,支持要素是创业资金、创业教育。导致知识服务型创业失败率较高的创业要素:核心要素是创业者、创业机会、创业资源、创业团队,中介要素是商业模式、创业学习,支持要素是创业资金、创业服务。导致传统技能型创业失败率较高的创业要素:核心要素是创业者、创业机会、创业资源、创业团队,中介要素是商业模式、创业学习,支持要素是创业资金、创业政策、创业服务。导致体力服务型创业失败率较高的创业要素:核心要素是创业者、创业机会、创业资源,中介要素是商业模式、创业学习,支持要素是创业政策、创业资金。

6. 大学生创业失败的效应

借鉴社会学的解释,本研究认为大学生创业失败效应,即指大学生创业失败对创业失败大学生、其他在创业大学生和潜在创业大学生,以及对创业失败大学生家庭、高校、政府、创业服务机构和社会产生的影响。研究发现,与一般社会人士的创业失败不同,大学生创业失败不仅对创业失败大学生产生重要影响,对其他在创业大学生和潜在创业大学生,以及创业失败大学生家庭、高校、政府、创业服务机构和社会也产生一定的影响。

关于大学生创业失败的影响程度,调查研究发现,大学生创业失败对不同类型大学生的影响程度不同,大学生创业失败对创业失败大学生自身的影响显著大于潜在创业大学生,大学生创业失败对其他在创业大学生的影响也显著大于潜在创业大学生,但是大学生创业失败对创业失败大学生自身的影响与对其他在创业大学生的影响无显著差异;大学生创业失败对不同社会主体的影响程度也不同,对创业失败大学生家庭影响最大,对政府的影响次之,对社会影响最小,大学生创业失败经历对大学生创业家庭的影响显著大于对社会的影响,同时,大学生创业失败经历对政府的影响也显著大于对社会的影响。

关于大学生创业失败的影响性质,调查研究发现,大学生创业失败对创业失败大学生自身和其他在创业大学生的积极影响相对消极影响明显较大,创业失败对潜在创业大学生既产生积极影响又产生消极影响,而且两种影响没有明显差异;创业失败对大学生创业者家庭、高校、政府、创业服务机构、社会在影响性质上不存在显著差异,多数认为既有积极影响也有消极影响,但在认为只有积极影响或消极影响调查对象中,消极影响要略高于积极影响。进一步研究发现,大学生创业失败对创业失败大学生、其他在创业大学生和潜在创业大学生,以及对创业失败大学生家庭、高校、政府、创业服务机构和社会产生的积极效应与消极效应有一定差异。

7. 大学生创业失败的学习

早期研究对创业失败持消极态度,学者们认为创业失败不仅给创业者造成经济损失,还会带来负面的情绪、心理和社会影响。但随着对创业失败研究的深入,学者们对创业失败的态度由消极转向积极,认为创业失败蕴含有价值的信息与知识、能提供学习和能力提升机会、有助于理性对待创业失败和有利于降低创业不确定性等潜在价值。创业失败虽然蕴含重要的信息和知识，但只有对失败的创业案例进行有效的创业失败学习时，创业失败蕴含的信息价值才能真正发挥出来。大学生创业，虽也是一种市场行为，但相对于一般社会人士创业，大学生创业活动对创业者个体成长和经济社会发展的意义更为突出。作为一种群体行为，大学生创业失败蕴含更多的社会学习价值。

创业失败学习本质上是一种社会性学习，是一个认识、反思、联系和应用的过程。创业失败学习既包括对自己创业失败的反思，也包括对他人创业失败的分析。对大学生创业失败的学习，既包括个体层面的创业失败者、在创业大学生和潜在创业大学生的学习，包括社会层面的高校、政府、大学生创业服务机构等社会主体的学习。从个体层面看，大学生创业失败学习是学习者的一种个体学习行为，目的是改变自己的认知系统和创业行动，但对于不同类型的个体学习者还是有些差异；从社会层面看，大学生创业失败学习是学习者的一种社会学习行为，高校、政府、大学生创业服务机构等与大学生创业密切相关的社会组织通过对大量大学生创业失败案例进行思考和互动分析，揭示大学生创业失败的主要原因，分析解决问题的措施，进而采取整体行动提高大学生创业率和创业成功率。

8. 外部支持对大学生创业结果的影响

大学生创业对外部支持的依赖性强，调查研究发现：一是创业教育和外部支持对大学生创业结果有着正向作用，其中创业教育有显著影响，创业教育能显著提高大学生成功创业的概率；二是无论创业结果如何，创业教育和外部支持均能显著提升创业大学生应对挫折、心理调节、团队合作等各方面的能力，并为日后的创业发展积累丰富的社会实践经验；三是对于创业失败的大学生来说，创业教育和外部支持能显著降低创业失败带来的资金、人际关系等社会资本的损失，缓解因失败造成的低自我效能感和创业倦怠，减弱创业期间因投入大量经济和时间成本而对大学生未来生活产生的阻碍。本研究认为提高大学生创业率、创业成功率，以及降低创业失败的消极效应，迫切需要构建大学生创业社会支持体系，为潜在创业大学生和在创业大学生提供更为全面、更高质量的社会支持。

9. 大学生创业社会支持体系的概念内涵和构成要素

本研究认为大学生创业支持体系是指为提高大学生创业率和创业成功率，

政府、高校、创业服务机构、企业、大学生家庭等社会主体在为创业大学生和大学生创业企业提供各种支持和服务过程中形成的一个复杂的具有交互作用的多维体系。这种复杂的具有交互作用的多维体系主要体现在大学生创业社会支持主体类别众多、支持内容多样,而且支持主体与支持内容不是简单的一一对应关系,而是一种复杂的多维度交叉关系。

关于大学生创业社会支持体系的要素构成,学者们研究视角不同,因而观点各异。大学生创业活动涉及参与主体众多、需求资源广泛和相互作用复杂,作为一个复杂的具有交互作用的多维体系,本研究认为大学生创业社会支持体系构成要素主要包括支持对象、支持主体和支持内容3个方面。大学生创业社会支持的对象主要是指大学生创业者和大学生创业企业即大学生创业活动,要区别于大学生创业教育社会支持的对象;大学生创业社会支持的主体主要包括政府、高校、创业服务机构、企业、大学生家庭以及其他社会组织;大学生创业社会支持的内容主要包括创业教育、创业政策、创业资源、创业服务和创业文化等5个方面。

二、对策建议

1. 正确认识大学生创业失败

初创企业的失败率高是非常普遍的现象,大学生初创企业失败率会更高。大学生创业失败率高是不可避免的客观现实,但大学生创业失败也是一个正常的、积极的、具有正能量的经历和过程。调查研究发现,创业失败大学生,通过创业失败学习,可以将创业失败经验转化为有价值的信息和知识,为以后的成功创业做好准备,即便不再创业,对之后的就业与职业发展也有非常重要的作用;对其他在创业大学生或潜在创业大学生,以及对大学生创业教育实施者、大学生创业政策制定者以及大学生创业服务提供者也具有重要的信息价值。全面实施创新驱动发展战略,大力推进"大众创业、万众创新",已经成为中国经济实现动力转换、方式转变、增速换挡、结构转型的迫切要求。大学生作为最具活力和创造力的群体,是推进我国创新创业事业的生力军,要正确认识创业和创业失败,不断提高创业能力,理性选择创业,充分准备创业,消除对创业失败的恐惧心理,从容应对创业失败;全社会要形成支持鼓励大学生创业、包容大学生创业失败的社会氛围。

2. 积极开展大学生创业失败学习

当前,我国高校大学生的创业率和创业成功率相对偏低,已引起社会广泛关注,迫切需要通过创业失败学习,揭示大学生创业存在的突出问题与主要原因,进而提出改进措施。大学生创业失败学习,包括个体层面和社会层面的学习,受到学习者思想认识、学习能力和环境氛围等诸多因素的影响;同时,不同类型学习主体的创业失败学习如何形成协同机制,实现创业失败学习信息、知识的共享,也会影响大学生创业失败学习的整体效果。推进大学生创业失败学习,提高大学生创业失败学习效果,既需要增强不同学习主体对大学生创业失败学习的重视程度与学习能力,以及氛围营造和外界力量的及时介入和推动,也需要以实现信息和知识共享为目的的大学生创业失败协同学习机制的构建。

3. 科学构建大学生创业社会支持体系

大学生创业对外部支持的依赖性强,破解大学生创业率低和创业成功率低的"两低"问题迫切需要广泛的社会支持。近年来,政府、高校、创业服务机构、企业、大学生家庭等不同社会支持主体,为大学生创业提供了政策、教育、资金、服务、情感等方面支持,但由于不同社会主体对大学生创业认识不到位、内生动力不足以及社会支持机制不健全等原因,大学生创业的社会支持力度不足,大学生创业社会支持的碎片化、零散性、随机性情况严重,整体性、协作性和持续性差。本研究认为应以提升大学生创业意识和创业能力为目标,以提高大学生创业率和创业成功率为导向,以有效解决大学生创业突出问题为重点,构建以高校内部支持体系为主,高校内部支持体系与外部社会支持体系相互促进的"内合外联"式大学生创业社会支持体系。大学生创业者的特点决定了以学校(或母校)为基础的社会网络是创业大学生社会网络的重要组成部分,这是大学生创业者获得外部创业资源的重要基础。高校一方面要通过建立、培育、整合学校内部与大学生创业相关机构、队伍、资源、平台等要素,以及积极开展政产学研合作拓展外部社会资源,形成一个相对独立、完整的大学生创业支持体系;另一方面,加强与政府、企业、创业服务机构等社会主体的互动合作,帮助大学生创业者拓展创业网络,获取外部社会支持。与此同时,政府、创业服务机构、企业、大学生家庭等社会组织,由于其社会功能和资源优势不同,在外部社会大学生创业支持体系构建中需要明晰不同社会主体在大学生创业社会支持体系中的角色定位,充分发挥不同社会主体的支持作用。

4. 健全社会支持体系有效运行的保障机制

政府、高校、创业服务机构、企业、大学生家庭等社会主体的社会属性和利益追求不同,要实现"内合外联"式大学生创业社会支持体系的有效运行,形成不同社会支持主体的协同效应,需要建立健全大学生创业社会支持体系有效运行的保障机制。一是健全大学生创业相关的政策法规,在条件相对成熟时,颁布诸如《大学生创业促进条例》之类的专门性法律法规,这既是促进大学生创业发展的重要举措,也是推动大学生创业社会支持的根本保障;二是构建不同社会支持主体多层次互动机制,既要充分发挥高校"内合外联"的积极作用,又要发挥政府的统筹协调作用和中介机构的桥梁纽带作用;三是健全大学生创业社会支持的激励约束机制,如可从加强外部政策性激励、增强主体间利益驱动、提升主体内源性动力等方面健全大学生创业社会支持的激励约束机制。

三、创新之处

1. 研究视角的创新性

一是创业失败视角。囿于"成功偏见",现有研究更多关注成功的创业者和创业活动,关于我国大学生创业的研究偏重对大学生成功案例总结提炼和宣传教育,从创业失败角度系统研究大学生创业问题的相对缺乏,这与目前我国大学生创业失败率高达95%的现实不相适应。本研究从创业失败视角,研究当前我国高校学生创业问题,按照从认识大学生创业失败、揭示大学生创业失败原因、分析大学生创业失败效应、开展大学生创业失败学习到改进大学生创业的分析路径构建本研究的总体框架。

二是动态发展视角。现有研究大多从静态角度研究大学生创业问题,从创业过程的动态发展视角研究大学生创业问题的也比较缺乏。创业是创业机会的识别、开发和利用,是一个动态发展的过程,每个阶段的目标任务、要素需求与主要风险不同,大学生创业者在每个创业阶段都存在创业持续或失败的可能,大学生创业者需要对不同创业阶段可能面临的问题采取相应策略,因而从动态发展角度研究大学生创业问题具有非常重要的意义。本研究从动态发展视角,将大学生创业过程分为创业准备阶段、创业企业设立阶段和新创企业成长阶段等3个主要阶段,探索分析了不同创业阶段的目标任务、要素需求、风险特征和失败原因,有助于政府、高校、创业服务机构等不同社会主体提供更有效的创业支持。

本研究从创业失败和创业过程的"双重"视角系统研究大学生创业问题,形成了一定的理论新意。一方面,本研究系统地梳理了创业失败的相关文献,吸收了管理学、经济学、社会学等学科的知识和概念,并运用多种研究方法开展了相对系统的研究,呈现了相关研究成果,丰富了高等教育学学科的信息,拓展了高等教育研究对象,事实上也丰富了高等教育学的研究视角,促进了本研究领域的深化;另一方面,本研究丰富了大学生创业理论相关研究成果,拓展了创业失败理论的研究对象,丰富了创业失败学习理论和社会支持理论的研究信息。

2. 研究内容的创新性

一是探索构建了 3 层次 14 要素大学生创业模型。现有创业模型研究多是基于一般创业企业而概括构建的创业模型,没有充分体现大学生创业的特点和实际需求,关于大学生创业模型的针对性研究相对缺乏。本研究基于系统理论,在借鉴国内外相关研究成果的基础上,结合大学生创业特点和创业现状,探索构建了 3 层次 14 要素大学生创业模型。3 层次 14 要素大学生创业模型将创业过程视为一个动态、开放的系统,具有很强的普适性,模型构建实现了以下要求:一是简洁,创业模型的层次结构和要素间关系清晰,具有很强的框架性;二是全面,创业模型构成要素既要减少到最少,又要系统性地反映创业过程;三是特色,创业模型力争符合中国国情,体现大学生创业特点。该模型具有动态性、开放性的重要特征,体现了国内大学生创业的特点,强调了大学生创业者的主导作用,揭示了要素之间的相互关系,突出了创业学习、创业网络和商业模式的中介作用,以及社会支持对大学生创业的重要作用。

二是科学界定了大学生创业失败的概念内涵。国内外学者关于创业失败的概念界定主要有结果观、原因观、期望观和过程观等主要观点,关于大学生创业失败概念内涵的针对性研究不多。结果观、原因观、期望观和过程观等观点都有一定合理性,但也存在相应的局限性。本研究借鉴扎根理论,通过深度访谈,并综合结果观、原因观、期望观和过程观等观点的合理因素,认为大学生创业失败是创业大学生由于各种主客观原因在任一创业阶段非自愿停止创业活动的现象,既包括创业准备期未成功识别出创业机会等原因被迫终止创业活动,也包括创建阶段未能成功注册企业等原因被迫停止创业活动,还包括在新创企业成长阶段无法正常运营企业等原因而被迫停止创业活动。该定义具有反映创业活动的最终状态、揭示创业失败的主要原因、体现创业过程阶段性特征等体现大学生创业失败概念内涵的主要特点。

三是研究提出了大学生创业失败的判断标准。学者们基于不同的创业失败观,提出了不同的创业失败判断标准。多数学者借用企业失败标准作为创业失败的判断标准,具有很强的操作性,但是忽略了创业失败与一般企业失败的区别。创业失败与企业失败有所不同,因此,判断创业失败的标准与判断企业失败的标准也应有所不同,创业失败的标准不仅要能反映创业企业成立后的失败标准,还要包含创业企业成立前和创建时的失败标准。综合学者们关于创业失败的判断标准和访谈者关于大学生创业失败的判断标准的观点,以及创业失败大学生对自己创业失败的判断依据,本研究发现大学生创业失败的判断标准主要有两大类:一类是存活性标准,即结果状态标准;一类是原因类标准,即财务状况标准、运行状况标准、创业期望标准和自身发展标准。创业准备阶段、创业企业设立阶段和新创企业成长阶段等不同创业阶段的失败判断标准略有差异,三个阶段的存活性标准即结果状况标准基本相似,差异性主要体现在原因类标准。

四是系统分析了大学生创业失败效应。与一般社会人士创业失败不同,大学生创业失败不仅对创业失败大学生产生一定影响,对其他大学生以及家庭等社会主体也会产生一定影响。现有关于大学生创业失败效应的研究主要集中在创业失败对创业失败大学生自身的影响,对其他大学生和不同社会主体影响的研究很少。本研究在科学界定大学生创业失败效应的概念内涵上,通过问卷调查系统分析了大学生创业失败对不同类型大学生(包括创业失败大学生、在创业大学生和潜在创业大学生)和不同社会主体(包括大学生家庭、高校、政府、创业服务机构和社会)产生效应,并从影响程度和影响性质两个方面分别对两类影响对象进行了比较分析;从积极效应和消极效应角度具体分析了大学生创业失败对不同类型大学生和不同社会主体产生的积极影响与消极影响。

五是探索构建了大学生创业失败学习机制。目前,学界关于大学生创业失败学习的研究还很缺乏。与一般社会人士创业失败学习不同，大学生创业失败学习既包括大学生个体层面的大学生创业失败学习，也包括高校等其他主体社会层面的大学生创业失败学习。本研究在对创业失败学习基本理论进行梳理分析的基础上，论述了大学生创业失败的潜在价值和开展大学生创业失败学习的重要意义，并从个体层面（主要包括创业失败大学生、其他创业大学生和潜在创业大学生）和社会层面（主要包括高校、政府以及大学生创业服务机构）界定了大学生创业失败学习的基本内涵，分析大学生创业失败学习的主要特点，以及探索构建了以实现信息和知识共享为目的的不同学习主体的"松散型"协同学习机制。

六是实证研究了外部支持对大学生创业结果的影响。已有大学生创业研究主要从理论角度定性探讨大学生创业的影响因素，从实证角度分析大学生创业结果的影响因素及其效应的研究较少，尤其缺少对这些影响的相互关系和作用机制的探讨。本研究通过对大学生创业者进行深度访谈、问卷调查和数据分析，深刻揭示创业教育、外部支持和创业团队对创业结果产生的影响。大学生创业不仅仅是单纯的商业行为，其创业结果除了直接的创业成败之外，还包括成败产生的辐射效应，即对创业大学生产生的积极效应与消极效应。因此，本研究在分析创业教育、外部支持和创业团队对创业结果产生影响的同时，还进一步探索其对创业大学生产生的积极效应以及降低创业失败消极影响的作用。

七是探索构建了"内合外联"式大学生创业社会支持体系。由于不同社会主体对大学生创业认识不到位、内生动力不足以及社会支持机制不健全等，大学生创业的社会支持力度不足，大学生创业社会支持的碎片化、零散性、随机性情况严重，整体性、协作性和持续性差。本研究借鉴社会支持理论，在科学界定大学生创业社会体系概念内涵和明确构成要素的基础上，提出破解大学生创业率低和创业成功率低的"两低"问题，需要构建以高校内部支持体系为主、高校内部支持体系与外部社会支持体系相互促进的"内合外联"式大学生创业社会支持体系。在"内合外联"式大学生创业社会支持体系构建中既要充分发挥高校"内合外联"的积极作用，也要发挥政府的统筹协调作用和中介机构的桥梁纽带作用，以更有效整合、拓展、开发校内外大学生创业资源。

3. 研究方法的切实性

大学生创业是个非常复杂的过程，创业失败又是一个非常复杂的问题，为力求做到"用事实科学地说话",保证研究结论的科学性、可靠性,本研究坚持定性研究与定量研究相结合且以定量研究为主的原则,根据研究问题需要,灵活运用文献研究、案例分析、深度访谈、问卷调查、专家征询等研究方法,并利用 Excel 和 SPSS 软件进行了数据处理,如:

关于大学生创业模型构建的研究,本研究基于系统理论,在文献研究基础上,综合运用了现场考察、案例分析、多方征询、问卷调查等研究方法和卡方拟合优度检验等数据处理方法,力求使构建的大学生创业模型更科学、更符合中国国情和大学生创业特点。

关于大学生创业失败判断标准的研究,本研究借鉴扎根理论,在文献研究基础上,通过深度访谈,探索提出了体现大学生创业特点的创业失败判断标准,并通过对具有创业失败经历大学生的问卷调查对大学生创业失败判断标准进行了验证。

关于大学生创业失败原因以及对不同创业阶段、不同创业类型大学生创业失败原因进行比较分析,根据研究需要和问题设计,本研究综合运用了问卷调查和描述性统计分析、多重响应分析、卡方拟合度检验等研究方法和数据处理方法。

关于大学生创业失败效应以及对不同类型大学生和对其他不同社会主体产生效应的比较分析,本研究综合运用了问卷调查和描述性分析、方差分析、卡方检验等研究方法和数据处理方法。

关于外部支持对大学生创业结果的影响,本研究综合运用了文献研究、深度访谈、问卷调查等研究方法和 χ^2 检验、相关分析、方差分析、二元 Logistic 回归、线性回归等数据处理方法。

四、研究的局限与展望

本研究的主要局限在于:

1. 在取样方面,由于大学生创业者,尤其是有创业失败经历的大学生分布比较分散,也不易直接获得相关信息,所以取样相当困难。本研究调查对象一(在读和毕业 5 年内的大学生)主要来自江苏、上海、浙江、安徽、江西等省、自治区、直辖市的高校,因此,样本在代表性上可能有一定程度的欠缺。调查对象二

(社会人士)与调查对象一的区域来源基本一致,因此,样本在代表性上可能有一定程度的欠缺;另外,在本研究回收问卷中,政府、事业单位人员和创业服务机构人员数量,相对于大学生家长、高校教师和其他社会人士有些偏少,分布不够均衡。

2. 本研究的两份调查问卷采用的都是自陈量表,问卷编制时可能会受到前期访谈对象和课题研究人员一些主观因素的影响;另外,由于创业失败大学生当时没有很好地进行相关问题思考,以及由于创业失败的消极影响对有些问题不愿真实表达自己的想法,等等,关于大学生创业失败判断标准、创业失败原因和创业失败效应的问卷调查结果在准确性方面可能也会有一定程度的欠缺。

对今后研究的展望:

1. 在今后大学生创业过程研究中,还需要进一步考察和检验大学生创业活动的主要要素,尤其是不同要素之间的相互作用关系,以更好地修正和完善大学生创业模型,以及明晰大学生创业不同要素之间尤其是不同创业阶段的不同要素之间的相互作用机制。

2. 社会层面的大学生失败学习是个非常复杂的问题,未来研究可以借鉴知识管理理论、组织学习理论等相关理论,分别深入探索高校、政府、创业服务机构等不同社会主体的大学生创业学习尤其是大学生创业失败学习机制。

3. 创业过程包括多个阶段,在不同阶段发挥主导性作用的要素是有差异的,导致不同阶段创业失败原因也不同。今后,高校、政府、创业服务机构等社会主体要在大学生创业学习尤其是大学生创业失败学习基础上,结合大学生创业过程不同阶段的目标任务、要素需要、风险特征和失败原因,分别就不同创业阶段研究提出有针对性的支持建议。

附录一　访谈提纲

访谈提纲(一)

访谈对象：大学生创业者(包含具有创业失败经历者)

您好！非常感谢您接受这次访谈,我们想向您了解关于大学生创业方面的一些情况。您提供的所有信息仅供课题研究之用,如果我们泄露访谈中的任何信息导致您的名誉受损,我们将承担相应的法律责任。再次感谢您的支持与配合！

问题：

1. 您首次创业在什么时间？目前是第几次创业？
2. 您首次创业的主要原因是什么？
3. 您首次创业的领域是什么？与您所学的专业相关吗？
4. 您认为大学生创业的主要特点有哪些？
5. 您认为成功的大学生创业者应该具备哪些方面的知识、能力和素质？
6. 当前,普遍认为我国大学生创业失败率过高,按您的理解,何为大学生创业失败？判断大学生创业失败的主要依据或标准是什么？
7. 与一般社会人士的创业失败相比,您认为大学生创业失败有什么显著特征？
8. 您认为造成当前中国大学生创业失败率偏高的主要原因有哪些？
9. 如果将大学生创业过程分为创业准备阶段、企业创建阶段和新创企业成长阶段,您认为判断不同创业阶段的失败标准分别是什么？
10. 您认为在创业准备阶段、企业创建阶段和新创企业成长阶段最主要的失败原因分别是什么？

11. 您在创业过程中,希望得到哪些方面的帮助?

12. 您在创业准备阶段、企业创建阶段和新创企业成长阶段遇到的主要问题和瓶颈分别是什么? 后来怎样解决了?

13. 在支持大学生创业方面,您觉得政府、高校、创业服务机构、家庭、企业以及其他社会组织应该扮演什么样的角色? 分别应该提供哪些方面的支持?

14. 您认为政府、高校、创业服务机构、家庭、企业以及其他社会组织,在支持大学生创业方面分别还存在哪些不足和需要改进的地方?

以下是为具有创业失败经历大学生增加的问题:

1. 如果将大学生创业过程分为创业准备阶段、企业创建阶段和新创企业成长阶段,您首次创业失败发生在哪个阶段? 失败的主要原因是什么?

2. 创业失败对您的学习、经济、人际关系、心理等方面带来了哪些影响?

3. 您从创业失败中学习到了什么? 创业失败给您带来了哪些经验教训?

4. 您当时是如何面对自己的创业失败的? 采取了哪些具体的措施?

5. 创业失败后,哪些人或社会组织为您提供过帮助? 提供过哪些帮助?

6. 创业失败后,您希望政府、高校、创业服务机构、家庭、企业以及其他社会组织为您提供哪些方面的帮助?

访谈提纲(二)

访谈对象:在校高年级大学生

您好! 非常感谢您接受这次访谈,我们想向您了解关于大学生创业方面的一些情况。您提供的所有信息仅供课题研究之用,如果我们泄露访谈中的任何信息导致您的名誉受损,我们将承担相应的法律责任。再次感谢您的支持与配合!

问题:

1. 您是怎么看待和评价当前大学生创业的?

2. 您是否有大学期间或毕业后即创业的打算? 选择创业的主要因素有哪些? 选择不创业的主要因素有哪些?

3. 您认为您所就读高校的创业教育还存在哪些问题和不足? 希望如何改进?

4. 是周围同学的创业成功还是创业失败对您影响更大?

5. 周围同学的创业成功对您产生哪些方面的影响?

6. 周围同学的创业失败对您产生哪些方面的影响?

7. 您是怎么看待您周围创业失败的同学的?

8. 如果您准备创业,您希望得到诸如政府、高校、创业服务机构、家庭、企业以及其他社会组织哪些方面的帮助?

访谈提纲(三)

访谈对象:高校创业教育教师、创业教育管理人员等

您好! 非常感谢您接受这次访谈,我们想向您了解关于大学生创业方面的一些情况。您提供的所有信息仅供课题研究之用,如果我们泄露访谈中的任何信息导致您的名誉受损,我们将承担相应的法律责任。再次感谢您的支持与配合!

问题:

1. 您认为当前大学生创业的主要特点是什么?

2. 您觉得高校创业教育对于大学生创业有哪些方面的帮助?

3. 贵校目前创业教育和创业实践的主要环节和具体内容有哪些?

4. 贵校在创业教育方面有哪些值得借鉴、推广的成功经验和做法?

5. 您认为目前高校的创业教育或创业实践还存在哪些方面的问题和不足?

7. 您认为什么是大学生创业失败(即按您的理解,大学生创业在什么情况下就认为是失败了)? 判断大学生创业失败的主要依据或标准是什么?

8. 与一般社会人士的创业失败相比,您认为大学生创业失败有什么显著特征?

9. 如果将大学生创业过程分为创业准备阶段、企业创建阶段和新创企业成长阶段,您认为判断不同创业阶段的失败标准分别是什么?

10. 您认为造成当前中国大学生创业失败率高的主要原因有哪些? 在创业准备阶段、企业创建阶段和新创企业成长阶段最主要的失败原因分别是什么?

11. 贵校在校大学生创业失败后,有没有提供帮助? 如果有,提供了哪些方

面的帮助?

12. 针对大学生创业失败,您觉得高校应该提供什么样的帮助?

13. 您认为大学生创业失败会给创业者本人、其他同学、家庭、高校、政府等社会主体带来哪些方面的影响(如积极影响有哪些、消极影响有哪些)? 高校应该如何去应对这些影响?

14. 您认为大学生创业失败对于高校的创业教育改革与发展有哪些重要的启示?

15. 在支持大学生创业方面,您觉得政府、高校、创业服务机构、家庭、企业以及其他社会组织应该扮演什么样的角色? 分别应该提供哪些方面的支持?

16. 您认为政府、高校、创业服务机构、家庭、企业以及其他社会组织,在支持大学生创业方面分别还存在哪些不足和需要改进的地方?

访谈提纲(四)

访谈对象:政府相关部门管理人员

您好! 非常感谢您接受这次访谈,我们想向您了解关于大学生创业方面的一些情况。您提供的所有信息仅供课题研究之用,如果我们泄露访谈中的任何信息导致您的名誉受损,我们将承担相应的法律责任。再次感谢您的支持与配合!

问题:

1. 您认为当前大学生创业的主要特点是什么?

2. 您所在的部门是如何支持大学生创业的? 采取了哪些具体的举措?

3. 您认为什么是大学生创业失败(即按您的理解,大学生创业在什么情况下就认为是失败了)? 判断大学生创业失败的主要依据或标准是什么?

4. 与一般社会人士的创业失败相比,您认为大学生创业失败有什么显著特征?

5. 如果将大学生创业过程分为创业准备阶段、企业创建阶段和新创企业成长阶段,您认为判断不同创业阶段的失败标准分别是什么?

6. 您认为造成当前中国大学生创业失败率高的主要原因有哪些? 在创业准备阶段、企业创建阶段和新创企业成长阶段最主要的失败原因分别是什么?

7. 您觉得大学生创业失败会给创业者本人、其他同学、家庭、高校、政府等社会主体带来哪些方面的影响（如积极影响有哪些、消极影响有哪些）？政府应该如何去应对这些影响？

8. 针对大学生创业失败者，您认为政府应该提供哪些方面的支持和帮助？

9. 在支持大学生创业方面，您觉得政府、高校、创业服务机构、家庭、企业以及其他社会组织应该扮演什么样的角色？分别应该提供哪些方面的支持？

10. 您认为政府、高校、创业服务机构、家庭、企业以及其他社会组织，在支持大学生创业方面分别还存在哪些不足和需要改进的地方？

访谈提纲（五）

访谈对象：创业服务机构有关人员

您好！非常感谢您接受这次访谈，我们想向您了解关于大学生创业方面的一些情况。您提供的所有信息仅供课题研究之用，如果我们泄露访谈中的任何信息导致您的名誉受损，我们将承担相应的法律责任。再次感谢您的支持与配合！

问题：

1. 您认为当前我国大学生创业的主要特点是什么？

2. 作为创业服务机构，贵单位是如何支持大学生创业的？具体的工作内容包括哪些？

3. 作为创业服务机构，贵单位与高校是否有合作项目？具体有哪些方面的合作？

4. 您认为什么是大学生创业失败（即按您的理解，大学生创业在什么情况下就认为是失败了）？判断大学生创业失败的主要依据或标准是什么？

5. 与一般社会人士的创业失败相比，您认为大学生创业失败有什么显著特征？

6. 如果将大学生创业过程分为创业准备阶段、企业创建阶段和新创企业成长阶段，您认为判断不同创业阶段的失败标准分别是什么？

7. 您认为造成当前中国大学生创业失败率高的主要原因有哪些？在创

业准备阶段、企业创建阶段和新创企业成长阶段最主要的失败原因分别是什么?

8. 您觉得大学生创业失败会给创业者本人、其他同学、家庭、高校、政府等社会主体带来哪些方面的影响(如积极影响有哪些、消极影响有哪些)?创业服务机构应该如何去应对这些影响?

9. 在支持大学生创业方面,创业服务机构与高校相比有哪些方面的优势?

10. 您认为创业服务机构可以为创业失败的大学生提供哪些方面的支持和帮助?

11. 在支持大学生创业方面,您觉得政府、高校、创业服务机构、家庭、企业以及其他社会组织应该扮演什么样的角色?分别应该提供哪些方面的支持?

12. 您认为创业服务机构在支持大学生创业方面还存在哪些方面的不足?您觉得如何去应对这些不足?

13. 您认为创业服务机构应该如何更好地跟政府、高校展开全方位的合作?

14. 您认为政府、高校、创业服务机构、家庭、企业以及其他社会组织,在支持大学生创业方面分别还存在哪些不足和需要改进的地方?

访谈提纲(六)

访谈对象:社会创业成功人士

您好!非常感谢您接受这次访谈,我们想向您了解关于大学生创业方面的一些情况。您提供的所有信息仅供课题研究之用,如果我们泄露访谈中的任何信息导致您的名誉受损,我们将承担相应的法律责任。再次感谢您的支持与配合!

问题:

1. 您认为当前我国大学生创业的主要特点是什么?

2. 作为成功企业,贵单位是如何支持大学生创业的?具体的工作内容包括哪些?

3. 您认为什么是大学生创业失败(即按您的理解,大学生创业在什么情况下就认为是失败了)?判断大学生创业失败的主要依据或标准是什么?

4. 与一般社会人士的创业失败相比,您认为大学生创业失败有什么显著特征？

5. 如果将大学生创业过程分为创业准备阶段、企业创建阶段和新创企业成长阶段，您认为判断不同创业阶段的失败标准分别是什么？

6. 您认为造成当前中国大学生创业失败率高的主要原因有哪些？在创业准备阶段、企业创建阶段和新创企业成长阶段最主要的失败原因分别是什么？

7. 您觉得大学生创业失败会给创业者本人、其他同学、家庭、高校、政府等社会主体带来哪些方面的影响（如积极影响有哪些、消极影响有哪些）？政府应该如何去应对这些影响？

8. 您认为企业可为大学生创业提供哪些方面的支持与帮助？

9. 在支持大学生创业方面，您觉得政府、高校、创业服务机构、家庭、企业以及其他社会组织应该扮演什么样的角色？分别应该提供哪些方面的支持？

10. 您认为政府、高校、创业服务机构、家庭、企业以及其他社会组织，在支持大学生创业方面分别还存在哪些不足和需要改进的地方？

访谈提纲（七）

访谈对象：大学生家长（包括创业大学生家长和非创业大学生家长）

您好！非常感谢您接受这次访谈，我们想向您了解关于大学生创业方面的一些情况。您提供的所有信息仅供课题研究之用，如果我们泄露访谈中的任何信息导致您的名誉受损，我们将承担相应的法律责任。再次感谢您的支持与配合！

问题：

1. 您支持您的孩子创业吗？为什么支持或为什么不支持？如果支持，您是如何或将如何支持孩子创业？

2. 您是怎么看待和评价当前大学生创业的？

3. 您对孩子创业的主要预期是什么？

4. 您觉得什么是大学生创业失败（即按您的理解，大学生创业在什么情况下就认为是失败了）？判断大学生创业失败的主要依据或标准是什么？

5. 您觉得大学生创业失败会给家庭带来什么样的影响（如积极影响有哪些、消极影响有哪些）？

6. 如果孩子创业失败，您给予孩子哪些方面的帮助？

7. 如果孩子创业失败，您会支持您的孩子再次创业吗？为什么？

8. 您认为大学生创业失败的主要原因有哪些？

9. 您觉得政府、高校、创业服务机构、家庭、企业以及其他社会组织应该如何更好地去支持大学生创业？

附录二　关于大学生创业的调查问卷

（调查对象：在读和毕业 5 年内的大学生）

亲爱的同学：

您好！本问卷调查的目的是了解大学生创业的有关情况，选项无对错之分，我们只是以统计结果的形式反映大学生群体创业的情况。问卷采用匿名的填写方式，所填资料仅供研究之用，如果我们泄露问卷中的任何信息导致您的名誉受损，我们将承担相应的法律责任。感谢您在百忙中填写此问卷，您的回答将很大程度上影响调查的结果。真诚感谢您的大力支持！

一、基本信息

1. 您的性别是（　　）

   A. 男性　　　　　　　　　　B. 女性

2. 您现在的学历是（　　）

   A. 高职在读　　　　　　　　B. 高职毕业

   C. 本科在读　　　　　　　　D. 本科毕业

   E. 硕士研究生在读　　　　　F. 硕士研究生

   G. 博士研究生在读　　　　　H. 博士研究生

3. 您所读的专业是（　　）

   A. 工科　　　　B. 理科　　　C. 文科　　　　D. 艺术

   E. 商科　　　　F. 其他

4. 您就读的学校是（　　）

   A. 985 大学　　　　　　　　B. 211 大学

   C. 其他本科大学（学院）　　D. 高职院校

5. 您就读学校所在的区域是(　　)

　　A. 经济发达地区省会城市　　　　B. 经济发达地区非省会城市

　　C. 经济欠发达地区省会城市　　　D. 经济欠发达地区非省会城市

6. 您的家庭经济状况是(　　)

　　A. 优越　　　　B. 良好　　　　C. 一般　　　　D. 较差

7. 您在校参加社会工作(注:如担任学生干部、参加社团等)的情况是(　　)

　　A. 积极参与　　　B. 有点参与　　　C. 没有参与

8. 您在校期间参加大学生创新创业训练计划等项目的情况是(　　)

　　A. 较多参与　　　B. 有点参与　　　C. 没有参与

9. 您有几次创业经历(　　)(注:正式启动创业准备,即使没有成功注册企业也视为有创业经历)

　　A. 0次　　　　B. 1次　　　　C. 2次　　　　D. 3次

　　E. 3次以上

10. 您是否有大学期间或毕业后创业的打算(　　)(第9题选A的填写)

　　A. 有　　　　B. 没有　　　　C. 看机会

11. 您有几次创业失败经历(　　)(第9题选A的不填写)

　　A. 0次　　　　B. 1次　　　　C. 2次　　　　D. 3次

　　E. 3次以上

12. 您的第一次创业时间是(　　)(第9题选A的不填写)

　　A. 在读一年级　　B. 在读二年级　　C. 在读三年级　　D. 在读四年级

　　E. 毕业1年内　　F. 毕业2年内　　G. 毕业3年内　　H. 毕业4年内

　　I. 毕业5年内　　J. 毕业5年及以上

13. 您的第一次创业的创业类型是(　　)(第9题选A的不填写)

　　A. 科技创新型创业(注:采用知识经济、高科技、知识密集型的产业项目进行创业)

　　B. 知识服务型创业(注:以各类知识咨询服务的方式进行创业,如律师事务所、会计师事务所、管理咨询公司、广告公司等)

　　C. 传统技能型创业(注:使用传统的技术、技能、工艺进行创业,如饮料、食品加工、工艺美术品、服装生产、修理等)

　　D. 体力服务型创业:(注:依靠提供体力服务的方式进行创业,如运输、家政)

E. 其他（请填写）：_____

14. 您的第一次创业的领域和您所学的专业是否相关（　　）（第 9 题选 A 的不填写）

  A. 密切相关　　　B. 有点相关　　　C. 不相关

15. 您在第一次创业失败后是否愿意继续创业（　　）（第 11 题选 A 的不填写）

  A. 继续创业　　　B. 放弃创业　　　C. 看情况

16. 您判断自己创业失败的依据是（　　）（多选题）（第 11 题选 A 的不填写）

  A. 结果状态标准（注：如停止创业活动、关闭企业等）

  B. 财务状况标准（注：如亏本、没有盈利、资金链断裂等）

  C. 运行状况标准（注：如企业不能正常运营等）

  D. 创业期望标准（注：没能实现创业预期目标，如经济方面和能力发展方面）

  E. 自身发展标准（注：没能通过创业锻炼能力、丰富经历等促进自身成长）

  F. 其他（请填写）：_____

17. 您认为自己创业失败属于哪种类型（　　）（可多选）（第 11 题选 A 的不填写）

  A. 项目选择不当型　　　　　B. 创业能力不足型
  C. 创业资源短缺型　　　　　D. 创业政策限制型
  E. 团队构建失误型　　　　　F. 创业准备不足型
  G. 其他（请填写）：_____

18. 您的第一次创业失败发生在创业过程的哪个阶段（　　）（第 11 题选 A 的不填写）

  A. 创业准备阶段

  B. 创业企业设立阶段（注：以成功注册为显著标志）

  C. 新创企业初期成长阶段

  D. 新创企业成熟稳定阶段

19. 您的第二次创业失败发生在创业过程的哪个阶段（　　）（第 11 题选 A、B 的不填写）

  A. 创业准备阶段

  B. 创业企业设立阶段（注：以成功注册为显著标志）

C. 新创企业初期成长阶段

D. 新创企业成熟稳定阶段

20. 您的第三次创业失败发生在创业过程的哪个阶段(　　)(第11题选A、B、C的不填写)

　　A. 创业准备阶段

　　B. 创业企业设立阶段(注:以成功注册为显著标志)

　　C. 新创企业初期成长阶段

　　D. 新创企业成熟稳定阶段

二、大学生创业活动的主要要素(第9题选A的不填写)

21. 您认为大学生创业的核心要素是(　　)(多选题)

　　A. 创业者自身　　B. 创业机会　　C. 创业资源　　D. 创业团队

　　E. 创业规划(商业计划)

　　其他(请填写):_____

22. 您认为大学生创业的中介要素是(　　)(多选题)

　　A. 商业模式　　B. 创业学习　　C. 创业网络

　　其他(请填写):_____

注:中介要素是指在核心要素与支持/影响要素间发挥桥梁纽带作用的要素。

23. 您认为大学生创业的支持要素是(　　)(多选题)

　　A. 大学生创业教育　　　　B. 大学生创业政策

　　C. 大学生创业服务　　　　D. 大学生创业资金

　　E. 大学生创业文化　　　　F. 一般创业环境

　　其他(请填写):_____

注:支持要素是指大学生创业的外部影响要素。

三、大学生创业失败的主要原因(第11题选A的不填写)

(一)大学生创业失败由于创业核心要素方面的原因

24. 您认为创业核心要素方面的失败原因主要是(　　)(多选题)

　　A. 创业者自身　　B. 创业机会　　C. 创业资源　　D. 创业团队

　　其他(请填写):_____

25. 您认为创业者自身方面的失败原因主要是(　　)(多选题)(第24题选

A 的填写）

    A. 创业观念落后   B. 创业素质不高

    C. 创业知识不全   D. 创业能力不强

    E. 社会经验不足   F. 创业时间和精力不够

    其他（请填写）：_____

25.（1）您认为创业素质不高主要体现在（　　）（多选题）（第25题选B的填写）

    A. 自我认知不足   B. 创新精神不强

    C. 创业意志不坚定   D. 心智不够成熟

    E. 努力程度不够

    其他（请填写）：_____

25.（2）您认为创业知识不全主要体现在（　　）（多选题）（第25题选C的填写）

    A. 专业技术知识不扎实

    B. 专业性创业知识缺乏

    C. 缺乏法律市场营销等相关知识

    其他（请填写）：_____

25.（3）您认为创业能力不强主要体现在（　　）（多选题）（第25题选D的填写）

    A. 机会识别能力较弱   B. 筹集整合配置资源能力不强

    C. 经营管理能力欠缺   D. 专业技术能力不强

    E. 创业学习能力不足   F. 创新能力不强

    G. 人际关系处理能力不足   H. 危机处理能力缺乏

    I. 对外沟通和谈判能力不足

    其他（请填写）：_____

25.（4）您认为社会经验不足主要体现在（　　）（多选题）（第25题选E的填写）

    A. 社会实践经验不足   B. 企业管理经验缺乏

    C. 创业经验缺乏   D. 相关工作经验缺乏

    其他（请填写）：_____

26. 您认为创业机会方面的失败原因主要是（　　）（多选题）（第 24 题选 B 的填写）

  A. 创业准备不充分　　　　　　B. 项目可行性分析不足

  C. 创业项目选择不当　　　　　D. 创业项目竞争力不强

  E. 创业项目市场推广困难　　　F. 创业规划不完善

  其他（请填写）：_____

26.（1）您认为创业项目选择不当主要体现在（　　）（多选题）（第 26 题选 C 的填写）

  A. 创业项目不符合市场需要　　B. 创业项目目标市场选择有偏差

  C. 创业项目不是自己擅长领域　D. 创业项目前期投资过大

  E. 创业项目技术难度过大　　　E. 创业项目市场竞争过于激烈

  F. 创业项目选址不合理

  其他（请填写）：_____

26.（2）您认为创业项目竞争力不强主要体现在（　　）（多选题）（第 26 题选 D 的填写）

  A. 创业项目缺少创新性

  B. 创业项目缺乏特色

  C. 创业项目核心技术不足

  其他（请填写）：_____

26.（3）您认为创业规划不完善主要体现在（　　）（多选题）（第 26 题选 F 的填写）

  A. 创业规划欠缺

  B. 创业目标不明确

  C. 创业思路不清晰

  其他（请填写）：_____

27. 您认为创业资源方面的失败原因主要是（　　）（多选题）（第 24 题选 C 的填写）

  A. 创业资金短缺　B. 物质资源匮乏　C. 技术资源不足　D. 组织资源不足

  E. 人力资源不足　F. 信息资源不畅　G. 政策资源缺乏　H. 社会资源不足

  其他（请填写）：_____

28. 您认为创业团队方面的失败原因主要是（　　）（多选题）（第 24 题选 D 的填写）

  A. 创业团队构成比较单一　　　　B. 创业团队成员流动性大

  C. 创业团队成员团队意识淡薄　　D. 创业团队管理混乱

  其他（请填写）：_____

（二）大学生创业失败由于中介要素方面的原因

29. 您认为创业中介要素方面的失败原因主要是（　　）（多选题）

  A. 商业模式　　B. 创业学习　　C. 创业网络

  其他（请填写）：_____

30. 您认为商业模式方面的失败原因主要是（　　）（多选题）（第 29 题选 A 的填写）

  A. 商业模式概念不清

  B. 商业模式与创业机会不匹配

  C. 尚未构建商业模式

  其他（请填写）：_____

31. 您认为创业学习方面的失败原因主要是（　　）（多选题）（第 29 题选 B 的填写）

  A. 创业学习意识不强　　　　B. 创业学习资源不多

  C. 创业学习能力较弱　　　　D. 创业学习方式不妥

  其他（请填写）：_____

32. 您认为创业网络方面的失败原因主要是（　　）（多选题）（第 29 题选 C 的填写）

  A. 非正式网络规模不广　　　　B. 非正式网络关系单一

  C. 正式网络规模偏小　　　　　D. 正式网络质量不高

  E. 创业企业在网络中地位低

  其他（请填写）：_____

（三）大学生创业失败由于支持要素（即外部影响因素）方面的原因

33. 您认为创业支持要素方面的失败原因主要是（　　）（多选题）

  A. 大学生创业教育　　　　B. 大学生创业政策

  C. 大学生创业服务　　　　D. 大学生创业资金

E. 大学生创业文化　　　　　　　F. 一般创业环境

其他（请填写）：_____

34. 您认为大学生创业教育方面的失败原因主要是（　　）（多选题）（第33题选A的填写）

A. 创业教育实效性不强　　　　B. 创业教育目标定位模糊

C. 创业教育内容不完善　　　　D. 理论与实践脱节严重

E. 缺乏有效的创业训练　　　　F. 创业咨询指导不够

其他（请填写）：_____

35. 您认为大学生创业政策的失败原因主要是（　　）（多选题）（第33题选B的填写）

A. 创业政策尚不完善　　　　　B. 创业政策扶持力度有限

C. 创业政策落实不到位　　　　D. 对创业政策了解不够

E. 对创业政策利用不够

其他（请填写）：_____

36. 您认为学生创业服务的失败原因主要是（　　）（多选题）（第33题选C的填写）

A. 缺少正确的创业引导　　　　B. 创业实训孵化服务不足

C. 创业培训咨询指导不足　　　D. 创业注册登记手续烦琐

E. 社会保障服务不健全

其他（请填写）：_____

37. 您认为学生创业资金的失败原因主要是（　　）（多选题）（第33题选D的填写）

A. 创业融资难　　　　　　　　B. 创业融资渠道狭窄

C. 创业贷款限制多　　　　　　D. 创业贷款额度小

E. 风险投资获得难　　　　　　F. 创业基金补贴少

其他（请填写）：_____

37.(1) 您的创业资金主要来源是（　　）（多选题）（第37题选D的填写）

A. 自有资金　　　　　　　　　B. 家庭支持资金

C. 朋友同学借款　　　　　　　D. 银行等机构贷款

E. 风险投资资金　　　　　　　F. 各类创业基金

其他(请填写):_____

38. 您认为学生创业文化方面的失败原因主要是(　　)(多选题)(第33题选E的填写)

  A. 家庭亲人的不理解不支持　　　B. 老师同学的不理解不支持

  C. 社会大众不理解不支持　　　　D. 社会对创业失败宽容度低

  E. 缺乏创业冒险精神

  其他(请填写):_____

39. 您认为一般创业环境方面的失败原因主要是(　　)(多选题)(第33题选F的填写)

  A. 市场竞争激烈

  B. 新进入企业障碍多

  C. 市场环境不友善

  其他(请填写):_____

四、大学生创业失败的影响

(一)对创业失败大学生自身的影响(第11题选A的不填写)

40. 您认为创业失败对您的影响程度如何(　　)

  A. 影响较大　　　　　　　　B. 有些影响

  C. 有点影响　　　　　　　　D. 没有影响(选此项,41—44题不填写)

41. 您认为创业失败对您产生什么样的影响(　　)

  A. 积极影响　　B. 消极影响　　C. 既有积极影响也有消极影响

42. 如果既有积极影响也有消极影响,您认为哪种影响更大(　　)

  A. 积极影响　　B. 消极影响　　C. 两种影响差不多

43. 您认为创业失败对您的积极影响有哪些(　　)(多选题)

  A. 有利于增强创业失败学习能力

  B. 有利于提升创业失败管理能力

  C. 有利于增强心理调节和承受能力

  D. 有助于培养良好的创业意志品格

  E. 有助于增强社会责任感

  F. 可以积累更多的社会实践经验

  G. 可以为后续创业积累创业经验

H. 有利于更理性看待创业、打消盲目自信创业念头

I. 有利于及时调整创业方向或停止创业从而及时止损

J. 可以积累一定人脉等社会资源

其他（请填写）：_____

44. 您认为创业失败对您的消极影响有哪些（　　）（多选题）

A. 造成一定的经济损失　　　　B. 造成不同程度的心理创伤

C. 打击创业积极性　　　　　　D. 降低再创业意愿

E. 人际关系方面产生一定的负面影响

F. 因贷款偿还等问题影响大学生的信誉和未来生活

G. 影响学业完成

H. 影响就业或升学

其他（请填写）：_____

45. 创业过程中，您希望得到哪些方面帮助与支持（　　）（多选题）

A. 大学和创业服务机构的创业教育、培训支持

B. 政府和高校的创业政策支持

C. 政府和创业服务机构的创业服务支持

D. 大学和社会的鼓励大学生创业、包容创业失败的创业文化支持

E. 政府、高校和银行等金融机构的创业资金支持

F. 家庭和亲朋好友的资金、情感支持

G. 企业等社会组织的实践平台等资源支持

其他（请填写）：_____

（二）对其他创业大学生的影响（第 9 题选 A 的不填写）

46. 您认为其他大学生的创业失败对您的影响程度如何（　　）

A. 影响较大　　　　　　　　　B. 有些影响

C. 有点影响　　　　　　　　　D. 没有影响（选此项，47—50 题不填写）

47. 您认为其他大学生的创业失败对您产生什么样的影响（　　）

A. 积极影响　　B. 消极影响　　C. 既有积极影响也有消极影响

48. 如果既有积极影响也有消极影响，您认为哪种影响更大（　　）

A. 积极影响　　B. 消极影响　　C. 两种影响差不多

49. 您认为其他大学生的创业失败对您的积极影响有哪些（　　）（多选题）

A. 有助于增强创业风险意识

B. 有助于培养良好的创业意志品格

C. 可以吸收他人创业失败的经验

D. 更理性看待创业、打消盲目自信创业的念头

E. 有利于及时调整创业方向或停止创业从而及时止损

其他(请填写):_____

50. 您认为其他大学生的创业失败对您的消极影响有哪些(　　)(多选题)

A. 打击创业积极性　　　　　B. 降低再创业意愿

C. 对创业产生害怕和畏惧心理　　D. 影响创业团队成员的选择

E. 影响家庭和亲朋好友对自己创业的支持

F. 影响银行等金融机构对自己创业的支持

G. 影响创业服务机构对自己创业的支持

其他(请填写):_____

51. 创业过程中,您希望得到哪些方面帮助与支持(　　)(多选题)

A. 大学和创业服务机构的创业教育、培训支持

B. 政府和高校的创业政策支持

C. 政府和创业服务机构的创业服务支持

D. 大学和社会的鼓励大学生创业、包容创业失败的创业文化支持

E. 政府、高校和银行等金融机构的创业资金支持

F. 家庭和亲朋好友的资金、情感支持

G. 企业等社会组织的实践平台等资源支持

其他(请填写):_____

(三)对潜在创业大学生的影响(第9题选A的填写)

52. 您认为其他大学生的创业失败对您的影响程度如何(　　)

A. 影响较大　　　　　　　B. 有些影响

C. 有点影响　　　　　　　D. 没有影响(选此项,53—56题不填写)

53. 您认为其他大学生的创业失败对您产生什么样的影响(　　)

A. 积极影响　　B. 消极影响　　C. 既有积极影响也有消极影响

54. 如果既有积极影响也有消极影响,您认为哪种影响更大(　　)

A. 积极影响　　B. 消极影响　　C. 两种影响差不多

55. 您认为其他大学生创业失败给您带来的积极影响有哪些（　　）(多选题)

　　A. 有利于理性看待创业和创业失败

　　B. 有利于减少盲目创业、不盲目跟风

　　C. 增强创业风险意识

　　D. 提供创业失败典型案例

　　E. 可以吸收他人创业失败的经验

　　F. 意识到创业的艰辛与不易

　　G. 创业前要做好创业准备

　　H. 通过对比找出自己创业优劣势

　　其他（请填写）：＿＿＿＿＿＿＿

56. 您认为其他大学生创业失败给您带来的消极影响有哪些（　　）(多选题)

　　A. 打击创业的激情和热情

　　B. 担心失败而选择放弃创业打算

　　C. 对创业产生害怕和畏惧心理

　　D. 影响创业团队成员的选择

　　E. 影响家庭和亲朋好友对自己创业的支持

　　F. 影响银行等金融机构对自己创业的支持

　　G. 影响创业服务机构对自己创业的支持

　　其他（请填写）：＿＿＿＿＿＿＿

57. 您大学期间或毕业后不选择创业的主要原因是（　　）(多选题)(第10题选B的填写)

　　A. 害怕创业失败　　　　　　B. 缺乏创业资金

　　C. 社会关系资源少　　　　　D. 没有合适项目

　　E. 缺乏创业勇气　　　　　　F. 创业过程不了解

　　G. 缺乏社会经验　　　　　　H. 创业政策不了解

　　I. 受周围创业失败的影响

　　其他（请填写）：＿＿＿＿＿＿＿

58. 如果创业，您希望得到哪些方面帮助与支持（　　）(多选题)(第10题选A的填写)

　　A. 大学和创业服务机构的创业教育、培训支持

B. 政府和高校的创业政策支持

C. 政府和创业服务机构的创业服务支持

D. 大学和社会的鼓励大学生创业、包容创业失败的创业文化支持

E. 政府、高校和银行等金融机构的创业资金支持

F. 家庭和亲朋好友的资金、情感支持

G. 企业等社会组织的实践平台等资源支持

其他（请填写）：_____

附录三　关于大学生创业失败影响的调查问卷

（调查对象：社会人士）

尊敬的朋友：

您好！与一般社会人士创业相比，大学生创业失败率相对更高，本问卷调查的目的是了解大学生创业失败（注：主要是针对科技型创业和知识型创业）的影响情况。选项无对错之分，我们只是以统计结果的形式反映大学生群体的创业失败社会影响情况。问卷采用匿名的填写方式，所填资料仅供研究之用，如果我们泄露问卷中的任何信息导致您的名誉受损，我们将承担相应的法律责任。感谢您在百忙中填写此问卷，您的回答将很大程度上影响调查的结果。真诚感谢您的大力支持！

一、基本信息

1. 您的性别是（　　）

   A. 男性　　　　　　　　　　B. 女性

2. 您的学历情况是（　　）

   A. 专科　　　　B. 本科　　　　C. 硕士　　　　D. 博士

   E. 其他

3. 您现在的工作性质是（　　）

   A. 政府、事业单位工作人员

   B. 高等院校教师

   C. 银行等金融机构、创业孵化等服务机构工作人员

   D. 民营、私营企业主

   E. 其他

4. 您所在的区域是(　　)

A. 经济发达地区省会城市　　　　B. 经济发达地区一般城市

C. 经济发达地区其他地方　　　　D. 经济欠发达地区省会城市

E. 经济欠发达地区一般城市　　　F. 经济欠发达地区其他地方

5. 您的家庭经济状况是(　　)

A. 优越　　　　B. 良好　　　　C. 一般　　　　D. 较差

6. 您孩子目前的读书情况是(　　)

A. 高职在读　　B. 高职毕业　　C. 本科在读　　D. 本科毕业

E. 硕士研究生在读　　　　　　　F. 硕士研究生毕业

G. 博士研究生在读　　　　　　　H. 博士研究生毕业

I. 其他(选此项,无须填写问题9—10项)

7. 您周围有朋友家孩子创业成功或失败的吗(　　)

A. 有,创业成功　　　　　　　　B. 有,创业失败

C. 有,不清楚创业状态　　　　　D. 没有创业的

8. 您对大学生(大学读书期间和毕业后5年内)创业的态度是(　　)

A. 赞成　　　　B. 反对　　　　C. 不赞成也不反对

9. 您孩子(大学读书期间和毕业后5年内)是否有创业经历(　　)

A. 有　　　　　B. 没有　　　　C. 不清楚

10. 您孩子(大学读书期间和毕业后5年内)是否有创业失败经历(　　)

A. 有　　　　　B. 没有　　　　C. 不清楚

二、大学生创业失败对大学生创业者家庭的影响

11. 您认为大学生创业失败对大学生创业者家庭的影响程度如何(　　)

A. 影响较大

B. 有些影响

C. 有点影响

D. 没有影响(选此项,无须填写问题12—15项)

12. 您认为大学生创业失败对大学生创业者家庭产生什么样的影响(　　)

A. 积极影响　　B. 消极影响　　C. 既有积极影响也有消极影响

13. 如果既有积极影响也有消极影响,您认为哪种影响更大(　　)

A. 积极影响　　B. 消极影响　　C. 两种影响差不多

14. 您认为大学生创业失败给大学生创业者家庭带来的积极影响有哪些（　　）(多选题)

　　A. 锻炼提高孩子综合能力　　　B. 增加孩子社会实践经验

　　C. 改变孩子职业发展路径　　　D. 提高家庭成员对创业的认识

　　E. 共同面对创业失败提升家庭凝聚力

　　其他(请填写)：_____

15. 您认为大学生创业失败给大学生创业者家庭带来的消极影响有哪些（　　）(多选题)

　　A. 产生一定的经济损失、可能增加家庭经济负担

　　B. 产生一定的心理压力

　　C. 家庭的人际关系会受到一定影响

　　D. 家庭社会声誉产生负面影响

　　E. 降低家庭对大学生创业的认同感

　　F. 影响对后续创业的支持

　　其他(请填写)：_____

三、大学生创业失败对创业服务机构的影响

16. 您认为大学生创业失败对创业服务机构的影响程度如何(　　)

　　A. 影响较大

　　B. 有些影响

　　C. 有点影响

　　D. 没有影响(选此项，无须填写问题17—20项)

17. 您认为大学生创业失败对创业服务机构产生什么样的影响(　　)

　　A. 积极影响　　B. 消极影响　　C. 既有积极影响也有消极影响

18. 如果既有积极影响也有消极影响,您认为哪种影响更大(　　)

　　A. 积极影响　　B. 消极影响　　C. 两种影响差不多

19. 您认为大学生创业失败给创业服务机构带来的积极影响有哪些(　　)(多选题)

　　A. 有助于推动创业中介机构等创业服务机构对大学生创业的支持

　　B. 有助于推动政府对银行创业资金政策的完善

　　C. 有助于推动政府对大学生创业培训机构培育

D. 有助于推动政府对大学生创业孵化基地建设

其他(请填写):_____

20. 您认为大学生创业失败给创业服务机构带来的消极影响有哪些(　　)
(多选题)

A. 影响金融机构对大学生创业贷款的回收

B. 影响上下游关联企业对大学生创业相关资金的回收

C. 影响金融机构对大学生创业金融支持的积极性

D. 影响中介机构对大学生创业服务支持的积极性

E. 影响孵化机构对大学生创业服务支持的积极性

其他(请填写):_____

四、大学生创业失败对高校(主要是创业教育)的影响

21. 您认为大学生创业失败对高校创业教育的影响程度如何(　　)

A. 影响较大

B. 有些影响

C. 有点影响

D. 没有影响(选此项,22—25题不填写)

22. 您认为大学生创业失败对高校创业教育产生什么样的影响(　　)

A. 积极影响　　B. 消极影响　　C. 既有积极影响也有消极影响

23. 如果既有积极影响也有消极影响,您认为哪种影响更大(　　)

A. 积极影响　　B. 消极影响　　C. 两种影响差不多

24. 您认为大学生创业失败给高校创业教育带来的积极影响有哪些(　　)
(多选题)

A. 有助于了解创业教育存在问题

B. 有助于促进创业教育改革

C. 有助于增强创业教育有效性

D. 有助于高校开发创业失败案例资源

E. 有助于政府、社会对创业教育的支持

F. 有助于对创业失败大学生提供更多的创业援助和帮扶

其他(请填写):_____

25. 您认为大学生创业失败给高校创业教育带来的消极影响有哪些(　　)

（多选题）

  A. 影响老师对大学生创业的积极态度

  B. 影响高校创业人才培养目标的定位

  C. 影响大学生参加创业教育的积极性

  D. 影响老师对创业教育的态度

  E. 影响社会对高校创业教育的支持

  其他(请填写)：_____

五、大学生创业失败对政府(主要是创业政策、创业服务方面)的影响

26. 您认为大学生创业失败对政府的影响程度如何(　　)

  A. 影响较大

  B. 有些影响

  C. 有点影响

  D. 没有影响(选此项,27—30题不填写)

27. 您认为大学生创业失败对政府产生什么样的影响(　　)

  A. 积极影响　　B. 消极影响　　C. 既有积极影响也有消极影响

28. 如果既有积极影响也有消极影响,您认为哪种影响更大(　　)

  A. 积极影响　　B. 消极影响　　C. 两种影响差不多

29. 您认为大学生创业失败给政府带来的积极影响有哪些(　　)(多选题)

  A. 有助于促进对大学生创业的重视

  B. 有助于揭示大学生创业存在的问题

  C. 有助于加强对创业政策的宣传

  D. 有助于推动政府完善大学生创业政策

  E. 有助于推动政府增强大学生创业服务

  其他(请填写)：_____

30. 您认为大学生创业失败给政府带来的消极影响有哪些(　　)(多选题)

  A. 影响大学生创业带动就业的政策实施效果

  B. 影响国家创新驱动战略的实施成效

  C. 影响社会对政府的大学生创业政策的实施效果评价

  D. 影响社会对政府的大学生创业资源投入的产出评价

  其他(请填写)：_____

六、大学生创业失败对社会的影响

31. 您认为大学生创业失败对社会的影响程度如何(　　)

A. 影响较大

B. 有些影响

C. 有点影响

D. 没有影响(选此项,32—35 题不填写)

32. 您认为大学生创业失败对社会产生什么样的影响(　　)

A. 积极影响　　　B. 消极影响　　　C. 既有积极影响也有消极影响

33. 如果既有积极影响也有消极影响,您认为哪种影响更大(　　)

A. 积极影响　　　B. 消极影响　　　C. 两种影响差不多

34. 您认为大学生创业失败给社会带来的积极影响有哪些(　　)(多选题)

A. 有助于形成理性的大学生创业观念

B. 有助于形成宽容失败的创业文化氛围

C. 有助于促进社会对高校创业教育的支持

D. 有助于推动社会对大学生创业的支持

其他(请填写):_____

35. 您认为大学生创业失败给社会带来的消极影响有哪些(　　)(多选题)

A. 影响社会大众对大学生创业的态度

B. 影响社会资本对大学生创业的支持

C. 高失败率可能引起社会群体事件发生

D. 影响社会对高校创业教育的支持

E. 影响社会成功人士对大学生创业的支持

其他(请填写):_____

参考文献

中文参考文献：

[1] 蔡莉,单标安,汤淑琴,等.创业学习研究回顾与整合框架构建[J].外国经济与管理,2012,34(5):1-8,17.

[2] 陈成文,孙淇庭.大学生创业政策:评价与展望[J].高等教育研究,2009(7):24-30.

[3] 陈国法,朱伟.高职院校学生创业与社会支持的关系研究[J].河南工业大学学报(社会科学版),2013,9(3):175-177.

[4] 陈寒松,陈金香.创业网络与新企业成长的关系研究:以动态能力为中介变量[J].经济与管理评论,2016(2):76-83.

[5] 陈浩,董颖.略论"政产学"协同培养人才的机制和模式[J].高等工程教育研究,2014(3):67-71,105.

[6] 陈静.高校主导型创业教育生态系统构建研究[D].长春:东北师范大学,2017.

[7] 陈静,王占仁."内合外联"式高校创业教育生态系统构建研究[J].学校党建与思想教育,2017(7):71-74.

[8] 陈科,张军.创业失败青年再创业意向影响因素分析[J].青年研究,2016(5):11-18,94.

[9] 陈琪,金康伟.创业环境问题研究述评[J].浙江师范大学学报(社会科学版),2008(5):110-114.

[10] 陈微微.大学生自主创业支持与服务体系的理论思考[J].浙江工业大学学报(社会科学版),2010,9(4):467-472.

[11] 陈忠卫.知行统一路:大学生创业案例与创新创业教育研究(2015—2016)[M].北京:经济管理出版社,2016.

[12] 陈忠卫.知行统一路:大学生创业案例与创新创业教育研究(2016—2017)[M].北京:经济管理出版社,2018.

[13] 程芳.基于农村留守劳动力的大学生农村创业模型[J].现代教育管理,2012(6):97-100.

[14] 程虹娟,张春和,龚永辉.大学生社会支持的研究综述[J].成都理工大学学报(社会科学版),2004(1):88-91.

[15] 崔万珍.大学生创业支持系统的构建研究[J].中国大学生就业,2007(15):64-65.

[16] 崔晓莉,李明明.海南高校大学生创业支持体系的构建[J].开封教育学院学报,2015,35(11):141-142.

[17] 大学生创业研究课题组.大学生创业能力研究报告[J].广东青年干部学院学报,2006

(1):11-15.
[18] 丁桂凤,李伟丽,孙瑾,等.小微企业创业失败成本对创业失败学习的影响:内疚的中介作用[J].研究与发展管理,2019,31(4):16-26.
[19] 窦鹏鹏,孙继伟.大学生创业服务体系的需求特征与完善建议:基于问卷调查的分析[J].科技创业月刊,2007,20(5):37-39.
[20] 杜飞."四维一体"构建大学生创业支持体系[J].安徽工业大学学报(社会科学版),2016,33(6):111-112.
[21] 范开菊.我国大学生创业服务体系构建研究[J].河南科技学院学报(社会科学版),2012(8):59-61.
[22] 方晓冬,翁丽霞.创业教育学科建设:历史、进展与问题[J].江苏高教,2012(2):81-84.
[23] 付朝渊.大学生创业失败学习动力因素分析[J].现代企业教育,2014(16):171-172.
[24] 高园.大学生创业教育社会支持网络与保障体系的构建[J].科协论坛(下半月),2013(11):191-192.
[25] 葛宝山,王立志,姚梅芳,等.经典创业模型比较研究[J].管理现代化,2008(1):10-12.
[26] 顾桥.中小企业创业资源的理论研究[D].武汉:武汉理工大学,2003.
[27] 管巍.大学生创业支持体系构建的探索:以秦皇岛市为例[J].中国成人教育,2013(11):52-54.
[28] 郭必裕.大学生创业的初始资源与机会型创业的选择[J].现代教育科学,2011(9):25-27.
[29] 郭海,沈睿.如何将创业机会转化为企业绩效:商业模式创新的中介作用及市场环境的调节作用[J].经济理论与经济管理,2014(3):70-83.
[30] 郭庆龙.天津市政府促进大学生创业问题研究[D].天津:天津师范大学,2015.
[31] 杭州市人力资源和社会保障局.关于印发《杭向未来·大学生创业创新三年行动计划(2020—2022年)实施细则》的通知[EB/OL].(2021-12-28)[2022-03-04]http://www.hangzhou.gov.cn/art/2021/12/28/art_1229063415_3992104.html.
[32] 郝喜玲.创业失败与学习关系研究现状及未来展望[J].现代管理科学,2015(11):109-111.
[33] 郝喜玲,涂玉琦,陈雪,等.痛定思痛·情绪成本对创业失败学习影响:反事实思维的调节作用[J].研究与发展管理,2019,31(4):27-39.
[34] 郝喜玲,张玉利,刘依冉.创业失败学习对新企业绩效的作用机制研究[J].科研管理,2017,38(10):94-101.
[35] 何富美,金利娟.高校创业教育问题探析[J].云南财经大学学报(社会科学版),2011,26(3):137-138.
[36] 何星舟.大学生创业教育社会支持网络构建思考[J].高等工程教育研究,2016(4):90-94.
[37] 何应林,陈丹.大学生创业失败的类型与原因:基于创业失败案例的分析[J].当代教育科学,2013(5):52-54.
[38] 侯海霞.大学生创业失败的原因分析及对策研究[J].科技创业月刊,2013,26(9):20-21.
[39] 胡程.山东省大学生创业教育社会支持体系的实证研究[D].济南:济南大学,2015.
[40] 胡继灵.企业生命周期与生物生命周期的比较研究[J].华东经济管理,2001(3):39-41.
[41] 胡曼.大学生性格特征与创业类型关系探究[J].戏剧之家,2020(22):170-171.

[42] 胡婉琳,王晓媛.基于资源基础理论的大学生创业失败原因分析[J].中国中小企业,2019(7):97-99.

[43] 胡文静.我国中小企业成长动态分析:基于创业资源获取与整合视角[J].现代商贸工业,2011,23(7):5-6.

[44] 黄海艳,苏德金,李卫东.失败学习对个体创新行为的影响:心理弹性与创新支持感的调节效应[J].科学学与科学技术管理,2016,37(5):161-169.

[45] 黄首晶,杜晨阳.试析社会、高校、政府在高校创业教育中的主体功能:基于中美的比较分析[J].比较教育研究,2017,39(9):79-88,111.

[46] 黄亚俊,陈甜静.大学生就业创业社会支持体系构建初探[J].大众标准化,2020(15):82-83.

[47] 黄兆信,赵国靖,曾纪瑞.创业大学生社会支持体系构建研究:以温州高校为例[J].高等工程教育研究,2014(4):57-61.

[48] 霍亚楼.创业过程的研究模式及框架重构[J].企业经济,2009(10):12-15.

[49] 贾天明,雷良海.构建创业失败补偿机制的探讨:以上海市大学生创业现状为例[J].上海经济研究,2016(2):56-63.

[50] 江苏省人民政府.省政府办公厅关于转发省人力资源社会保障厅等部门江苏省大学生创业引领计划的通知[EB/OL].(2014-09-16)[2022-07-01]http://www.jiangsu.gov.cn/art/2014/9/16/art_46144_2545276.html.

[51] 江苏省人民政府.省政府关于做好当前和今后一段时期就业创业工作的实施意见[EB/OL].(2017-10-10)[2022-02-07]http://www.jiangsu.gov.cn/art/2017/10/10/art_46143_6092147.html.

[52] 江苏省人民政府.省政府办公厅印发关于促进2020年高校毕业生就业创业若干措施的通知[EB/OL].(2020-06-11)[2022-05-10]http://www.jiangsu.gov.cn/art/2020/6/29/art_46144_9268532.html.

[53] 江英,欧金梅.基于M-O-S模型的大学生创业影响因素及大学生创业政策分析框架研究[J].江淮论坛,2018(1):175-179.

[54] 姜红仁.我国大学生创业支持政策研究[D].武汉:武汉大学,2014.

[55] 姜鹏飞,许美琳.大学生创业支持体系构建研究[J].当代教育科学,2012(17):38-40.

[56] 蒋才良.基于创业失败视角的逆商教育课程体系设计:以义乌工商学院为例[J].高教学刊,2016(10):27-28.

[57] 蒋珞晨,万明国.大学生创业的社会支持网络功能实现研究[J].科技管理研究,2019(7):25-31.

[58] 杰弗里·蒂蒙斯,小斯蒂芬·斯皮内利.创业学[M].周伟民,吕长春,译.北京:人民邮电出版社,2005.

[59] 赖文辉.社会支持网络视角下的大学生创业支持体系构建研究[J].文教资料,2017(15):150-153.

[60] 赖晓桦.大学生创业教育社会支持体系研究[J].当代教育科学,2012(9):37-39.

[61] 雷霖,江永亨.大学生创业指南[M].长沙:中南大学出版社,2001.

[62] 李炳安.大学生创业促进制度[M].北京:中国社会科学出版社,2012.

[63] 李丹.社会支持对高职大学生创业意向的影响研究:基于重庆市1310个高职大学生样本

的实证分析[J].创新与创业教育,2021,12(3):43-50.
[64] 李德平.大学生创业基础教程[M].北京:高等教育出版社,2017.
[65] 李红梅.大学生创业失败的原因与对策分析[J].教育观察(上半月),2017,6(11):43-44.
[66] 李慧.新创企业失败归因、失败学习与大学生创业能力关系研究[D].镇江:江苏大学,2020.
[67] 李克强.在第八届夏季达沃斯论坛上的致辞[EB/OL].(2014-09-10)[2021-07-02] http://www.gov.cn/guowuyuan/2014-09/11/content_2748703.htm.
[68] 李良成,张芳艳.创业政策对大学生创业动力的影响实证研究[J].技术经济与管理研究,2012(12):41-45.
[69] 李霖茜.沿海地区女性创业的社会支持研究:以深圳特区为例[D].昆明:云南师范大学,2017.
[70] 李楠.大学生创业学习与创业机会识别关系研究[D].昆明:云南大学,2015.
[71] 李宁.社会支持理论视角下精神障碍患者照顾者帮扶的个案探索[D].郑州:郑州大学,2019.
[72] 李时椿,刘冠.关于创业与创新的内涵、比较与集成融合研究[J].经济管理,2007(16):76-80.
[73] 李闻一,徐磊.基于创业过程的我国大学生创业行为影响因素研究[J].科技进步与对策,2014,31(7):149-153.
[74] 李小彤.《2017年中国大学生就业报告》出炉[EB/OL].(2017-06-23)[2022-04-14] http://www.chinajob.gov.cn/EmploymentServices/content/2017-06/23/content_1332824.htm.
[75] 李志刚,王海燕,郭丰恺.大学生创业服务体系构建的影响因素与对策[J].成都理工大学学报(社会科学版),2013(5):97-101.
[76] 林刚,刘芳.创业失败大学生创伤后成长的教育促进策略[J].高校教育管理,2020(6):41-49.
[77] 林刚,张正彦.论校园文化视阈下大学生创业文化环境及其优化路径[J].教育探索,2012(2):149-152.
[78] 林其换.海南民办高校大学生创业能力分析及其提升研究[D].武汉:湖北工业大学,2019.
[79] 林嵩.创业资源的获取与整合:创业过程的一个解读视角[J].经济问题探索,2007(6):166-169.
[80] 林嵩.基于创业过程分析的创业网络演化机制研究[J].科技进步与对策,2010,27(16):5-8.
[81] 林嵩.创业生态系统:概念发展与运行机制[J].中央财经大学学报,2011(4):58-62.
[82] 林嵩.创业失败综述:研究传统、前沿议题与未来机会[J].科学学与科学技术管理,2016(8):58-67.
[83] 林业铖."双创"背景下大学生创业社会支持系统的构建[J].盐城师范学院学报(人文社会科学版),2019,39(4):93-95.
[84] 刘波.基于案例分析大学生创业失败的原因[J].高教学刊,2016(15):261-262,264.
[85] 刘凤,吴件,唐静.差异性与动态性并存:大学生创业失败学习内容多案例研究[J].科技

进步与对策,2018,35(9):145-151.

[86] 刘军.我国大学生创业政策体系研究:基于公共政策的视角[M].济南:山东大学出版社,2015.

[87] 刘蕾,李静,陈绅.社会支持体系对大学生公益创业意愿的影响研究:基于创业者网络关系的视角[J].江苏高教,2020(9):78-82.

[88] 刘李.基于案例分析大学生创业失败原因和成本结构[J].人才资源开发,2017(22):80-82.

[89] 刘萍,席淑华,马静.我国老年人社会支持现状[J].解放军护理杂志,2009(4):46-47,52.

[90] 刘人怀,王娅男.创业拼凑、创业学习与新企业突破性创新的关系研究[J].科技管理研究,2017(17):1-8.

[91] 刘晓敏.大学生创业网络的影响因素探索性研究[J].广西社会科学,2016(9):207-211.

[92] 刘泽昊.大学生就业创业社会支持体系构建探讨[J].农家参谋,2020(5):279.

[93] 卢新文.基于Timmons模型的中国大学生创业过程模式研究[J].黑龙江高教研究,2009(5):13-16.

[94] 陆成林,殷永桥,段淑娟.大学生创业失败主要因素调查研究[J].河北工程技术高等专科学校学报,2013(1):67-69.

[95] 陆地.构建"五位一体"的大学生创业支持体系[J].商品与质量(理论研究),2010(1):133-134.

[96] 吕帅.论积极创业情绪对大学生创业行为倾向的影响:基于创业动机中介作用和社会支持调节作用的分析[J].扬州大学学报(高教研究版),2020(2):80-87.

[97] 罗伯特·赫里斯,迈克尔·彼得斯.创业学[M].王玉,王蔷,楼尊,等,译.北京:清华大学出版社,2004.

[98] 罗珉.商业模式的理论框架述评[J].当代经济管理,2009,31(11):1-8.

[99] 毛盾,刘凤,何诣寒,等.大学生创业失败援助机制的构建[J].创新创业理论研究与实践,2018(13):107-110.

[100] 梅强.创业基础[M].北京:清华大学出版社,2012.

[101] 孟铁林.搭建创业舞台孵化青春梦想:徐州市大学生创业服务工作纪实[J].中国劳动,2016(10):30-32.

[102] 木志荣.创业困境及胜任力研究:基于大学生创业群体的考察[J].厦门大学学报(哲学社会科学版),2008(1):114-120.

[103] 倪坚,陆连国."经心"创业模型沙盘推演:指导大学生赢在创业[J].职业,2008(19):59-60.

[104] 倪良新,江观伙,唐晓婷.资源整合视角下的创业网络动态建构研究[J].学术界,2015(6):93-101,324-325.

[105] 倪宁,杨玉红,蒋勤峰.创业失败学习研究的若干基本问题[J].现代管理科学,2009(5):114-116.

[106] 潘宏亮,管煜.创业失败学习与国际新创企业后续创新绩效[J].科学学研究,2020,38(9):1654-1661.

[107] 彭学兵,王乐,刘玥伶,等.创业网络、效果推理型创业资源整合与新创企业绩效关系研究[J].科学学与科学技术管理,2017,38(6):157-170.

[108] 彭学兵,徐锡勉,刘玥伶.创业失败归因与失败学习的关系研究[J].特区经济,2019(1): 158-160.

[109] 彭莹莹,汪昕宇,孙玉宁.不同创业阶段下的青年创业企业成长绩效影响因素研究:以北京地区为例[J].中国人力资源开发,2018,35(12):80-87,94.

[110] 平燕.大学生创业失败原因分析与对策研究[J].滁州职业技术学院学报,2018,17(4): 24-26.

[111] 浦瑛瑛.大学生创业的内涵特征及创业教育推进策略[J].杭州科技,2008(5):56-57.

[112] 钱国庆.大学生创业失败及对策研究[J].产业与科技论坛,2012(20):137-138.

[113] 邱建博.大学生创业学习对创业绩效的影响机制研究:基于合法性的中介作用[D].南京:南京审计大学,2019.

[114] 曲殿彬.论创业的内涵、特性、类型及价值[J].白城师范学院学报,2011(5):91-93.

[115] 曲小远.大学生村官创业的社会支持体系研究:以温州地区为例[D].温州:温州大学,2016.

[116] 全球化智库(CCG).2017中国高校学生创新创业调查报告[R/OL].(2017-09-26)[2022-04-14].http://www.sohu.com/a/194771971_800517.

[117] 任泽中,左广良.大学生创业资源协同模式研究[J].高校教育管理,2017,11(2):49-56.

[118] 上海市人民政府.上海市人民政府关于进一步做好新形势下本市就业创业工作的意见[EB/OL].(2015-08-14)[2022-04-14].https://www.shanghai.gov.cn/nw32868/20200821/0001-32868_44587.html.

[119] 上海市人民政府.上海市人民政府办公厅关于印发《上海市鼓励创业带动就业专项行动计划(2018—2022年)》的通知[EB/OL].(2018-06-26)[2022-04-14].https://www.shanghai.gov.cn/nw12344/20200813/0001-12344_56502.html.

[120] 上海市人民政府,上海市教育委员会,上海市人力资源和社会保障局.关于做好2017年上海高校毕业生就业创业工作的通知[EB/OL].(2017-03-10)[2022-04-14].https://www.shanghai.gov.cn/nw12344/20200814/0001-12344_51542.html.

[121] 邵世志,程哲.大学生创业文化的建构与思考[J].当代青年研究,2011(6):53-56.

[122] 沈鸿银,许明.社会支持与大学生创业心理关系初探[J].人民论坛(中旬刊),2010(10): 136-137.

[123] 施建锋,马剑虹.社会支持研究有关问题探讨[J].人类工效学,2003(1):58-61.

[124] 宋德安.集群的发展阶段、网络关系与其创业关系的研究[D].北京:北京工业大学,2007.

[125] 宋克勤.创业成功学[M].北京:经济管理出版社,2002.

[126] 宋双双,吴小倩,向雪,等.大学生创业高失败率的原因分析[J].现代商贸工业,2018, 39(10):96-98.

[127] 宋挺.基于双创背景构建大学生创业支持体系[J].科技资讯,2019,17(5):218-219.

[128] 宋晓洪,丁莹莹.社会网络、创业学习与创业能力关系的量表设计及检验[J].统计与决策,2017(24):89-92.

[129] 苏益南.大学生创业环境的结构维度、问题分析及对策研究[J].徐州师范大学学报(哲学社会科学版),2009,35(6):117-121.

[130] 孙大雁.大学生自主创业支持体系的构建与优化:以浙江大学为例[J].青少年研究与实

践,2017,32(1):45-51.
[131] 孙瑾.创业失败对创业失败学习的影响:内疚的中介作用[D].开封:河南大学,2016.
[132] 孙珂.大学生创业失败内隐污名对其创业意向的影响[D].开封:河南大学,2015.
[133] 孙时进,刘小雪,陈姗姗.大学生应激与社会支持来源的相关研究[J].心理科学,2009,32(3):544-546.
[134] 孙云飞,张兄武,付保川.地方高校"产教融合"动力机制的构建研究[J].教育探索,2021(1):39-43.
[135] 唐朝永,刘瑛.创业失败学习融入大学生创业教育研究[J].创新与创业教育,2019,10(1):11-13.
[136] 唐靖,姜彦福.创业过程三阶段模型的探索性研究[J].经济师,2008(6):189-191.
[137] 陶莉.高职大学生动态创业生态系统模型构建研究[J].兰州教育学院学报,2016(9):81-83.
[138] 田莉,池军.基于过程视角下的技术创业研究:兴起、独特性及最新探索[J].技术经济与管理研究,2009(6):31-36.
[139] 田晓红,张钰.大学生创业意向及与社会支持的关系研究[J].教育研究与实验,2016(2):71-73.
[140] 田永坡,王鹤昕.国外大学生创业状况及影响因素分析[J].经济学动态,2011(9):142-146.
[141] 万星辰.大学生人格特质、社会支持与创业机会识别的关系研究[D].扬州:扬州大学,2016.
[142] 王爱文.基于企业创业过程视角的大学生创业支持体系构建[J].商场现代化,2017(1):239-240.
[143] 王飞.失败学习视角下大学生创业核心能力提升研究[J].高校教育管理,2017,11(6):60-66.
[144] 王飞绒,徐永萍,李正卫.创业失败学习有助于提升连续创业意向吗?:基于认知视角的框架研究[J].技术经济,2018(8):69-76,115.
[145] 王锋.大学生创业风险与防范策略探析[J].吉首大学学报(社会科学版),2011,32(6):141-144.
[146] 王海军,叶仁荪,王建琼.基于文献述评的大学生创业路径概念模型研究[J].教育学术月刊,2017(2):40-46.
[147] 王华锋,高静,王晓婷.创业者的失败经历、失败反应与失败学习:基于浙、鄂两省的实证研究[J].管理评论,2017(6):96-104.
[148] 王静.大学生创业支持体系的构建:基于对大学生创业意识培养的调查[J].人口与经济,2011(1):27-45.
[149] 王良.协同创新背景下高校大学生创业服务体系建设初探[J].创新科技,2016(5):56-58.
[150] 王天力,周立华.创业学[M].北京:清华大学出版社,2013.
[151] 王伟毅,李乾文.创业视角下的商业模式研究[J].外国经济与管理,2005,27(11):32-40,48.
[152] 王亚娟.大学生创业生态系统概念模型研究[J].中国成人教育,2017(2):29-33.

[153] 王亚娟.创业网络对大学生创业能力的影响研究:创业学习的中介作用[D].长春:吉林大学,2017.

[154] 王勇.大学生创业失败原因分析及对策[J].科技创业月刊,2018,31(4):90-92.

[155] 王玉杰.论创业的内涵、价值及实施途径的研究[J].中国集体经济,2011(16):129-130.

[156] 魏江,刘洋,应瑛.商业模式内涵与研究框架建构[J].科研管理,2012,33(5):107-114.

[157] 魏日.大学生创业失败的分析与反思[J].产业与科技论坛,2018,17(7):18-21.

[158] 温雷雷."双创"背景下大学生公益创业社会支持体系研究[J].教育与职业,2021(8):100-103.

[159] 温兴琦,焦丽,杨钦越.创业网络规模与质量对创业资源获取的影响:基于创业阶段的分析[J].重庆工商大学学报(社会科学版),2020,37(2):65-74.

[160] 文亮,何继善.创业资源、商业模式与创业绩效关系的实证研究[J].东南学术,2012(5):116-128.

[161] 毋靖雨.乡村振兴战略背景下大学生返乡创业的社会支持体系构建[J].教育与职业,2019(15):79-84.

[162] 吴伟伟,严宁宁.大学生创新创业教育[M].北京:经济科学出版社,2016.

[163] 吴宇驹,刘丽群,罗达,等.创业失败:大学生"双创"热背后的冷思考:基于创业行为问卷调查数据的分析[J].教育现代化,2019(46):32-36,292.

[164] 奚国泉.创业基础[M].北京:清华大学出版社,2013.

[165] 夏清华,贾康田,冯颐.创业机会如何影响企业绩效:基于商业模式创新和环境不确定性的中介与调节作用[J].学习与实践,2016(11):39-49.

[166] 项国鹏,宁鹏,罗兴武.创业生态系统研究述评及动态模型构建[J].科学学与科学技术管理,2016,37(2):79-87.

[167] 谢钢,周陪袁.浅谈构建大学生创业支持体系[J].商场现代化,2009(6):375.

[168] 谢清.高等职业技术院校大学生创业失败的归因分析[J].青少年研究与实践,2017,32(3):23-27.

[169] 谢雅萍,梁素蓉.失败学习研究回顾与未来展望[J].外国经济与管理,2016(1):42-53.

[170] 谢雅萍,梁素蓉,陈睿君.失败学习、创业行动学习与创业能力:悲痛恢复取向的调节作用[J].管理评论,2017(4):47-58.

[171] 熊智伟,黄声兰.社会支持视角下返乡农民工创业失败修复研究:基于中部五省401份微观数据[J].农林经济管理学报,2018,17(6):746-753.

[172] 徐丽姗.科教融合背景下大学生创业的社会支持[J].中国高校科技,2019(7):20-22.

[173] 徐平华.四位一体大学生创业服务体系研究[J].湖北经济学院学报(人文社会科学版),2017,14(12):140-143.

[174] 徐雪娇,赵亚奇,张秀娥.创业失败学习对后续创业成功的影响机制:创业韧性的中介作用与悲痛恢复取向的调节作用[J].科技进步与对策,2021,38(14):30-36.

[175] 徐永波.基于创业失败学习视角下的高校创业教育课程设计研究[J].太原城市职业技术学院学报,2016(1):11-13.

[176] 徐永波.基于创业失败学习视角的大学生创业教育新模式研究[J].兰州教育学院学报,2016,32(3):68-69,115.

[177] 许艳丽,王岚.众创时代女大学生创业困局探析:基于创业过程理论的视角[J].高教探

索,2018(2):103-108.
[178] 严建雯.大学生创业心理研究[M].北京:人民出版社,2012.
[179] 杨邦勇.构建我国大学生创业政策支持系统的理论思考[J].福建工程学院学报,2010,8(2):103-108.
[180] 杨隽萍,唐鲁滨,于晓宇.创业网络、创业学习与新创企业成长[J].管理评论,2013,25(1):24-33.
[181] 杨隽萍,肖梦云,于青青.创业失败是否影响再创业的风险感知行为?:基于认知偏差的研究[J].管理评论,2020(2):115-126.
[182] 杨俊.创业过程研究及其发展动态[J].外国经济与管理,2004(9):8-12.
[183] 杨跞文.社会支持视角下大学生成功创业的个案研究:以宁夏L沙画公司为例[D].北京:中央民族大学,2020.
[184] 姚梅芳.基于经典创业模型的生存型创业理论研究[D].长春:吉林大学,2007.
[185] 叶丹容,谢雅萍.失败教育对大学生创业能力的影响[J].江苏科技信息,2016(16):39-40.
[186] 叶剑辉,王强,杨邦勇."一体三元五翼"的大学生创业服务体系模式构建[J].福建工程学院学报,2010,8(2):118-121,132.
[187] 叶明海,王吟吟,张玉臣.基于系统理论的创业过程模型[J].科研管理,2011(11):123-130.
[188] 殷华方,潘镇,鲁明泓.它山之石能否攻玉:其他企业经验对外资企业绩效的影响[J].管理世界,2011(4):69-83.
[189] 于晓宇,蔡莉.失败学习行为、战略决策与创业企业创新绩效[J].管理科学学报,2013(12):37-56.
[190] 于晓宇,李厚锐,杨隽萍.创业失败归因、创业失败学习与随后创业意向[J].管理学报,2013,10(8):1179-1184.
[191] 于晓宇,桑大伟,韩雨卿.基于创业失败学习视角的创业课程设计[J].复旦教育论坛,2012,10(5):68-72.
[192] 于晓宇,汪欣悦.知难而退还是破釜沉舟:转型经济制度环境背景下的创业失败成本研究[J].现代管理科学,2011(2):47-50.
[193] 于跃进,刘亚平.浅析大学生创业社会支持系统的构建[J].职业时空,2013,9(11):114-116.
[194] 郁义鸿,李志能.创业学[M].上海:复旦大学出版社,2000.
[195] 翟博文,陈辉林.基于文献大数据分析的国内大学生创业失败研究现状与趋势[J].特区经济,2017(6):21-25.
[196] 翟庆华,叶明海.大学生创业者自我效能、资源、机会与商业模式的匹配关系研究[M].北京:中国经济出版社,2014.
[197] 张帆.大学生创业资源获取影响因素研究[D].长春:吉林大学,2012.
[198] 张帆.创业恐惧、社会支持与大学生创业准备行为的关系研究[D].南宁:广西大学,2018.
[199] 张红,葛宝山.创业学习、机会识别与商业模式:基于珠海众能的纵向案例研究[J].科学学与科学技术管理,2016(6):123-136.

［200］张继延,周屹峰.高校创新创业人才的协同培养研究[J].国家教育行政学院学报,2016(7):61-66.

［201］张珂.创业失败学习研究现状探析与未来展望[J].投资与合作,2020(11):146-148.

［202］张蕾.大学生不同创业阶段资源需求及创业政策匹配度研究:以杭州为例[D].杭州:浙江大学,2018.

［203］张娜.流动儿童学校适应问题研究[D].南京:南京大学,2019.

［204］张兄武.高校创新创业人才多元协同培养机制的构建[J].国家教育行政学院学报,2016(4):30-37.

［205］张秀娥,李梦莹.社会支持对创业坚持的影响研究[J].科学学研究,2019,37(11):2008-2015.

［206］张秀娥,王超.创业失败经验对连续创业意愿的影响:创业失败学习与市场动荡性的作用[J].科技进步与对策,2020,37(20):1-9.

［207］张秀娥,张坤,毛刚.基于信息生态学的创业模型构建研究[J].企业经济,2019(3):96-104.

［208］张莹.服务型政府理念下的大学生创业生态系统构建[D].长春:长春工业大学,2017.

［209］张永强,吴广昊,田媛.创业失败、再创业决策与再创业绩效[J].南方经济,2022(7):103-118.

［210］张玉利,郝喜玲,杨俊等.创业过程中高成本事件失败学习的内在机制研究[J].管理学报,2015(7):1021-1027.

［211］赵丹,凌峰.大学生创业社会支持及路径优化[J].安顺学院学报,2014,16(4):47-48,74.

［212］赵婧.基于蒂蒙斯创业模型分析女性创业者的创业特性[J].经营管理者,2018(7):84-85.

［213］赵茜.从社会支持理论视角看留守女童的生存困境:以江西某山村留守女童为例[D].北京:首都经济贸易大学,2016.

［214］赵文红,孙万清,王文琼,等.创业失败学习研究综述[J].研究与发展管理,2014,26(5):95-105.

［215］赵颖异,石乘齐.大学生创业失败因素分析[J].教育教学论坛,2019(27):74-75.

［216］郑运爽.农村老年人的社会支持研究:以河北省唐山市A乡镇为例[D].武汉:华中农业大学,2012.

［217］中国政府网.国务院关于进一步做好新形势下就业创业工作的意见[EB/OL].(2015-05-01)[2022-03-28].http://www.gov.cn/zhengce/content/2015-05/01/content_9688.htm.

［218］中国政府网.国务院关于做好当前和今后一段时期就业创业工作的意见[EB/OL].(2017-04-19)[2022-03-28].http://www.gov.cn/zhengce/content/2017-04/19/content_5187179.htm.

［219］中国政府网.国务院关于推动创新创业高质量发展打造"双创"升级版的意见[EB/OL].(2018-09-26)[2022-03-28].http://www.gov.cn/zhengce/content/2018-09/26/content_5325472.htm.

［220］中国政府网.国务院办公厅关于进一步支持大学生创新创业的指导意见[EB/OL].

(2021-10-12)[2022-03-28]. http://www. gov. cn/zhengce/content/2021-10/12/content_5642037. htm.

[221] 钟云华,吴立保,夏姣. 大学生创业意愿的影响因素及其激发对策分析[J]. 高教探索, 2016(2):86-90.

[222] 周楠. 大学生创业支持体系研究:基于社会排斥理论视角[J]. 长春理工大学学报(社会科学版),2015,28(8):68-71.

[223] 周林刚,冯建华. 社会支持理论:一个文献的回顾[J]. 广西师范学院学报(哲学社会科学版):2005(3):11-14,20.

[224] 周志成. 略论大学生创业类型[J]. 北京教育(高教版),2017(1):32-34.

[225] 朱浩,汪学云. 基于协同创新的大学生创业生态系统构建研究[J]. 齐齐哈尔大学学报(哲学社会科学版),2019(5):173-176.

[226] 朱磊. 创业企业发展与资源需求[D]. 上海:上海外国语大学,2007.

[227] 朱丽."双创"背景下大学生创业支持体系构建研究[J]. 吉林工程技术师范学院学报, 2019,35(1):15-18.

[228] 朱伟峰,杜刚. 大学生创业失败与政府托底服务研究[J]. 合作经济与科技,2020(5): 186-189.

[229] 朱秀梅,李明芳. 创业网络特征对资源获取的动态影响:基于中国转型经济的证据[J]. 管理世界,2011(6):105-115.

[230] 祝坤艳. 河南大学生创新创业教育社会支持体系评价研究:基于AHP理论的视角[J]. 统计与管理,2017(6):51-53.

[231] 庄美金. 双创背景下大学生创新创业社会支持体系的建构[J]. 成都师范学院学报, 2019,35(4):35-40.

[232] 卓高生,曾纪瑞. 创业大学生社会融合现状及社会支持体系的构建[J]. 广州大学学报(社会科学版),2013,12(2):29-34,39.

英文参考文献:

[1] ALDRICH H E,MARTINEZ M A. Many are called, but few are chosen:an evolutionary perspective for the study of entrepreneurship[J]. Entrepreneurship Theory & Practice, 2001(4):41-56.

[2] AMIT R,ZOTT C. Value creation in E-business[J]. Strategic Management Journal,2001, 22(6/7):493-520.

[3] ARTINGER S, POWELL T C. Entrepreneurial failure: statistical and psychological explanations[J]. Strategic Management Journal,2016,37(6):1047-1064.

[4] BARON R A. OB and entrepreneurship:the reciprocal benefits of closer conceptual links[J]. Research in Organizational Behavior,2002(24):225-269.

[5] BATES T. Analysis of young, small firms that have closed:delineating successful from unsuccessful closures[J]. Journal of Business Venturing,2005,20(3):343-358.

[6] BOSO N, ADELEYE I, DONBESUUR F, et al. Do entrepreneurs always benefit from business failure experience?[J]. Journal of Business Research,2019,98(3):370-379.

[7] BROUGH P, PEARS J. Evaluating the influence of the type of social support on job satisfaction and work related psychological well-being[J]. International Journal of

Organisational Behavior,2004,8(2):472-485.

[8] BRUNO A V,MCQUARRIE E F,TORGRIMSON C G.The evolution of new technology ventures over 20 years:patterns of failure,merger,and survival[J].Journal of Business Venturing,1992,7(4):291-302.

[9] BRUYAT C,JULIEN P A.Defining the field of research in entrepreneurship[J].Journal of Business Venturing,2001,16(2):165-180.

[10] BYGRAVE W D,HOFER C W.Theorizing about entrepreneurship[J].Entrepreneurship Theory and Practice,1992,16(2):13-22.

[11] CANNON M D,EDMONDSON A C.Confronting failure:antecedents and consequences of shared beliefs about failure in organizational work groups[J].Journal of Organizational Behavior,2001,22(2):161-177.

[12] CANNON M D,EDMONDSON A C.Failing to learn and learning to fail(intelligently)[J]. Long Range Planning,2005,38(3):299-319.

[13] CARDON M S,STEVENS C E,POTTER D R.Misfortunes or mistakes?:cultural sensemaking of entrepreneurial failure[J].Journal of Business Venturing,2011,26(1): 79-92.

[14] CLUTE R C,GARMAN G B.The effect of U.S economic policies on the rate of business failure[J].American Journal of Small Business,1980,5(1),6-12.

[15] COBB R J,DAVILA J,BRADBURY T N.Attachment security and marital satisfaction: the role of positive perceptions and social support[J].Personality and Social Psychology Bulletin,2001,27(9):1131-1143.

[16] COHEN S,WILLS T A.Stress, social support, and the buffering hypothesis[J]. Psychological Bulletin,1985,98(2):310-357.

[17] COPE J.Toward a dynamic learning perspective of entrepreneurship[J].Entrepreneurship Theory & Practice,2005,29(4):373-397.

[18] COPE J.Entrepreneurial learning from failure:an interpretative phenomenological analysis[J]. Journal of Business Venturing,2011,26(6):604-623.

[19] COPE J, CAVE F, ECCLES S. Attitudes of venture capital investors towards entrepreneurs with previous business failure[J]. Venture Capital, 2004, 6(2/3): 147-172.

[20] COVIELLO N E, COX M P. The resource dynamics of international new venture networks[J].Journal of International Entrepreneurship,2006(4):113-132.

[21] CUSIN J.Disillusionment from failure as a source of successful learning[J].Canadian Journal of Administrative Sciences,2012,29(2):113-123.

[22] DANNEELS E,VESTAL A.Normalizing vs.analyzing:drawing the lessons from failure to enhance firm innovativeness[J].Journal of Business Venturing,2018,33(5):1-18.

[23] DEAKINS D,FREEL M.Entrepreneurial learning and the growth process in SMEs[J]. The Learning Organization,1998,5(3):144-155.

[24] FONG E,YEOH,B S A, BAIG R B.Formal and informal social support systems for migrant domestic workers[J].American Behavioral Scientist,2020,64(6):784-801.

[25] FRANCO M, HAASE H. Failure factors in small and medium-sized enterprises: qualitative study from an attributional perspective[J]. International Entrepreneurship & Management Journal,2010,6(4):503-521.

[26] GARTNER, W B. A conceptual framework for describing the phenomenon of new venture creation[J]. The Academy of Management Review,1985,10(4):696-706.

[27] GIMENO J, FOLTA T B, COOPER A C, et al. Survival of the fittest?: entrepreneurial human capital and the persistence of underperforming firms[J]. Administrative Science Quarterly,1997,42(4):750-783.

[28] HALL G. Reasons for insolvency amongst small firms: a review and fresh evidence[J]. Small Business Economics,1992,4(3):237-250.

[29] HASWELL S, HOLMES S. Estimating the small business failure rate: a reappraisal[J]. Journal of Small Business Management,1989,27(3):68-75.

[30] HAYWARD M L A, SHEPHERD D A, GRIFFIN D. A hubris theory of entrepreneurship[J]. Management Science,2006,52(2):160-172.

[31] HEADD B. Redefining business success: distinguishing between closure and failure[J]. Small Business Economics,2003,21(1):51-61.

[32] HOLT D H. A comparative study of values among Chinese and U. S. entrepreneurs: pragmatic convergence between contrasting cultures[J]. Journal of Business Venturing, 1997,12(6):483-505.

[33] KIM H S, SHERMAN D K, TAYLOR S E. Culture and social support[J]. American Psychologist,2008,63(1):518-526.

[34] KLYVER K, HONIG B, STEFFENS P. Social support timing and persistence in nascent entrepreneurship: exploring when instrumental and emotional support is most effective[J]. Small Business Economics,2018,51(3):709-734.

[35] LAITINEN E K. Prediction of failure of a newly founded firm[J]. Journal of Business Venturing,1992,7(4):323-340.

[36] LANE S J, SCHARY M. Understanding the business failure rate[J]. Contemporary Economic Policy,1991,9(4):93-105.

[37] LANS T, BLOK V, WESSELINK R. Learning apart and together: towards an integrated competence framework for sustainable entrepreneurship in higher education[J]. Journal of Cleaner Production,2014,62(1):37-47.

[38] LARSON A, STARR J A. A network model of organization formation [J]. Entrepreneurship: Theory and Practice,1992,17(2):5-17.

[39] LIAO J J, WELSCH H, MOUTRAY C. Start-up resources and entrepreneurial discontinuance: the case of nascent entrepreneurs [J]. Journal of Small Business Strategy,2008,19(2):1-15.

[40] LUNDSTRÖM A, STEVENSON L A. Entrepreneurship policy for the future[J]. Swedish Foundation for Small Business Research,2001(1):17.

[41] MCGRATH R G. Falling forward: real options reasoning and entrepreneurial failure[J]. Academy of Management Review,1999,24(1):13-30.

[42] McNALLY S T, NEWMAN S. Objective and subjective conceptualizations of social support[J]. Journal of Psychosomatic Research,1999,46(4):309-314.

[43] MINNITI M, BYGRAVE W. A dynamic model of entrepreneurial learning[J]. Entrepreneurship Theory and Practice,2001,25(3):5-16.

[44] NENEH B N. Entrepreneurial passion and entrepreneurial intention: the role of social support and entrepreneurial self-efficacy[J]. Studies in Higher Education,2020(1):1-17.

[45] POLITIS D. The process of entrepreneurial learning: a conceptual framework[J]. Entrepreneurship Theory & Practice,2005,29(4):399-424.

[46] POLITIS D, GABRIELSSON J. Entrepreneurs' attitudes towards failure: an experiential learning approach[J]. International Journal of Entrepreneurial Behaviour & Research,2009,15(4):364-383.

[47] RERUP C. Learning from past experience: footnotes on mindfulness and habitual entrepreneurship[J]. Scandinavian Journal of Management,2005,21(4):451-472.

[48] REYNOLDS P D, Bosma N, Autio E, et al. Global entrepreneurship monitor: data collection design and Implementation 1998-2003[J]. Global Entrepreneurship Monitor Working Paper Series,2005,24(2):205-231.

[49] RICHARDSON B, NWANKWO S, RICHARDSON S. Understanding the causes of business failure crises:generic failure types:boiled frogs,drowned frogs,bullfrogs and tadpoles[J]. Management Decision,1994,32(4):9-22.

[50] ROTEFOSS B, KOLVEREID L. Aspiring, nascent and fledgling entrepreneurs: an investigation of the business start-up process[J]. Entrepreneurship & Regional Development,2005,17(2):109-127.

[51] SAHBAN M A, KUMAR D, RAMALU S. Model confirmation through qualitative research:social support system toward entrepreneurial desire[J]. Asian Social Science,2014,10(22):17-28.

[52] SAHBAN M A, RAMALU S S, SYAHPUTRA R. The influence of social support on entrepreneurial inclination among business students in indonesia[J]. Information Management and Business Review,2016,8(3):32-46.

[53] SHEPHERD D A. Learning from business failure: propositions of grief recovery for the self-employed[J]. Academy of Management Review,2003,28(2):318-328.

[54] SHEPHERD D A, DOUGLAS E J, SHANLEY M. New venture survival: ignorance, external shocks,and risk reduction strategies[J]. Journal of Business Venturing,2000,15(5-6):393-410.

[55] SHEPHERD D A, WIKLUND J, HAYNIE J M. Moving forward:balancing the financial and emotional costs of business failure[J]. Journal of Business Venturing,2009,24(2):134-148.

[56] SIMMONS S A, WIKLUND J, LEVIE J. Stigma and business failure: implications for entrepreneurs' career choices[J]. Small Business Economics,2014,42(3):485-505.

[57] SINGH S, CORNER P, PAVLOVICH K. Coping with entrepreneurial failure[J]. Journal

of Management & Organization,2007,13(4):331-344.
[58] THORNHILL S, AMIT R. Learning about failure: bankruptcy, firm age, and the resource-based view[J]. Organization Science,2003,14(5):497-509.
[59] UCBASARAN D, SHEPHERD D A, LOCKETT A, et al. Life after business failure: the process and consequences of business failure for entrepreneurs[J]. Journal of Management,2013,39(1):163-202.
[60] UCBASARAN D, WESTHEAD P, WRIGHT M, et al. The nature of entrepreneurial experierce,business failure and comparative optimism[J].Journal of Business Venturing,2010,25(3):541-555.
[61] UEHARA E. Dual exchange theory, social networks, and informal social support[J]. American Journal of Sociology,1990,96(3):521-557.
[62] WATSON J, EVERETT J E. Do small businesses have high failure rates?: evidence from Australian retailers[J]. Journal of Small Business Management,1996,34(4):45-62.
[63] WIESENFELD B M, WURTHMANN K A, HAMBRICK D C. The stigmatization and devaluation of elites associated with corporate failures: a process model[J]. Academy of Management Review,2008,33(1):231-251.
[64] ZACHARAKIS A L, MEYER G D, DECASTRO J. Differing perceptions of new venture failure: a matched exploraory study of venture capitalists and entrepreneurs[J]. Journal of Small Business Management,1999,37(3):1-14.